거대한 퇴보

THE NEW INDIA
Copyright © Rahul Bhatia 2024
All rights reserved.

Korean translation copyright © 2025 by Geulhangari Publishers
Korean translation rights arranged with Aevitas Creative Management UK Ltd.
through EYA Co., Ltd.

이 책의 한국어판 저작권은 EYA Co., Ltd.를 통해 Aevitas Creative Management UK Ltd.와 독점 계약한 ㈜글항아리가 소유합니다. 저작권법에 의하여 한국 내에서 보호를 받는 저작물이므로 무단 전재 및 복제를 금합니다.

걸작
논픽션
032

거대한 퇴보

인도의 민주주의는 어떻게 무너졌는가

THE NEW INDIA

라훌 바티아
양진성 옮김

글항아리

일러두기
본문 하단 각주는 옮긴이의 부연 설명이다.

리차, 리아, 아냐, 아버지에게
중요한 문제이기에

머리말

10년 전쯤부터 사랑하던 이들이 미쳐가기 시작했다.

가만히 서 있기만 해도 웃긴 사람이 있었다. 내가 무척 좋아하던 친척은 아침마다 바니안*에 타월을 두르고 산도적 같은 큼직한 얼굴에 면도 크림을 범벅한 채 욕실에서 나왔다. 선글라스를 끼고 면도하는 모습에 형제들은 킥킥거리고, 아내는 짜증 섞인 한숨을 내뱉었다. 점심 메뉴가 뭔지, 아이들은 어디 있는지, 가게에서 언제 오는지, 스쿠터 열쇠가 어디 있는지 물을 때 바로 답이 나오는 적은 없었다. 지치지 않고 모든 것을 개그 소재로 녹여내는 그의 농담 하나하나에 나도 맞춰주려 노력하며 그와의 관계를 이어갔다. 그래서 언제부턴가 무슬림을

• 평상복으로 입는 인도 전통 의상.

격하게 비난하고, 무슬림은 인간 이하의 존재이며, 인도가 살려면 힌두교 국가가 되어야 한다고 주장하는 그가 내겐 너무 낯설었다. 무슬림에 대해 언급 한번 없던 그가 이제는 무슨 대화든 무슬림 이야기로 몰고 갔다. 그동안은 이런 생각을 억누르고 살아왔을 뿐이라 믿었고 이제 무엇도 그 신념을 흔들지 못했다. 그의 머릿속을 장악한 어두운 사고는 이미 위험 수위에 달해 있었지만 그의 생각은 달랐다. 그는 기회가 넘쳐나는 미래를 상상했고, 해맑은 낙관주의적 태도를 취했다. 승리주의에 도취된 듯했다. 그는 정당이 무슨 스포츠 팀이라도 되는 양 당과 자신의 운명을 동일시했다. 그의 팀은 2014년 선거에서 승리를 앞두고 있었다.

그가 지지하는 정당이 승리하기 전인지 후인지는 정확히 기억나지 않지만, 그 무렵부터 늘 장난기와 웃음 가득하던 그의 얼굴에 독기가 서리기 시작했다. 그는 인도를 왜곡되게 묘사한 글이나 편집된 비디오 클립을 보내오곤 했는데 내가 보는 세상과는 전혀 달랐다. 그가 말하는 단절해야 할 과거에는 '정교분리주의, 부패한 인도국민회의의 지도자들, 반역적 행동을 일삼는 진보주의자들, 실추된 언론' 등이 포함되어 있었다. 그는 정치만이 아니라 국가 자체를 재건하고 싶어했다.

무의식적으로 반복하던 경멸조 단어들은 입에 붙어버린 듯했고, 그 말들이 불러일으키는 불편함마저 그는 기꺼워했다. 한번은 "언론 매춘부"라는 말에 짜증이 나 그 말이 가리키는 대상에는 나도 포함된다고 지적했다. 나와의 유대를 상기시켜서라도 예전의 그를 되찾으려 애써봤지만, 이미 내면에서 자가면역성을 갖게 된 그의 상태를 되돌리기는 역부족이었다. 이후로 그는 내가 있는 자리에서는 그 단어를 쓰지 않았지만 다른 단어들로 속에 담긴 감정을 표출했다. 그런 어휘를 사용하는 목적은 딱 하나, 기존 언어에서 사람과 사고, 언어에 대한 기대를 떼어내고 거기에 새로운 의미를 부여하려는 게 분명했다. 그는 어휘의 재구성 프로젝트라도 진행하는 것처럼 당황스러운 어휘를 하나씩 끄집어냈다. 한 주 한 주 지날수록 변화는 극명해졌고 내가 기억하는 이전의 모습에서 그는 점점 멀어져갔다. 그것은 편집증적 몰락의 과정이라기보다 오히려 평화를 찾아가는 길처럼 보였다.

내가 무척 좋아했던 또 다른 친척은 사업가로, 아직 별다른 성과는 거두지 못한 상태였다. 그가 젊었을 때 힌두교 무리가 아요디아의 모스크를 파괴한 사건이 있었는데, 그는 그 점에 집착하며 바로 그 부지에 라마에게 바치는 사원을 지어야 한다고 고집했다. 자신과 아무 상관 없는 일인데도 그는 세상에서 가장 중요한 일인 듯 나섰다. 한 친척은 집권당인 인도국민회의의 지도자 라훌 간디를 '파푸'(단순하거나 어리석은 사람이라는 뜻)라고 부르기 시작했다. 나렌드라 모디의 지지자들이 그를 조롱할 때 쓰던 표현이었다. 고모의 애인은 어느 날 무슬림을 조심하라고 경고했다. "무슬림들은 스스로를 인도인이라고 생각하지 않아. 태생부터 완전 다른 종자들이지." 그러자 어릴 적 내게 늘 다정했고 밀크셰이크와 양파튀김을 사주던 고모도 거들었다. "네가 몰라서 그래. 무슬림은 야만적이야. 얼마나 야만적인지 내가 똑똑히 봤다니까."

다정하고 사려 깊던 두 친구도 우리 집 근처 이슬람 사원 첨탑에서 들려오는 소음이 거슬린다며 불평을 늘어놓는 게 무척 익숙해 보였다.

이런 변화는 점점 가까이 침범해 들어왔다. 자신이 이행해온 의무들로 삶을 평가하고, 사람들과의 동행을 소중히 여기던 한 친척이 있었다. 가끔 만나 이야기를 나눌 때, 한 번도 정치적 견해를 낸 적 없던 그조차 이 나라에는 자애로운 독재자, 강력한 리더가 필요하다고 말하기 시작했다. 표현만 달랐지 결국 같은 이야기였다. 그가 염두에 둔 인물은 당시 구자라트의 주지사 나렌드라 모디였다. 내가 의구심을 드러내자 그가 답했다. "인도는 큰 나라야, 그의 영지가 아니라고. 그가 총리가 된다 한들 혼자 좌지우지할 수 있을 것 같아? 그런 일은 일어나지 않아."

그의 확신은 인도의 제도에 대한 신뢰가 아닌, 지도자의 끔찍한 충동도 인도의 느린 시스템에 제동이 걸리리라는 생각에서 나온 것이었다. 우리는 논쟁을 시작했다. 나는 그가 현명하지 못하다고 생각했고, 그는 내가 '너무 똑똑한 척한다' '스스로 똑똑하다고 생각하는 바보다'라고 여겼다.

한번은 논쟁 중에 그가 짜증을 내며 말했다. "그냥 이슬람교로 개종하지그래?" 그 후로 우리는 한동안 거리를 두었다.

다른 가족, 다른 친구들도 비슷한 일을 겪었다. 지인들은 부모를 포함해 가족을 이런 식으로 잃었다며 혼란스러워했다. 그들이 믿는 것이 정확히 무엇인지 아무도 알지 못했다. 어른들은 자식에게 가르쳤던 가치조차 스스로 외면해버렸다.

습기를 머금어 구겨지는 종이처럼 보이지 않는 무언가가 사람들을 변화시키고 있었다. 이성적인 사람들조차 민주주의와 소수자들에 대해 우려스러운 말을 쏟아냈고, 모디 당의 의기양양한 메시지를 확산시켰다. 그들의 생각을 바꾸려는 것은 무의미했다. 나렌드라 모디가 속한 인도국민당BJP은 현재와 미래만큼이나 역사를 중요한 우선순위로 두었다. 그들은 과거의 불의를 이용해 힌두교 지지자들에게 무슬림 정복자들과 무슬림이 초래한 위험을 상기시켰다. BJP의 추진력은 바로 그 계속되는 위험과 경계에 관한 서사였다. 그런 메시지를 들은 우리 가족에게도 우려는 현실이 되었다. 그 논쟁은 적절한 악당을 찾을 때까지 몇 세기나 거슬러 시간여행을 했고, 대개는 무슬림이 타깃이 되었다. 나의 저항은 무색했다. 내가 사랑하던 사람들은 갑자기 새로운 자신을 드러낼 용기를 얻고, 여기저기서 끌어온 사실들을 무기 삼아 안갯속에서 단검처럼 휘둘러댔다. 그들은 진짜 신봉자가 되었다.

그런 변화가 없었다면 이 책은 존재하지 않았을 것이며 파헤쳐야 할 것도, 해석해야 할 언어나 이념도 없었을 것이다. 하지만 새로운 형태의 인도가 부상하고 있었고, 정교분리주의와 평등이라는 오랜 규범들은—물론 실행 면에서 문제가 없는 건 아니었지만—버려졌다. 이 낯선 나라는 상황에 따라 필요하면 살인까지도 정당화하기 시작했다. 나는 도무지 이해가 되지 않았고 그래서 이해하려 노력했다.

이 책은 사라진 것에 대한 애통한 기록이자, 조사에 기반한 회고록이며, 힌두 극단주의의 굽히지 않는 이념인 힌두트바Hindutva(힌두 민족주의)의 뿌리를 캐내보려는 시도다. 이 책은 폭동 피해자, 가해자, 경찰의 이야기를 따라 진행된다(일부 이름은 정보 제공자를 보호하기 위해 바꾸었다). 또 종교적, 상업적 이해관계로 왜곡된 통치의 구조적 약점을 분석한다. 역사의 조각들을 맞춰나가는 방식으로 현재 상황을 명확히 바라보려 한다. 인도의 신원 확인 프로젝트가 시작된 놀라운 기원에 대해서도 살펴본다. 책에 등장하는 인물들이 질문한 것처럼 독이 흘러나오기 시작한 지점을 찾으려는 것이다.

차례

머리말 ____ 7

1장 여파

1. 존중받지 못하는 이들을 위하여 ____ 19
2. 양철 지붕 아래의 피난처 ____ 23
3. 묘지 ____ 34
4. 모두가 의심받는 세상 ____ 38
5. 자유의 외침 ____ 53
6. 그들만의 힘으로 ____ 58
7. 눈물 ____ 73
8. 증언 ____ 82
9. 배신자들 ____ 103

10. 법정에서 그의 날 ___ 108
11. 우울한 법정 ___ 117
12. 안도감을 찾아 ___ 132
13. 사적인 기억들 ___ 135
14. 위험한 시간들 ___ 137

2장 새로운 나라

1. 신념의 옹호 ___ 143
2. 책과 소총 ___ 165
3. 신뢰할 수 없는 애국자들 ___ 180
4. 죽은 자들의 언덕 ___ 194
5. 가장 부자연스러운 방식 ___ 206

3장 가족 문제

1. 가족 ___ 227
2. 부모와 아이들 ___ 255
3. 동델리 살인 사건 ___ 269
4. 힌두인은 오전 6시에 일어난다 ___ 290
5. 읽기와 오독 ___ 313

4장 기술적인 문제

1. 비전가의 장난감 ____ 325
2. 설계 ____ 357
3. 거대한 비전 ____ 372
4. 내장 ____ 410
5. 이토록 강력한 권력 ____ 430
6. 신원 확인 프로그램 소송 ____ 454

5장 교육

1. 진짜 역사 ____ 495
2. 이런 게 인생 ____ 507

감사의 글 ____ 517

1장
여파

1.
존중받지 못하는
이들을 위하여

오후 6시 20분, 인도의 안전을 책임지고 있는 남자가 야당 측에 할 말을 적은 종이 뭉치를 들고 자리에서 일어섰다. 그동안 진행자의 호명에 따라 일어나 발언한 이들이 총 마흔네 명. 여섯 시간 동안 줄곧 그들의 말에 귀 기울여주었으니 이제 그쯤 할 때도 되었다. 저들은 하나같이 "이 법안에 반대합니다"라거나 표현만 약간 바꿔 발언을 시작했다. 각자 자신에게 할당된 시간 동안 장관이 얼마나 엄청난 실수를 저지르고 있는지 경고했다.

한 의원이 말했다. "내무장관이 도입하려는 법안은 무분별하기 짝이 없습니다. 이 법안은 법정 심의를 통과하지 못할 겁니다. 장관님, 지금 본인이 무슨 일을 벌이고 있는지 다시 잘 생각해보십시오. 장관은 이 법안이 위헌임을 알면서도 밀어붙이고 있습니다. 오늘은 슬픈 날입니다. 헌법 일부가 이 법안으로 훼손될 것이기 때문입니다." 그는 누가 책임질 거냐며, 법무부 장관을 소환해 법안의 근거를 물으라고 요구했다.

또 다른 야당 의원은 법안의 근거에 이의를 제기하며, 장관이 인도 역사를 제대로 이해하고 있는지 의문이라고 했다. 그는 경멸 가득한 눈으로 장관을 쳐다보며 소리쳤다. "도대체 어떤 역사책을 읽고, 어떤 저자를 참고했다는 겁니까? 헌법에 무슨 짓을 하는 겁니까? 이건 헌법을 박살 내는 짓입니다. 의도가 뭡니까? 우리는 2014년부터 당신의 의도가 뭐였는지 압니다." 그는 상원의원들에게 호소했다. "이 법안은 인도의 무슬림들에게 해가 될 겁니다. 이 법안은 우리의 문화, 신념, 정신을 약화시킵니다. 그 여파는 상상도 못 할 만큼 어마어마할 겁니다. 인도를 모르는 자들이 어떻게 인도의 이념을 지킬 수 있습니까?" 찬성자들이 손바닥으로 테이블을 두드렸다.

내무장관 아미트 샤는 한쪽 팔을 의자 등받이 뒤로 늘인 느긋한 자세에 무표정한 얼굴로 귀 기울이고 있었다. 그는 상대의 말을 잘 경청한다고 알려져 있었고, 한 신문에서는 2014년 총선에서 인도국민당이 승리를 거둔 데에는 샤의 그런 능력이 한몫했다고 평할 정도였다.

샤는 간혹 똑바로 앉아 메모를 하곤 했다. 6시가 조금 넘어 그가 자리에서 일어나자 터번을 쓴 직원이 물잔을 들고 통로를 따라 재빨리 다가갔다. 샤는 자신의 당원과 야당 의원들을 둘러보며 왜 난민법을 도입하려고 하는지 설명했다. 그의 뒤에 앉은 장관들은 나렌드라 모디 총리의 신임을 받는 샤의 말에 언제든 두 손 들어 손뼉 칠 태세로 주시하고 있었다.

샤는 인내심을 가지고 천천히 발언을 시작했다. 그는 의원들과 인도 국민, 주변국으로부터 박해받는 소수민족에게 자신의 시민권 수정법안이 무엇을 해줄 수 있는지 설명했다. "그들은 현재 파키스탄과 아프가니스탄, 방글라데시에서 아무 권리도 행사하지 못합니다. 그들은 존중받지 못합니다. 이 시민권 수정법안으로 억압받는 이들은 '존중받으며 그들의 종교와 전통을 행할' 장소를 제공받을 것입니다." 하지만 누구에게나 적용되는 것은 아니었다. 힌두교, 자이나교, 불교, 시크교, 기독교 혹은 파르시 교도여야 한다고 못 박았다. 이런 종교적 기준에 부합하고 세 국가에서 2015년 이전에 들어온 난민들은 인도 시민권을 신청할 수 있었다. 정확한 날짜는 언급하지 않았지만 필요해 보이지 않았다.

그는 의회 야당 의원들에게 1947년 인도가 종교로 인해 분리되지 않았다면 이 수정법안은 필요치 않았을 거라고 상기시켰다. 하지만 인도는 분리되었고, 새 국경을 넘어 파키스탄으로 건너간 소수자들은 두려움과 복수심에 가득 찬 다수에 휘둘렸다. 그는 그중 난민 신분인 이들을 위해 이 법안을 도입했으며, 인도의 무슬림들은 겁먹을 필요 없다고 덧붙였다.

그는 야당의 우려를 해소하지 않은 채 정치적 술수로 몰아갔다. 그가 야당 의원들에게 말했다. "그렇게 정치 하십시오. 분명히 말하지만, 이는 매우 민감한 사안이며 우리에게도 그 불똥이 튀어 걷잡기 힘든 큰불로 번질 수 있습니다."

그가 법안에 대한 설명을 마친 직후, 예상대로 법안은 통과되었다. 인도국민당이 넉넉하게 의회 과반을 차지하고 있었기 때문이다. 시민권 수정법안은 시민권 수정법이 되었다.

곧이어 각종 온라인 커뮤니티, 포럼, 소셜 미디어, 저녁 뉴스에서 이 법안의 의미와 가치에 관한 논의가 이루어지기 시작했다. 샤는 13억 인도인이 그의 노력을 지지했다고 발표함으로써 오로지 고통받는 이들을 어루만지기 위한 법안에는 어떤 반대도, 반대할 이유도 없음을 내비쳤다.

2.
양철 지붕 아래의 피난처

역사학도인 알리에게 현재는 크게 중요치 않았다. 평소에도 정치와는 거리를 두었고, 델리대학과 자미아밀리아이슬라미아대학[국립이슬람대학]을 다니는 동안에도 그랬다. 그는 2019년 12월 11일의 사건을 처음에 제대로 인지하지 못한 이유를 그렇게 설명했다. 하지만 교실에서, 거리에서 친구와 교수들이 하는 이야기를 들으며 불안해지기 시작했다. 난민법은 극히 일부에 지나지 않으며, 전체를 이해하고 나면 그 안에 어떤 위협이 도사리고 있는지 알게 될 거라고 했다. 난민법은 난민을 위한 것이 아닌, 인도 내 무슬림을 겨냥해 무국적 상태로 만들기 위한 법이라는 것이었다.

    학생들은 시험 공부 중이거나 시험을 치르는 중이었지만 마음은 딴 데 가 있었다. 세상의 끝이라고 생각했던 시험을 망치는 일보다 더 큰 재앙이 벌어지고 있었다. 전국의 자미아대학에서는 헌법 전문前文

을 읽으며 각 조항에 따라 보장된 권리를 상기하는 움직임이 일어났다. 알리는 주변에서 들려오는 대화에 귀 기울이고 관련 글을 읽기 시작했다. 특히 샤의 말을 자세히 파헤칠수록 난민법이 자비의 탈을 쓴 차별화 정책임을 깨달았다. 박해받는 소수자들에게 피난처를 제공하기 위해서라고 했지만, 거기에는 종교라는 조건이 내걸렸고 무슬림에게는 적용되지 않았다. 샤는 법이 인도의 관대함을 증명해줄 거라면서, 무슬림을 제외한 이유는 무슬림 국가에서 그들은 소수자가 아니기 때문이라고 했다. 하지만 알리는 믿지 않았다. 그런 옹졸한 구분은 비열하게 느껴졌다. 그 전까지는 시민권을 부여하거나 거부할 때 종교가 거의 영향을 미치지 않았다. 하지만 이제 종교가 무엇인지에 따라 도움 줄 사람을 선택하는 것이 국가 정책이 되었다.

알리는 시민권 수정법Citizenship Amendment Act, CAA의 의미를 고민하기 시작한 친구, 교수들과 이야기를 나누면서, 이 난민법이 샤가 계획한 전부가 아님을 깨달았다. 몇 개월 전, 샤는 난민법의 진행 방식을 설명했다. 영상에서 샤는 말한다. "순서를 이해해야 합니다. 먼저 시민권 수정법을 실행하고, 뒤이어 국가시민명부National Register of Citizens, NRC라는 것을 진행할 겁니다." 그 두 가지는 함께 이뤄지는 것이었다.

시민권 수정법은 난민을 수용하는 반면, 국가시민명부는 시민권을 박탈하는 역할을 한다.

이 국가시민명부는 방글라데시와 국경을 접한 동부 아삼주에서 처음 도입된 시민 데이터베이스로, 시민권을 가지고 있는 사람, 시민권을 갖고 싶어하는 사람들을 기록한 장부였다. 원칙상 적어도 1971년 이전부터 부모가 인도 시민이었다는 증명서를 제출하면 시민권을 받을 자격이 있었다. 1971년은 방글라데시 독립의 해였다. 인도로의 마지막 대규모 이주가 있었던 해로, 약 1000만 명이 동부 국경을 넘어 서벵골과 아삼으로 들어왔다. 시민권을 받으려면 수십 년 된 신분증명서를 찾아 제출해야 했는데, 대부분은 신청자가 태어나기도 전에 발급된 서류들이었다. 요구 조건은 까다로웠다. 이름과 주소가 정확히 기록과 일치해야 했다. 기록 오류나 작성자 실수로 정보가 일치하지 않으면 시민권은 의심받았다. 이웃이 그 사람의 시민명부 등재에 이의를 제기해도 다시 시민권 증명을 요구받았다. 단순히 의례적인 관료적 의심이나 자동차등록소에서 흔히 겪는 사소한 트집이 아닌, 시민들을 겨냥한 이민관리소의 배제적 시선이었다.

그 결과 아삼주의 3200만 주민 가운데 400만 명이 무국적자로 남았고, 최종 190만 명이 확정되었다. 주민들은 이 땅에 속한다는 것을 증명하기 위해 수백 킬로미터를 이동해 외국인 심사 법정에 서류를 제출해야 했는데, 법정에서는 대부분을 의심스러운 상태로 판단했다. 이런 상황을 지켜보면서, 그리고 100만 명 이상의 힌두교도까지 명단에서 제외된 것을 보고, 샤와 같은 정당 소속인 아삼의 주지사마저 이 조치의 실행을 중단해달라고 호소할 정도였다.

시간이 걸렸지만 알리는 결국 깨달았다. 샤는 국가시민명부를 인도 전역으로 확대 시행할 거라고 말했다. 처음에는 모든 시민이 아삼 주민과 같은 불편을 겪게 될 터였다. 결함 없는 서류를 찾기 위해 분주하게 움직이고, 부모와 조부모가 시민권자였더라도, 속지주의에 따라 시민권을 가졌다 하더라도 이 나라에 속한다는 것을 서둘러 증명해야 했다. 또 정부 관리는 이미 해결된 것이나 다름없는 문제에 대해 다시 결정을 내려야 하는 상황이 온다. 보호 조치가 마련된다 해도, 공무원의 자비로운 혹은 냉혹한 결정에 따라 국가와 시민의 관계는 달라진다. 무국적자가 되고, 난민으로 전락할 수 있었다.

샤 장관은 시간 순서를 이해하라고 말했다. 국가시민명부에서 제외된 힌두교도, 자이나교도, 불교도, 시크교도, 기독교도, 파르시족에게 그의 시민권 수정법은 다시 시민권을 획득할 수 있는 안전망이 된다는 것이었다. 시민권 수정법의 보호를 받지 못하는 사람들은 인도에 거주하는 2억 명의 무슬림뿐이었다. 얼마나 오래 세금을 납부해왔는지, 인도 여권으로 여행을 해왔는지, 투표를 해왔는지―또는 그렇지 않았더라도 이 나라의 국민이라고 느껴왔는지―는 상관없었다. 국가시민명부와 시민권 수정법은 불안을 야기했고, 시민권이 의심스러워진 무슬림에게 미래는 과거와 사뭇 다를 수 있었다. 재산을 몰수당하고 투표권도 박탈될 수 있다는 이야기가 돌았다.

2019년 12월 13일 샤 장관이 의회에서 발언한 지 이틀 후, 자미아 대학(한 학생은 "비하르 출신 무슬림에게 자미아는 옥스퍼드대학이나 마찬가지"라고 했다)의 교직원 협회는 금요일 오후 기도를 마친 뒤 시위를 조직했다. 교직원 협회는 학생과 교수들을 사회과학부 건물이 위치한 캠퍼스 7번 게이트, 우르두 시인 갈리브의 동상 근처로 소집했다. 한 교수는 "무슬림의 정체성을 침해한다면 우리는 언제든 나설 것"이라고 말했다.

오후 기도 후 수백 명이 운집했다. 교수들은 이 집회가 외부에 비칠 모습에 예민해져 있었다. 그들은 이 집회가 정부에 관한 것이 아닌 오직 법안에 관한 것이라고 강조했다. 아삼주에서는 이미 법안의 영향이 가시화되고 있었다. 사회과학부 교수들과 인도 북동부 연구 센터 교수들도 동참했다. 교수들은 아삼 출신 학생들이 집으로 돌아가 시민권 심리에 필요한 돈을 마련하기 위해 소지품을 팔아야 했다는 이야기를 전했다. 그들은 아삼주에 퍼진 공포 심리와 비시민권자로 판정된 이들이 수용되는 구금 센터, 시민권 심리를 위해 먼 거리를 이동하고 험난한 지형을 지나는 사람들, 하루 전에 갑자기 통지되는 소환장, 심리 과정에서의 무자비함에 대해 언급하며, 이런 조치의 가장 큰 피해자는 특히 빈곤층이라고 말했다.

자미아대학 밖에서는 경찰이 만일의 사태에 대비해 추위 속에 대기하고 있었다. 어느 순간 경찰이 학생들에게 최루탄을 발사했고, 학생과 교직원들은 최루탄을 집어 다시 경찰 쪽으로 던졌다. 델리 경찰은 샤 장관의 지휘를 받았다. 경찰은 학생들이 겪었던 그 어떤 시위에서보다 훨씬 더 강하게 곤봉으로 내리쳤다. 법에서는 무릎 아래쪽으로만 곤봉을 휘두를 수 있게 되어 있지만 제대로 지켜지지 않았다. 그러자 학생들도 돌을 집어들었다. 알리도 시위대에 합류했다. "여기가 아니면 구금 센터로 가야 했어요." 경찰은 자미아대학의 정문을 5피트 높이의 금속 바리케이드로 막아 학생과 교수들을 가두었다. 하지만 시위대가 바리케이드를 뛰어넘자 경찰은 놀란 눈치였다.

"사람들은 인도를 분열시키려는 시위라고 했어요. 하지만 거기서는 힌두교 의식이 있었고, 시크교의 성전聖典인 구루 그란트 사히브 Guru Granth Sahib를 낭독하는 사람도 있었어요." 학교 앞 도로에서 네다섯 시간 대치 후, 자미아 파출소의 한 고위 경찰관이 와서 대학 관리자에게 말했다. "당신네 학생들은 짐승이다. 그들을 데려가라." 알리는 직접 듣지 못했지만, 그의 친구들은 그 말을 들었다고 했다. 경찰이 학생들을 제압하지 못한다는 사실에 오히려 힘이 났다. "경찰이 학생 2000~3000명도 몰아내지 못했는데 어떻게 무슬림 2억 명을 몰아내겠어요?"

그날 밤, 수도의 명문인 자와할랄 네루대학의 카리스마 있는 학생회장이 자미아에 나타났다. 민소매 패딩 차림에 앞머리를 내려 얼굴을 가린 남자는 샤르질 이맘이었다. 그가 주머니 깊숙이 손을 찔러넣은 채 말했다. "그들은 여러 해에 걸쳐 수십만 명의 무슬림을 쫓아냈습니다. '네 큰아버지가 저기 살고 있으니 너도 저기로 가라'고 말합니다." 여기서 '저기'는 파키스탄이나 방글라데시 혹은 인도가 아닌 다른 곳이었다. 이맘은 주변에 모인 사람들에게 외쳤다. "어떻게 한 사람의 가치가 다른 사람의 가치보다 낮을 수 있습니까?"

이맘은 인도 곳곳을 '차카잠chakka jam'*으로 마비시키자고 했다. 무시할 수 없을 정도로 완전하게 마비시키자는 것이었다. "너희를 집에서 몰아내려는 자가 있다면, 맞서 싸워 그들을 집에서 몰아내라고 쿠란에서 말하지 않습니까? 안 그렇습니까?" 사람들이 고개를 끄덕였고, 누군가 신은 위대하다고 외쳤다. 이맘의 목소리에 힘이 실렸다.

"어떻게 조직할까요?" 누군가 물었다.

"간단합니다. 시스템에 제동을 걸 겁니까? 그대로 놔둘 겁니까? 예입니까 아니오입니까? 그만큼 단순합니다." 이맘은 사람들이 지도자

---

* 도로 봉쇄. 인도에서 시위대가 도로를 점거해 차량 통행을 막는 비폭력 시민 불복종 운동으로 흔히 사용되는 방법.

를 찾고 있음을 깨달았다. 하지만 시민 불복종 운동은 중앙에서 조직될 수 없었다. 백만 명이 백만 가지 다른 방법으로 괴롭히는 편이 훨씬 더 효과적이었다. 그는 정치 지도자나 학생 단체를 따르지 말고 자신의 내면을 들여다보라고 말했다. "그들은 모두 포주입니다. 열등감을 버리세요. 그들에게서 승인을 받으려 하지 마세요." 그는 힌두교도를 언급하며 말했다. "승인을 추구한 결과가 뭡니까? 지난 70년 동안 무슨 일이 일어났는지 보십시오! 그들에게 승인받은 것이 있습니까?" 이맘은 인도의 독립 이후 무슬림들이 겪어온 실상을 이야기했다. 정부의 자체 조사에 따르면, 힌두계 중 가장 억압받는 계층도 무슬림보다는 훨씬 더 잘살았다.

알리는 더 많이 배우고 용감해진 기분으로 집에 돌아갔다. 하지만 부모는 어쩔 수 없는 부모였다. 어머니는 "미쳤어? 왜 네가 가야 해? 시위는 다른 사람들이 하게 둬"라고 말했지만 자식은 또 자식이었다. 이튿날 그는 다시 시위 현장에 나갔고 그날은 별일 없었다.

12월 15일 오후 늦게 기차를 타고 친구들과 자미아에 도착했을 때, 학교 앞 도로는 거의 텅 비어 있고, 바깥쪽 바리케이드는 치워져 있었다. 무슨 일이 있었던 것 같았다. 거리에 널브러진 파편들, 여기저기 피어오르는 연기, 평소 지하철역 아래서 잠자던 노숙인의 부상 입은 모습. 알리는 친구들과 함께 계속 걸었다. 그러다 어느 순간 보니, 무장 군인들이 몸을 낮추고 있었다. "「300」이라는 영화 보셨어요? 꼭 거기 나오는 장면 같았어요." 군인들은 협력 방어 태세를 갖춘 채 집결해 있었다. 조금 더 나가자 학생들이 보였다. 대학 외곽 도로를 따라 8000명에서 9000명쯤 되는 학생이 길게 행진하고 있었다. 구호를 외치며 전진하던 그들은 새 바리케이드인 시위 진압 경찰과 마주했다. 시위대 뒤편에서도 경찰이 나타났다. 도로가 좁아지는 지점에서 경찰은 양쪽으로부터 진압을 시작했다.

구타가 시작되자 선발대는 뒤로 돌았다. 시위대 뒤쪽 학생들은 바리케이드의 존재와 경찰의 구타에 대해 알지 못한 채 계속 앞으로 밀고 갔다. 시위 현장을 담은 영상은 흔들리고 있었다. 온갖 플랫폼에는 완성되지 못하고 부분 부분 끊긴 구조 요청이 쇄도했다. 학생들은 무자비한 폭력 진압에 충격을 받았다. 한 학생은 경찰의 대응을 이해하려 애쓰며 말했다. "그런다고 뭐가 달라질까요? 시위는 조금도 바뀌지 않았어요."

민하주딘은 그날 저녁 자미아대학의 낡은 도서관인 이븐 시나 구역 대학원생 섹션에 있었다. 말수가 적은 학생인 그는 학교 밖 폭력 사태에 대해 들었지만, 공부에만 열중했다. 자신과는 상관없는 일이라 생각했고 정치에는 관여하지 않았다. 평소 도서관은 학생들로 붐볐지만, 그날은 시위 때문인지 자리가 넉넉했다. 저녁 6시 30분쯤, 아래층이 소란스러워졌다. 창문 깨지는 소리가 나고 학생들의 비명이 들렸다. 누군가 경찰이 건물 안으로 들어왔다고 말했다. 학생들은 도서관 문을 걸어 잠그고, 구석에 숨어 얼굴을 가렸다. "시위 진압 장비를 갖춘 경찰 열다섯에서 스무 명이 문을 부수고 들어왔어요." 정확히 어떤 사람들인지는 알 수 없었지만, '군복색 옷에 헬멧과 보호대를 착용하고, 곤봉을 들고' 있었다. 배지를 단 사람은 없었다. "그러더니 학생들을 때리기 시작했어요. 어떻게 들어왔는지, 어떻게 구타하기 시작했는지는 바이럴 영상에서 보셨을 겁니다."

모두가 그 장면을 보았다. 경찰이 학생들을 벽에 줄 세우고, 여자들은 밖으로 나가게 했다. 그 후 남학생들에게 다가와 곤봉과 몽둥이로 때리기 시작했다. 뒤에서, 앞에서, 옆에서 곤봉이 사정없이 날아왔다. 머리를 부여잡고 비틀거리며 멍하니 걷던 학생이 머리에 또 한 대를 맞았다. 공격받은 학생들은 머리를 감싸며 방에서 빠져나갔다. 한 남자가 카메라를 발견하고 몇 번 내리쳤다. 영상은 얼마 지나지 않아 끊겼다.

민하주딘에게 그 영상에 대해 언급하자, 그는 그게 다가 아니라고 했다. 내가 본 영상은 그나마 덜 폭력적이라는 것이었다. 그를 포함해 2층에 있던 학생들은 방에서 빠져나가기도 힘들었다.

민하주딘은 사람들에게 떠밀려 출구로 향했다. 경찰은 자리를 뜨려는 학생들의 손과 다리를 때렸다. 민하주딘이 움직이자 왼뺨으로 채찍 같은 게 날아왔다. 살이 타들어가는 통증에 기절할 것만 같았다. 당시에는 몰랐지만, 그때 당한 공격으로 그는 실명되었다. 나중에 그는 수염 때문에 경찰의 주목을 끌었을지도 모르겠다고 말했다. 당시 그는 수염을 길게 기르고 있었다. 그는 비틀거리며 화장실로 가서 털썩 주저앉았다. 흰 손수건으로 얼굴을 닦아봤지만, 상처가 얼마나 깊은지 알 수 없었다. 학생들이 변기와 소변기 사이에 웅크리고 있었다. 파란 제복의 대학 경비원들도 겁에 질린 채 함께였다. 하지만 경찰은 사방을 뒤졌고, 곧 화장실에도 들이닥쳐 바닥에 앉은 사람, 칸막이 안에 있는 사람 할 것 없이 모조리 두들겨 팼다. 그때 한 경찰관이 눈에 띄기만 하면 가만두지 않겠다는 표정으로 화장실에 들어왔다. 민하주딘은 그의 얼굴을 기억했다. 민하주딘의 눈을 본 그는 그러나 아무 말없이 밖으로 나갔다.

그날 밤, 민하주딘은 구급차를 찾아 델리 전역을 돌며 안과 전문의가 있는 병원을 찾아다녔다. 마침내 인도 최대 병원인 전인도의학연구소AIIMS에 도착했고 몇 시간에 걸쳐 검사를 받았다. 검사를 마친 의사들은 시력이 회복되지 않을 거라고 말했다. 파출소로 가서 고소장을 접수하려 하자, 그를 인근 경찰서로 보냈다. 그는 나무 벤치에 앉아 기다리라는 지시를 받았다. 경찰서는 학생들로 속속 들어차고 있었다. "그들은 부상당한 학생들을 시위자로 분류했고, 저까지 같이 몰아가려 했어요. 하지만 그럴 수 없었죠. 제가 경찰을 부른 거니까요." 결국 경찰은 그의 고소 내용을 간단히 기록한 뒤 풀어주었다. 하지만 공식 사건 보고서는 작성해주지 않았다. 공식 사건 보고서가 없으면 조사는 착수되지도 않는다. 경찰을 상대로 소송을 제기했지만, 경찰은 그의 눈이 돌에 맞아 다친 것이라는 의사 소견서를 들고나왔다. 소견서는 경찰이 제출한 서류를 바탕으로 작성한 것이었다. "보고서는 항상 경찰에 유리한 쪽으로 나옵니다. 의사들도 경찰 편이에요. 영향력이 작용하죠." 비하르에서 온 아버지는 민하주딘에게 돌아가자고 애원했다. "이제 여기서 뭘 하겠니? 다 내려놓고 집에 가자." 아버지에게는 아들의 안전이 최우선이었다.

"그들은 우리에게 본때를 보여주려고 했어요." 민하주딘은 사건이 있은 지 거의 2년이 지나서야 내게 말했다. 그는 아직 대학원생이지만 지금은 기숙사를 나와 대학 직원용 아파트 건물 3층에서 여동생과 살고 있었다. 그의 집에서 만나 부상에 대해 묻자, 그는 슬리퍼를 신고 계단 아래 작은 공원으로 안내했다. 우리는 가로등 아래 낡은 벤치에 앉았다. 기자들이 그런 질문을 하면 여동생이 걱정한다고 했다. "그들은 학생들이 다시는 시위하지 못하도록 계속 때렸어요." 이제 그는 다른 이의 도움 없이는 길도 건너지 못할 정도였다. 수염은 바짝 깎여 있었는데, 신앙 때문이라기보다는 그냥 스타일인 듯했다. 그의 고소 건은 어떻게 될지 확신하지 못했다. "경찰이 경찰을 조사해야 하는데 제대로 되겠어요?" 그는 나무 벤치에서 몸을 흔들며 어둠 속을 응시했다.

3.
묘지

경찰이 도서관을 공격할 때, 알리와 그의 친구들은 기독교 묘지를 가로지르지 않고, 뒷길로 돌아갔다. 알리는 귀신이 있다고 믿기 때문이었다. 그들은 대학 뒤편의 한 마을로 갔다. 좁은 게이트를 지나 마을을 가로지르면 다시 시위대에 합류할 수 있었다. 그때 갑자기 공포에 질린 듯한 목소리가 들려왔다. 소리는 점점 커졌고, 잠긴 게이트에 몸을 부딪히는 소리가 났다. 팔로 철창을 밀고 발로 문틀을 걷어차며 학생들은 필사적으로 문을 열어달라고 애원했다. 근처 주민들이 사다리를 가지고 달려와 담장 위로 던졌다. 어디선가 나타난 여자들이 학생들에게 다시 학교로 들어가지 않겠다는 약속을 하라고 다그쳤다. 얼굴에 상처가 난 남자는 사다리 위로 간신히 오토바이를 끌어올려 담장을 넘었다. 알리는 왼쪽 다리에 최루탄을 맞고 쓰러졌다. 경찰은 무자비하게 휘둘러댔다. 최루가스 때문에 눈물이 나고 코와 목이 얼얼했다. 질식할 것 같을 때 누군가 눈에 문지르라며 작은 소금 봉지를 내밀었다. 가로등은 꺼져 있었다. 알리의 부모님은 몇 킬로미터 떨어진 테라스에서 섬광과 폭발음을 지켜보고 있었다.

경찰은 길을 전부 알고 있는 듯했다. 친구 한 명이 부르더니 학교 중앙 모스크에 있으면 안전할 것 같다고 말했다. "저는 친구한테 거기 가면 안 된다고 했어요. 경찰이 거길 가장 먼저 공격하지 않을까 생각했거든요." 나중에 모스크 창문이 깨져 있고 수색당한 내부를 보고 그는 이 모든 일의 원인이 종교라고 결론 내렸다. 그렇지 않고서야 예배당을 저런 식으로 공격할 수는 없었다.

알리는 학교 근처 친구 집에서 거의 잠을 이루지 못하고 밤을 지새웠다. 예전에 무슬림 남자들을 찾아내려고 그 지역에 경찰이 느닷없이 들이닥쳤던 일도 떠올랐다. "아무것도 먹지 못한 채 모두 두들겨 맞았어요."

그들은 긴장을 풀기 위해 담배 마는 법을 알려주는 유튜브 영상을 보았다. 그 와중에 샤 장관이 델리 경찰에게 지역의 무슬림 남자를 전부 체포하라고 명령했다는 소문이 메시지를 통해 퍼졌다. 그들은 무슨 일이 일어날지 예의 주시하며 기다렸다. 한 남자애가 죽었다는 소식에 기도도 올렸다. 죽은 이를 애도하며, 자비와 용서를 간구하는 기도를. 하지만 나중에 그 애가 살아 있다는 걸 알게 되었다고 알리는 웃으며 말했다. "우리가 그 애를 죽였어요."

고요한 가운데 누군가의 외침이 들렸다. 다른 이들도 살아 있다는 증거였다. 학교 안에 있는지조차 확인할 방법은 없었지만, 그것은 단순한 목소리가 아닌 연대감이었다. 남자는 쿠란의 한 구절을 필사적으로 반복해 외쳤다. "나라 후 타크비르, 알라후 아크바르Nara hoo taqbir, Allahu Akbar." 희망을 잃지 말라는 외침, 갓난아이의 귀에 아버지들이 속삭여주던 말, 인간의 절망보다 더 큰 힘의 존재를 일깨우는 말이라고 알리는 말했다.

그 외침이 알리에게 힘을 주었다. "경찰과 무장 군인, 총구 앞에서 그 말을 들었을 때, 마침내 깨달았어요. 폭군보다 더 큰 무언가가 있다는 걸요." 그는 이튿날 아침, 집으로 떠났다.

그날 저녁, 나는 뭄바이대학으로 가는 택시를 잡아탔다. 대학 정문 앞에는 대규모 군중이 뚜렷하게 두 그룹으로 나뉘어 있었다. 한쪽은 학생들이었고, 다른 쪽은 구호를 외치는 데 익숙해 보이는 시끄러운 정치 집단으로 마른 체격의 남성들이 땀에 젖어 있었다. 뭄바이 경찰은 가까이서 상황을 주시하며 어느 쪽에 서고 어느 쪽에 앉으라고 지시를 내렸다. 정치 집단은 순종적이었으나, 학생들은 달랐다. 시민권 수정법에 대한 학생들의 구호는 더 날카롭고 신랄했다. 학생들은 샤와 모디를 향한 비난을 외쳤고, 어떤 표현은 웃음을 자아내며 공감을 불러일으켰다. 인도국민당에 우호적이지 않은 취약한 연합 세력이 주 정부를 이끌고 있다는 점이 그나마 약간의 안도감을 주었다. 덕분에 경찰이 지켜보는 앞에서도 웃으며 자유롭게 발언할 수 있었다.

언론은 선동가였다. TV 9의 한 기자는 시위대에 마이크를 들이대며 델리에서 학생들이 야기한 폭력 사태에 관해 입장을 밝히라고 요구했다. 부르카를 입은 여성들도 다른 사람들과 함께 게이트에 올라갔는데, 경찰은 그들에게만 내려오라고 지시했다. 잠시 후, 해 질 무렵 경찰은 시위가 끝났다고 알렸고, 나이 든 여성, 학생, 정치인들은 마지못해 자리를 뜨는 사람들을 따라 걸음을 옮기기 시작했다. 정치 집단은 협조적이었고, 대중의 실망감을 생산적으로 이용하려는 듯 곧 더 큰 규모의 시위에서 다시 만나자고 약속했다. 혁명은 서로가 동의하는 방식대로 진행될 것이라고 했다.

나는 밖으로 나가 릭샤*를 잡았다. 릭샤 기사는 시위가 재밌다는 듯 말을 걸어왔다. 그는 샤의 법안을 옹호하는 사람이었다. "그 법은 다른 나라에서 온 힌두교도들에게 피난처를 제공하려는 것뿐이에요." 그는 거울로 나를 흘끗 쳐다보며 자신이 인도국민의용단RSS 일원이라고 자랑스럽게 말했다. 나는 포커페이스를 유지하려고 애썼다. RSS는 힌두 민족주의를 표방하는 준군사 조직이었고, 모디 총리도 그 조직에서 세력을 키웠다. 운전기사는 시위가 인도를 분열시키려는 음모이며, 자유주의자들은 힌두교도들보다 무슬림을 보호하는 데 더 신경 쓴다고 했다. 운전기사와의 대화는 하나의 불의에서 또 다른 불의로, 하나의 모욕에서 또 다른 모욕으로 이어졌다. 결론 없는 논쟁이 한참 동안 이어졌다.

무슬림들은 "갈기갈기 찢어버려야 해". 어느 순간 들려오는 말에 나는 깜짝 놀랐다. 그는 힌두교도만을 위한 국가를 만드는 것을 넘어 무슬림들을 죽이거나 쫓아내고 싶어했다. 그걸 들으니 더 이상 할 말이 없었다.

• 인도, 방글라데시, 파키스탄 등에서 흔히 사용되는 저렴한 교통수단으로 인력거 혹은 자전거 택시, 오토바이 택시 등의 형태가 있다.

4.
모두가 의심받는 세상

시위로부터 한 달이 지난 1월의 어느 우중충한 날. 델리 북동부에 위치한 암베드카르대학의 정문은 굳게 닫혀 있었다. 정문 바깥의 사람들은 철창을 붙들고 간청했지만 경비원들은 단호했다. 경비원들은 잔뜩 긴장한 채 무전기로 상사와 대화를 나눴다. 더 많은 사람이 속속 도착했다. 자미아밀리아이슬라미아대학에서부터 시작된 불만은 다른 대학 캠퍼스와 뭄바이 같은 도시들로 확산되었다. 평소에는 국내 사건에 그다지 관심을 두지 않던 인도공과대학IIT의 엘리트 학생들조차 사건을 주시했다. '핀즈라 토드Pinjra Tod'('감옥을 부수자'라는 뜻)라는 단체가 그날 암베드카르대학에서 시민권 수정법에 관한 토론을 열었다. 이 단체는 처음에 여학생 기숙사의 엄격한 통금 시간에 반대하는 운동으로 시작했지만, 이제는 한 곳에 국한되지 않고 부당한 일이라면 어디든 나섰다. 부당한 투옥, 교육의 사유화, 대학 행정처의 권력 남용에 반대하는 캠페인도 벌였다. 평등과 자유로운 이동을 요구하는 시위에 정보국은 우려를 표했다. 가끔은 정보국 요원들이 전화를 걸어와 시위를 평화적으로 진행할지 확인하기도 했다.

경비원들 때문에 들어가지 못하고 학생 대표에게 전화를 걸었더니, 후문에서 만나자고 했다. 몇 분 후, 어디선가 나타난 그녀는 단호한 데다 초조해 보였다. 너무 심각한 표정이어서 조금 당황스러울 정도였다. 그녀는 고개를 까딱하더니 앞장서서 걷기 시작했다. 자기소개도 없었고, 대화도 나누지 않았다. 그녀의 이름은 프라샤스티카였다. 그녀는 대학 건물 사이의 미로 같은 골목으로 나를 안내했다. 벽 여기저기에는 우르두어 시구가 쓰여 있고, 단 두 마디의 강렬한 메시지도 눈에 띄었다. "RSS를 파괴하라."

암베드카르대학에서 RSS를 파괴하자는 결의는 숨 쉬듯 자연스럽게 표출되고 있었다. 대학의 이름은 카스트의 불가촉천민으로 태어나 인도의 헌법 초안을 마련하는 데 헌신하다가 병에 걸린 사회 개혁가, 비므라오 람지 암베드카르에서 딴 것이었다. 그는 힌두교의 억압적인 카스트 제도와 종교 자체에 반기를 든 것으로 유명했고 힌두교의 규범이 사회 발전을 저해한다고 주장했다. 그는 힌두교가 '실질적으로 법이며, 기껏해야 법으로 정당화된 계급 윤리'라고 썼다. 그는 힌두교의 파괴를 주장했다. "그것을 종교로 여기는 한, 사람들은 변화를 받아들이지 않을 것이다. 종교는 일반적으로 변화라는 개념을 거부하지만, 법은 그렇지 않기에 종교라 부르던 것이 사실 오래되고 낡은 법이었음을 깨닫고 나면 사람들은 변화를 수용할 것이다." 법은 바뀔 수 있다는 것을 모두가 알고 인정하기 때문이다. 암베드카르는 결국 1956

년 불교로 개종했고, 하층 카스트 출신의 추종자 50만 명도 그와 함께 개종했다.

암베드카르대학 측은 샤의 새 법에 관한 토론을 위해 강의실을 예약했다가 계획을 바꿨다. 사용할 수 있는 장소는 정문 근처 커다란 푸른 방수포가 깔린 복도밖에 없었다. 서둘러 변경한 느낌이 역력했지만 결정은 번복되지 않았다. 전년도에 힌두 우익 세력의 폭력에 관한 다큐멘터리 「라마의 이름으로Ram Ke Naam」를 상영할 때 RSS 청년단원들이 캠퍼스를 습격해 방해했다. 뉴스 보도에 따르면 그들은 문을 향해 의자를 던지고, 전기를 끊고, "힌두교 신념을 모욕하지 마라"라는 구호를 외쳤다. 이에 대학 행정실은 외부인들의 캠퍼스 출입을 전면 금지했다고 프라샤스티카는 말했다. 이번 모임에서도 왠지 불법적인 느낌이 감지되었다. 그녀는 이날의 주요 초청자가 외부인 중에서도 가장 환영받지 못하는 인권운동가들이라는 사실을 대학 측에 말하지 않았다.

주최 측 사람 한 명이 외쳤다. "국가 권력과 감시 체제에 맞서고 싶다면 시위에 참가하십시오!"

의자도 없어서 50명 넘는 사람이 바닥에 앉아 있었다. 변호사, 활동가, 시위대, 기술자들이 차례로 발언했다. 인신매매 사건을 담당하는 마른 체형의 변호사 타니마 키쇼르는 말했다. "인도는 늘 난민을 위한 제도를 갖추고 있었습니다. 난민도 장기 비자를 받을 수 있었죠. 지금 이들이 도입하려는 법은 포용을 위한 것이라고 말하지만, 실은 그렇지 않습니다. 이것은 포용이 아닌 배제 정책입니다. 특정 종교, 특정 국가 출신에게만 적용되는, 특정 종교를 박해하는 차별법입니다. 정치적 박해 문제는 명함도 내밀지 못합니다. 이 법은 로힝야족이나 스리랑카 출신 사람들도 보호하지 않습니다. 그들은 온 나라에 무슬림이 범죄자라 말하고, 모두에게 신분 서류를 제시하라고 강요합니다. 이제 모두가 의심받고 있습니다." 학생들은 그녀의 말을 곱씹었다. 차가운 이슬비가 내렸다. 군중은 서서히 늘어났고, 김이 나는 차를 들고 오는 사람이 많아졌다.

"그들은 힌두교 국가를 세우려고 합니다. 하지만 그게 정말 힌두교도들이 원하는 일입니까? 우리는 그들과 우리가 함께라는 것을 압니다." 히잡을 쓴 젊은 여성이 말했다. 자이나브는 단호한 눈빛으로 벽에 등을 기댄 채 바닥에 앉아 있었다. "지금 벌어지는 일은 우리에게 분명 고통이지만, 힌두인들에게도 문제가 됩니다. 이제 그들은 힌두인들에게도 어떻게 살지, 무엇을 먹을지, 어떻게 행동할지 지시를 내릴 겁니다. 지금은 무슬림이 위협받고 있지만, 이 상황은 달리트(카스트 제도에서 불가촉천민)와 여성들에게도 좋지 않습니다. 이 나라에서는 무슨 일이든 일어날 수 있다는 걸 알게 되었으니까요."

자이나브는 수십 년 전에 벌어졌지만 처벌 없이 넘어간 종교 폭동에 대해 이야기했다. 그녀는 샤힌 바그에서 열린 시위에서 막 돌아온 참이었다. 그곳은 통행량이 많은 간선도로였는데 노인 여성들이 한 달 넘게 도로를 점거하고 있었다. 정부 지지자들은 시위대가 교통 체증을 유발한다며 불평했지만, 기자들은 경찰이 '보안상의 이유'로 다른 도로에 바리케이드를 세웠다는 사실을 밝혀냈다. 자이나브가 말했다. "여성들은 118년 만에 찾아온 가장 혹독한 겨울 날씨에 비를 맞으며 그곳에 앉아 있습니다. 이 정부는 무슬림 여성들을 신경 쓴다고 말합니다. 그런데 지금 어디에 신경 쓰고 있습니까? 그들은 힌두 여성들을 부르카로 위장시켜 그들이 운영하는 뉴스 채널에서 인터뷰를 진행합니다." 사람들은 더 크게 박수 치고 고개를 끄덕였다. (정부와 노선을 같이하는 뉴스 채널의 기자와 에디터들은 시위 현장에 나타나 군중의 불만을 보도하는 대신, 여성과 아이들을 '잘못된 사고를 지닌 폭력적인 사람들'로 묘사했다.)

한편 프라샤스티카는 정문에 서 있던 경비원들에게 시선을 돌리더니, 성큼성큼 다가가 그들을 밀치고 밖에 선 사람들에게 길을 열어주었다. 보슬비를 맞고 있던 사람들이 재빨리 안으로 들어왔다. 경비원들은 저항하지 않았다. 문을 닫으라는 지시만 받았을 뿐, 문이 뚫렸을 때 어떻게 하라는 지시는 없었기 때문이다. 경비원 한 명은 이런 상황에 질렸다는 듯 자리를 떠나 아삼에서 온 연사의 이야기를 들으러 갔다. 연사는 인도인임을 서류로 증명하지 못한 인도인들이 수용소에 갇혀 있다고 말했다. 연사의 이야기는 그의 마음을 움직였다. "연사들은 나라를 위해 이런 일을 하는 것"이라고 경비원은 말했다. 이제 그는 한물간 세대가 되었는지 몰라도 어쩌면 다음 세대가 우리를 구할 수도 있겠다고 말했다. 시기가 시기이니만큼 문제를 알리는 한마디 말만으로도 전혀 모르는 사람들과 동질감을 느끼게 하기에 충분했다.

자이나브의 연설이 끝났다. 프라샤스티카는 다음 연사로 가죽 재킷을 입은 보안 연구원을 소개했다. 스리니바스 코달리는 인도의 기술 관련 법안을 기록하는 연구원으로, 강력한 기술과 개발자들에 대한 검토가 충분히 이뤄지지 않는 현실을 우려했다. 그는 공식 정보 요청을 통해 얻은 수천 건의 공식 문서에서 모호한 정치적 의도를 정확히 짚어내는 것으로 유명했다. 그가 바닥에 앉은 군중에게 말했다. "민주주의에 대한 위협은 끝이 없습니다." 그는 정치, 국가 안보, 기술 발전이 어떻게 그들을 비 오는 날, 이 시위 현장에 모이게 했는지 간략히 설명했다. 목소리는 매뉴얼이라도 읽는 것처럼 차분하고 일정했다. 보통 소진되지 못한 에너지가 남아 있을 때처럼 몸이 떨려오지도 않았다. 그는 전쟁, 테러 공격, 정보 분석 실패 이후 정부 프로그램이 어떻게 침해적으로 변해왔는지 차분히 예시를 나열했다. 이제는 너무 많은 정보 저장소가 존재하고 "우리는 데이터베이스 국가가 되어가고 있습니다". 곧 데이터 보호법이 제정될 예정이지만, 그것만으로 데이터를 보호할 수는 없을 터였다. "이게 우리가 사는 세상입니다."

그의 이야기를 들으며 청중의 눈은 이리저리 흔들렸다. 그들은 필사적으로 의지할 무언가를 찾고 있었다. 하지만 두려움에 사로잡힌 자유주의자 학생들에게 디스토피아는 비옥한 토양이기도 했다. 그들은 경찰이 시위자를 식별하는 데 신기술을 이용하고 있음을 알았다. 시위 현장 위로 정체불명의 드론이 날아다니며 사진을 찍고, 경찰이 군중에게 카메라를 들이대는 모습도 목격했다. 그 데이터는 미지의 장소로, 알 수 없는 목적으로 전송되었다. 그들의 정보력과 경찰의 정보력은 차원이 달랐다. 경찰이 휴대전화 위치 기록을 확인해 시위대의 신원을 파악하고 있다는 소문까지 돌았다. 그와 동시에 경찰 폭행의 증거들은 속속 사라졌다. 얼마 지나지 않아 자동차 등록 데이터베이스를 통해 무슬림의 주소가 확인되었다는 이야기가 돌았다. 기술 발전으로 무엇이든 가능해졌고 이런 일은 피할 수 없었다. 코달리의 옆 코르크 보드에 꽂힌 종이가 펄럭였다. 종이에는 이런 문구가 휘갈

겨 있었다. "힌두트바 게슈타포는 도처에 있다!"

모임이 끝나자 프라샤스티카가 일어나 주먹을 높이 치켜들고 외쳤다. "우리는 시민권 수정법을 인정하지 않는다!"

뒤에 남은 사람들이 구호를 외쳤다. "인정하지 않는다, 인정하지 않는다."

프라샤스티카가 외쳤다. "데이터 보호법을 철회하라!"

"철회하라, 철회하라."

더는 외칠 구호가 없자, 청중은 하나둘 자리를 떴고 프라샤스티카만 남았다.

2020년 초 몇 달 동안 프라샤스티카는 두려움을 느꼈다. 어디서 시위를 하든, 힌두교 남성 한 무리가 잔뜩 신경을 곤두세운 채 다가와 "무슬림이냐, 힌두교도냐?" 묻곤 했다. 종교를 대는 것만으론 부족하다며 증거를 요구했고, 경전을 암송하라고 명령하기도 했다. "시위를 마치고 지하철을 타러 갈 때 길을 막고 신분증을 보여달라는 사람들도 있었어요. 무슬림처럼 보이면 아무나 멈춰 세웠습니다."

프라샤스티카는 자신의 아파트 건물에 "시민권 수정법 반대, 국가시민명부 반대NO CAA, NO NRC"라고 쓴 전단지를 붙였다. 곧 화가 난 관리사무소 사람들이 경찰을 불러 전단지에 대한 조사를 요청했다. 그녀는 전단지를 숨기고, 어머니에게 경찰이 물어보면 딱 잡아떼라고 당부했다. 그녀는 법이 시위자들을 찾아내는 방식을 이렇게 표현했다. "치밀한 마녀사냥." 델리 경찰은 핀즈라 토드 회원들에게 폭력을 조직한 혐의를 씌우고, 감당할 수 없을 만큼 많은 죄목을 덧씌웠다. 이 단체의 설립자들은 '내란 선동, 살인미수, 범죄 공모, 두 집단 간의 적대감 조성' 등의 혐의로 기소되었고, 몇 년간 구금을 강제하는 불법 활동 예방법*에 따라 구금되었다. "제도는 완전히 붕괴되었지만, 우리는 여전히 그 제도에 정의를 요구하러 갔습니다." 그녀는 델리 교통경찰 본부 앞에서 시위하며 "델리 경찰을 규탄한다!"라고 외쳤다가, 다시 "델리 경찰, 우리 편에 서라!"라고 소리쳤다. "웃기고 유감스러운 일이죠. 바로 그 경찰한테 두들겨 맞고 있으니까요. 그 경찰은 우리를 싫어하죠." 시위대를 외면한 경찰을 비난하면서도 약속을 지켜달라고 호소하는 일은 진이 빠졌다. 얼마 후 그녀는 시위에 나가는 것을 그만두었다. 친구들을 외면했다는 죄책감보다 국가가 더 폭력적으로 변할 거라는 불안감이 압도적으로 컸기 때문이다. 위협이 느껴졌고, 저항은 고단했다. 자미아를 비롯해 여러 대학에서 경찰은 지긋지긋하게 폭력을 휘둘러댔다. 대중의 반대가 부족한 것도 힘 빠지는 일이었다.

주변 곳곳에서 사람들은 자기 보호를 택했다. 어떤 이들은 이제 시위를 하지 않기로 했고, 어떤 이들은 시위 현장을 찾지 않기로 했으며, 어떤 이들은 온라인에서 민감한 사안에 대한 언급을 그만두었다. 프라샤스티카가 말하길, 어떤 남자는 남자친구와 함께 사는 집의 명패를 떼어내기까지 했다고 했다. 나는 그게 사실인지 물었다. 프라샤스티카는 그 남자가 자신의 친구이며, 게이에 무슬림, '노동계층 출신'이라고 했다.

- 인도의 국가안보법. 반국가 활동을 방지·처벌하기 위한 법으로, 개인을 테러리스트로 지정할 수 있으며, 보석이 어렵고, 인권 침해 우려가 있어 집행 방식과 범위에 대한 논란이 끊이지 않는다.

나는 그 이야기가 마음에 남아 그 남자와 인터뷰할 수 있겠냐고 물었다. 그녀는 망설였다. 그는 알려지길 원치 않았고, 자신을 드러내고 싶어하지 않았으며, 개인적으로 알지 못하는 사람과는 어떤 관계도 맺고 싶지 않아 했다. 그에게 다가가려면 그와 단단한 유대를 맺고 있는 친구들의 이야기를 인내심 있게 듣고, 내 의도를 전해 설득하는 수밖에 없었다. 나는 기자들이 흔히 하는 대로 취약함을 내보이며 진지하고 솔직하게 약속하고 그 약속을 반드시 지키겠다고 설득했다. 나는 약속을 지키겠지만, 인도는 건국자들의 확고한 약속을 포함해 국민에게 한 약속조차 재고하고 있다는 것을 잘 알았다. 이제 인도는 역사, 영토, 언어, 단어, 천 루피 지폐, 정보 등 온갖 것을 내놓으라고 할 태세였다. 국가는 활동가, 변호사, 기자들로부터 원하는 것은 뭐든 강제로 빼앗았다. 공무원들은 새벽에 문제아들을 찾아와 그들이 이해하지 못하는 언어로 된 영장을 내밀고, 꾸며낸 혐의를 씌워 체포하고 감옥에 보냈다. 컴퓨터와 편지, 문서를 압수하고, 소장하고 있던 고전 도서에서 음모를 발견하려고 혈안이 되었다. 이제 사람들은 책은 잘 읽지 않으면서 온갖 것에서 의미를 찾아내려는 시대였기에 정부는 자신들의 주장이 먹혀들 수 있음을 잘 알았다. 국가는 개인의 행동과 사상에 있어서도 지배적이고 전지전능한 존재였다. 활동가의 컴퓨터에 원격으로 증거를 심는 일도 주저하지 않았고, 병든 인권운동가를 감옥에서 죽게 내버려두기도 했다. 그러니 누군가에게 기밀 정보를 맡긴다고 해서 얼마나 안심할 수 있을까? 기자로서 나는 국가 기구가 행사할 압수 권한이 우려되었다. 언젠가 법정에서 인도의 변호사들은 법을 엄격히 해석하면 인도인의 사생활권은 없어질 거라고 주장하기도

했다. 사적인 지식조차 존중받지 못한다면, 사유재산이란 과연 뭘까?

프라샤스티카의 친구가 인터뷰에 응하겠다는 말을 전해왔을 때, 위험성에 대해 더 분명히 설명했다. 인터뷰어로서 나는 그의 신뢰를 배신하지 않겠지만, 시기가 시기인 만큼 그의 말이 정부가 선호하는 뉴스 채널에 등장할 수도, 그의 말이 왜곡되어 큰 피해를 입을 수도 있었다. 그는 내 말을 주의 깊게 듣고 인터뷰 요청을 재고했다가 결국은 명패에 관한 이야기를 해주기로 마음먹었다.

그의 이름은 사실 더 길지만, J—라고 부르기로 했다. J—는 망갈로르의 커피 농장에서 자랐고, 무슬림이었다. 그의 아버지는 돈을 많이 벌지 못했지만, 아들의 사립학교 입학금은 마련할 수 있었다. 아버지는 아들이 더 행복한 삶을 살길 바랐다. 그곳의 브라만* 아이들은 전액 학비를 내고 다녔지만, 학비를 전부 충당할 수 없었던 J—는 '장학생'이 되었다. 학교에 다니는 아이들 대부분이 경제적으로 넉넉했고, 자신의 사회적 위치에 대해 고민할 필요 없이 이마에 재를 바른 채** 공부에 열중했다. 그들의 계급은 이미 정해져 있었다. J—는 당시 그들의 인정을 받고 싶었다고 했다. 산스크리트어를 열심히 공부하면 브라만의 마음과 정신을 갖게 되고, 힌두 사회의 모든 사람과 가까워질 수 있으리라 믿었다. 정확히 언제부터였는지는 모르겠지만 그는 조금씩 자신의 신앙을 내려놓고 힌두인으로 살아가기 시작했다.

- 힌두 사회에서 크샤트리아, 바이아, 수드라와 함께 4대 바르나 중 하나로, 최상위 계급에 해당된다.
- 힌두교의 종교적 관습. 파괴와 재생의 신인 시바와의 일체감을 표현하는 방법.

J—는 직접 힌두 이름도 지었다. 그 이름은 J—에게 갑옷이 되고 새로운 가능성을 열어주었다. 그 이름 덕분에 상상했던 것보다 훨씬 더 하루하루가 견딜 만했다. 그가 택한 '아비나시'라는 이름은 그에게 쏟아질 수 있었던 수많은 말로부터 보호막이 되어주었다. "친구들과 관계를 유지하려고 노력했어요." 이제 와 시간을 되돌려 바라본 렌즈 속 J—는 필사적이었다. 실수로 기도하는 모습을 들킨다면, 배경음에서 무슬림의 정체성이 드러난다면, 무심코 무슬림 축제를 언급한다면, 고기 먹는 모습을 들킨다면, 그 J—는 그로 인해 생긴 간극을 메우려고 아등바등거려야 했을 것이다. 하지만 그런 게 아니라도 그들 사이에는 노력으로 결코 메울 수 없는 뭔가가 있었다.

"그 시선. 설명할 수 없지만, 그들이 바라보는 방식에서 느껴졌어요. 뒷말을 한다는 것도 알 수 있었죠. 그냥 왠지 알 것 같은 거 있잖아요." 전화기 너머로도 그의 말투에서 느껴지는 울림이 있었다. 그는 자신이 느꼈던 무게를 나도 느끼길 원했다.

가끔은 이름 덕분에 그런 시선과 평가에서 제외될 수 있었다. '파괴할 수 없다'는 뜻의 그 이름은 단순한 힌두 이름이 아니라, 브라만의 이름이었다. 그 덕분에 무슬림에게 집을 빌려주지 않는다거나 그 부류와는 거래하고 싶지 않다거나 하는 사람들의 암묵적 규칙에서 벗어날 수 있었다. 환영받지 못하는 곳에서 살아가야 하는 이들에게 요구되는 전형적인 '변신'이었다.

스무 살 때, 그는 힌두 남성과 사랑에 빠졌고 함께 살기로 했다. 그는 델리의 암베드카르대학에 등록했는데, 그곳 학생들은 권위를 절대 용납하지 않았고, 자신의 생각을 벽에 자유롭게 표현했다. 집을 찾은 기분이었다. 처음으로 아무 필요조건 없는 우정이 생겨났다. 사람들은 가까이서, 굳건하게 그의 곁에 머물렀고 그의 존재를 보호해주려는 게 느껴졌다. 하지만 가장 가까운 친구들조차 그의 삶이 얼마나 위태로운지 알지 못했다. 친구들이 그의 진짜 이름이 새겨진 특별한 문패를 만들어주었지만, 그는 문패를 치워두었다. 그곳에 무슬림이 살고 있다는 사실을 이웃에게 들키면 안 되었다. 우유, 달걀, 빵, 신문 배달원에게도 정체를 들키고 싶지 않았다. 모두가 위험했다. "제가 과민 반응 한다고는 생각하지 않았어요."

2014년 나렌드라 모디가 총리가 되기 전, 그가 유권자들에게 내세운 것은 건설적 비판이 가미된 번영과 발전에 대한 약속들이었다. 모디는 말했다. "지난 60년은 실정과 정치적 탐욕만 가득했을 뿐, 잠재력은 낭비되고, 위대함을 이루기에는 턱없이 부족했으며, 개인의 통장 잔고는 빈약하기 짝이 없었습니다." 사람들이 무엇을 쌓아왔든, 모디는 그들이 아무것도 가진 게 없다고 믿게 했다. 그의 메시지는 지지자와 기업 리더들, 언론에 의해 전달되고 확산되었다. 역사와 사실을 살짝 다르게 묘사하며 모디는 현대 인도뿐 아니라, 고대 인도의 잘못까지 바로잡을 수 있는 사람처럼 부각되었다. 모디는 말했다. "여러분은 국민회의당에 60년을 주었습니다. 제게는 딱 6년만 주십시오." 그는 공짜 신용카드를 긁듯 전국을 돌며 약속을 남발했다. "각 가정에 2만 달러씩 돌아갈 만큼 해외에 숨겨진 불법 자금이 있습니다. 제가 이 돈을 되찾아오겠습니다"라고 말했을 때, 다른 많은 이처럼 J─의 가족도 '모디에게 푹 빠졌다'. 눈에 콩깍지가 씐 사람들은 그 두 문장을 뭉뚱그려, 모디가 각 가정의 은행 계좌에 직접 2만 달러를 입금해줄 거라고 해석했다. J―의 가족 중 '60~70퍼센트'는 모디에게 투표했다.

하지만 입금을 기대하던 사람들에게 돌아온 것은 철저한 감시였고, 시위가 조직될 즈음이 되자 J―의 어머니는 '모디를 악마, 최후의 날에 등장하는 사탄'이라고 부를 정도가 되었다. J―도 초기 시위에는 참가했지만, 진정한 시민 흉내만 내는 것 같아 그만두었다. 교수들도 연대와 참여 민주주의를 내세우며 시위대 한편을 차지했다. 하지만 학생들에게 '차이(인도식 차)나 한잔 마시면서 시위에 가보라'고 권하는 모습을 보고 J―는 그 겉치레에 분노했다. 교수들이 이 문제를 보는 눈은 자신과 달랐다. 그들은 고상한 이상에 충실하느라 반대하고 나선 것이지만, J―에게는 생존이 걸린 일이었다. J―는 그 차이에 화가 났다.

나는 그에게 자신의 감정을 글로 써본 적이 있는지 물었다. "시민권 수정법에 관해 글을 쓰고 싶은 충동을 느낀 적은 있어요." 그는 그렇게 말했지만, 쓰지는 않았다. 그보다는 이 모든 것의 의미에 대해 깊이 생각했다. 이런 차별은 최근에 시작된 일일까? 일부에서 생각하는 것처럼 모디가 등장하면서 생겨난 걸까? 하지만 그의 경험에서 나오는 답은 달랐다. "사람들은 모디의 당에 비난의 화살을 돌리지만, 25년을 살아오는 동안 제게 위로가 된 이는 한 명도 없었어요." 그는 이렇게 결론지었다. "눈에 띄지 않을 뿐, 독은 늘 있었어요."

시위의 계절은 델리의 지방 선거와 맞물렸다. 이 특별행정구역의 투표일이 다가오면서, 모디의 정당 국회의원들의 발언은 긴장을 한층 고조시켰다. 어느 주 의회 의원은 무슬림에게 경고했다. "우리는 80퍼센트, 너희는 고작 17퍼센트다. 우리가 다수당이 되면 어떤 일이 벌어질지 생각하라. 이 나라에서 살고 싶다면 다수가 누구인지 명심하라. 이 나라는 우리 나라다." 또 하원의원이자 크리켓 행정가인 아누라그 타쿠르는 선거 유세에서 군중에게 보이지 않는 적을 향해 폭력적인 구호를 선창하라고 부추겼다는 보도가 있었다. "국가를 배신하는 놈들을 쏴라!"(그로부터 채 2년도 되지 않아 그는 인도 재무부 차관에 이어 체육부 장관이 되었다.) 또 다른 후보는 당선되면 자기 선거구 내의 모스크를 깡그리 없애겠다는 공약을 내세웠다.

첫 번째 폭력 선동이 있고 나서, J—는 조만간 누군가 이에 응하는 행동을 할 거라고 예상했다. 그가 목격한 증오는 두 가지 방식으로 표출되었다. 하나는 눈에 보이는 것으로, 선출된 대표들이 공개 발언을 통해 거침없이 드러냈다. 다른 하나는 출처가 불분명하게 집으로 은밀히 전달되는 메시지였다. 그는 밤이면 왓츠앱으로 메시지를 보낸 친구들에게 말이 되는 소리를 좀 하라며 답장하는 일이 많아졌다. 친구들은 사적으로 반무슬림 영상을 공유하곤 했는데, 극우 성향인 이들은 "무슬림은 남의 음식에 침을 뱉는다"고 주장하기도 했다. 그는 친구들이 매일 받는 거짓 정보, 쇼츠 영상, 농담, 작성자 없는 공개서한, 마음속 어두운 면을 자극하는 모든 디지털 쓰레기를 반박하고 싶었다. J—는 친구들이 자신을 대신해 무슬림에 관한 잘못된 이야기를 바로잡아주었으면 했다. 극단으로 치닫는 사람들에게 다가갈 방법은 그것밖에 없다고 생각했다. 이성에 귀 기울이지 않는 그들이라도 함께 자란 데다 그들이 사랑하는 사람이라면 다가갈 수 있을지도 모르겠다고.

J—는 조용한 시간에 맞춰 델리 거리를 걸었다. 저녁이 되어 공원에

모인 사람들이 단결의 노래를 부를 때면 시선을 피해버렸다. 누군가에게는 낭만적인 광경일지 몰라도 그에게는 우스꽝스러울 뿐이었다. 수십 년 동안 그의 삶은 털끝 하나 변하지 않았는데 저들의 노래에 누가 설득될까? 그 노래에 무슨 가치가 있을까? 누구를 위한 노래인가? 그는 상징이 된 남자, 버락 오바마를 떠올렸다. 하지만 정확히 무엇의 상징인가? 오바마는 희망과 변화를 약속했지만, 그의 바로 다음은 트럼프였다. 희망의 시간이 끝나고 곧바로 이어지는 게 공포의 시간이라면 무슨 소용이 있을까? 문제의 뿌리는 훨씬 더 깊다는 것을 그는 경험을 통해 깨달았다. 그는 다가오는 사태를 직감하고 친구에게 말했다. "무슬림을 향한 증오가 분출되고 있어. 이제는 무슨 일이든 일어날 수 있어. 대량학살도."

J―는 매일 밤 자기 방 창문에 달린 쇠창살을 만져보고, 집 밖의 단단한 철문에도 감사한 마음이 들었다고 했다. 그는 계속 연락하겠다고 했지만, 그 후로는 사라졌다. 전화도 받지 않았고, 더 이상은 연락이 닿지 않았다.

5.
자유의 외침

시위대가 샤힌 바그를 점거했다. 샤힌 바그는 뉴델리의 야무나 강변 벽을 따라 이어진 도로였고, 시위대는 주로 여성들로 이루어졌다. 여자들은 영하에 가까운 날씨에, 비가 내려 진흙탕이 되었는데도 자리를 지키고 앉아 있었다. 남자들은 시위대 가장자리에 서서 그들을 엄호했다. 카메라와 휴대폰들이 그 순간을 기록했다. 더 많은 여자가 합류해 시위를 강화했다. 곧이어 천막이 세워지고 무대가 마련되고, 스피커에서 밤낮으로 목소리가 울려 퍼졌다. 델리 경찰이 어디까지 잔혹해질 수 있는지는 이제 분명해졌다. 사람들은 경찰이 여자 시위자들도 공격할지 모른다며 우려했다. 며칠이 지났지만, 당국이 이 시위를 어떻게 처리할지는 아직 확실히 알 수 없었다. 이런 새로운 형태의 시위까지는 당국의 상상력이 미치지 못하는 모양이었다. 그러다 당국은 시위대를 델리의 교통 방해꾼으로 몰아가기 시작했다. 대법원이 임명한 변호사들이 자리를 옮겨달라고 부탁했지만, 시위대는 꿈쩍도 하지 않았다. 일부는 인도인들이 가면 안 되는 곳이라도 되는 양 "점거"라는 표현을 썼다. 그 밑바탕에는 종교·영토 갈등이 깔려 있었고 그 말은 분단과 분리의 감정을 떠올리게 했다. 방수포에 앉은 여성들은 시민권법이 그들에게 요구하는 것에 대해 비통함을 토로하는 무대 위의 연설자를 바라보았다. 연사의 혹사된 목은 잔뜩 쉬어 있었고, 군중 위에 설치된 스피커는 고장나, 연사의 부드러운 어조를 날카롭고 알기 힘든 소리로 바꿔버렸다. 정확한 단어는 알아들을 수 없었지만, 고음의 연설이 남긴 것은 분명 절망과 고통의 청각 신호였다.

다음에는 활동가들이 각자의 전문 분야에서 다양한 법적·기술적 관점으로 이야기를 들려주었다. 그들의 발언은 모두 시위의 핵심 쟁점에 추가적 의미를 더해주었다. 사람들은 분노와 실망, 해결책을 찾으려는 고군분투 속에서도 함께여서 그나마 덜 외롭다고, 짧은 순간이나마 자신이 꿈꾸던 세상은 군중의 이해 편에 서 있다고 느꼈기에 시위대에 모여들었다. 하지만 군중은 이미 깨어 있었고, 더 이상의 자극은 필요치 않았다. 강제 이주라는 위협만으로 동기는 충분했다.

시위대 가장자리에 선 남자들이 사진가들 방향으로 플래카드를 들고 있었다. "시민권 수정법 반대, 국가시민명부 반대." 점토 컵에 설탕을 듬뿍 넣은 차를 파는 노점에도 같은 문구가 적힌 팻말이 붙어 있었다. 차는 잘 팔렸다. 나도 한 잔 주문했는데, 계산대에 있던 아이가 떨떠름한 표정으로 물었다. "다예요?"

벽에 나붙은 포스터와 도로에 그려진 구호들, 도처에 모여 노래하는 시위대, 그룹 지어 만들어낸 그들만의 춤……. "아자디Azaadi!" 남자

몇이 고함치자 여기저기서 날것 그대로의 '자유'의 외침이 터져나왔다. 마치 그것이 평생 바라온 전부인 양. 이 집단이 느끼는 감정은 저항이었다. 그 순간 나는 이렇게 적었다. "그들은 원하는 바를 표현할 말을 찾고 싶었고 마침내 찾아냈다." 3년 후 이 문장을 다시 읽던 나는 구역질이 올라와 얼굴을 찌푸렸다. 당시에는 그토록 의미 있는 순간이라 생각했는데, 지나고 나서 남은 건 오로지 그 순간을 목격했다는 사실뿐. 그 순간으로부터 끄집어낼 것이 더는 없었다. 단 하나의 온전한 해결책인 '자유'가 허락되지 않았기에.

* * *

그 후에 일어난 일들을 기억해내려 해도 머릿속은 하얗다. 떠오르는 건 수치심과 당혹감뿐. 나는 팬데믹의 시작을 불안하게 지켜보았다. 처음 보도되는 확진 사례들은 환자들에게 책임이 있는 것처럼 묘사되기 일쑤였다. 시위가 시작된 지 3개월쯤 되던 2020년 3월, 전염병처럼 번져가던 증오가 새로 찾은 숙주는 코로나19였다. 뉴스 채널들은 델리에서 있던 합법적인 무슬림 집회를 바이러스 확산의 진원지로 지목했다. 보건부의 고위 관계자는 매일 생방송 기자회견을 통해 해당 집회와 관련 확진자 수, 무슬림에게 책임 있는 확진자의 비율을 발표했다. 이런 정보는 그저 비난할 대상을 가리킬 뿐, 문제 해결에 아무 도움도 되지 않았다.

나는 옷과 공책만 겨우 챙겨 델리를 떠나 본가로 갔다. 지극히 안전한 뭄바이 집에서 나는 수도로 돌아가려 안간힘을 썼지만 떠나지 못한 채 가족이라는 책임에 속박되어 있었다. "그냥 이야기일 뿐이야." 내가 존경하던 어느 편집자는 기자들의 맹목적인 열정을 잠재우려고 종종 그렇게 말하곤 했다. 나도 가끔은 동의했지만 그다지 설득력 있는 말은 아니었다. 일이 번거로워졌을 때 혹은 어쩔 수 없을 때 쓰는 최후의 핑계랄까. 내가 손씻고 주변의 모든 표면을 소독하는 동안, 델리의 별 볼 일 없는 정치인들이 위협을 가하기 시작했고 그로 인해 폭력이 발생한 건 어찌 보면 당연한 수순이었다. 그들은 시민권 수정법 반대 시위대를 반역자에 비유하며, 군중에게 그들을 쏴 죽이자고 선동했다. 그 모든 일은 팬데믹이 괴물처럼 몸집을 키우는 동안 벌어졌다. 저녁 뉴스는 인간의 법을 인정하지 않는 이들의 열악한 위생과 사회적 무관심이 초래한 결과라는 듯 보도했다.

그런 우려들이 합쳐져 대중은 교통 체증을 일으키고 공공 토지를 점거한 문제의 시위대가 공중보건 비상사태의 원인이라는 인식을 키워갔다.

그리고 학살이 시작되었다. 나는 모든 것을 영상으로 접했다. 사흘간의 폭력을 담은 영상을 위아래로 스크롤하면서 다각도로 확인하고, 트윗을 클릭해 답글과 의견을 읽었으며, 분노에 차 반박 글을 작성했지만 올리지는 않았다. 인도가 겪은 카메라 시대의 첫 대규모 폭동이었다. 때가 되면 증거가 부족할 일은 없을 터였다. 한편 예술가와 기자들은 고아와 노숙인들을 위한 구호품을 수집했다. 어떤 이들은 팩우유를, 어떤 이들은 성냥갑을, 설탕을 보내왔다. 동부 델리의 구호단체에서 자원봉사를 하던 친구가 전화를 걸어와, 남자들이 시체를 하수구에 버리고 있다고 알려주었다. 하지만 바이러스가 확산되면서 그 일은 묻혔다. 코로나바이러스로 인한 하루 사망자 수가 델리에서 한 주 동안 폭력 사태로 죽은 사람의 수를 가뿐히 넘어섰기 때문이다. 이제 사건의 발생 순간을 기록하는 것이 문제가 아니라, 남겨진 것들을 한데 모으는 과제가 주어졌다.

6.
그들만의 힘으로

무함마드 메하르반은 항상 카메라를 지니고 다녔다. 델리 동부에 사는 친구들은 주변에서 특이한 일이 생길 때마다 그를 불렀다. 2021년 처음 만났을 때, 내 눈에 그는 이십대를 갓 넘은 정도로 보였다. 함께 자미아 외벽을 따라 걸으며 그는 벽에 그려진 슬로건과 그림들을 가리켰다. 검열한답시고 페인트를 엷게 덧입혔지만, 아직 글씨와 그림 윤곽은 희미하게 알아볼 수 있었다. 우리는 잠시 말없이 그 은유를 만끽했다.

어느 날 아침, 메하르반은 고가 역인 고쿨푸리 지하철역의 경계 벽 너머 아래쪽 운하를 내려다보았다. 좁고 비스듬하게 난 운하는 델리와 우타르프라데시주의 경계를 따라 이어져 있었다. 운하라고는 하나 양쪽에 늘어선 집들이 그곳을 쓰레기장으로 사용해 하수도나 마찬가지였다. 둑 사이에 흐르는 것은 이제 물이 아니라 빛도 반사되지 않고 주변을 부식시킬 뿐인 회색 진흙 덩어리였다. 시위 후에 무슨 일이 일어났는지 보고 싶다고 하자, 메하르반이 그곳으로 안내했다.

"여기 바로 아래 운하에서 캐터필러 중장비로 시체를 끌어냈어요." 나는 중장비의 쇠발톱이 시체를 찾으려 진흙을 헤집는 광경을 상상했다. 하지만 이미 일상으로 돌아가 일에 몰두하고 있는 사람들을 보면 그런 상상이 억지스럽게만 느껴졌다. 위에서 내려다보면 폭력의 흔적은 찾을 수 없고, 보이는 건 방관자인 도시뿐이었다. 운하 옆 쓰레기 더미에 서서 흰말에게 먹이를 주는 남자들. 지붕 끝에 쪼그리고 앉아 동물들을 구경하는 두 소년. 한때 초목이 자라던 이곳에는 회색 지평선까지 끝없이 늘어선 맨 벽돌의 직사각형 집들만 남았다. 그나마 커다란 플라스틱 물탱크와 동쪽 하늘을 향해 설치된 작은 접시 안테나는 각 가정에 빠짐없이 비치되어 있었다. 이곳이 무슬림 마을이라고 생각한 이유는 몇몇 집에 인도 국기가 펄럭이고 있을 뿐, 힌두 우월주의를 상징하는 밝은 주황색의 '바그와bhagwa' 깃발은 눈에 띄지 않았기 때문이다.

나는 지하철 교각 바로 아래의 커다란 경찰서를 발견하고 메하르반에게 그 점을 언급했다. 그러자 그가 말했다. "여기서부터 제가 안내하는 곳까지 걸음을 세어보세요." 나는 걸음 수를 세기 시작했고 도착한 지점까지는 아흔한 걸음이었다. 그곳은 고쿨푸리 자동차 부품 시장이었다. 헤드라이트와 팬 벨트가 화환처럼 벽에 걸려 있고, 금속 톱니와 둔탁한 부품들이 잔뜩 뒤섞여 쌓여 있었다. 이 혼란스러운 시장통 진열대에서 부품들은 예리한 정비사의 눈에 띄길 기다리고 있었다. 차양 아래 걸린 커다란 흰색 현수막에 '말릭 타이어'라고 쓰인 가게에서는 다양한 크기의 타이어를 판매했다. 그 옆에는 '라이스 보디 부품'과 '아르살란 타이어 숍'이 있었다. 가게 안팎을 오가는 남자들 모두 흰색 모자를 쓰고 있었다. 그 글자들, 상인들이 쓴 모자, 정치 포스터에 적힌 언어 모두 이 시장의 주인이 무슬림임을 보여주었다. 메하르반은 2020년 2월, 힌두 폭도들이 이곳을 불태웠다고 했다. 불길은 서서히 번졌다. 폭도들은 가게마다 한 명씩 들어가 차량 하나씩, 타이어 하나씩 불을 지르고 되돌아와 또 질렀다. 신고를 했지만, 경찰은 그 아흔한 걸음 거리를 건너오지 않았다. 시장은 재건되었고, 이제 막 문을 연 시간대였지만 다시 활기차게 굴러가고 있었다.

나는 화재의 흔적을 찾아보려 했지만 찾을 수 없었다. 시간이 흘렀고, 상처 위에는 이미 새살이 돋은 듯했다. 시장은 그저 운영 중인 것을 넘어 활기가 넘쳤다. 샴푸, 기름, 음식 냄새…… 그 일상의 흔적들. 나는 더 자세히 들여다보았다. 가게의 거무스름한 외벽은 화재 때문이었을까, 폭우에 생긴 얼룩일까? 새것 같은 느낌, 새로 바른 페인트, 깨끗한 천 가리개는 깡그리 타버린 폭력의 잔재일까?

한 노인이 폐품 상점의 타이어 더미 위에 얹은 나무판에 자동차 좌석을 올려놓고 앉아 있었다. 내가 그에게 다가갔다. 노인은 엘리베이터에서 떼어낸 선풍기로 열을 식히고 있었다. 처음에 봤을 때는 할아버지 특유의 차분함이 느껴진다고 생각했다. 평화에도, 폭동에도 동요되지 않는 표정이랄까. 하지만 그냥 그런 얼굴일 뿐이었다. "방화범 모두 이곳 사람들이었어." 그가 시장 뒤편 동네를 가리켰다. "오토바이를 타고 왔고, 가게 주인 이름도 알고 있었지. 이건 인류에 대한 살해야. 모두 정치 때문이지. 모디가 정권을 잡은 뒤로 문제가 시작됐어."

그의 아들은 경계하는 눈으로 나를 쳐다보았다. "60만에서 70만 라크를 잃었지. 하지만 증거가 없어. 고철상한테 무슨 증거가 있겠어?" 나는 그 액수에 놀랐다. 약 7만 5000에서 10만 달러에 달하는 금액이었다. 고철의 가치가 그 정도인 줄은 몰랐다. 나는 그의 옆에 앉아 다음 말을 기다렸다. 속도는 느렸지만 그는 꼭 필요한 말만 했다. 그는 휴대폰 사진을 넘기다 불에 녹은 알루미늄 바퀴 사진을 보여주었다. "건물 페인트가 다 타버릴 정도로 뜨거웠지." 그는 테지브 문화에 따라 손님인 내게 차를 권했다.

"닐 바테이 닐Nil battey nil." 아니스라는 남자가 말했다. 0 나누기 0. '아무것도 남지 않았다'고. "우리를 끝장내려고 했어요. 우리가 이 시장을 떠나길 바랐던 거죠." 땅딸막하고 뚱뚱한 남자의 얼굴에서 땀이 흘러내렸다. 그는 잠시 다른 사람에게 장사를 맡겨두고 이야기를 이어갔다. 총성과 함께 "자이 시리 람Jai Shri Ram"이라는 외침이 들렸다. 힌두교의 전투 구호였다. "총, 칼, 삼지창을 들고 나무 옆에 서서 소리쳤어요." 몰아치는 파도처럼 한 무리가 왔다 가면 몇 시간 뒤 또 한 무리, 몇 시간 뒤 또 다른 무리가 들이닥쳤다. 누구도 그들을 막을 수 없다는 듯 계속, 계속. 한 번에 스물다섯에서 서른 명씩 몰려왔다. 정확한 숫자는 기억나지 않지만, 스카프로 얼굴을 가린 것, 소방차가 도착하기까지 오랜 시간이 걸린 것은 기억했다. "제대로 불이 붙지 않자 옆 주유소까지 가서 휘발유를 사왔어요." 아니스의 타이어 가게는 시장 맨 앞줄에 있었고, 불을 붙이려 연료를 부을 필요도 없었다. 그는 달아났고, 나중에 텔레비전으로 불타는 가게들을 보며 신께 자비를 간구하는 기도만 올렸다. 아니스의 친구가 페인트 통을 끌어와 그의 옆에 앉았다. 그는 친구의 이야기를 들으며 당시의 기억을 떠올렸다. 날 위해 시원한 음료를 시켜주는 그의 눈에는 눈물이 맺혀 있었다.

메하르반은 시장 한 모퉁이의 지하철 교각 아랫부분을 가리켰다. 바깥에 칠한 파란 페인트는 아래쪽이 검게 변해 있었다. 주방 가스레인지에 낀 검은 기름때 같았다. "불의 열기 때문이에요." 너무 센 열기로 페인트도 그을려버렸다. 지하철역을 지탱하는 기둥에는 소규모 사업체를 위한 총리의 대출 보증 제도를 홍보하는 포스터가 붙어 있었다. "1라크에서 25라크(10만에서 250만 루피)의 대출은 보증 없이 하루 만에 승인됩니다." 야릇한 미소를 짓고 있는 모디 총리의 얼굴이 포스터의 4분의 1을 차지했다. 그의 이름은 포스터 어디에도 없었지만, 그의 얼굴 옆, 포스터의 나머지 4분의 3을 덮은 글귀는 총리 덕분에 대출이 가능해졌다는 이야기를 하고 있었다.

시장은 알힌드 병원으로 가던 길에 즉흥적으로 우회해서 들른 것이었다. 병원은 델리 북동부 무스타파바드에 위치한 완공되지 않은 낮은 건물들 사이에 자리 잡고 있었다. 메하르반에게 담당 의사를 소개해달라고 부탁하자 그는 흔쾌히 수락했다. 가는 길 내내 그는 무스타파바드의 골목들에 대해 이야기했는데, 나는 열악한 주변 환경에 정신이 팔려 제대로 듣지 못했다. 골목마다 넘쳐흐르는 하수구, 두려움과 굶주림에 허둥거리는 파리 떼, 코밑에 콧물이 말라붙은 채 우는 아이들, 경적을 울리며 좁은 길을 질주하고 위협을 일삼는 오토바이들. 화려하게 칠해진 문들은 금속이라 불길에도 견딜 수 있을 것 같았다. 계속 골목 깊숙이 들어가다가 더는 못 참겠다 싶을 때쯤, 모퉁이를 돌았다. 메하르반이 말했다. "도착했어요." 병원의 존재를 알리는 유일한 흔적은 길거리에 나부끼는 수많은 현수막과 포스터들뿐이었다. 이들은 서로를 감추듯 겹겹이 늘어서 병원장인 M. A. 안와르를 열렬히 홍보하고 있었다. 안와르는 멀쩡한 상태로 병원을 찾은 사람이 신기한 듯 놀라면서도 반겨주었다. 그는 의자에서 벌떡 일어나 메하르반과 포옹한 뒤 계단을 성큼성큼 올라갔다. 헬스 트레이너 같은 체격에 검정 트레이닝복을 입고 활기차게 뛰어다니는 이 남자를 계단 양쪽 침상에 누운 환자들이 호기심 가득한 눈으로 쳐다보았다. 2층에서 안와르 박사는 커튼을 젖히고 환자들의 기침 소리가 나지 않는 개인 진료실로 우리를 안내했다. 그가 웃으며 말했다. "이름만 병원이지 그냥 클리닉이에요."

메하르반이 말을 끊고 반박했다. "큰 병원은 하지 못한 일을 이 작은 클리닉이 해냈잖아요. 큰 병원들도 아무 쓸모가 없었어요." 안와르 박사는 그를 향해 미소 지었다. 그들은 델리 폭동 때부터 알고 지낸 사이였다. 병원은 4층 건물이고, 폭동 당시 모든 층과 옥상까지 총상과 자상 환자들로 가득 찼다. 메하르반은 짧게 지적한 후 다시 메시지를 확인했고, 안와르는 이야기를 이어갔다. 둘은 서로의 일상을 잘 아는 사이 같았다.

"2017년에 이 클리닉을 시작한 이유는 주변 사람들을 돕기 위해서였어요. 이곳 사람들은 글도 모르고, 억압받고 있었으니까요."

메하르반이 휴대폰에서 눈을 떼고 말했다.

"어떻게 이런 생각을 하게 됐는지 말해줘요."

안와르는 대학 시절 우타르프라데시주 말리아나에 살았는데, 1987년 5월에 무슬림 대학살이 일어났다. 그 후로 무슬림 부모들은 아이를 학교에 보내지 않았다. 안와르는 아이들에게 기회를 주라고 설득했지만, 부모들은 폭력을 감수할 수는 있어도 후폭풍이 두렵다고 했다. "많은 사람이 죽었어요. 다수는 병원 치료를 받지 못해 죽었죠. 병원들이 환자를 봐주지 않는다고 했어요. 의사들이 문을 잠그고 열어주지 않았던 거예요. 그때부터 생각했죠. 아무리 상황이 나빠도 환자를 가리지 않는 의사가 필요하다고."

2019년 12월, 시민권 법안이 의회에 제출되었을 때 알힌드 병원은 개원 2년째였다. 안와르는 휴대폰으로 계속 뉴스를 지켜보았다. "우리가 힘써온 이 나라가 우리를 수용소에 가두려 하고, 우리는 시민권을 증명하기 위해 몇 년을 보내야 할지도 몰라요. 이런 문제가 없는 나라에서 살고 싶어지죠."

2020년 2월 BJP 당 지도자들이 폭력을 선동하는 연설을 할 때, 안와르는 장례식에 참석하느라 며칠 동안 도시를 떠나 있었다. 돌아오는 길에 그는 친분이 있는 관할 경찰서 경관에게 전화를 걸어 과자를 사가겠다고 말했다. 증오 연설이 시작되었을 때, 안와르는 경찰 친구에게 저건 명백한 위협이라며 불만을 토로했다. "공개적으로 그런 말을 한다는 건, 일이 심각해진다는 뜻이니까요."

2020년 2월 23일 저녁, 정치 지도자 카필 미슈라는 샤힌 바그에서 1킬로미터도 채 안 되는 곳에 군중을 결집시켰다. 델리 북동부에서 여자들이 새로운 법에 반대하며 시위를 벌이던 장소였다. 미슈라는 여자들이 '폭동 같은 상황'을 만들고 있다고 비난했다. 그는 도로를 사흘 안에 정리하라며 그렇지 않으면 "경찰의 말을 듣지 않고 우리가 직접 거리로 나설 겁니다. 인도 만세!"라고 말했다. 그의 곁에 있던 경찰들은 크리켓 헬멧과 방탄조끼를 착용하고 있었으며, 그의 폭력적 위협을 미동도 없이 듣기만 했다.

미슈라는 BJP 당 내에서도 도 넘는 발언을 일삼는 부류였고, 그들의 발언은 종종 정신 나간 극단주의자 취급을 받았다. 그들의 선동은 선거에서 이익을 얻기 위해 계산된 것이었고, 그런 말을 하고 아무 처벌도 받지 않자, 사회적 용인이 가능한 행동의 범위는 더 확장되었다. 미슈라의 이데올로기는 기회주의적이었다. 그는 과격한 당의 메시지도 기꺼이 수용하고 생산해냈다. 그가 아암 아드미당Aam Aadmi Party의 당원이었을 때는 조직적이지 않은 좌파 포퓰리스트 단체에 불과했지만 설립된 지 3년 만에 델리 의회 선거에서 70석 중 67석을 차지했다. 하지만 2019년 BJP에 합류했을 때, 미슈라는 당의 모범적인 일꾼으로 변했다. 그는 사프란 색 숄을 걸치고, 이마에 붉은 신두르 가루를 바른* 자에게 머리를 숙였으며, 당에 대한 비판에는 메신저 공격으로 대응했다. 이제 그는 아암 아드미당 지도자가 부패했다며 비난했다. 미슈라는 현대판 방화범이었고, 그의 무기는 소셜 미디어와 군중에게 퍼뜨리는 교묘한 도발과 허위 정보였다. 샤힌 바그 연설이 있은 지 몇 달 후, 그는 '작가, 사상가, 교수, 전문가, 예술가, 종교에 관심 있는 사람들'을 '힌두 생태계'라는 이름의 새 프로젝트에 초대했다. 이 생태계의 구성원들은 공동체 간 증오에 경박함과 학문적 외양을 덧씌운 다양한 시, 밈, 유머, 허위 정보를 생성하는 데 온 힘을 쏟았다. 예를 들어 수염을 기르고 스컬캡을 쓴 남자가 그날 고기를 먹지 못해 울고 있는 그림

• BJP 당에서는 단결과 헌신의 의미로 집단 행사에서 티카를 이마에 바른다.

처럼 단순한 메시지나, 무슬림 여자아이는 아무리 어려도 아내로 삼을 수 있다는 식의 농담도 만들어냈다. 또, 무슬림 스타의 영화 보이콧을 촉구하면서 '할례받은 자' '물라'• '펑크 수리공'••같이 무슬림을 비하하는 표현을 썼다. 심지어 오래된 건축물도 공격 대상이 되었다. 익명의 힌두 학자들은 소셜 미디어에서 쿠투브 미나르Qutub Minar 같은 무슬림 유적지에 더 오래된 힌두 문화가 존재했다는 증거를 찾았다고 발표했다. 도덕적·사회적·법적 제약을 받지 않은, 전혀 검증되지 않은 메시지였다. 그 사진과 단어들의 근거는 역사적 사실이 아니라, 사실을 왜곡할 만큼의 강렬한 감정이었다. 시간이 흐르면서 이런 허위 정보의 독성은 역사와 정체성을 훼손하고, 그 정보를 받아들인 사람들의 마음에 새로운 기억을 형성하게 될 터였다. 하지만 그 모든 것의 기반은 뭐니 뭐니 해도 폭력이었다. 미슈라의 인스타그램을 몇 분만 검색해보면, RSS를 테러 조직이라고 부르는 사람들을 위협하는 게시물이 가득한 것을 알 수 있다. 일본의 인기 만화 캐릭터로, 다양한 상황에 따라 최신 발명품을 끄집어내는 도라에몽도 왜곡했다. 그의 인스타그램에서는 도라에몽이 검을 들고 말한다. "봐, 이건 뮬라들을 죽이는 도구야."

안와르는 미슈라의 연설을 듣고, 경찰서를 방문해 공식 고소장을

• 이슬람 율법에 정통한 사람이란 뜻이지만 보수적이고 극단적인 종교 지도자를 비꼬아 부르는 말.
•• 인도에서 자동차 타이어를 수리하거나 펑크를 때우는 일을 하는 사람들은 주로 저소득층, 빈곤층 중에서도 무슬림이 많기 때문에 무슬림에 대한 차별적 표현으로 사용한다.

제출하려 했다. 하지만 경찰은 미슈라에 대해 뭔가 조치하기를 꺼려 했다. 그는 경찰 친구에게 말했다. "이런 범죄도 막을 수 없다면 뭐 하러 경찰복을 입고 앉아 있어. 법대로 고소장을 접수해." 그의 친구는 힘없는 목소리로, 그 연설은 자기 관할 구역에서 벌어진 일이 아니어서 고소장을 접수할 수 없다고 말했다.

병원 방문객들이 안와르에게 불길한 소문을 전했다. 무슬림들이 묘지에서 살해당하고 있다거나 살인자들이 무스타파바드 거리를 배회하고 있다는 소문이었다. 경찰 친구도 그 소문을 듣고 안와르에게 전화를 걸었다. "안와르 박사님, 주변 사람들, 특히 나이 드신 분들에게 그냥 소문일 뿐이라고 얘기해주세요. 모두 집 밖으로 나가지 말라고 하세요." 안와르는 그날을 떠올리며 발을 긁적였다. 그 순간, 안경 쓴 남성이 흰색 살와르 슈트*를 입고 병원 안으로 들어왔다. 그가 고개를 들었다.

"왈라이쿰 아살람Waleikum asalaam." 안와르가 자리에서 일어서며 말했다. 그는 방문객을 껴안았고, 남자는 방 안에 있던 낯선 사람들을 보며 불안한 미소를 지었다. 안와르가 말했다. "이분은 니사르 형제예요." 남자의 깔끔하게 자른 머리 윗부분은 검고 양옆은 희끗희끗했다. 셔츠 주머니에는 펜이 꽂혀 있었다. 그는 방 안을 둘러본 후 조용히 병원 침대에 앉아 발을 침대 밑으로 내렸다. 안와르가 니사르에게 일어난 끔찍한 일들을 설명하는 동안에도 방문객의 시선은 다른 곳을 향해 있었다. 입술은 굳게 다물고, 눈은 맞은편 벽에 고정한 채로. 이 방

• 남아시아 전통 의상.

에서 하는 어떤 말도, 어떤 행동도 자신에게 도움이 되지 않는다는 듯. 그저 아는 사람이 불러서 온 것뿐이라는 듯. 그는 폭동의 목격자였고, 법정 다툼을 벌이고 있었다. 안와르가 그 사건에 대해 자세히 설명했다. 니사르는 진술을 번복하라는 압력을 받았지만, 지금까지는 잘 버텨왔다. 하지만 최근에는 결심이 흔들리고 있다고 안와르에게 고백했다. 소송을 철회하라는 압박을 받았고, 법정을 방문하는 일도 힘에 부쳤다. 사업은 어려워졌고 재정 상태도 나빠졌다. 안와르는 니사르가 사람들을 만나 용기를 얻길 바라는 마음에 그를 부른 것이었다. 말로나마 그에게 다시 힘을 불어넣을 수 있기를 바라면서.

소개가 끝난 후, 안와르는 다시 자신의 이야기를 이어갔다. 2월 24일, 파루키아 마스지드와 시브 비하르에서 환자들이 도착했다. 안와르는 당시 상황을 떠올렸다. "환자는 네다섯 명밖에 안 됐지만, 데리고 온 사람이 많았어요." 돌 투척 공격에 당했다고 했다. 경찰 친구가 전화를 걸어 전부 다 오해라며, 이웃들을 안심시켜달라고 요청했다. "오후 2시 30분이나 3시쯤, 찬드 바그의 한 골목에 서른에서 마흔 명의 사람이 심하게 피를 흘리고 있고, 누군가가 그들을 죽이려 한다는 이야기를 들었어요. 구할 사람도 없었고, 무슨 일이 벌어질지 몰랐죠. 그곳이 안전한지, 상처를 치료할 수 있는지, 아직 돌 던지는 사람들이 있는지 알 수 없었어요." 그는 흰 가운에 헬멧을 쓰고 수술 가방을 든 채 골목으로 향했다.

안와르가 도착했을 때, 남자들은 쉬고 있었다. 생존자들은 피를 흘리고 있었지만 안도한 기색이었고, 골목 자체는 평온해 보였다. 부상은 다른 장소에서 당한 모양이었다. 상처는 심각하지 않았지만, 지혈

이 필요했다. 그는 재빨리 움직였다. 마취제 없이 상처를 봉합하고, 알힌드 병원으로 돌아갔다. 병원까지는 불과 12분 거리였지만, 가는 동안 병원 직원들이 걱정 가득한 목소리로 몇 번이나 전화를 걸어왔다. "델리 북동부 전역에서 칼에 찔린 환자들과 둔기에 맞아 다친 환자들이 속속 도착하고 있어요. 우리 병원이 감당하기에는 역부족이에요." 안와르는 형제들을 불러 도움을 청했다. 병원에 들어섰을 때는 꼭 영화 속 장면을 보는 기분이었다. "그날 있던 일은 잘 기억나지 않아요. 통제 불능이었죠. 닥치는 대로 일했어요. 밤 9시, 10시까지 계속 그런 상태였죠."

메하르반은 거기서 몇 블록 떨어진 곳, 힌두인들이 사는 샤흐다라와 무슬림들이 사는 무스타파바드의 경계 도로에 있었다. 그는 멀리서 날아오는 돌들을 지켜보았다. "누가 좀 그만두라고 해요!" 그는 누군가에게, 아무에게나 소리쳤다. 배낭을 멘 남자 40~50명가량이 모한양로병원 옥상에서 커다란 'H'자 팻말 뒤에 서 있었다. 남자들은 오토바이 헬멧으로 얼굴을 가린 채, 걱정스러운 표정의 간호사들을 지나쳐 계단 위로 끌어올린 상자에서 벽돌과 돌을 꺼냈다. 양로병원은 미슈라의 사무실에서 불과 몇 걸음 거리에 있었다. 그들은 길 건너 아래에 선 무슬림 남성들에게 돌을 던졌다. 무슬림 남성들도 다시 돌을 던져 반격하려 했지만 소용없었다. 밑에서 던져 올린 벽돌과 돌은 허공에서 정점에 달했다가 다시 가속하며 바닥으로 떨어졌다. 옥상의 남자들은 승리의 제스처로 손을 들어올리고, 리드미컬하게 골반을 내밀어 돌리며 한 손을 격렬하게 흔들었다. 혼란과 혼돈의 소음, 남자들의 고함, 도로 양쪽에 몰려든 군중, 무리에서 이탈해 중앙 분리대 너머로 뭔가를 던지려는 사람들……. 차량은 불길에 휩싸이고, 하늘은 연기로 시커메지고, 투사체들이 높고 낮은 포물선을 그리며 날아다녔다. 그리고 들려오는 폭발음. 메하르반은 맞은편 건물 꼭대기에서 옥상의 남자들을 촬영했다. 주변에 구경꾼들이 몰려들었다. 노인, 젊은이, 남자, 여자, 유니폼을 입은 릭샤 운전사까지. 그들은 병원에서 힌두교 환자를 치료해주면 안 된다고 주장했고, 메하르반은 그들을 꾸짖었다. 그는 병원 옥상에 서 있는 검은 옷 입은 남자에게 렌즈를 고정한 채, 장비 성능에 대해 불평했다. 'H'자 사인 뒤에 선 남자는 소총을 장전한 뒤, 아래의 무슬림 군중을 향해 발포했다. 총성이 거리에 울려 퍼졌다. 다른 헬멧 쓴 남자들도 총을 더 꺼내 아래의 무슬림들을 향해 쏘고 나서, 메하르반 쪽으로 발포했다. 릭샤 운전사의 가냘픈 몸을 총알이 관통했다. 그는 사다리를 이용해 아래층으로 옮겨졌다. 한 남자가 그의 팔을 잡고, 다른 남자가 다리를 잡았다. 하지만 중력 때문에 팔다리가 아래로 축 처졌다. 사다리 칸에 머리가 부딪혔는데도 남자는 눈 하나 깜빡이지 않았다. "이미 죽은 것 같았어요." 메하르반이 말했다.

운전사의 시신은 알힌드로 옮겨졌고, 안와르는 구루 테그 바하두르 병원으로 갈 구급차를 호출했다. 정부 소속 의사들이 사망진단서를 발급해주는 곳이었다. 안와르는 시신 옆에 앉아, 구급차 운전사가 큰 병원으로 가기 위해 안전한 경로를 찾는 것을 지켜보았다. 도로가 텅 비어 있는데도 경찰은 바리케이드를 치고 구급차도 통과시키지 않았다. 그들은 주도로에서 빠져나와 운하를 따라 이어진 좁은 길로 접어들었다. 칼을 든 남자들이 탄 차가 뒤를 쫓아왔다. 안와르는 남자들이 보지 못하게 몸을 숙였다. 병원에 도착했지만, 경찰은 들여보내주지 않았다. 안와르는 도움을 요청하기 위해 어느 전문의에게 전화를 걸었지만, 그는 "돕지 못할 것 같다"고 했다.

안와르가 말했다. "할 수 있는 건 다 했어요. 무슨 일이 일어나든, 우리 자신도, 다른 사람도 구해야 한다는 생각밖에 없었어요. 경찰서 몇 백 군데나 전화해, 구급차에 동행할 경찰관 한 명만 보내줄 수 있냐고 물었어요. 도움을 요청했어요. 긴급전화로 걸었지만 받지 않았고, 받아도 '어디 한번 알아보죠'라고만 했죠."

메하르반이 덧붙였다. "그러고는 아무것도 하지 않았어요."

안와르는 말했다. "원래 여기 과자 가게가 하나 있었는데……."

메하르반이 웃으며 말했다. "그 얘기는 제가 할게요. 여기 상황이 정말 나빠져서, 불길이 사방에서 치솟고 있을 때였는데 무슬림 청년 몇 명이 화가 많이 나서 힌두인이 운영하는 과자 가게를 공격하고 불태우자고 했어요. 하지만 의사 선생님이 그 가게에 무슨 일이 생기면 병원을 폐쇄하겠다고 했죠. 결국 아무 일도 없었습니다. 가게는 건드리지 않았죠."

안와르가 짜증 난 듯 말했다. "그들에게 그러면 제가 불길 속으로 뛰어들 거라고 말했어요."

메하르반이 이어 말했다. "찬드 바그에서는 무슬림들이 인간 사슬을 만들어 힌두 기자들을 보호했어요. 하지만 힌두 지역에서는 기자도 안전하지 않았죠."

안와르가 재미있다는 듯 말했다. "기자들이 제 병원에 와서 '선생님, 저 겨우 살아남았어요'라고 말하곤 했어요. 중요한 건, 이 동네에 힌두인 집들과 사원이 여럿 있다는 거예요. 하지만 거기에는 작은 생채기도 나지 않았죠. 폭도들은 약하고 여린 곳을 공격하니까요. 어쨌든 여기서는 아무 일도 없었어요. 무슬림 지역의 힌두인들은 괴롭힘을 당하지 않았죠."

그날 밤 안와르와 친한 경찰이 전화를 걸어와 상황이 악화되고 있다고 말했다. 그는 안와르와 그의 가족을 안전한 곳으로 피신시킬 차를 보내주겠다고 했다. "저는 환자들이 있어서 안 되지만, 가족은 보내겠다고 했어요. 하지만 아내와 아이들도 떠나고 싶어하지 않아서 그냥 남아 있었죠."

메하르반이 덧붙였다. "사모님이 절 위해 음식도 만들어주셨어요. 채식주의자를 위한 음식이요."

안와르가 말했다. "그때는 병원 안에만 있어서 밖에서 무슨 일이 벌어지는지 몰랐어요. 하지만 이제 와 생각해보면, 많은 것이 이해되기 시작해요."

니사르는 의사의 말을 조용히 듣고 있었고, 자신에게 직접 질문이 올 때만 답변했다. 나는 그의 침묵이 묘하게 신경 쓰여 그에게 전화번호를 물어보았다.

7.
눈물

 며칠 후에는 경솔한 행동 때문에 안와르 박사에게 내부 장기 사진을 찍힌 남자를 만났다.

 무스타파바드의 경계 지역에서 며칠 동안 소규모 충돌이 있었고, 일부 충돌은 무척 심각해서 앞으로 일어날 더 끔찍한 사태의 전조가 아닐까 싶을 정도였다. 골목의 철문들은 안에서 잠기거나 자물쇠가 걸렸고, 평소에 분주하게 움직이던 차, 사람, 동물들도 눈에 띄지 않았다. 가장인 샴수딘은 가족에게 바깥의 위험이 사라질 때까지 외출하지 말라고 명령했다. 하지만 그의 아들 이므란은 근처 식료품점에서 물건만 재빨리 사오는 건 괜찮겠지 하고 생각했다. 폭동 이틀째 저녁, 5시 30분경으로 그는 기억했다. 이므란은 샴수딘이 다른 방에 갈 때까지 기다렸다가 몰래 집을 빠져나왔다. 그는 자신들이 사는 곳은 무스타파바드 안쪽 깊숙한 곳이기 때문에 거기까지는 아무도 오지 않을 거라고 생각했다. 가게는 25번 게이트에 있었고, 충돌 장소는 그가 가려는 가게에서 몇 분 떨어진 모스크 근처였다. 지리상으로는 집에서 그리 멀지 않았다. 집에 돌아오는 데 1분 남짓이면 충분했다. 무슨 생각이었을까? 아니, 생각은 했을까? 스물여섯 살짜리는 도대체 무슨 생각을 했을까?

바깥은 평소와 다를 게 없어 보였다. 열린 하수도, 자동차 전용도로에서 오토바이 전용도로로 이어지는 좁은 길, 그리고 보행자 도로. 그저 평소보다 더 조용하고 어둡다는 것 정도. 다른 때라면 오토바이가 경적을 울리며 울퉁불퉁한 콘크리트-타일-진흙 길을 덜컹거리면서 오르내리고, 아이들은 맨발로 자유롭게 뛰어다녔을 것이다. 하지만 당시에는 가로등도 꺼지고, 양옆의 금속 대문들도 굳게 닫혀 있었다.

잠시 후 그는 가게 밖 모퉁이에 서 있었다. 셔터는 언제든 재빨리 닫힐 기세로 반쯤 내려와 있었다. 배고픈 친척에게 필요한 재료인 달(콩)과 설탕을 파는 가게는 그곳밖에 없었다. 가게 앞에 서서 기다리는데, 옆쪽에서 갑자기 먼지가 피어올랐다. 날카로운 소리가 들렸고 그때부터는 아수라장이었다. "도망쳐, 도망쳐!" 누군가 소리쳤다. 모든 일이 순식간에 벌어졌다. 그리고 그들을 보았다. 얼핏 봤을 뿐이지만 알 수 있었다. 오토바이 헬멧을 쓰고, 총과 칼, 단검을 든 사람들. 그중에는 경찰 제복을 입은 사람도 있었다.

"그냥 막 달렸어요."

골목은 한동안 직선으로 뻗다가 오른쪽으로 꺾여 있었다. 어서 모퉁이를 돌아 그들의 시야에서 벗어나고 날아오는 것들로부터도 몸을 피해야 했다. 그런 다음, 양옆의 작은 골목 중 하나로 가 몸을 숨겼다.

총소리에 이어 "자이 시리 람" 하는 외침이 들렸다. 달리고 달려 겨우 집까지 갔다. 그제야 허벅지에 손을 짚고 가쁜 숨을 몰아쉬었다. 손이 끈적해서 내려다보니 붉게 물들어 있었다. 사타구니가 뒤에서 앞까지 뚫려 있었다. 그 모습을 보고 모든 게 한꺼번에 몰려왔다.

"거기서 그대로 기절했어요."

우리는 그의 집 거실에 있었는데 여태까지 본 것 중 가장 큰 침대가 거실 절반을 차지하고 있었다. 10피트 너비는 족히 되어 보이는 게, 삼 대가 다 함께 쉬기에도 충분할 듯싶었다. 이므란은 차와 비스킷, 사모사, 간식, 디저트 등을 가져와 아버지 옆에 앉았다. 그의 친구 한 명이 와서 신발을 벗고 침대 위 적당한 거리에 앉아 있다가 잠들었다.

샴수딘은 힌두교 대저택에 들어갈 가구를 만드는 목수였는데, 그 거대한 침대도 직접 만들었다. 그는 이므란을 어디로 데려가야 할지 몰랐다. 병원으로 가는 게 당연했지만, "병원 바로 앞에서도 총알이 날아다녔어요". 도시의 다른 지역에서는 부상당한 무슬림을 태운 구급차가 병원에 들어가지 못하게 경찰이 막고 있었다. 샴수딘은 이므란을 지역 국회의원의 집으로 데려갔다. "그가 중요한 사람이라고 생각했어요. 뭔가 방법이 있지 않을까 싶었죠." 하지만 의원은 도움을 거절하며 아들을 데려가라고 했다. 그는 결국 안와르 박사가 있는 알힌드 병원으로 향했다. 병원 건물은 미완성이었고, 공사 현장에 의료진을 데려다놓은 것 같았다. 그런 모습은 긴박감을 가중시켰다. 병상도 다 차서 환자와 시신들을 옥상으로 옮겨야 했다. 안와르 박사가 내게 수술대 위에 누워 있는 이므란의 사진을 보여주었다. 그 참혹한 광경에 나는 다리에 힘을 꼭 주었다. 그의 사타구니는 앞에서 뒤까지 5인치

길이로 찢어져 있었고 그 사이로 장기가 삐져나와 있었다. 의사는 조직과 근육에서 파편을 떼어내고 상처를 꿰맨 다음, 정부가 운영하는 로크 나약 병원으로 이송했다.

로크 나약 병원의 접수대 여직원은 샴수딘에게 이므란을 받을 수 없다고 말했다. "도대체 무슨 생각으로 총을 쏘고 돌을 던져요? 부끄럽지도 않아요?"

샴수딘은 그녀가 말한 '당신'은 이므란이 아니라 '너희 무슬림'이라는 걸 알아차렸다. 샴수딘이 여자에게 물었다. "그렇다는 건 당신도 그 자리에 있었단 뜻인가요? 병원에서 일하는 사람이 그런 짓을 했다고 비난하다니. 당신이 봤습니까?"

별로 현명한 접근 방식은 아니었다. "말하는 법도 모르시네요." 여자는 그의 태도를 지적했다. "저 사람은 안 받아요. 당장 데리고 나가세요." 그녀가 경비를 불렀고, 경비원들이 그를 병원 밖으로 쫓아냈다.

발치에 누운 아들을 데려갈 곳이 없어진 샴수딘은 병원 앞에서 울음을 터뜨렸다.

"차라리 이므란이 죽었더라면, 그럼 나도 같이 죽으면 그만인데 하는 생각까지 했어요." 샴수딘이 말했다.

그는 다른 아들들에게 전화를 걸어 상황을 알렸고, 그들은 알힌드 병원의 의사 안와르에게 연락했다. 그 무렵 델리 곳곳에 지원 네트워크가 형성되어 있었고, 곧 자원봉사 구급차가 도착해 이므란을 치료받을 수 있는 곳으로 데려갔다. 그들은 두 달 동안 이므란을 보살펴주었다.

하지만 경찰이 자원봉사자들을 찾아와 샴수딘과 이므란에 대해 심문했다. "경찰이 우리에 대해 이상한 질문을 했어요. '저들은 누구냐? 왜 여기 데리고 있느냐? 저들이 문제를 일으킬 수 있다는 걸 모르느냐?' 그들은 우리가 문제를 일으키고, 총을 쏜 장본인이라고 몰아세우며 왜 폭동에 가담했냐고 다그쳤어요. 그러자 자원봉사자들이 떠나라고 하더군요."

이므란이 회복되자 델리 범죄수사대는 그를 경찰서로 불러 협박했다. "경찰이 저를 폭동 가담자로 몰면서 다른 가담자 다섯 명의 이름을 대지 않으면 감옥에 집어넣겠다고 협박했어요. 생각할 시간을 주겠다더군요. 경찰은 아무 말이나 하고 싶은 대로 막 했어요." 이므란은 말했다. 아들은 경찰과 논쟁을 계속했지만, 아버지는 지쳐갔다. 팬데믹 때문에라도 이미 삶은 충분히 고달팠다. 일자리는 줄고, 돈이 없으니 모든 게 부족했다. 샴수딘이 말했다. "일자리도, 먹을거리도 없는데 어떻게 싸우겠어요?"

경찰만이 아니었다. 이므란의 차트를 보던 의사가 샴수딘에게 물었다. "당신이 아들을 다치게 한 건 아닙니까?" 샴수딘은 그런 모욕을 견딜 수 없었다. "당신이라면 자기 아들을 칼로 찌르겠습니까?" 그가 의사에게 물었다. "누가 자식의 생살을 칼로 찢습니까?" 정부 병원 의사들은 이상한 질문을 하고 터무니없는 주장을 했다. 그들은 우연히 폭동에 휘말렸다는 말을 믿지 않았다. 현장에 있지도 않았으면서 이므란이 무슬림이라는 이유로 무슨 상황인지 다 안다는 듯 말했다. 알힌드 병원의 안와르 박사는 폭력 사태 동안 구루 테그 바하두르 병원으로 일하러 갔었다. 의사 동료들은 수술대에서 죽어가는 무슬림을 보고 크리켓 경기를 관람하듯 말했다. "위켓 하나 아웃." 그 말을 하는 안와르의 입가에 쓸쓸한 미소가 걸렸는지는 잘 기억나지 않는다.

이므란은 총에 맞았을 때 결혼을 두 달 앞두고 있었다. 하지만 그로부터 18개월 후에도 그는 여전히 미혼이었고, 그 부상은 평생의 동반자가 될 것 같았다. 총상의 후유증은 놀라울 만큼 컸다. 겨울이 되자 오른쪽 다리가 퉁퉁 부었고, 통증이 발가락에서 머리까지 퍼지다가 가슴에서 강하게 집중되며 멈추곤 했다. 가만히 앉아 있을 수 없어, 한 시간에 서너 번은 조용히 화장실로 갔다. 집에서 멀리 이동할 수도 없었고, 일상적인 이동 거리도 걷기 힘들었으며, 계단은 한 층 이상 오르지 못했고, 조금이라도 힘을 줘야 하는 물건은 들지 못했다. 약값은 아버지에게 큰 부담이었다. 델리 정부가 그의 고통에 대해 할당한 보조금은 고작 2만 루피. 300달러도 채 되지 않는 금액이었다.

삼수딘은 자신이 자란 마을을 떠올렸다. 그곳은 북인도 미루트라는 도시 근처였는데, 여러 해 동안 평화로웠다. 아니, 정확한 기억은 아닐지도 모른다. 사실 미루트는 끔찍한 공동체 간 폭력을 겪은 적이 있다. 하지만 그는 기억을 떠올리며 미소 지었고, 나는 굳이 정정하지 않았다. "마을에 싸움이 나면, 힌두인 친구들은 이렇게 말하곤 했어요. '너는 그냥 자고 있어. 내가 너희 집 밖에서 잘게. 널 해치려면 날 먼저 죽여야 할 테니.'" 산발적으로 표출되던 증오가 인도를 휩쓸며 결국 그의 마을에까지 들이닥쳤다. 젊은이들의 말하는 방식도 바뀌었다. "'너희는 이 마을에 겨우 두세 명뿐이야. 너희를 묵사발 만드는 건 일도 아냐.' 그렇게 말해요. 이런 때면 사람들은 다들 미쳐가요. 자신이 무슨 행동을 하는지도 모른 채 그냥 저지르고 보죠. 사람들 머릿속에 뭐가 들었는지 모르겠어요."

그는 언론에도 책임이 있다고 했다. 처음에는 확신이 없는 듯 말했지만 이므란이 고개를 끄덕이자 이어서 말했다. 옆에서 잠들었던 샴수딘의 친구가 깨어나 말했다. "가장 큰 재앙은 언론이야." 모두들 언론에 대한 생각을 쏟아냈다. 친구가 이어서 말했다. "언론이 가장 큰 적이야. 매일 밤 뉴스에서 독설을 뿜어대면 어떻게 되겠어? 그 독은 사람들 혈관으로 스며들어." 그는 이제 소리치고 있었다. "힌두-무슬림, 힌두-무슬림. 언론이 하는 일은 그게 전부야. 제대로 된 뉴스를 보여주고 있기나 하냐고?"

샴수딘은 암울한 현실에 쓴웃음을 지었다. "어떤 이는 '자이 시리람'을 외치라 하고, 어떤 이는 '알라후아크바르'를 외치라고 하지. 전부 다 똑같이 미친놈들이야."

그의 친구가 말했다. "하지만 차이가 있지. 무슬림이 무슨 말을 하면 어떻게 되는지 봐. 1분 만에 감옥에 끌려가. 할 수 있는 일이 대체 뭐야?"

그 말에 샴수딘은 경찰들을 떠올렸다.

"법은 예전처럼 우리를 돕지 않아요. 이제 무슬림을 만나면 위협하죠." 그는 수염을 쓰다듬는 시늉을 하며 말했다. "체포하겠다고 위협해요. 얼마 전에 오토바이를 타고 가는데 경찰이 멈춰 세우더군요. 그때 마침 수중에 돈이 하나도 없었어요. 돈 없으니까 그냥 보내달라고 했어요. 그랬더니 한 명이 '야, 이 물라 새끼, 이리 와. 거짓말이지'라더군요. 사실이에요. '야, 물라, 너 거짓말하고 있잖아.' 이게 현실이라고요."

마침내 샴수딘이 우리가 줄곧 앉아 있던 커다란 침대에서 일어섰다. 그는 오토바이로 큰길까지 바래다주겠다고 했다. 구舊무스타파바드 정문까지는 그의 집에서 꽤 걸어야 했다. 그는 이므란이 서 있던 모퉁이 가게에서 멈췄다. "바로 여기예요." 가게의 주황색 셔터에는 정치 광고가 덕지덕지 붙어 있었다.

무스타파바드는 공식적으로 델리의 동쪽 끝 마을이었다. 센트럴파크 절반 크기의 땅에 11만3000명이 살고 있었다. 각 집은 옆집과 전혀 다른 스타일이었고, 위층은 아래층과 또 다른 스타일이었다. 여자들은 눈에 띄지 않았고, 남자들은 오가는 사람들을 주시하며 낯선 얼굴이나 이질적인 무언가를 보면 시선을 돌리곤 했다. 다른 무슬림 거주지에서 봤던 것처럼 이곳에서도 방치된 느낌이 났다. 기본적인 생활의 편의조차 기대하기 어렵게 된 지 오래인 듯했다.

가게는 안쪽 깊숙이 자리 잡고 있었다. 샴수딘은 힌두 남자 수백 명이 총과 칼, 몽둥이, 작은 폭탄을 들고 구호를 외치며 개방된 도로를 따라 도시 안쪽으로 10~15분 정도 걸어 들어왔다고 했다. 나는 순진하게 왜 아무도 그들을 막지 않았느냐고 물었다.

"그중에는 경찰복 입은 사람도 있었어요. 완전 무장하고 있었죠. 경찰이 가지고 다니는 장비까지요."

몇 분 후 그는 반짝이는 와인 빛 타일 건물의 모스크 앞에 멈췄다. 모스크는 대나무 발판과 낡은 초록색 방수포로 덮여 있었다. 남자들은 모스크에 들어갔다가 도로를 따라 내려가 이므란이 있는 곳까지 갔다. 남자들이 당시 모스크 안에 있던 이맘*에게 한 짓에 비하면 이므란과 샴수딘이 받은 고통은 비할 바도 아니었다. "그들이 이맘의 눈을

---

* 종교 지도자.

훼손했어요." 이므란이 말했다. "그 얼굴을 보셨다면……."
 나는 반쯤 답을 예상한 채, 지금 이맘은 어디 있는지 물었다. 샴수딘이 대답했다. "떠났어요." 나중에 다른 누군가에게 물었을 때, 그 사람은 "죽었다"고 답했다.

8.
증언

4월 말이었고, 이제 하루하루 전날보다 다음 날이 더 더워지는 때였다. 니자무딘의 조용한 골목에서 무스타파바드로 갈 오토 릭샤를 잡는 데 한참이나 걸렸다. 무스타파바드는 안와르의 병원에서 만난 목격자 니사르가 가족과 함께 사는 국경 마을이었다. 겨우 릭샤를 잡았지만, 운전기사는 거리 할증료로 평소 요금보다 50퍼센트 더 높은 값을 불렀다. 기사는 이동하는 내내 조용하다가 야무나강 위의 시그니처 브리지를 건너고 무슬림 마을이 보이자, 원래 이 동네까지는 거의 오지 않는다고 털어놓았다.

"너무 붐벼요. 제가 총리라면 인구 통제 법안을 통과시킬 겁니다. 남은 공간이 없잖아요." 운전기사가 말했다.

거리는 자전거와 보행자, 시커먼 매연을 내뿜으며 덜컹거리는 템포°들로 붐볐지만, 남델리 시장에 비해 딱히 더 혼잡한 것도 아니었다.

다닥다닥 붙은 작은 집들은 가정집인 동시에 작은 물건을 생산하는 소규모 공장이었다. 한 가지 유일한 차이는 지역의 지배적인 종교였다. 힌두 지도자들은 1920년대부터 빈번히 무슬림 인구 통제를 요구해왔다. 무슬림 인구가 힌두교 인구를 추월할 거라는 우려를 반박하는 주장도 계속 있었지만, 교육 수준이 높아지면 인구 증가율이 감소한다는 사실은 아무도 받아들이려 하지 않았다. 힌두인들도 그랬듯, 무슬림도 그럴 것이고, 무슬림이 힌두인의 인구수를 추월할 것으로 추정되는 시기(몇 세기 후)가 오기 전에, 무슬림의 인구 증가율은 감소하기 시작할 터였다. 하지만 아무리 확고한 논리가 있더라도 이렇게 모호하게 인구 통제를 요구하는 시끄럽고 위협적인 목소리는 지난 한 세기 동안 전혀 힘을 잃지 않았다. 운전사는 계속 이 지역은 "재미가 없다"고 투덜거렸다. 그는 오전에는 남자아이와 청년들에게 요가를 가르친다고 했다. 남자의 셔츠 단추는 활짝 열려 있었고, 눈도 부리부리했다. 그가 무스타파바드에는 왜 가냐고 캐물어서 나는 친구가 병원에 있다고 대답했다. 릭샤가 떠나고 생각해보니 할증료는 거리가 멀어서가 아니라 무슬림 동네로 끌려온 데 대한 보상이 아니었는지 의심스러워졌다.

나는 무스타파바드에서 니사르의 집을 찾아 헤맸다. 주소를 받긴 했지만, 건물이 너무 다닥다닥 붙어 있어 전혀 구분되지 않았고, 주소조차 어림잡아 지정한 느낌이었다. 파리 떼와 더위, 울퉁불퉁한 길, 여름철 하수구에서 나는 지독한 냄새 때문에 당장 발길을 돌리고 싶었

• 소형 승합차.

다. 주소에 적힌 것과 같은 이름의 길로 접어들자, 머리를 말끔히 손질한 한 직물 상인이 환한 미소와 대비되는 절박한 목소리로 "야알라Ya Allah, 누가 좀 살려주세요"라고 울부짖었다.

니사르가 집 밖으로 나와 나를 맞이했고, 이어 그의 가게로 함께 걸어갔다. 그를 마지막으로 만난 지 거의 반년 만이었다. 그동안은 대개 그가 법원 출석을 하고 난 후 밤늦게 통화를 했다. 그는 놀라울 정도로 자주 법원에 출석했다. 여러 건의 정부 관련 사건에 증인으로 지목되었기 때문이다. 나는 그와 통화하며 얼마나 중요한 사건들인지 이해하려 애썼지만, 말이 너무 빠른 데다가 서부 우타르프라데시 특유의 강한 억양까지 배어 전부 이해하지는 못했다. 내가 알아들은 조각난 정보만 가지고 끼워맞춰야 했다. 그는 공격당했고, 간신히 탈출했으며, 집은 불에 타고, 아내는 살아남았다. 범인들은 도망쳤고, 협박이 있었고, 지금은 옛집을 버리고 이곳에 살고 있다. 집 밖에 CCTV를 설치할까 싶지만, 괜히 원치 않는 관심을 끌까봐 걱정이 된다 등등.

니사르는 안와르 박사의 병원에서 봤을 때보다 훨씬 더 야위고, 얼굴도 수척해져 있었다. 억눌려 있던 스트레스가 뒤늦게 터져나온 것 같았다. 그는 절뚝거리며 천천히 걸었고, 가슴에는 지지대를 착용하고 있었다. 그의 새 가게는 한 블록 떨어진 거리에 있었는데, 간판에는 한 아이가 선글라스를 끼고 해골이 그려진 티셔츠를 입은 그림과 함께, 니사르를 바지, 재킷 디자인 및 제작 전문가로 소개하고 있었다. 그가 특히 자랑스럽게 내세우는 옷은 끈으로 허리 부분을 조절하게 되어 있는 회색 체크무늬 데님 바지였는데, 네온 옐로 안감이 들어가고, 양쪽 다리 부분에 메탈 체인 장식을 달았으며, 빨간색 배트맨 로고와

'궁전으로 PUBG 게임을 하러 오세요'라는 문구가 새겨져 있었다. 그는 고객을 잘 파악했다. 셔터가 올라가면 젊은 엄마들이 가게로 몰려들었다. 니사르는 매일 하루에 몇 분씩 가게 밖에 서서 배달할 물건을 확인했다. 하지만 전화 통화를 하면서도 눈으로는 주변 골목을 훑으며 숨어서 지켜보는 적은 없는지 경계심을 늦추지 않았다.

　나중에 그의 집으로 돌아가니 그가 침대 머리맡을 내어주었다. 그러고 자신은 발치에 누워 폭동 이후 계속된 잔혹한 행태들에 대해 하소연했다. 그는 무슬림 주택 소유주들이 힌두인 부동산 중개인의 전화를 받았다고 했다. 중개인들은 처음에는 정중하게 시세보다 낮은 가격에 집을 팔 생각은 없는지 묻고, 나중에는 버텨봐야 좋은 기회만 놓치는 거라며 무례하게 협박했다. 니사르의 한 친구에게 중개인이 말했다. "한 번 살아남았다고 다음에도 그런다는 법은 없죠. 돈 받을 수 있을 때 받고 떠나라고요."

　지금 집은 원래 살던 집에 비할 바가 못 된다고 했다. 예전 집에서는 바깥 공기와 하늘을 마음껏 누릴 수 있었다. 하지만 지금 현관문을 열자마자 눈에 들어오는 건 도시의 실패들뿐이었다. 그 실패들을 자꾸 자신에게도 투영하게 되어, 잠시 거쳐가는 집일 뿐이라고 되뇌어야 했다.

　이곳에 세든 지 몇 개월이 지났지만 집은 여전히 완성되지 않은 채였다. 굶주린 고양이들이 위층 테라스로 들어와 계단에 놓아둔 시멘트 포대 뒤에 숨어들었다. 창문이 있어야 할 자리에는 구멍만 뻥 뚫려 있었고, 그 자리를 가리는 커튼은 바람에 나부꼈다. 집의 절반은 의도치 않게 그린 인상파 그림처럼 얼룩덜룩 페인트칠이 되어 있고, 나머지 절반은 시멘트 그대로였다. 다 돈이 부족해서였다.

"집을 완성하려면 시간이 걸려요. 새로운 시스템이 자리 잡는 데도 시간이 필요하죠. 우리는 제로에서 시작했으니까요." 화재 때문에 그는 파산했다. 30년 모은 재산 약 45라크(6만 달러 상당)는 이제 사용할 수 없게 되었다. 지금은 완전히 바닥까지 떨어졌지만, 신이 자신을 이 땅에 보낸 이유, 즉 일하는 것 외에 다른 무슨 방법이 있겠냐고 했다.

여러 번 그의 이야기를 듣긴 했지만, 직접 만난 김에 처음부터 무슨 일이 있었는지 차근차근 설명해달라고 했다. 그는 미소 지으며 몸을 일으켰지만 막 이야기를 시작하려던 때에, 방문이 쾅 열리더니 그의 손녀 아프신이 들어와 우리를 쳐다보았다.

"애 좀 데려가!" 그가 아내 아스마에게 소리쳤다. 아기는 여전히 우리를 쳐다보며 멀뚱멀뚱 서 있었다. "내 일 방해하잖아."

2020년 2월 24일 오후 3시쯤이었던 것 같다고 니사르는 말했다. 집 밖이 소란스러워져 창가로 가보았다. 남자 여럿이 델리 북동부의 바기라티 비하르에 있는 운하 옆 좁은 도로를 따라 행진하고 있었다. 그들은 "라마에게 승리를!" "힌두여, 깨어나라! 깨어나라!"라고 구호를 외쳤다. 그곳에서 20년 가까이 살았지만, 처음 보는 광경이었다. 그는 아스마와 상의하고, 그다지 문제 될 행렬은 아닐 듯싶다는 불확실한 결론을 내렸다.

"그냥 평범한 정치 구호라고 생각했어요." 그 동네는 특히 공동체의 형제애가 끈끈했다. 무슬림, 힌두인 할 것 없이 서로를 불러 차를 마셨고, 밤늦게까지 함께 앉아 대화를 나누곤 했다. 그런 형제애는 대개 충분한 보호막이 되어주었다. 문제가 생기면 어르신들까지 나서서 일이 커지기 전에 수습하곤 했다. 니사르에게 희망은 삶의 방식이었다. 집 밖으로 내다보이는 건 하수도로 변해버린 운하였지만 창밖을 볼 때마다 탁 트인 하늘을 올려다볼 수 있었다. 이런 사소한 것들이 그에게는 특별한 기쁨이었다.

니사르는 열한 살 때 혼자 시골에서 올라와 북동부 델리까지 왔다. 오자마자 의류 공장에서 일자리를 찾았고, 이후 줄곧 그 도시에 살며 관련 분야에서 차근차근 경력을 쌓은 뒤, 작게 사업도 시작했다. 마흔일곱 살쯤 되니 이제 좀 재정적으로 안정된 느낌이었다. 집 1층에서 데님 의류를 디자인하고 델리 전역에 판매했다. 수요가 충분해서 집을 매입하고 오토바이 세 대를 구입했으며, 다른 도시를 여행하며 잠재 구매자들도 만났다. 하지만 밖에 남자들이 돌아다니는 동안에는 사업 생각을 할 수 없었다. 니사르와 아스마는 창밖으로 길을 따라 내려가는 행렬을 보았다. 군중 속 낯선 얼굴들을 보며 불안해하다가 아는 얼굴을 발견했을 때는 더 깜짝 놀랐다. 그중에는 니사르가 젊었을 때 알고 지내던 이웃집 아이들도 있었다. 예전에는 니사르 앞에서 입도 뻥긋 못 하던 아이들이었다. 그런데 이제 그의 집 앞에서 라마에 대한 헌신을 외치고, 예의 바른 인사 대신 조롱을, 전투의 함성을 내뱉고 있었다. 그 아이들은 독실한 신자도 아니었던 터라 그 순간이 터무니없게만 느껴졌다. "그중 한 명은 맨날 술에 취해 하수도 운하에 쓰러져 있던 아이였어요."

몇 분이 지나자 구호는 더 거세졌다. 아스마는 딸 일마와 임신한 며느리 수마이야에게 진짜 문제가 생기기 전에 떠나라고 했다. "딸과 며

느리가 빠져나가지 못할까봐 걱정이었어요." 니사르는 그렇게 말했지만 아스마가 겁을 내는 건 또 다른 문제였다. 두 여자 모두 이제 막 이십대 초반의 나이였기 때문이다. 니사르는 막내아들 수하일에게 두 사람을 인근 친척 집으로 데려다주라고 했다. 니사르는 아스마, 다른 아들 한 명과 남아 신경을 곤두세운 채 기다렸다. 수하일은 20분 후에 돌아왔다. 니사르는 일이 어떻게 되고 있는지 보려고 행렬 뒤를 몰래 밟으며 거리를 두고 움직였다.

남자들은 니사르의 집에서 몇 분 거리에 있는, 네 개의 도로가 만나는 하수도 운하 위 낮은 다리 위에 멈췄다. 그들은 바리케이드를 설치하고, 대형 확성기를 꺼냈다. 그 확성기는 오디오 장비 대여업을 하는 이웃집 물건이었다. 다리 위에서 BJP의 지역 지도자가 군중을 선동하고 있었다. 불길한 구호들이 울려 퍼졌고, 군중은 한 마디, 한 마디에 열렬히 응했다. "물라들을 죽여라." "할례받은 놈들을 쫓아내라." "그들의 집에 불을 질러라." 누군가는 "집에 있는 무기는 다 가져와라"라고 소리쳤다. 시민권 수정법을 지지하는 구호가 나올 때까지도 니사르는 믿을 수 없다는 표정으로 멍하니 듣기만 하다가 문득 깨달았다. 그 순간, 주변은 무대 장치였고, 사람들은 대사를 반복 연습하는 배우들이었다. 니사르는 청년들의 부모를 잘 알았기에 저들이 난민법에 이렇게나 열정을 보인다는 게 비정상이거나 불가능한 일처럼 느껴졌다. 그 순간 그는 사람들이 정부의 논리를 얼마나 철저히 따르면 다른 시민들을 공격하기까지 할까 하는 생각이 들었다.

구호가 계속되는 동안, 주변을 둘러보던 니사르는 이웃인 방과후 교사를 보았다. 니사르는 그 교사와 친했기에 그에게 다가가 선동하는 남자들을 막아달라고 말했다. "여기서 무슨 일이 벌어지는 겁니까? 이런 일은 그만 멈춥시다. 아이들이 난리를 피우고 있어요. 우리 어른들이 막아야 합니다. 아이들이 이런 짓을 못 하게 막읍시다." 하지만 교사는 이미 결정된 일이라는 듯 말없이 고개만 끄덕이고 돌아섰다. 니사르는 그 모습을 잊을 수가 없었다. 그 순간 니사르는 다리에서 뛰어내려 집으로 달렸다. 셔터를 내리고 출입문을 전부 잠그고, 그것으로 무사하기를 간절히 기도했다.

그리고 음악이 시작되었다. 다리 위 수백 명의 군중. 축제 같은 분위기. 홀리 축제*라도 열린 것처럼 시끄러운 음악과 떠들썩한 남자들. 그 와중에 급박하게 외치는 "자이 시리 람"과 다른 종교 구호들. 니사르는 분위기가 점점 고조되는 것을 느끼고 경찰에 전화했다. "빨리 와주세요. 폭동이 일어날 것 같아요." 경찰은 접수되었다며 안심시켰다. 하지만 경찰의 존재는 아주 잠깐, 비상 전화 너머에서 느낀 게 전부였을 뿐 코빼기도 보이지 않았다.

그날 저녁 5~6시쯤, 문제가 해결될 때까지 떠나 있던 무슬림의 빈집과 가게를 남자들이 부수고 들어가기 시작했다. 안에 사람이 있는 집은 건드리지 않았다. 한편 그런 사실을 전혀 모른 채 오토바이를 타던 무슬림 남성들은 코너를 돌다가 폭도들과 정면으로 마주쳤다. 무슬림 남성들은 그 자리에서 오토바이를 버리고 하수도 운하로 뛰어들었다. 니사르는 창밖으로 추격 장면을 지켜보았다. 점점 포위망이 좁혀오고 있었다. 그의 집에서는 바기라티 비하르의 일부밖에 보이지

---

* 색의 축제 혹은 사랑의 축제로 알려진 인도의 대표적인 힌두교 축제.

않았지만 비명이 들렸고, 지인들이 이제 막 촬영한 잔혹한 영상들을 보내왔다. 한 영상 속에서는 사람들이 불타는 오토바이 옆을 태연히 지나다녔고, 다른 영상에서는 한 남자가 내장이 다 드러난 채 바닥에 누워 있었다. 니사르는 시체 가까이 서 있는 이웃 과외 교사를 보았다. 그는 전화 통화를 하며 누군가에게 지시를 받는 것 같았다.

밤이 되자 니사르는 커튼을 치고 살짝만 젖혀 집 밖에 불어난 군중을 보았다. 마스크를 쓰고 힌두 정당을 상징하는 주황색 옷을 입은 젊은 남자들이 니사르의 집이 있는 골목을 위아래로 가득 채우고, 다리까지 빽빽이 늘어서 있었다. 그들은 시멘트 벽돌 창고에서 꺼낸 칼과 몽둥이를 서로 전달하고 있었다. 들고 있는 무기는 가지각색이었다. 어떤 이들은 끝이 날카롭게 구부러진 쇠막대를, 어떤 이들은 볼트를 빼낸 절단기를 단검 한 쌍처럼 들고 다녔다. 뛰어다니는 발소리, 신음과 비명이 커튼 너머로 들려왔다.

군중은 더 작은 그룹으로 흩어졌다. 일부는 바기라티 비하르의 골목을 활보했고, 다른 이들은 교차로를 순찰하듯 돌아다녔다. 피부색이나 코 모양, 수염, 스컬캡을 보고 무슬림처럼 보이면 신분증을 요구했다. 의심스러우면 할례 여부를 확인한다면서 남자들에게 성기 노출을 명령했다. 니사르는 유일하게 몸을 숨기고 밖을 볼 수 있는 2층 창가에 서 있었다. 집 밖의 남자들을 촬영해야 할지, 두 눈으로 직접 봐야 할지 고민이 되었다. 때때로 그는 창턱 아래로 몸을 숙이고, 휴대폰만 살짝 올려 가스 실린더를 실은 정차된 트럭, 그 밖의 어렴풋한 형상들을 촬영했다. 어떤 영상에는 젊은 남자들이 차를 세우고 어둠 속에서 이야기하는 모습이 담겼지만, 화면이 몹시 흔들려 얼굴을 알아보기 힘들었다. 아흐메드에게 물어보니 몸이 떨리고 있는 거라고 했다. 뒤에서 아스마가 제발 조심하라고, 휴대폰을 든 손이 눈에 띄면 안 된다고 애원했다. 어떤 때는 두 눈으로 직접 보기도 했다. 구타당한 후 비틀거리며 걷는 남자들, 주위로 몰려든 폭도들이 때리고 걷어찰 때 머리를 필사적으로 감싼 사람들. 아들들은 빨리 뒤로 물러서라고 소리 죽여 다그쳤지만, 니사르는 여느 목격자들이 그렇듯, 용기와 무모함 사이 어딘가에 갇힌 채 그 자리에서 꼼짝도 하지 않았다. 늦은 밤, 다리 위 폭도들 주위에서 큰 폭발음이 연달아 들렸다. 폭죽 소리 같기도 하고, 금속 부딪치는 소리, 총소리 같기도 했다. "이렇게 많은 힌두 형제가 모이다니 놀랍습니다." 다리 위에서 한 남자가 기꺼운 목소리로 말했고 그의 목소리는 확성기로 증폭되었다. 볼륨을 높였는지 꽤 멀리 떨어진 니사르에게까지 잘 들렸다. "이제 전부 모인 것 같네요. 체력을 아끼세요." 그는 폭도들에게 조언했다. "체력을 아껴요! 밤은 기니까요."

이웃이 그 장면을 촬영해 니사르에게 보냈다. 경찰차가 비춘 불빛에 군중과 다리, 건물들이 번쩍거렸다. 경찰차는 남자들 근처에서 속도를 줄이는가 싶더니 남자들이 하던 일을 계속하게 놔두고 그냥 지나가버렸다. "경찰차가 와서 휙 보고 그냥 가버렸어." 니사르의 이웃이 설명했다. 군중은 "델리 경찰 만세!"와 "자이 시리 람!"을 외치며 환호했다. 경찰차는 다리에서 멀어져 하수도 운하 옆 좁은 길을 따라 계속 달렸다.

"광란의 밤이었어요. 도처에서 광란이 벌어졌죠. 마을, 다리, 운하 옆까지." 어둠 속에서 벌어진 대학살은 소리로 다가왔다. 고함, 뜀박

질, 비명. 도무지 잠들 수 없는 밤이었다.

해가 뜨고 몇 시간쯤 지났을 때, 창문 아래가 소란스러워졌다. 내려다보니 폭도들이 이웃집에 침입하고 있었다. 집 안에 있던 물건을 전부 약탈했고, 천장의 선풍기까지 뜯어냈다. 이제는 숨는 것도 의미가 없었다. 폭도들은 어디가 무슬림의 집인지 다 알고 있는 듯했다. 그는 창문에서 소리치며 폭도들을 설득하려 했다. 그러자 창문으로 돌과 쇠막대가 날아왔다. 아스마가 쇠막대에 맞았다.

곧이어 남자 40여 명이 문을 두드리며 셔터를 부수고 집 안으로 들이닥쳤다. 니사르와 아스마, 아이들은 옥상으로 올라가 문을 잠갔다. 아래층에서 폭도들이 집 안에 있던 오토바이를 끌어내 휘발유를 뿌리고 불을 질렀다. 판매할 옷을 넣어둔 자루, 딸의 결혼 자금으로 쓸 돈과 보석도 함께 불탔다. 그는 화가 나서 소리쳤다. "마음대로 해봐. 도대체 왜 이래? 누가 시킨 거야? 뭐가 문제야? 너희 집으로 돌아가." 그러자 남자들은 계단을 올라와 옥상 철문을 열려고 했다.

니사르는 공포에 떨었다. 이웃집 옥상에도 사람들이 서 있었고, 그중에는 니사르가 아는 이들도 있을 터였다. 그들은 그 광경을 지켜보다가 돌을 던졌다. 그는 아스마가 벽을 넘어 옆집 옥상으로 넘어갈 수 있게 한 손으로 잡고 내려주려고 했다. 하지만 그 집 옥상이 너무 낮아 뛰어내리지 못하고 허공에 매달리는 꼴이 되었다. 마침 집주인이 그 모습을 보고, 서둘러 사다리를 가져와 아스마를 내려주었다. 니사르와 아들들도 뒤따랐다. 이웃은 그들을 보호할 생각조차 하지 못했고, 니사르도 보호를 요청하지 않았다. 그들은 서둘러 옥상을 몇 개 더 건너 길가로 내려간 다음, 가까운 힌두 친구의 집으로 뛰어들었다. 친구는 창밖으로 보이지 않게 집 안 깊숙이 그들을 안내하고, 차이를 내왔다. 그제야 니사르의 가족은 숨을 고르며 눈물을 흘렸다.

가족들은 몇 시간 동안 이 광기가 지나가기만을 기다렸다. 그날 오후 어느 순간, 마침내 고요가 찾아왔고, 폭도들은 물러갔다. 밖을 내다보니 경찰관 두 명이 있었다. 지금이 탈출할 기회였다. 하지만 가족을 데리고 밖으로 나왔을 때, 경찰은 사라진 뒤였고 대신 30~40명의 폭도가 그들을 보고 달려왔다. 가족은 막다른 골목에 몰렸다. 니사르는 기적을 바라며 외쳤다. "보내주세요."

놀랍게도 아는 친구 한 명이 군중 속에서 앞으로 나섰다. "그 친구가 우리를 건드리지 못하게 소리쳤어요. 누구라도 우리를 건드리면 죽여버리겠다고요." 힌두 이웃들이 그 광경을 지켜보다가 집에서 나와, 가족과 폭도들 사이에 보호막을 만들어주었다. 이웃들은 니사르의 가족이 바기라티 비하르를 빠져나가게 돕고, 경찰관이 있는 곳까지 데려다주었다.

"그래서 어떻게 됐냐고요? 도망쳤죠. 집을 돌아볼 엄두도 못 냈어요." 이웃이 왜 자신을 구했는지도 설명할 수 없었다. 그다지 이해가 가지 않았다. 그날 벌어진 모든 일은 도무지 이해되지 않았다.

니사르는 집을 떠난 첫날밤 이야기를 들려주었다. 무자비함과 불확실성으로 가득했던 그 밤, 자신과 같은 생존자들을 위해 마련된 임시 수용소가 있다는 말이 떠올랐다. 수용소는 바기라티 비하르에서 몇 블록 떨어진 이드가 모스크 마당에 마련되어 있었다. 춥고, 습하고, 불안한 밤이었다. 난민들은 거대한 천막 아래서 온기를 모아 몸을 웅크렸다. 델리 전역에서 수천 명이 몰려든 것 같았다. 밖은 여전히 안으로 들어오려는 폭도들로 소란스러웠다. 북동부 델리에서 온 난민만 해도 수백 명에 달했다. 하나같이 힌두 지역에 사는 무슬림이었는데, 낯선 군중이 자신들의 집을 정확히 알고 있었다며 비슷한 이야기들을 했다. "이런 속담이 있어요. '집안의 배신자가 랑카*를 무너뜨린다.' 아는 사람 소행이라는 거죠."

동네 사람이 외부인을 끌어들인 것이다. 주민들이 외부인들에게 무슬림이 사는 집과 그들이 운영하는 가게를 지목했고, 외부인들은 행동에 나섰다. 니사르는 보관해둔 봉투 속에서 폭도들의 사진을 꺼냈다. 사진을 다루는 손길은 조심스러웠다. 자신의 기억을 기꺼이 나누고, 내가 이해할 수 있게 반복해 설명하면서도 봉투 속 사진들은 보여주기를 주저했다. 니사르는 원래 말이 많았지만, 봉투를 이리저리 뒤적이다가 말없이 한 장씩 건네주곤 했다. 내가 가끔 폭도들의 사진을 찍으면 얼굴을 찌푸렸다. 사진은 가까이서 촬영된 것이었고, 폭도들은 사진사의 존재를 무시할 정도로 편하게 행동했다. 그것은 배신이었다. 확성기 등의 물품 제공에서부터 사진 촬영까지, 모든 행위가 부당하게 느껴졌다. 니사르는 그곳에 살 수도, 그 사진을 찍을 수도 없었다. '그곳에 있으면 안 될 사람'이기에. 하지만 니사르는 이번 일을 그런 식으로 받아들이려 하지 않았다. 그는 폭도들이 꼭두각시에 불과하다고 생각했다. 폭도들에게 그런 길을 보여준 사람들, 폭력과 증오의 실제 지휘자들은 어디 있었을까? 왜 아무도 그들의 정체를 밝히라고 요구하지 않을까? 왜 아무도 그들이 누구인지 묻지 않을까?

---

* 인도 신화 속의 강력한 왕국.

그 사진들은 힌두 이웃들이 돌아다니는 폭도들을 촬영해 보내온 영상을 확대한 것이었다. 그의 집 앞 도로를 가로막은 남자들, 절단기의 한 짝을 총처럼 들고 있는 남자, 사방에 흩어진 종이와 재. 폭동의 흐릿한 장면들과 그의 증언, 그가 가진 패는 그게 전부였다. 이런 현실을 깨달았기에 그는 희망의 크기를 대폭 줄였다. 이제 그가 바라는 것은 단 하나, 자신의 경험이 진실로 보존되고, 경찰서와 법정에 기록으로 남겨지는 것이었다. 공격한 자들을 꼭 감옥에 보내야겠다고 생각했다. 하지만 그러면서도 감옥에 갇힌 이들의 모습을 상상하면 마음이 아팠다. "이건 시민과 정부 사이의 싸움이었어요. 왜 당신의 아들들이 이 일에 휘말려야 했나요? 왜 그들을 막지 않았나요? 왜 이런 일이 벌어져야 했나요?" 그를 공격한 것으로 추정되는 비카스라는 남자가 감옥에 갔다고 했다. "그의 가족은 망가졌어요. 아이는 누가 돌보나요? 이런 끔찍한 일이 일어나지 않을 수 있었는데. 그의 어머니는 이제 어떻게 할까요? 왜 그는 정당을 위해 싸웠을까요? 정당을 위해 싸우는 삶이라니, 상상해보세요." 그는 다시 눈물을 흘렸다.

니사르가 집에서 도망친 지 나흘 후, 델리 정부는 주민들이 입은 신체적, 재정적 피해에 대한 보상 패키지를 발표했다. 문서에는 보상 금액이 명시되어 있었고, 하단에 미소 짓는 주지사의 사진이 실렸다. 가족 중 성인 사망 시 1만 5000달러, 어린이 사망 시 그 절반, 보험에 가입하지 않은 가게는 7500달러, 분실된 릭샤에는 750달러. 니사르가 보상액을 청구하려 하자, 경찰에 먼저 신고하고 승인을 받으라고 했다. 그는 고쿨푸리 경찰서를 방문했다. "경찰서는 신고서를 접수하려는 사람들로 가득했어요." 니사르의 차례가 되어, 그가 목격한 사건을 이야기하고 폭도들의 이름을 신고했다. 하지만 그의 진술을 받아적던 경찰관은 진술이 '사다(단순)'해야 한다고 말했다. 가해자 이름은 빼고 담백하게 진술하라는 것이었다. "폭도들을 '모르는 자들'이라고 말하라더군요." 경찰관은 일반적인 신고서가 승인이 빨리 나며, 보상금도 더 빨리 지급된다고 했다. 세부 사항은 나중에 추가해도 된다고 했다.

니사르는 잠시 그 제안에 흔들렸지만 결국 거절했다. "제가 원한 건 돈이 아니었어요. 2만5000이든, 25만이든, 50만이든 상관없었어요. 보고서에 제가 본 그대로 적어주기만을 바랐어요. 제게 증거가 있고, 영상이 있다고 기록해주길." 영상은 그의 주머니 속 휴대폰에 있었지만, 경찰관에게 그 이야기는 하지 않았다. "경찰이 할 일을 제대로 하지 않고 있다는 느낌이 들었어요." 경찰이 휴대폰을 압수해 증거를 없앨까 두려웠다. 그는 집으로 돌아가 증거물을 복사해놓은 다음, 다시 경찰서에 가서 사건을 접수했다.

그때부터는 새로운 시련이 펼쳐졌다. 경찰은 니사르를 심문하기 시작했다. 때로는 두 명, 때로는 그보다 더 많은 경찰이 심문에 나섰다. 상급 경찰관이 심문이 제대로 진행되지 않는다고 판단하면, 경찰관 일고여덟 명이 한꺼번에 몰려와 그를 둘러싸고 기억과 진술의 신빙성을 따졌다. 똑같은 질문이 반복되었다. 니사르는 한결같이 그 아이들을 알고 있으며, 그의 동네 출신이고, 그들이 아홉 명을 살해하는 장면을 목격했다고 답했다.

이런 심문이 매달 열흘에서 보름씩 1년 내내 계속되었다.

경찰의 한 부서에서 이리 오라고 했고, 다른 부서에서는 저리 가라고 했다. 그는 계속 왔다 갔다 해야 했다.

경찰은 그가 지목한 남자들이 확실한지 물었다.

"네."

"정말 확실합니까?"

"네."

"100퍼센트 확실합니까?"

"아레이 바이, 한. 네, 형제님."

경찰은 그의 말을 주의 깊게 듣고 이름을 적었지만, 공식 보고서에는 이름 몇 개가 빠져 있었다. 그러면 또 일치하지 않는다고 지적했고, 그는 빠진 살해범들의 이름을 반복했지만, 두 번째 시도에서도 경찰은 같은 이름을 빠뜨렸다. 경찰이 제대로 맞출 때까지 진술과 기록 사이의 줄다리기는 계속되었다. 그 후 조사관들이 다시 같은 질문을 했고, 니사르는 그들이 정말 그의 증언에 관심이 있는지, 아니면 그냥 지치게 만들려는 의도인지 의아해졌다. "그들에게 말했어요. '경관님, 죽을 때까지라도 계속할 겁니다. 다른 선택은 없어요.'"

결국 경찰은 니사르의 진술을 그대로 기록했다. '200~250명의 사람이 모여 있었고, 그들은 "자이 시리 람" "힌두 단결 만세" "일어나라, 힌두여" 같은 구호를 외쳤다. 그중 아는 얼굴이 18명. 손에는 쇠막대와 나무 몽둥이를 들고, 무슬림을 쫓아내기 위해 힌두인들을 결집했다. 큰소리를 듣고 겁에 질려 그의 방으로 내려갔다. 그는 두려움을 느껴 경찰서에 여러 번 전화했지만 아무도 도우러 오지 않았고, 그날 저녁 폭동이 시작되었다.' 이튿날 그의 집을 약탈한 폭도들도 같은 사람들이었다. 그는 경찰에게 폭도들이 사람들의 신분증을 검사했다고 했다. 무슬림인 게 확인되면, "때려죽이고 시체를 [하수도 운하에] 버렸다". 그렇게 사흘 동안 폭동은 계속되었다.

니사르는 경찰서를 돌아다니며 자신이 아는 내용을 모두 반복해서 진술했다. 그 과정에서 폭력에 연루된 지역 의원이 전화를 걸어 지나치게 친절한 어투로 말했다. "한번 만나서 이야기 좀 나눠볼까요?" 어떤 이는 그가 잃은 모든 것을 보상하고도 남을 만큼, 넉넉한 삶을 살 수 있는 돈을 제안하기도 했다. 예상한 일이었지만 아내에게 그런 돈은 받을 가치가 없다고 말했다. 길거리에서 그와 함께 있던 경찰 두 명이 걸음을 빨리해 앞서가고 그와 변호사들만 뒤처졌을 때, 한 남자가 그를 붙잡고 낮은 소리로 말했다. "증언하고 다닌다며?" 법정에서 그가 지목한 남자 한 명이 최대한 정중한 말투로 증인들에게 물었다. "니사르 아흐마드가 누구죠?" 그러자 살인 혐의를 받은 남자의 어머니가 소리쳤다. "니사르 아흐마드! 어디 있어? 죽여버릴 거야!" 그녀는 이번 생과 다음 생에도 끝까지 그를 뒤쫓겠다고 소리쳤다.

압력은 계속되었다. 니사르가 신고서를 접수한 지 한 달 후, 어느 델리 경찰이 니사르에게 전화를 걸어 BJP 시의원을 연결해주었다. 니사르의 집 근처 다리에서 군중에게 무슬림을 죽이라고 선동한 인물이었다. 연방 장관들과 함께 찍힌 사진들에서 그는 가운데가 아닌 항상 구석 자리에 서 있어 하찮은 지역 권력자의 느낌이 났다. 그 시의원은 니사르가 지목한 용의자들에 대해 질문했다.

다음 달, 니사르가 남은 것들을 수습하러 집으로 갔을 때, 그를 공격했던 남자 다섯 명이 찾아왔다. 그다음 달에는, 니사르가 지목한 용의자 한 명이 전화로 협박을 해왔다. 그 후 경찰관이 전화해 특정 용의자의 이름을 빼라고 요구했다. 또 다른 용의자가 만나고 싶다고 요청했지만 거절했다. 이튿날 그 용의자한테 다시 전화가 왔는데, 이번에는 니사르 누이의 집에서 전화를 걸어왔다. 그는 니사르에게 누이가 당신에게 할 말이 있다며 누이와 대화하라고 했지만 니사르는 거부했다. 니사르의 누이는 바기라티 비하르에 있는 그의 옛집에서 몇 집 건너에 아직 살고 있었다. 기억 속 공포 혹은 앞으로 다가올 공포가 외모에 새겨지기라도 한 것처럼 작은 몸집의 그녀는 불안에 떨며 괴로운 표정을 짓고 있었다. 그녀가 니사르의 약점이라는 것은 이웃 모두가 알고 있었다. 누이는 니사르를 설득해야 한다는 생각에 사로잡혔다. 그녀에게도 가족이 있었기에, 니사르를 찾아와 신고를 철회해달라고 부탁했지만 끝내 그를 설득하지 못하고 돌아갔다. 폭동 중 니사르 가족에게 은신처를 제공한 가족에게도 지역 주민이 찾아가 협박을 했다. 그 집의 가장은 니사르와 10년 넘게 알고 지낸 선량한 사람이었는데 니사르에게 전화를 걸어 어떻게 해야 할지 모르겠다며 서글퍼했다.

니사르가 신변 보호를 요청했지만 경찰은 머뭇거리기만 했다. 하지만 판사는 경찰에게 즉시 보호 조치를 취하라고 명령했고, 법원까지 직접 데려오라고 했다. 판사는 심리 당일에 니사르에게 조심하라고 당부했다.

항상 조심해야 한다는 뜻이었다. 2021년 11월 말 병원에서 만난 후, 그는 그달에만 세 번 이상 불려가 다시 진술했다. "소환될 때면 하루가 다 가요." 2022년 4월 우리가 무스타파바드에서 만난 달에만 여섯 번 소환을 받았다. "일도 못 해요." 그가 지친 목소리로 말했다. 한 조사관은 니사르에게 함께 바기라티 비하르로 가서 CCTV 카메라의 위치를 짚어달라고 했고, 또 한 경찰관은 용의자들의 집을 지목해달라고 했다.

모든 게 그의 인내심을 시험하고 어디까지 버티는지 떠보려는 것처럼 느껴졌다. 그는 사법 시스템의 모든 부분에서 시달렸다. 긴 시간, 반복 진술, 경찰서에서의 긴 대기, 사람 식별, 반복 질문. 그는 알면서도 계속 경찰서와 법정을 찾았고, 때로는 화를 내기도 했지만 대부분은 묵묵히 질문에만 답했다. "경찰은 그다지 폭도들을 찾아내고 싶어 하지 않는 것 같았어요. 그들은 아직도 자유롭게 활보하고 다녀요. 이 모든 일을 계획한 자들은 어디 있나요? 판사에게도 그 아이들을 안다고 말했어요. 살인을 저지를 애들은 아니라고요. 도대체 누가 아이들을 이런 일에 가담시켰을까요?"

편리주의나 현실주의에 타협하지 않는 니사르가 무척이나 특별하게 느껴졌다. 폭동을 저지른 이웃의 이름을 반드시 지목해야 한다는 고집을 꺾지 않고, 한 달에도 몇 번씩 경찰서와 법원에 출석하는 일은 재정적, 정신적으로 큰 부담이었다. 그가 폭력 때문에 잃은 상품과 장비의 가치는 거의 500만 루피에 달했다. 나는 그 액수가 어떤 의미인지 상상할 수 있었다. 내가 돈의 가치를 배우며 18년 동안 일해서 모은 금액이 그 정도였다. 소환될 때마다 니사르의 손실은 더 커졌다. 하지만 출석하지 않으면 "소환장을 발부하겠다"는 위협을 받았고, 시간에 맞춰 출석해도 그날 바로 심문을 받거나 조사관이 그의 말을 들어준다는 보장은 없었다. 조사관들은 자신들의 삶을 살았다. 휴가도 가고, 달리 급하게 처리할 일도 있었다. 그럴 때는 마냥 기다려야 했다.

그렇다고 그가 전혀 흔들리지 않았던 것은 아니다. 어느 날 밤늦게 전화를 걸었을 때 그는 하루 종일 조사관을 기다리다가 막 돌아온 참이었다. "너무 많은 일이 벌어지고 있어요. 더는 못 참겠어요." 그는 화가 나 있었지만, 몇 분 만에 진정되었다. 경찰 조사관들조차 그에게 무력감을 하소연했다. "니사르 형제님, 저도 어떻게 해야 할지 모르겠어요." 그런 말을 여러 번 들었다고 했다. 불법적인 명령이라도 경찰은 복종해야 하기 때문이었다. 그에게 얼마나 무력감을 토로했는지, 그날 법정에서 얼마나 엄중했는지에 따라, 니사르는 그들에게도 동정심을 느끼곤 했다. 언젠가 경찰 한 명이 고개를 절레절레 흔들며 이 나라는 완전히 무법천지라고 씁쓸하게 웃음 지은 날, 니사르는 경찰이 열심히 일하고 있다고 말했다. 하지만 법정에서 판사가 경찰을 비판한 날에는 니사르도 "경찰이 제대로 일을 하지 않는다"고 했다. 그가 쉽게 흔들린다고는 생각하지 않았다. 오히려 거대 사법 시스템이 이토록 취약하고 비효율적이라는 사실에 당황해 누구에게 책임을 물어야 할지 모르는 듯했다. 그의 사건을 맡은 판사들은 전근을 갔고, 심리는 처음부터 다시 시작되었다. 그는 정의가 오로지 그의 책임인 양 홀로 짊어지고 있었다. 다른 어떤 시스템도 제대로 작동하지 않았으니까. 그의 열정은 다소 억지스러운 면이 있었고, 그는 나에게조차 그 열정을 드러내야 한다고 느끼는 것 같았다. 그는 가족의 반대와 이웃들의 위협을 어떻게든 견뎌냈고, 몇 번이나 경찰의 잘못을 바로잡기도 했다. 하지만 너무 오래 걸리고 있다고 했다. 그는 단순히 행동대장들만이 아니라, 그 지휘자들까지 감옥에 보내길 원했다.

"일이 어떻게 되어가는 건지 모르겠어요. 여기는 델리입니다. 이 나라의 권력이 전부 몰려 있는 곳이죠. 그런데 이곳 법원조차 제대로 기능하지 않으면 더 작은 법원들은 어떻겠어요?" 그가 물었다. "권력의 중심에서 흘러나오는 바람은 깨끗해야 합니다. 그래야 이 나라의 가장 먼 곳까지 좋은 메시지를 전달할 수 있어요."

"마헐mahaul"(그곳의 공기, 땅, 그리고 분위기를 모두 아우르는 말)이 변했다고 말하면서 그는 마음속으로 그의 마을을 떠올렸다. "우리는 함께 밭을 갈곤 했어요. 두 공동체 사람들이 서로 섞여 살았죠. 이제는 그러지 않아요. 사람들은 변했어요. 말투도 달라졌죠. 꼭 치고받고 할 때만 싸움이 벌어지는 게 아니에요. 무슨 일이 일어날 토대가 만들어질 때도 있어요. 사람들은 이제 자기 공동체끼리만 살고 싶어해요. 하지만 어울려 함께 살 때 인도는 성장할 겁니다. 변화하는 사람들에게 맞는 새 법도 필요해요. 중국이 왜 발전하는지 아세요? 그들은 이런 일에 집중하지 않아요. 길을 만들고, 진료소를 만들죠. 형제끼리 서로 미워하는 집은 발전하지 못해요. 저는 힌두 사원에서 신상을 씻어본 적 있습니다. 발도 만져봤죠. 저는 누구든 지식을 나누는 사람을 존중해요. 왜 사람들은 한 권의 책, 한 가지 지식에만 집착할까요?"

9.
배신자들

"어젯밤부터 기분이 좋지 않아요." 니사르는 어느 날 내게 자신의 휴대폰을 건네주며 말했다.

그가 거의 잠들려던 때에 그의 조카가 영상을 보내왔다. 배급품점*을 운영하는 조카는 그 영상을 우연히 받았다고 했다. 아니 어쩌면 불안을 퍼뜨리고 무슬림 남자에게 자신의 위치를 드러내려는 의도로 보낸 것일 수도 있었다.

젊은 남자의 둥근 얼굴, 깔끔하게 다듬어진 수염이 영상에 등장했다. 야구모자는 뒤로 썼고, 흰 셔츠에는 어깨 패드가 있었다. 남자가 힌두인들에게 스스로를 지키라고 말할 때 새들의 지저귐과 나뭇잎 바스

• 인도에서는 정부 주도의 공공배급제도에 따라 식료품 및 생필품을 취약 계층에 배급한다.

락거리는 소리가 들렸다. 힌두 국가를 지지하는 온라인 그룹에 게시된 영상이었다. "형제들이여, 3일에 대비하라. 3일에 큰일이 일어날 수 있다. 일어날 일에 대비하라. 무기와 산acid도 준비하라. 여러분의 안전을 위한 일이다. 폭동을 일으키지 마라. 하지만 폭동이 일어나면 그들을 가만두지 마라. 기억하라. 자이 시리 람!"

영상이 끝나자 니사르가 말했다. "3일은 이드Eid*입니다."

영상 속 남자가 계속해서 말했다. "한 가지 더 말하겠다. 우리 중에 배신자가 있다. 그들을 우리 그룹에서 제거해야 한다. 다른 그룹도 마찬가지다. 그 쥐들 때문에 우리가 곤경에 처한다. 기억하라. 그들보다 우리 안에 있는 사람들이 더 위험할 수 있다. 모두 준비하라. 자이 시리 람!"

우리는 영상에 나온 젊은 남자의 이름을 확인한 후 몇 분 만에 그를 찾아냈다. 그 영상은 인스타그램 같은 플랫폼에 게시된 것이었고, 이후 우타르프라데시의 체육관 '더 아이언 유니버시티'에서 찍힌 사진과 영상 속에서 그를 발견했다. 그 체육관은 30분도 채 안 걸리는 거리에 있었다. 업데이트가 잦은 걸 보니, 숨을 생각도 없는 모양이었다. 한 사진에서 남자는 덤벨을 들어올리고 있었고, 다른 사진에서는 근육질 남자들 옆에서 포즈를 취했다. 니샨트 타쿠르는 자신을 '집행자'로 여기는 레슬링 선수였다. 타쿠르는 "네 의무를 다하고, 혼란은 우리에게 맡겨라"라고 썼다. 그는 스스로를 "범죄적 사고를 가진 자" "미친 힌두교도"라고 자랑스럽게 소개했다. 그의 선언문 맨 위와 맨 아래에는 힌

---

* 이슬람교의 축제.

두 민족주의를 상징하는 주황색 깃발 장식이 있었다. 혐오 단체들은 선동적 뉴스 기사로 도배하며 타쿠르가 힌두인들에게 보내는 메시지를 더 강조했다. '94'로 끝나는 한 단체의 이름을 보더니 니사르는 구 무스타파바드의 우편번호라고 했다. 가장 단순하게 내릴 수 있는 결론은 이 단체가 해당 지역에서 활동하며 그 지역을 책임지고 있으리라는 사실이었다.

니사르는 잠시 바닥을 바라보며 침묵했다. 마침내 그가 입을 열었다. "타쿠르는 무기를 모아 사용하자고 하잖아요. 어떻게 이런 일이 있답니까?" 이런 순간에는 니사르가 다른 시대에서 온 사람 같았다. 좀 더 무심한 사람이었다면 타쿠르의 선동에 그저 불안을 느꼈겠지만, 니사르는 폭력을 조장하는 마음 자체를 이해하지 못했다. 이런 찰나마다 니사르는 내게 등대처럼 느껴졌다.

그사이 그는 영상을 받았다는 조카를 불렀다. 조카는 오후에 식량 배급품점을 닫고 서둘러 니사르를 만나러 왔다. 날씨가 더운데도 검은 옷차림이었고, 긴 소매 셔츠를 입고 있었다. 그는 모르는 사람이 보내온 영상이라고 했다. 그의 번호를 아는 사람이 많다면서.

"그치만 그게 왜 너한테 온 거냐?" 니사르는 답을 요구했다. "친구들이 보낸 거니?"

조카는 무슨 뜻인지 몰라 어리둥절했다. 그는 큰 소리로 결백을 주장했다. 니사르는 믿지 않는 눈치였지만 더는 캐묻지 않았다. 그들 사이의 불신은 저절로 사라졌다.

"그저께 밤에 그들이 오토바이를 타고 두 번이나 와서 '자이 시리람'을 외쳤어요." 조카가 말했다.

"누가 그랬지?" 니사르가 물었다.

"바지랑달Bajrang Dal 애들이요. 새벽 3시에 한 번, 6시에 한 번 오토바이를 타고 왔어요. 모두 겁에 질렸어요." RSS의 과격 조직인 바지랑달은 시기를 잘 골랐다. 그때는 라마단 기간이었고, 무슬림들은 단식을 시작하기 전, 새벽부터 음식을 준비하느라 일어나 있었다. "사람들이 전화를 걸어와 어떻게 해야 할지 물었어요. 저는 집을 팔고 떠나라고 했어요. 달리 뭘 할 수 있겠어요? 남자애 두셋이 모여 '자이 시리 람'을 외치기 시작하면 끝이에요."

나중에 니사르는 '자이 시리 람'이라는 말이 들리면 테러리스트라도 온 것처럼 덜컥 겁이 난다고 말했다. "이 사람들은 다음엔 경찰을 패고, 그다음엔 판사도 팰 겁니다."

니사르는 깊은 생각에 잠길 때면 기도할 때 염주를 만지듯 조용히 검지 끝을 엄지에 대곤 했다. 그는 벽에 등을 기대고 방 맞은편을 보며 미소 지었다. "모르겠어요. 정말 이상한 곳에서 살고 있는 기분이에요. 이 분위기라면 무슨 일이든 일어날 것 같아요." 그는 잠시 입을 다물었다가 중얼거렸다. "벌어지는 일들을 감당하기 어렵고 힘들어요. 숨 쉬기조차 벅차요. 숨이 잘 쉬어지지 않아요. 뭘 해야 할지, 뭘 하지 말아야 할지도 모르겠고. 아무리 생각해도 이해가 되지 않아요. 살아갈 자유도 빼앗긴 것 같아요."

5월 3일이 지나갔다. 인도 전역에서 불도저로 무슬림들의 집을 부숴버린 사건 외에 다른 일은 없었다. 한 달이 지났다. 6월 말의 어느 날, 니사르는 델리에서 새 소환장을 받았다고 알려주었다. 그는 새 판사 앞에서 일주일에 네 번이나 증언할 예정이었다. 그는 낙관적이었다. 소환장이 갑자기 늘어났다는 것은 어딘가에서부터 제대로 돌아가는 신호라고 생각했다. 나는 뭄바이에서 그에게 답장을 보냈다. "니사르 형제, 법정에서 봅시다."

10.
법정에서 그의 날

2022년 5월 말, 니사르는 동부 델리 카르카르두마 법원 단지 5층에 있는 71호 법정으로 향했다. 권위적인 분위기의 건물들이 늘어선 그곳에는 다가오는 선거의 후보자들을 홍보하는 스티커들이 벽에 다닥다닥 붙어 있었다. 오전 9시 30분, 정문이 열리자 민사 및 가사 소송을 위해 길게 줄 선 사람들이 순식간에 흩어졌다. 니사르도 그중 한 명이었다. 그는 보안검색대를 통과하고 나서야 모습을 드러냈고, 잠시 멈춰 리넨 셔츠를 정돈한 다음, 손수건으로 이마의 땀을 닦았다. 그의 보호를 담당한 경관은 과체중에 무장도 하지 않았고 연신 땀을 흘려댔다. 71호 법정에 걸린 표지판에는 '형사 법원, 판사 풀라스탸 프라마찰라'라고 적혀 있었다. 판사를 잘 아는 변호사들조차 발음하기 어려워하는 이름이었다. 니사르의 심리는 오전 10시로 예정되어 있었고, 그는 일찍 도착했지만 판사는 아직이었다. 그는 비닐 덮개가 씌워진 의자에 앉아 기다리며, 한쪽에서 서류 작업 중인 경찰관들과 이야기를 나눴다. 조용한 방 안에선 종이를 넘기고 파일 정리하는 소리만 들렸다. 방의 앞쪽, 유리나 아크릴로 된 스크린 건너편 단상에는 서기들이 앉아 발언 내용을 타이핑하려고 대기 중이었다. 그들 뒤의 더 높은 단상에는 프라마찰라 판사의 의자가 있었다. 그 의자가 돋보이는 건 높은 위치 때문도, 의자 바로 뒤에 있는 아소카 대제의 문장 때문도, 옆에 적힌 '사탸메바 자야테Satyameva Jayate'('진리가 승리하리라')라는 글귀 때문도 아니었다. 바로 의자 등받이에 걸쳐진 흰 수건 때문이었다. 습한 나라에서 권력의 특권 중 하나가 등을 뽀송뽀송하게 유지할 수 있는 기대치라는 점은 우스웠다.

경찰들은 지루해했다. 한 근육질의 경관이 등 근육을 쭉 폈다. "이 판사는 항상 늦어." 경찰 한 명이 서기에게 말했다. 니사르는 몸을 앞으로 기울여 이 사건을 맡은 세 번째 판사라고 말했다. "이전 판사에게는 증거를 다 말하지 못했어요. 전부는 말하지 못했죠. 그러다 판사가 바뀌어서 또 끝까지 말하지 못했어요. 그리고 이제 그걸 처음부터 다시 시작해야 하는 거예요. 계속 중간에 끊겨버려요." 그럼에도 그는 희망을 품었다. 거의 사라질 뻔한 미소를 다시 지어 보였다. 사가르라는 작고 늘씬한 남자가 그를 응원하러 와 있었다. 그는 자신을 예술가라고 소개했다가 나중에는 그냥 예술가artist가 아니라 발리우드에서 일하는 '아르티스트artiste'라고 정정했다. 그는 새 프로젝트를 막 시작했다고 했다. 니사르가 우리 말이 들리지 않는 곳으로 이동하자, 사가르가 말했다. "저렇게 용기 있는 사람도 없을 거예요."

잠시 후 방은 경찰과 변호사들로 가득 찼다. 공기가 무거워졌고, 니사르는 손수건을 만지작거렸다. 천장에는 선풍기 네 대가 돌아가고 있었지만, 열기는 여전했다. 오전 10시 11분, 판사가 도착하자 니사르는 자세를 바르게 했다. 혼란을 바로잡으려는 교장 선생님 같은 남자의 부름에 언제든 응할 준비를 하듯. 대머리에 안경 쓴 판사가 경찰을 호출할 때 냉정한 눈빛을 보이자 니사르가 살짝 미소 지었다. 심리는 아직 시작도 전이었지만 판사의 눈빛은 권위가 넘치고, 계급에 대한 존중 따위는 조금도 없어 보였다. 그래서 니사르는 오늘이야말로 자신의 날이라고 생각했다. 판사가 사건 파일을 읽을 때, 변호사들은 유리 칸막이 앞에 서서 판사의 표정에서 무슨 신호라도 찾아내려 애썼다. 하지만 판사는 그들을 무시하고 아무 반응도 보이지 않았다.

그리고 본격적으로 심리가 시작되었다. 증인석에 있던 한 남자는 구금 상태였는데, 변호사들이 사전 보석을 신청했다. 판사는 고개를 저으며 옳지 않다고 큰 소리로 말했다. 판사가 경찰에게 무언가 지시를 내렸다. 경찰은 구부정하게 서서 사타구니를 벅벅 긁더니, 남자에게 다가가 방문에서 가장 멀리 떨어진 구석에 앉으라고 공손히 말했다. 변호사들은 그 남자의 아내가 인공수정을 받아야 한다며, 난소 낭종과 배란 이야기를 했다. 하지만 판사는 별 반응 없이 보석 연장을 거부했다. "임시 보석을 허가해주면, 영구 보석으로 가려고 하겠지." 판사는 경찰에게 남자를 다시 가두라고 명령했고, 변호사에게는 고등법원으로 가라고 했다.

두 번째는 소액의 빚을 진 남자 사건이었다. 남자는 단정치 못한 모습이었고, 이런 일로 법정에 서게 된 것이 당황스러운 기색이었다. 판사는 아직은 엄격한 모습을 드러내지 않은 부모처럼 부드럽지만 단호하게 7월 1일까지 돈을 갚으라고 말했다. 다음 사건에서는 피고인 열 명이 증인석에 소환되었다. 그중 여덟 명은 젊은 남자였고, 두 명은 좀 더 나이가 있었다. 국가 대 피고인들의 사건이었다. 그들은 좁은 공간에 밀집해 있으면서 누더기 같은 천을 얼굴에 대고 있었다. 서기가 5~6인치 두께의 파일을 건네자 판사가 읽기 시작했다. 변호사들은 방 앞쪽에 서서 기다렸다. 증인석에서 기다리는 남자들은 법정에 끌려온 수감자들 얼굴에서 자주 보이는 표정을 지었다. 텅 빈 풍경 같달까, 상황에 이끌려 갖게 된 불교적 체념이랄까. 경찰은 바닥을 응시하며 행정 업무를 처리했고 서기들은 다른 서류를 꺼내왔다. 니사르의 보호를 맡은 경찰은 마지막 줄에서 꾸벅꾸벅 졸고 있었는데, 턱살이 가슴까지 흘러내릴 것 같았다. 니사르는 모든 광경을 지켜보며, 판사에게 제출하려고 가져온 증거 자료가 든 봉투를 꼭 쥐었다. 그때, 어디선가 본 적 있는 주 검사가 판사에게 가봐도 되겠냐고 물었다. 2년 전 연설 때문에 투옥된 학생 운동 지도자가 연루된 고위급 사건 심리가 있어 참석해야 한다고 했다. 판사는 불쾌한 기색을 보였다.

  남자들이 법정으로 들어오고 나가며 그렇게 몇 시간이 흘렀다. 그러다 어느 순간, 구금 중인 피고인들과 손가락을 건 경찰이 여러 명 들어왔다. 그들은 아무렇지 않게 서로 손을 얽은 채, 결혼식이라도 올리는 것처럼 판사를 바라보았다. 증인석에 들어갈 때도 손을 놓으면 안 된다는 것을 양측 모두 알고 있었다. 어느 순간, 증인석 안팎으로 열여덟 명이 서로 팔을 뻗어 몸과 마음을 연결한 채 서 있었다. 변호사 한 명이 구두로 진술하겠다고 하자, 판사의 표정이 어두워졌다. 판사는 냉정한 말투로 변호사를 제지했다. "저는 신이 아니고, 아크바르*도 아닙니다. 저도 법에 따라야 하고, 당신도 마찬가지입니다." 변호사는 질책을 받았고, 판사는 그에게 서류를 인쇄할 시간 10분을 주었다.

내가 니사르에게 물었다. "이런 걸 매번 어떻게 견디세요?" 그는 수십 번 심리에 참석했지만 달라진 건 아무것도 없었다.

"그냥 하다보면 습관이 돼요."

오후 2시 15분, 검사 두 명이 니사르에게 준비하라고 했다. 니사르는 사건의 정부 측 목격자였고, 그의 증언은 특히 중요했다. 니사르는 고개를 끄덕이고 계속 기다렸다. 소년들이 증인석으로 끌려왔다. 아무 문제 없이 성장하는 모습을 지켜봐온 이웃집 아이들이 폭력을 저지르고 사람을 죽였다고 증언해야 했다. 그중 한 명인 디네시는 흰옷을 입었고, 머리에 기름을 발라 조명에 반짝거렸다. 또 다른 소년 린쿠는 그 옆에서 몸을 흔들며 서 있었다. 변호사 한 명이 니사르에게 앞으로 나오라고 했다.

하지만 증언을 시작하기도 전에, 프라마찰라 판사가 정부 측 변호사들에게 증거가 담긴 콤팩트디스크를 요구했다.

"이 사건에 꼭 필요한 증거물입니까?"

검찰은 그렇다고 답했다. 한 고위 경찰관도 그렇다고 말했다.

"그럼 왜 여기 없습니까? 뭐에 근거해서 이 사건을 진행하고 있는 겁니까?" 판사는 왜 CD 사본을 충분히 준비하지 않았는지 물었다. 검찰은 논점을 흐리려는 작전인지 사건 파일에 문서 하나를 추가했다고

• 무굴 제국의 3대 황제. 제국의 번영기를 이루었고, 탁월한 통치력과 정책으로 신격화되어 전지전능한 지도자로 여겨진다.

답했다. 방청석에 있던 사람들은 어리둥절해했고, 경험 많은 판사조차 놀란 기색이었다.

"동문서답을 하는군요." 판사는 손가락으로 입술을 누른 채, 경찰과 검찰을 똑바로 보며 말했다.

"말씀해보세요." 판사가 마침내 걱정스러울 만큼 정중하게 말했다. "이 사건을 어떻게 진행해야 할까요? 말씀해보세요."

방 안이 조용해졌다. 검찰도 경찰도 아무 말이 없었다. 판사는 니사르를 돌아보며 부드럽게 물었다. 증언을 위해 얼마나 오랫동안 기다렸냐고. 니사르는 2년이라고 답했다. 판사는 계속 기다리게 한 것에 사과하며 곧 증언할 기회를 주겠다고 확신에 차 말했다. 프라마찰라 판사는 검찰에게 증거를 준비할 시간으로 열흘을 주었다.

니사르는 희미하게 미소 지으며, 판사에게 존경의 표시로 손바닥을 맞대 인사한 뒤, 서류 봉투를 들고 법정 밖으로 나갔다. 이번 결과는 만족스러웠다.

"판사가 저들을 단단히 조였어요. 이제 제대로 할 거예요. 판사가 시키는 대로 해야 할 테니까."

"네. 하지만 또 지연된 거잖아요." 내가 말했다.

"맞아요. 지연됐죠."

나는 니사르의 변호인 M. 라자에게 정부 측 검찰이 소년들을 감옥에 보내고 싶어하기는 하는지 물었다. 그의 대답은 사실 '그렇지 않다'는 거였다.

그로부터 나흘 후인 토요일 아침, 니사르는 다시 같은 법정으로 돌아가야 했다. 내가 밖에서 기다리는 동안, 증거도 없이 폭동 혐의로 체포되었다고 주장하는 무슬림 남성들로 복도는 한가득이었다.

한 세탁업자가 말했다. "저는 그냥 서 있었을 뿐이에요." 그는 여덟 건의 사건에 연루되어 있었다. "아무것도 없어요. 사진도, 증거도." 그 역시 계속해서 법정을 찾아와야 했다. 근처에 있던, 벽에 석고 바르는 일을 하는 소년은 열세 건의 혐의에 연루되었다.

딱 붙는 바지로 탄탄한 엉덩이를 드러낸 경찰 고위 간부가 판사에게 거수경례했다. 니사르는 내 쪽으로 몸을 기울이며 그 경찰에 대한 존경심을 표했다. 그 경찰은 '인카운터'*에 능숙하다고 말했다. "저 사람은 '인카운터 스페셜리스트'예요. 서른다섯 번의 인카운터를 했죠." 수십 년 동안 관료주의적 형식주의를 겪은 인도인들의 사고방식은 바뀌었고, 이제 사법 절차의 지연을 포함한 모든 지연 행위를 관료적 경직성으로 인식하게 되었다. 인카운터 스페셜리스트들은 일 처리를 서두르게 해, 세금 낭비를 줄이고 감옥 공간을 확보하고 법정 시간을 절약한다고 여겨졌다. 좌절한 사람들은 이런 효율성을 오랫동안 갈망해왔기에 '위험한 범죄자가 도주했다'거나 '흉악범이 총을 빼앗으려 했다'는 식의 얄팍한 구실만으로도 경찰의 과오를 넘겨주었다.

10시가 조금 지나 니사르의 이름이 호명되었다. 그는 의자에서 일어나 비닐봉지를 들고 조사관과 변호사들이 있는 방 앞쪽으로 나갔다. 판사는 니사르를 바라보며 검찰에게 니사르의 시간을 낭비하지 말라고, 법정에 반복해서 불려오지 않게 일을 체계적으로 하라고 명령했

• 인도에서는 사법 절차를 거치지 않고 이루어진 경찰의 범인 사살을 가리키는 은어로 사용된다.

다. 판사는 니사르에게 미안하지만 오늘은 증언할 수 없을 거라고 말했다. 그는 사건이 좀더 정리되면 증언하도록 해주겠다고 약속했다.

니사르는 손바닥을 맞대어 판사에게 존경을 표하며 힘없이 미소 지었고, 돌아서며 한숨을 내쉬었다. 밖으로 나가면서 그는 변호사를 따라잡아 증인 수당에 대해 물었다. "다음에 지급될 겁니다." 변호사가 말했다.

니사르는 불만스러웠고, 변호사에게 계속 불평하려 했다. "끊임없이 여기 오고 또 오고 있어요. 아직도 증언을 못 했고요."

변호사는 집요한 니사르에게 짜증이 났는지 날카롭게 말했다. "너무 스트레스 받지 마세요. 판사가 부를 때 법정에 나오기만 하면 됩니다. 신경은 다른 사람이 쓰게 놔두고. 이제 가보세요." 그는 니사르를 성가신 존재 대하듯 무시했다.

법원 단지에서 나와 택시를 기다리던 니사르가 말했다. "어떻게 되어가는 건지 모르겠어요. 증언을 하고 싶은데, 저들은 원하지 않는 것 같아요. 증언을 듣지 않으면, 폭동이 없었던 일이라도 되는 것처럼."

이런 순간이면, 니사르는 자신의 경험 때문에 위축되는 기분이 들었다. 문서화된 법이 아닌 보이지 않는 규칙이 지배하는 것 같았다. 그런 순간 그에게는 위로와 보살핌이 간절해 보였다. 나는 쓰던 것을 멈추고 반사적으로 말했다. "괜찮을 거예요, 니사르 형제." 너무 많은 힘과 계산이 작용하고 있었기 때문에 나 스스로도 그 말을 믿을 수 없었지만 어쩌면 그에게는 그런 말이 필요했는지도 몰랐다.

예전이라면 내 위로의 말을 곱씹었을 그가 이번에는 듣는 둥 마는 둥 했다. "이래서 증인들이 증언도 하지 못한 채 죽어가는 겁니다. 저들은 시간을 죽이고 있어요."

그의 옆에 서 있자니 속이 부글부글 끓어올랐다. 프라마찰라 판사는 새로운 시작과 진실에 다가가기 위한 진지한 시도의 가능성을 열어주었다. 하지만 이유가 무엇이든 지연과 연기로 최근의 범죄는 먼 과거의 일이 되고, 기억은 희미해졌으며, 증인의 결의는 약화되고 있었다.

택시가 도착했지만 운전사는 힌두교도였고, 차에 타자마자 무슬림 동네 안으로는 들어가지 않겠다고 단언했다. 무스타파바드는 너무 넓고, 차가 지나가기엔 골목이 너무 좁다는 것이었다. 운전사는 조금도 양보하지 않겠다는 어조로 주도로의 다리까지만 가겠다고 말했다. 니사르가 폭도들과 확성기를 목격한 장소였다. 거기서부터는 알아서 돌아가야 했다. 잠시 니사르는 항의하려는 듯했지만, 이내 빠르게 감정을 가라앉혔다. 그는 나에게 어색한 포옹을 건네고, 운전사 뒤에 앉아 떠났다.

11.
우울한 법정

니사르가 프라마찰라 판사의 법정에 다시 소환되었을 때는 몇 달이 지나 있었다. 증거의 채택 여부를 확인하는 수준에 불과하긴 했지만, 변호사들은 심리가 더 신속해질 기미를 느꼈다. 그날 아침, 니사르는 그에게 용기를 북돋워주러 자마트에서 온 이슬람 학자와 함께 법정에 도착했다. 몇 년 전, 니사르는 라마단 기간에 그를 집으로 초대해 타라위를 부탁한 적이 있었다. 타라위는 쿠란의 한 부분을 천천히 묵상하듯 낭송하는 예배였다. 니사르는 타라위가 나마즈와 비슷하지만 더 세부적이라고 설명했다. "타라위는 사람들이 어떻게 살아야 하는지, 어떻게 행동해야 하는지를 상기시켜줍니다. 읽는 데 10분이 아니라 두 시간이 걸려요."

그 몇 달 사이에 프라마찰라 판사의 희끗희끗한 수염은 더 자랐고, 옆머리도 길어져 있었다. 정수리는 형광등 불빛을 또렷하게 반사해

반짝거렸다. 만원인 방 안으로 들어섰을 때, 그는 평소처럼 누군가에게 불만을 표하고 있었다. 아침 내내 얼굴을 찡그린 채 서류를 읽었고, 변호사들을 향해 눈썹을 치켜올리며 그들이 아무렇게나 억지스럽게 변론에 인용한 법률의 세부 사항들에 대해 가르쳤다. 분위기는 답답했고 불쾌감을 자아냈다. 그는 변호사들에게 숨 쉴 틈도 주지 않고, 발언을 듣자마자 질문을 퍼부었다. 생각의 절반도 기준에 미치지 못하는데 전부 들을 필요가 있을까? 한 변호사가 제대로 주장을 펴지 못하자 판사가 말했다. "당신 변론을 듣고 있느니 차라리 내가 직접 사건 기록을 읽는 게 낫겠군요."

변호사들은 자신감 있게 방에 들어왔다가 오전 중반만 되어도 두 손 두 발 다 들고 말았다. 프라마찰라 판사의 법정 시간은 이렇게 흘러갔다. 시간을 소진하며 기다리는 사람들에게 끝없이 기본기를 요구하고, 끝도 없이 실망하면서. 그에게 기쁨을 주는 순간은 약한 논리나 근거 없는 추정, 무의미한 질문을 앞세우는 누군가가 그의 시야에 걸려들 때였다. 그럴 때면 그의 태도는 미세하게 변했다. 변호사들이 곧 벌어질 피 없는 폭력을 감지할 정도로만 약간.

그날 아침, 특별 검사가 발언을 시작하며 여느 때처럼 증거가 확실하다는 듯 허세를 부렸다. 그는 폭동 중에 촬영한 영상 한 장면을 프라마찰라에게 보여주었다. 프라마찰라 판사는 그의 말을 중단시키고 영상의 전체 버전은 어디 있는지, 출처는 알고 있는지 물었다. 프라마찰라는 검사의 설명이 만족스럽지 않았고, 진실을 확인하기 위해 계속 검사의 말을 끊었지만, 검사는 그냥 다음으로만 넘어가고 싶어 했다. 반복된 중단으로 검사는 논리적으로 꼼짝도 못 했고, 그가 제시하려던 요점은 환상에 불과한 것처럼 되어버렸다. 특별 검사는 연방정부를 대표하는 사람이었는데, 스스로 존경받는 검사라 여겼다. 판사의 마지막 질문은 검사의 짜증을 유발했고 자존감과 자부심을 건드려 결국 그는 폭발하고 말았다.

"나는 존경받는 검사입니다! 나를 이렇게 대할 순 없습니다!" 가우르라는 검사가 소리쳤다. 그는 프라마찰라 판사가 자신을 비참하게 만든다고 말했다. "몹시 화가 납니다."

프라마찰라의 법정에서는 두려움이 한 방향으로 흐르고 있었다. 모든 권위와 존경은 오직 그에게만 집중되었고 그것이 자연스러운 질서였다. 하지만 검사는 자신에게 주어진 궤도를 벗어났고, 다가올 질책에 대한 긴장감으로 법정은 침묵에 휩싸였다. 프라마찰라는 무례를 참는 사람이 아니었다. "나한테 뭘 원하는 겁니까?" 그도 함께 소리쳤다.

"나는 아무 기대도 없습니다." 법정 안에 있던 사람들은 그 말 뒤에 '당신한테서는'이라는 말을 들었다. "판사님이 교장입니까? 법정을 학교로 만들어버리시는군요." 가우르는 발소리를 크게 내며 판사에게서 가장 멀리 떨어진 빈 의자로 가서 앉았지만, 여전히 판사가 그의 분노를 알아차릴 수 있는 자리였다. 그는 시선을 피해 주변만 둘러보며 판사에게 직접 눈길은 주지 않았다. 그것까지는 양보할 수 없었다. 프라마찰라는 그를 지켜보며 이 무질서를 어떻게 바로잡아야 할까 고민했다.

"내가 법정을 학교로 만들었다고요?" 그는 법정 모독죄나 검사 면허 박탈로 몰아갈 것처럼 말했다.

가우르가 말했다. "우리 특별 검사들은 이 법정을 보이콧할 겁니다! 판사님은 훈계하는 습관이 있어요." 가우르는 이제 위험한 영역에 들어섰음을 감지하고, 법정을 위하는 마음에서 반항하고 있음을 보여주기 위해 말투를 부드럽게 바꾸었다. "젊은 검사들은 이런 말을 하지 못할 겁니다."

프라마찰라가 말했다. "이봐요, 내 질문에 대답하세요."

가우르는 판사를 노려보며 말했다. "마음에 들지 않으면 이 사건을 기각하십시오."

"그건 내 일이고 나는 당신 사건을 기각하거나 이관하지 않을 겁니다." 프라마찰라가 말했다. 처음부터 다시 심리가 이루어질 것을 알고 있는 듯했다.

"하나하나 설명할 시간을 주세요. 우리 말을 들어주세요. 그러면 법정 분위기가 나아질 겁니다."

프라마찰라는 미소 지으며 말했다.

"제가 말 좀 해도 될까요?"

가우르는 허락했다.

"나는 당신 사건을 이해해야 합니다. 그래서 질문을 해야 하죠. 그런데 질문하면 당신의 답변은 엉뚱한 방향으로 가버립니다. 내 질문을 놓치고 당신과 조사관은 정확한 정보를 주지 못하고 있어요. 내가 영상이나 사진이 어디에서 촬영되었는지 묻는 게 당신의 기소장 범위를 벗어난 질문입니까?"

분위기가 다시 이성적으로 돌아오자, 가우르는 화해의 제스처를 취했다. "저희는 판사님이 만족하실 수 있게 일하고 싶습니다." 그는 프라마찰라에게 주요 폭동이 어디에서 발생했는지 알 수 있도록 현장도면을 제출하겠다고 말했다.

"바이럴 영상이 어디서 나온 건지, 출처가 어디인지를 알려달란 말입니다. 휴대폰입니까? CCTV입니까? 어디서 나온 겁니까? 내가 원하는 건 그런 세부 사항입니다." 프라마찰라는 억지 미소를 지으며 설명했다. 그는 모두가 물 마시며 진정할 수 있게 휴정을 선언했다. 그는 싸움이 생각했던 것과 다른 방향으로 전개된다는 듯한 표정을 지은 채 천천히 일어섰다.

변호사 세 명이 뒷줄에 앉아 있다가 판사가 나간 뒤에야 웃음을 터뜨렸다. 그중 한 명은 단정한 머리에 셔츠를 깔끔하게 집어넣은 젊은 남자였고, 가우르를 몰래 촬영한 영상을 보며 킥킥거렸다. 법정에서 촬영은 엄격히 금지되어 있고 곳곳에 경찰이 있기 때문에 이는 위험한 행동이었다. 나중에 누군가 그의 아버지인 K. K. 티아기는 BJP의 법률 고문이라고 말해주었다.

아들인 니샨트 티아기가 내게 말을 걸었다. 나는 사람들에게 방해가 되지 않게 마지막 줄 뒤에 서서 심리를 지켜보고 있었는데, 그가 손짓으로 가까이 오라며 불렀다. 그에게 다가가자 비밀이라도 알려주듯 목소리를 낮춰 니사르의 증언은 믿을 수 없다고 말했다. "델리 정부와 자마아트가 니사르에게 15라크(150만 루피)를 주고 내 의뢰인을 고발하게 한 겁니다." 그는 이번 재판이 BJP 소속 시의원인 칸하이야 랄을 음해하려는 것이라고 주장했다. 니사르는 랄이 바기라티 비하르 폭동을 지휘했다고 비난했는데, 랄은 니사르가 본 것을 제대로 기억하고 있는지를 문제 삼았다고 했다. 랄은 니사르가 재판 중인 열네 명 가운데 한 사람인 모글리라는 남자를 경찰 진술에서 언급했는지 알고 싶어했다. 나는 티야기의 말을 들으며, 그 술수가 얼른 끝나기를 기다렸다. 아마도 그는 자신을 법률계의 천재라고 여기며, 기자가 기사에 쓸 것 같은 내용을 교묘히 흘리려는 듯했다. 니사르의 증언이 종교 단체에 의해 조작되거나 유도된 것처럼 보이게 하려는 수작이었다. 그에게 "야, 꼬맹이. 애쓴다"라고 말해주고 싶었지만, 꾹 참고 돈이 오갔다는 사실은 어떻게 알았냐고 물었다. 그의 대답은 설득력이 없었다. "그냥 들었어요." 그는 돈을 받은 증거가 있다고 했다. 그 증거라는 게 나오길 기다려봤지만, 법원에 증거가 제출되었다는 말은 없었다.

티야기와 함께 있던 변호사들은 니사르를 신문하고 싶어 안달이었다. "내 의뢰인에게 내가 그의 가죽을 벗겨버리겠다고 말했어요." 티아기가 이마에 붉은 가루(베르밀리온)를 묻히고 머리를 뒤로 묶은 변호사에게 말했다. 그 변호사의 이름은 락슈팔 싱으로, 델리 지역 비슈와 힌두 파리샤드 법률팀을 담당하고 있었다. 이 단체는 RSS와 긴밀히 협력하는 조직이었다. 그가 티야기에게 말했다. "내가 그를 누더기 인형처럼 너덜너덜하게 만들어버릴 겁니다." 그의 자신감이 어디서 나오는지는 도무지 알 수 없었다. 델리 법원 웹사이트에서 그의 이름을 검색해보니 지난 5년간 제출한 보석 신청 건이 주르르 나왔고, 전부 기각된 기록뿐이었다. 그럼에도 그들은 손뼉 치며 웃었고, 니사르가 경찰에게 한 증언에서 허점을 발견했다고 확신하는 듯했다.

프라마찰라가 요청한 휴정 시간이 길어졌다. 30분쯤 지나, 그가 법정 뒤편 판사실에서 정부 측 변호사들과 함께 있다는 사실을 알게 되었다. 판사가 돌아올 기미를 보인 것은 여러 명의 경찰이 피고인들을 데리고 법정에 들어왔을 때였다. 그들은 서로 손가락을 얽어 잡고 있었고, 얼굴에는 아무 감정도 드러나 있지 않았다. 모두 젊은 남성인 피의자들이 한 명씩 법정에 들어섰다. 그중 일부는 폭동 당시 십대였다. 그들은 경찰관의 손가락을 잡은 채 피고석에 들어섰다.

짧은 휴정을 요청한 지 40분 만에 프라마찰라가 돌아왔다. 점심시간 직전이었다. 니사르는 법정 앞쪽, 판사와 마주 보는 자리에 앉으라는 명령을 받았다. 그는 그곳에서 판사를 마주한 채 증언하게 될 것이고, 판사는 단상에서 그에게 온전히 집중할 준비가 되어 있었다. 니사르가 집에서 탈출한 지 887일. 이제 그의 기억이 시험대에 오를 차례였다.

프라마찰라는 곧바로 니사르에게 주소를 물었고 니사르는 큰 소리로 대답했다. 나는 그 목소리에 깜짝 놀라 피고인들이 서 있는 나무로 된 피고석을 바라보았다. 그들의 얼굴은 무표정했다. 판사는 니사르에게 증언을 시작하라고 지시했다.

오랜 기다림 끝에 니사르는 자신의 이야기를 쏟아냈다. 판사가 그의 증언을 다 듣기도 전에 또 다른 곳으로 전근을 갈까봐 다급하게. 그는 법정에서 말을 하기만 하면 모든 내용이 영원히 새겨질 거라고 믿는 듯했다. 니사르는 행렬과 다리 위에서의 구호, 외침에서부터 이야기를 시작했다. 그는 모든 것을 털어놓았고, 판사의 질문에 자신이 모르는 부분도 있다는 것을 인정했다. 예를 들어 그는 밤새 혼란이 계속되었다고 말했고 어둠 속에서 약탈이 있었다고 했다. 판사가 말했다. "어둠 속에서 약탈이 있었다는 건 어떻게 알았습니까? 구체적으로 말하세요. 직접 눈으로 본 것, 귀로 들은 것, 코로 냄새 맡은 것, 혀로 맛본 것, 몸으로 느낀 것만 말하세요. 진실을 가슴에 새기고 답하세요."

피고 측 변호사 아홉 명과 검사 세 명이 법정 앞쪽에 서 있었다. 그들은 니사르를 둘러싸고 압박하듯 공간을 좁혀왔다. 아무 준비도 없었고, 증인이 예상하고 가야 할 어떤 내용도 말해주지 않았다. (한 형사 전문 변호사는 내게 증인을 준비시키는 것은 증언에 대한 간섭으로 간주된다고 말했다.)

니사르는 답답한 증인이었다. 정확히 표현하기를 어려워했고, 판사의 조언을 종종 잊었으며, 판사가 원하는 방식을 염두에 두지 않고 장황하게 말을 이어갔다. 니사르를 너덜너덜하게 만들어버리겠다고 호언장담했던 변호사는 그의 발을 툭툭 치며 방해했다. "하지만 그때 제가 항의하면 집중력이 깨질 것 같았어요." 나중에 니사르가 말했다. 때때로 판사가 손을 들어올리고 이해가 되지 않는다며 퉁명스럽게 말했다. 판사가 폭도들이 한 일을 묻자, 그는 폭도들이 자신의 오토바이를 전부 가져갔다며 그중 하나는 아들에게 결혼 선물로 준 것이었다고 대답했다. 선물 이야기를 하자, 판사는 "물어본 내용만 답하라"고 상기시켰다. 하지만 말투는 부드러웠고 미소를 짓고 있어서 감동받은 것처럼 보이기도 했다. 변호사들은, 피고 측과 검사 측 모두, 서로를 바라보며 씨익 웃었다.

니사르 바로 옆, 4피트밖에 떨어지지 않은 거리에 피고인 열네 명이 허리 높이의 낡은 나무로 만든 사각형 피고인석 안에 서 있었다. 모두 남성이었지만, 몇몇은 아직 소년티를 벗지 못한 모습이었다. 델리 북동부에서 폭력이 발생했을 당시, 그중 일부는 19세였다. 주변의 걱정스러운 얼굴들과 대조적으로 그들은 서로의 귀에 속삭이며 웃고 있었다. 그중 매우 마른 한 소년은 저녁 나들이라도 나온 것처럼 흰 셔츠를 입고 있었다. 그는 무용수처럼 팔다리가 유연했고, 자신이 그곳에 서 있는 이유가 단순한 오해 때문이라는 듯 웃었다.

하지만 시간이 지날수록 피고들은 서 있는 것에 지쳐 안절부절못하기 시작했다. 어떤 이는 하품을 했고, 어떤 이는 콧수염을 꼬았으며, 코를 후비기도 했다. 어떤 이는 몇 분에 한 번씩 내 머리 바로 위에 있는 시계를 쳐다보고, 그다음에 나를 몇 분 동안 바라보았다.

휴대폰 채팅 기록에 따르면, 그들은 2020년 2월 25일과 26일 밤에 최대 125명의 멤버로 구성된 왓츠앱 그룹을 만들었다. 어떤 이는 자신의 '팀'이 두 명의 '물라'를 죽였다고 말했고 또 누구는 '315'라는 인도산 권총에 쓸 탄환이 있는지 물었다. 또 다른 사람은 이렇게 말했다. "형제들…… 문제가 있거나, 인원이 부족하면 나한테 말해. 내가 내 팀 전체를 데리고 오겠다. 필요한 건 다 있다. 탄환, 총, 전부."

니사르는 판사의 질문이라는 엄격한 틀 안에서 자신의 이야기를 하려 애썼다. 하지만 그가 마주한 제약은 그게 다가 아니었다. 질문은 간결한 답을 요구했지만, 간결하게 말하는 것이 그에게는 쉽지 않았다. 니사르가 말을 멈추면 긴 침묵이 이어졌고, 그사이에 판사는 천장을 바라보며 변호사 옆에 있는 속기사에게 니사르의 힌디어 답변을 조용히 영어로 번역해주었다. 그렇게 하는 데에는 두 가지 목적이 있었다.

답변을 반복하면서 프라마찰라 판사는 그 논리를 머릿속에서 다시 정리할 수 있었고, 이 과정에서 중간에 멈추고 니사르에게 추가 설명을 요구하기도 했다. 또 이 과정을 통해 순간 기록되는 내용을 통제할 수 있었다. 속기사가 그의 말을 타이핑하는 동안 변호사들은 모니터로 속기사의 화면을 보며 세부 사항이 정확한지 확인했다. 그런 과정 때문에 하루 전체가 교통 체증에 걸린 듯 답답하고 거슬렸다.

판사가 산만한 내용과 불필요한 세부 사항을 제거하자, 니사르의 증언은 생동감 있게 살아났다. 니사르는 그 제약이 답답했지만, 듣는 이의 입장에서는 그의 견해나 모호한 기억을 배제하고 실제로 일어난 일만 남긴 느낌이었다. 방 안의 증인들은 그의 말을 들으며 마침내 그 장면을 상상할 수 있었다. 니사르의 아내가 탈출하던 순간을 묘사할 때는 방 안이 고요해졌다. 그 조용한 가운데서도 그의 목소리는 간신히 들렸다. 대신, 그간 경험하지 못했던 경외심 어린 침묵이 그를 압도했고, 그의 안에서 슬픔 어린 소리가 흘러나왔다. 내 자리에서는 니사르의 얼굴이 보이지 않았지만, 판사는 볼 수 있었고, 그의 엄숙한 표정이 잠시나마 부드러워졌다. 판사가 니사르에게 말했다. "아흐마드 형제, 용기를 내고 희망을 가지세요. 인생에는 오르막도, 내리막도 있습니다. 지금은 바닥일지 몰라도, 살다보면 사다리가 내려오기도 하지요." 그는 모두에게 주말이 지나고 증언이 계속될 거라고 상기시켰다. 니사르는 하루 종일 애쓰느라 끝날 무렵에는 기진맥진해졌다.

이튿날 심리는 여느 때와 마찬가지로 불완전한 준비와 당혹스러운 상황의 연속이었다. 아흐마드 검사는 화면 캡처 이미지가 담긴 CD를 제출했지만, 영상은 없었다. "이 스크린숏의 출처는 누가 확인할 겁니까?" 프라마찰라가 물었다. 그러자 포니테일을 한 변호사가 적극적으로 검찰 측 마이크를 잡고 판사에게 니사르의 증언은 자신의 의뢰인들에게 불리한 어떤 증거도 제시하지 못했다고 말했다. 니사르는 피고인들을 군중 속에서 봤다고 했지만, 구호를 외치고 그 자리에 있었다는 것만으로 유죄라고 할 수는 없다고 주장했다. 판사는 웃으며 답했다. "두고 보지요."

그날 오후 피고인들이 다시 법정에 들어온 후, 프라마찰라는 니사르에게 그가 본 남자들에 대해 물었다. "이 법정에서 그들을 확인할 수 있습니까?"

그 말이 떨어지자 방 안은 정적에 휩싸였다. 한쪽 구석에서 서류를 정리하던 경찰, 사건 파일을 읽던 변호사, 유리 칸막이 뒤에서 서로 상의하던 보조 판사 모두 움직임을 멈췄다.

그들은 홀로 서 있는 니사르를 바라보았다. 몇 분 전까지만 해도 그를 둘러싸고 있던 변호사들은 옆으로 물러섰고, 경찰관 한 명이 앞으로 나와 그의 옆에 섰다. 니사르는 플라스틱 의자에서 천천히 일어나 불안한 걸음으로 피고들에게 다가갔다.

방은 크지 않았기에 이제 그들은 손을 뻗으면 닿을 만큼 가까워졌다. 그는 얼마나 가까이 가야 할지 몰라 망설이며 애원하듯 판사를 바라보았다. "걱정 마세요." 판사와 변호사들이 말했다. 그의 변호사뿐 아니라 상대측 변호사도 그랬다. 매일 법정에서 인사하던 제복을 입은 사람들이 '우리가 여기 있어요'라고 말하는 듯 앞으로 다가섰다.

"증인석에서 물러서시오." 프라마찰라가 경찰들에게 말했다. "안 그러면 당신들을 용의자로 지목할 겁니다." 경찰들은 지금까지 엄한 판사의 모습만 봐왔지, 그의 유머 감각은 경험해본 적이 없었다. 놀란 그들은 출구까지 물러섰다. "잠깐! 어디까지 가는 겁니까?" 판사가 웃으며 말했다. "겁내지 말아요!"

니사르는 피고들과 3피트도 되지 않는 거리에 서 있었다. 피고들의 대화와 웃음소리는 멈췄고, 니사르를 향한 무표정한 얼굴들만 남았다. 니사르는 첫 번째 남자의 이름을 불렀다. 판사는 이름을 말하면서 손가락으로 피고를 가리키라고 요청했다. 니사르는 손을 들어 판사와 가장 가까운 남자를 가리켰다. 그는 남자의 얼굴을 보며 이름을 말했다. 판사가 남자에게 이름이 맞는지 물었고, 그는 맞다고 대답했다. 판사는 그에게 방청객 뒤쪽으로 이동하라고 명령했다. 니사르는 한 명씩 가리키며 이름을 말했다. 판사는 각 사람에게 그 이름이 맞는지 물었다. 그중 한 명만 빼고 "네"라고 대답했다. 한 명은 다른 이름을 말했다. 니사르는 멈춰서서 몇 명은 얼굴만 알아볼 수 있다고 말했다.

절차상 꼭 필요한 순간이었지만, 열네 명의 피고와 가까이 마주한 니사르를 보니 증인으로 나선 그의 용감한 결단력이 더 돋보였다. 이 극적인 순간에 그의 증언은 기록을 넘어 생명력을 얻었다. 니사르는 말했다. "여기에 서 있는 사람들이 바로 그자들입니다." 그저 '용의자'에 불과했던 이들은 이제 '피고인'이 되었다. 증인이 판사 앞에서 그 이름을 불렀을 때 그들의 입지는 달라졌고, 새로운 시선이 드리워졌다.

하루가 끝나갈 무렵, 판사는 이튿날 오전에 니사르에 대한 변호인의 반대 심문을 예고했다. 니사르는 자리에서 이마의 땀을 닦았다. 그날 밤 늦게 그는 내게 메시지를 보냈다. "너무 버벅거리느라 몇 가지 말하는 걸 잊어버렸어요. 총 맞을까봐 걱정도 됐고요."

이튿날 아침 11시 30분쯤, 변호인 측은 니사르의 증언을 반박하려 했다. 아홉 명의 변호사가 그의 주위에 둘러서서, 자신의 차례를 기다렸다. 첫 번째 변호사는 니사르에게 그가 바기라티 비하르에 얼마나 오래 살았는지, 그의 가게가 열려 있었는지 닫혀 있었는지, 직원이 있었는지, 그들의 이름은 무엇인지, 그들의 아버지 이름은 무엇인지 물었다. 그때까지 잠자코 있던 판사는 변호사의 질문 의도를 알아차리고는 직접 질문을 던지기 시작했다. 니사르는 조카의 결혼식 때문에 가게는 닫혀 있었다고 답했다. 변호인은 경찰에게 결혼식 초대장을 준 적이 있느냐고 물었다. 판사가 눈썹을 치켜올리자 변호사는 질문을 멈췄다. 또 다른 변호사가 나서서 니사르에게 그가 본 군중이 '평화적이었는지, 폭력적이었는지' 물었다.

"폭력적이었습니다." 니사르가 답했다.

변호사가 또 다른 질문을 시작하려 했지만, 판사가 끼어들었다. "왜 그들이 폭력적이었다고 생각하는지 알고 싶습니까?"

변호사가 대답했다. "아니요."

"나는 알고 싶습니다. 왜 폭력적이라고 느꼈습니까?" 판사가 니사르에게 물었다.

"그들은 시민권 수정법을 옹호하는 사람들을 불러들이고 있었고, 구호를 외쳤으며, 막대기를 들고 있었고, '라자 라마Lord Ram*의 승리를 위하여'라고 외쳤습니다."

변호인은 니사르가 거짓말을 하고 있으며, 사건 당시 다리 근처에 있지도 않았다고 주장했다. "당신은 구호를 듣지도 못했고, 애초에 군중도 없었습니다."

누군가는 그의 집 앞 도로 폭이 얼마나 되는지 물었다. 또 누군가는 집에서 다리까지 거리가 얼마나 되는지 물었다. 다른 누군가는 니사

• 힌두교의 신으로 비슈누의 일곱 번째 화신.

르가 근시라고 강조하며 그의 진술이 의심스럽다고 했다. 누군가는 니사르의 휴대폰에 카메라가 몇 개나 있냐고 물었다. 질문 하나하나가 새로운 접근 방식으로, 새로운 공격 수단을 만들어 던지는 것 같았다. 그들이 어떤 식으로 주장을 펼치려는지는 뻔해 보였다. 그는 현장에 없었고, 그의 집에서는 다리를 볼 수 없었으며, 시력은 제한적이었고 이 모든 일은 누군가의 사주로 꾸며졌다는 식으로 몰고 가려는 것이었다. 하지만 후속 질문에서 변호인이 사실상 아무 근거도 갖고 있지 않다는 것이 드러났다. 그들은 질문을 반복하거나 관련 없는 내용을 의기양양하게 물었고, 판사는 "그 질문은 불허합니다" 또는 "이미 기록에 명시된 사항입니다"라고 말했다. 변호인 측은 니사르가 실수를 저질러 증인으로서의 신뢰를 훼손하기만 기다렸다.

포니테일을 한 변호사는 니사르가 탈출한 시각에 대해 질문했다. 그게 전부였다. 너덜너덜해진 인형 따위는 없었고, 웃음소리를 배경으로 한 법정 드라마만 남았다.

파란 사파리 슈트를 입은 긴장한 보안 담당관이 피고인 앙킷 차우드하리는 '고위험 수감자'라고 내게 말했다. 그는 폭동 당시 살인적인 폭력 단체를 이끌었다는 혐의를 받고 있었고, 그가 법정에 출석할 때마다 경찰관 여럿이 동행했다. 차우드하리는 모자를 쓰고 있었고, 귀에는 힌두교인임을 표시하는 붉은색 베르밀리언이 묻어 있었다. 키는 작지만 근육질이었고, 경찰을 포함한 모든 사람이 그와 농담을 주고받으며 그에게 어느 정도의 존중을 보였다. 셔츠 맨 위 단추는 풀려 있었고, 담당 경찰관 없이도 법정을 걸어나갈 수 있을 만큼 편안한 모습이었다. 차우드하리는 움직이지 않으면서도 으스대는 듯한 독특한 자세로 서 있어서 주목을 끌었다. 법정 안에서도 그는 자신이 원하는 곳에 서 있었고, 한 경찰관에게 자리를 비켜달라고 요청하기도 했다. 그는 친구들을 옆에 앉혀달라고 경찰들에게 졸랐다. 경찰은 그의 요구에 기막혀하면서도 그 말대로 해주었다. 판사가 법정에 없을 때는 모자도 그냥 쓰고 있었다. 재판을 받는 수감자로는 보이지 않았다. 그보다는 잠시 억류된 사람처럼 보였다. 그를 둘러싼 경찰관들조차 그 사실을 알고 있는 듯 행동했다. "무슨 대단한 일이라도 한 것처럼 구네요." 니사르가 말했다.

오후 4시 11분, 판사는 그날의 심리를 마무리했다. 니사르의 증언은 아직 정해지지 않은 미래에 계속될 예정이었다. 니사르는 밖으로 나와 안도한 표정으로 머리카락을 손가락으로 쓸어넘겼다. 이제 피고인들도 옆에 없으니 그를 호위하던 경찰들도 긴장을 풀었다. 니사르는 종종 피고석에 있는 남자들이 위험하다고 불평했지만, 그들은 그저 '말단 병사' 같은 존재일 뿐이었다. 폭력을 조직할 능력은 없고 그저 행동에 나선 사람들. 하지만 정말로 위험한 이들은 말단 병사들 뒤에 숨었고, 그들은 여전히 자유로웠다. 우리가 그 이야기를 시작하자, 한 경찰관이 끼어들었다.

"그럼 그자들은 누가 잡아야 합니까?"

12.
안도감을 찾아

"책은 언제 완성되나요?" 니사르가 물었다. 모든 것을 멈추게 하는 질문이었다. 그때가 2022년 초였다. 우리는 비둘기 배설물로 덮인 그의 오토바이를 타고 있었고, 오토바이에는 당장 필요한 만큼의 기름만 남아 있었다. 우리는 그가 살던 바기라티 비하르 거리에서 막 돌아온 참이었다. 옛집을 다시 찾아갈 힘이 어디서 나왔는지 모르겠지만 이제는 그마저 사라진 듯했다. 그는 마스크 대신 쓰고 있던 손수건을 내리고, 골목에 오토바이를 세웠다. 그가 생각에 잠겨 있다 물었다. "빨리 쓸 수는 없나요?"

"2년은 더 걸릴 거예요." 내가 말했다. 나는 책이 나오면 우르두어로 번역해주겠다고 약속했었다.

"긴 책은 천천히 써나가더라도 사람들이 당장 읽을 수 있는 짧은 책도 쓰세요. 아이들이 학교에서 읽을 수 있는 책이요. 사랑을 가르치는 책이어야 해요. 공부보다 그게 나을 겁니다."

내가 미소 짓자 그도 억지 미소를 지었다. 이 나라는 그에게서 멀어져가고, 그와의 연결 고리들은 점점 끊어지고 있었다.

"무슨 일이 일어나고 있는 건지 모르겠어요. 정의가 없어요." 뭔가 그의 마음에 걸리는 게 있었고 잠시 후 그게 무엇인지 말했다. "세 명이 더 체포됐어요. 주동자도 잡혔죠. 마이크를 들고 있던 남자요." 살인이 일어난 날 밤, 델리 경찰을 칭찬했던 남자였다. 니사르는 괴로워했다. "그 소식을 들었을 때 울고 싶었어요. 그 사람에겐 어린 자식들과 아내가 있어요. 가족들이 그를 만나러 법정에 왔더라고요."

우리 대화는 때로 불균형했고, 실업에 대한 가벼운 대화에서 뿌리 뽑힌 나무에 대한 비유로 갑자기 튀어올랐다가 정치인들이 경찰 업무를 방해한다는 주장으로 귀결되곤 했다. 내가 어떤 발언에 대해 곰곰이 생각하기도 전에, 니사르의 머릿속은 이미 다른 곳으로 떠나 있었다. 시간이 지나면서 우리 대화는 일상적인 사건에서 삶에 관한 생각으로 옮겨갔다. 그의 입에서 쏟아져 나오는 말들은, 그에게 거슬리는 매 순간의 비유와 철학으로 가득했다. 그는 나라를 괴롭히는 문제들을 생각했고, 사람들이 정도正道에서 벗어났다는 결론을 내렸다. 아무도 그의 증언에 귀 기울이지 않는 것을 보면서 이것은 종교 문제가 아니라 도덕성의 문제라는 확신이 더 강해졌다. 그는 공중도덕이 사라져가는 현실에 맞서 싸우는 인본주의자였다. 그는 자신 같은 사람이 더 많이 필요하다고 주장하면서도, 자신이 이 나라의 새로운 방향에 꼭 필요한 존재는 아닐지도 모른다고 의심했다.

그는 책임감을 원했고, 법 집행이 제대로 이루어지기를 원했으며,

사람들이 살인을 외치지 않기를 바랐다. 하지만 그의 존재가 그런 흐름에 방해가 되는 건 아닐까 싶기도 했다. 더 나은 법치와 상식에 대한 끊임없는 기도는 끝내 응답받지 못했다. 그는 이런 바람들을 포기하고 마음의 평화를 찾을 수도 있었지만, 끝내 놓지 않았다. 대신에 그가 얻은 것은 혼란스러운 마음뿐이었다. 그와의 대화에서 광기 어린 에너지가 묻어났던 건 그 때문이었을까?

"일자리가 없어요. 사람들은 뉴스만 보고 있죠. 저도 뉴스를 보다가 미칠 것 같아서 그만뒀어요. 누군가 와서 나무를 뿌리째 뽑아버린 것 같아요. 나무가 다시 자라려면 몇 년이 걸리잖아요. 경찰은 일하고 싶어하지만, 정치인들이 업무를 막고 있죠. 그런데 지역 경찰은 일조차 하지 않아요. 법원에서 일을 질질 끌면 사람들은 망가져요. 정직하지 못한 행동을 부추기죠. 왜 이렇게 무책임한 걸까요? 경찰이 동영상을 법원에 제출하는 데 왜 2년 넘게 걸리는 거죠?"

13.
사적인 기억들

"저는 어디에나 있었어요." 메하르반이 말했다. 바이러스 때문에 시위도 막을 내리자, 활동가들이 그의 사진을 모아 전시회를 열었다. 시위자들은 사진 속에 담긴 자신의 모습을 보고 눈물을 흘렸다. 나머지 사진들은 여러 사진작가가 촬영한 것과 함께 엮어 책으로 출간할 계획이었다. 서양 잡지들은 인스타그램과 트위터에 올라온 그의 작품을 보고 특별 작업을 의뢰했다. 하지만 인도 출판사들은 현재의 정치적 환경 때문에 시위대와 경찰 폭력을 다룬 사진집을 책임지고 출간하려 들지 않았다.

그는 혼자 일하지 않았고 몇 달 동안 다른 용감한 사진작가들과 협력했다. 끊임없이 전화로 연락을 주고받으며, 서로의 위치를 알렸고, 사람들이 어느 방향에서 도망치는지, 총성이 어디서 들리는지 정보를 공유했다. 그들은 피해자들을 따라다니며, 힌두 조직에서 나온 헬멧을 쓰고 무장한 병사들이 어디에 집결했는지 알려주기도 했다.

메하르반은 비공개 개인 인스타그램 계정을 가지고 있었다. 거기에 자신이 터뜨리는 분노를 기록했다. 잘린 손가락, 다친 눈을 부여잡은 남자. 멍이 든 채 병원 침상에 누워 있는 여성은 출산을 몇 주 앞두고 있었다. 그는 말없이 사진 한 장을 더 보여주었다. 나는 무슨 말을 해야 할지 몰랐다. 마른 남성의 상반신 클로즈업 사진. 남자의 이름을 묻는 것은 무의미했다. 부검을 위해 가슴 한가운데 길게 그은 절개선, 그리고 여기저기 남겨진 분노의 잔재들. 어떤 개념의 상징이 되어버린 남자의 몸. 메하르반이 이렇게 말했을 때 나는 비로소 이해가 갔다. "저는 게토에 있을 때 안전하다고 느껴요. 거기서는 무슨 말이든 할 수 있으니까요. 정부에 대해 말해도 아무도 신경 쓰지 않아요. 그게 진실이라는 건 모두가 알죠. 다른 곳에서는 듣는 사람이 없는지 계속 확인해야 해요." 게토는 그를 외부의 증오로부터 지켜주는 공간이었다. 그곳이 그의 집이었다.

14.
위험한 시간들

2021년 11월의 추운 밤, 자미아대학의 정문 앞 한 찻집에서 알리는 전구 불빛 아래 차 한잔을 홀짝이며 자신이 살던 곳의 이야기를 들려주었다. 그의 가족은 델리 공항 근처의 밀집 지역인 마히팔푸르 6번 골목에 사는 유일한 무슬림 가족이었다. 이웃은 모두 힌두교도였다.

"그게 무슨 의미인지 상상도 못 하실 거예요. 공감하려고 시도하는 정도가 최선이겠죠." 요구받는 게 있으면 그대로 따르며 살았다. 늘 조심스러웠다. 다른 사람들과 똑같이 옷을 입었고, 특별히 신앙심이 깊지도 않았지만 종교와 관련된 작은 흔적조차 감추며 살아왔다. 이드는 조용히 기념했고 기도도 자주 하지 않아서 모스크도 방문하지 않았다. 가장 가까운 모스크도 7킬로미터나 떨어져 있었다. 그들은 사원과 주황색 깃발, 감시하는 눈들에 둘러싸여 있었다. 아래층 가족은 좋은 사람들이었지만, 총리의 열렬한 지지자였다. 때로 그들은 잔인하고, 상처 주는 가시 박힌 말들을, 아무렇지 않게, 쉽게도 내뱉었다. 이런 환경에서 신앙심이 깊은 무슬림은 도발로 여겨질 수 있었다. 그래서 늘 조심해야 했다. 말은 끔찍한 일의 전조가 될 수 있기에, 누구에게든 빌미를 줘봐야 좋을 건 없었다.

그렇게 조심하며 살다보니 알리의 아버지는 타인의 방식에 민감해졌고, 자신에 대한 기대는 무뎌져갔다. 30년 전인 1992년, 수천 명의 힌두교도가 경찰과 바리케이드를 뚫고 475년 된 무굴 시대의 건축물 바브리 마스지드Babri Masjid 모스크를 허물었다. 그들은 라마가 그곳에서 탄생했다고 믿었다. 그들은 모스크를 파괴한 후 축하 파티를 열었고 그 뒤에는 분노가 뒤따랐다. 봄베이에서 먼저 폭동이 일어났고(최소 900명이 사망했으며, 대부분 무슬림이었다), 이어서 랜드마크 건물, 극장, 호텔, 번화한 시장에서 열두 개의 폭탄이 터져, 추가로 250명이 사망하고 1000명 넘게 부상을 당했다. 그 사건에 대해 이야기할 때, 안전한 집 안에 있었기에 알리는 원하는 만큼 신앙을 표현했고, 마음속 말도 마음껏 할 수 있었다. 알리의 아버지가 말했다. "어차피 그 모스크에서 아무도 기도하지 않았어."

알리는 말했다. "양보와 포기도 결국은 거기까지였어요." 그는 말을 멈추고 뒤에 있는 친구들을 돌아보며 수줍게 웃었다. "여기에는 정치의식이 뚜렷한 학생이 많이 모여 있어요." 그는 경찰 한 명이 지나가는 것을 지켜보았고, 그가 그 구역을 완전히 벗어날 때까지 눈을 떼지 않았다. 그는 경찰을 신뢰하지 않았다.

알리의 세계는 대체로 평화로웠지만, 위험한 시기도 있었다. 그런 순간들을 자주 겪다보니 그 징조도 알아차릴 수 있었다. 델리대학에서 진보적이었던 힌두 동급생 중에는 1년 후 자신을 '배신자'라고 부르는 이들도 있었다. 모스크 파괴에 관한 법원의 판결이 내려지던 날, 어머니가 걱정하며 집주인에게 전화 거는 모습도 보았다. 집주인이 어머니에게 아무 일도 일어나지 않을 거라고 안심시켰던 말도, 그 남자가 알리 가족의 슬픔과 바깥의 환호성 사이에서 망을 보듯 서 있던 모습도. "위험한 시간들이었죠." 위험한 시기에는 삶의 규칙도, 인간의 규칙도 불시에 사라진다. 힌두인 한 명이 보호해준다고 얼마나 오래 안전할 수 있을까? 그렇게 사는 건 말도 안 되었다. 그래서 그의 가족은 자미아 근처 빈민가로 떠났다.

그들은 올드 카날 주택 및 토지 관리 구역에 정착하기로 했다. 그냥 오클라라고 불리는 그곳은 주로 무슬림 거주지로 델리 동부의 야무나 강변에 위치해 있었다. 그곳에서 처음부터 행복한 건 아니었다. 늘어진 전선 때문에 감전 사고가 발생했고, 누구나 어디든 포스터를 붙였지만 떼어내는 사람은 없었다. 쓰레기를 수거해가는 사람도 없었다. 불법 건축물들 위로 검은 전선들이 얼기설기 하늘을 가로질렀다. 아파트 광고에는 '두 면 오픈 뷰'를 자랑하는 것도 있었다. 필요한 허가 절차 없이 갑자기 생겨나 모든 게 불법 같은 곳이었고 이제는 옮길 수조차 없어 보였다. 우리는 강에서 가장 가까운 정착지 끝에 도착해, 오물로 가득한 개방된 하수구를 따라 걸었다.

"이 집들이 전망이 가장 좋아요." 알리는 하수구 위쪽에 서 있는 건물들을 가리키며 말했다. 나는 하수구에서 거리를 두고 있다가 카메라 각도를 잡으려고 가까이 다가갔다. 냄새가 코를 찔렀다.

"뭐가 좋은데요?" 내가 물었다.

"하수구만 빼면 전망이 탁 트였잖아요." 그가 하늘을 가리키며 대답했다.

알리는 슬리퍼를 신고 빈민가를 거닐었다. 등을 곧게 세우고 어깨를 편 채, 두 손을 등 뒤로 모은 그의 걸음걸이는 위엄 있고 묵직했다. 나라만큼 거대한 문제를 짊어진 젊은이의 모습이었다. "공동체의 이점이 뭔지 깨달았어요." 그는 빈민가와 그곳 주민들에 관해 이야기했다. 공동체는 그에게 가장 희귀한 감각, 특권의식을 느끼게 해주었다.

어느 날 밤 연기가 자욱한 식당에서, 이미 과한 양의 비리야니에 이어 케밥 한 접시를 먹고 약간 풀어진 상태로, 그는 '어리석음의 특권'을 누린다는 게 어떤 느낌일지 궁금해했다. 그가 떠올린 어리석음은 힌두인들이 당연하게 여기는 자유, 어리석은 말을 할 수 있는 자유였다. 그가 자미아에서 알던 한 힌두 학생은 당연한 듯 확신에 차서 무슬림 남성들은 힌두 여성과 결혼함으로써 성스러운 전쟁, 이른바 '러브 지하드'를 벌인다고 말했다. 그 학생은 그런 말을 하고도 두들겨 맞지 않았다며 미소 지었다. 그 표현은 이제 널리 퍼져 있었다. 알리가 허용되길 바랐던 건 바로 그런 어리석음이었다. "물론 우리는 이등 시민이니까." 그러니 그건 불가능한 일이라고.

"마음껏 비난하고 싶어도 속마음을 말할 수가 없어요." 그는 힌두인이라면 누구나 누리는 그 경험의 마지막 한 조각까지도 궁금해했다. 그 경험에는 "무슬림을 쏴도 잠깐 감옥에 갔다 나와 결국 영웅이 되는 것"까지 포함된 것 같았다.

2장 새로운 나라

1.
신념의 옹호

식민 권력이 1857년의 봉기를 진압한 지 20년 후, 그들의 눈과 귀가 미치지 않는 북인도 전역의 달빛과 등불 아래, 새 힌두교 종파의 설교자들은 숨 막힐 듯한 영광의 시대, 경이로움으로 가득한 시대의 이야기를 지칠 줄 모르고 풀어놓았다.

그들은 청중에게 한때 자신들이 가졌던 힘을 상상하라고 했다. 상상해보라. 총이 있고, 불의 무기에 맞서기 위한 물의 무기 같은 고도의 전쟁과 방어 철학이 있던 시대를. 뛰어난 과학 지식으로 인도가 세계의 스승이 된 시대를. 상상해보라. 지금의 유럽처럼 동경의 대상이었던 그 시절의 인도를. 상상해보라. 무엇보다 하나의 성전聖典, 베다만이 존재했던 그 시절을.

그런 것을 상상할 수 있고, 이 모든 게 진실로 들린다면 왜 지금은 미신과 두려움 속에 살고 있는가? 왜 마을들은 복수의 신에게 기도하고 지방 경찰을 우상화한 신성한 금속 인장을 만들고 콜레라의 여신에게 자비를 구하게 되었는가?

설교자들은 개혁주의 힌두교 종파인 아리아 사마지의 순회 대표들이었고, 사람들이 어떻게 가난과 무지에 이르게 되었는지 설명했다. 그들은 '고도로 발달한 문명의 지식은「마하바라타」*에서 묘사된 대전쟁에서 잃어버렸다'고 말했다. '그동안의 모든 성취는 전쟁에서 잃어버렸고, 역사상 가장 위대했던 인물들마저 사라지고 말았다. 하지만 구원과 영광은 되찾을 수 있다. 옛 성전으로 돌아가야 한다. 모든 진리가 그 안에 있고 누구에게나 필요한 모든 것이 그 안에 담겨 있기 때문이다.'

1857년 독립을 향한 외침**과 그 진압 과정에서의 트라우마는 북인도 전역에 여전히 생생하게 남아 있었다. 그 후에 이어진 일들도 마찬가지였다. 대포로 반란군 학살, 공개 교수형 집행, 사형 대신 태형이나 족쇄형이 더 효과적인가에 대한 먼 나라에서의 논의, 인도 군대의 재편성, 동인도 회사가 통치하던 영토를 여왕에게 친척 간의 선물처럼 넘겨버린 일, 전쟁 자금 회수용으로 부과된 세금 등. 그 상실감은 너무 강해서, 작가 알록 라이가「힌두 민족주의」에서 쓴 것처럼, 그 사건을 다시 언급하기까지만도 수십 년이 걸릴 정도였고, 고통은 너무나 깊어서, 눈치채지 못할 정도로 삶의 모든 부분에 스며들어버렸다.

설교자들이 집에서 직접 짠 옷을 입고 온 것은 자립과 조용한 저항

- 힌두교의 대표적인 고대 서사시. 삶의 본질, 의무, 정의 등을 다룬 철학적 메시지를 전하고 있다.
- ** 영국의 식민 지배에 저항한 첫 대규모 반란으로 세포이 항쟁 혹은 인도 대반란이라고 한다.

의 표현이었다. 그들이 들려주는 고대의 강대함과 우월성에 관한 이야기는 무력감에 위안이 되었고, 서구의 영향에 대한 경멸은 굴욕감을 외면하게 해주었다. "서구가 우리에게 준 것은 한때 이미 우리가 만들어낸 것이 아니던가?"

지혜로운 교사들이 절망에 빠진 이들을 꾸짖으며 격려하듯 설교자들도 결연하게 질문을 던졌다. "왜 다른 이들에게 열등감을 느끼는가? 스스로 인도인이라 하기를 왜 부끄러워하는가? 왜 민족적 자부심과 위신을 버렸는가? 왜 고개를 꼿꼿이 들고 당당히 걷지 못하는가?" 설교자들의 말은 지도자의 말을 그대로 닮아 있었다.

그 종파의 설립자는 키 크고, 통통하며, 매끈한 외모를 가진 고행자였는데 한동안 그는 허리에 천 하나만 걸친 채 여행을 다녔다. 본명은 물라 샹카르였지만, 나중에 다야난드 사라스와티로 바꾸었다. 그의 명성은 오랫동안 이어져 인도 전역의 기반 시설에 이름이 새겨질 정도였다. 구자라트의 다야난드 사라스와티 다리, 남부 뭄바이의 다야난드 사라스와티 교차로, 버스 정류장, 학교, 대학 등에서 그의 이름을 찾아볼 수 있다. 다야난드는 1824년 카티아와르(현재의 구자라트)에서 카스트 제도 중 가장 높은 브라만 가문에서 태어났다. 그의 아버지는 그가 종교인의 삶을 살기를 바랐고, 산스크리트어를 배우고 베다를 암기하는 길로 아들을 이끌었다. 우상 숭배와 사제의 말을 무엇보다 우선시하던 당시 힌두교 가정에 부합하는 교육 방식이었다. 그것이 전통이었고, 항상 그런 방식으로 이루어져왔다. 전통이 곧 편안함이고, 문화적 중력이었다.

다야난드 사라스와티가 평범한 삶에서 불멸의 길로 접어든 순간을 설명하는 이야기는 자주 전해진다. 다야난드가 열네 살일 때, 그의 아버지는 신성한 날 저녁에 그를 사원으로 데려갔다. 두 사람은 새벽까지 내부 성소에서 단식하며 밤샘 기도를 할 예정이었고, 인내와 고난의 보상으로 신의 은총을 기대했다. 기도가 시작되고, 마음을 집중했다. 저녁에서 밤으로 넘어가자 신도들이 하나둘 몽롱한 정신으로 사원을 나갔다.

사제들조차 잠을 못 이겨 자리를 떠났고, 사원의 하인들도 바깥에서 잠이 들었다. 다야난드는 자리를 뜨는 사람들을 보며 포기하고 싶은 유혹과 싸웠다. 배가 고파도 그 느낌을 무시했고, 눈이 감기려 하면 차가운 물로 눈을 적셨다. 아버지는 그에게 금식을 명하며, 잠들면 기도도 아무 의미가 없다고 경고했었다. 하지만 얼마 지나지 않아 그의 아버지도 잠이 들었다. 다야난드가 혼미한 상태에서 의식을 지켜보고 있을 때, 집중하는 대상에 대해 수많은 질문과 생각이 쏟아졌다. 그러다 어느 순간 그는 한 가지 깨달음을 얻었다. 그는 '흔들림 없는 자세로 삼지창을 들고 있는 눈앞의 신상 위를 쥐들이 더러운 발로 걸어다니는데 어떻게 저 신상을 신이라 할 수 있는가?' 하는 의문이 들었다. 그는 아버지를 깨워 그런 의문을 이야기했다. 아버지는 지금은 어둠의 시대인 칼리 유가 kal-yug 이기 때문에 신이 인간 앞에 모습을 드러내지 않지만, 자신을 닮은 우상을 숭배하는 모습을 보면 기뻐하실 거라고 설명했다. 다야난드는 그 설명이 못내 의심스러웠다. 그는 나중에 힌두교의 우상 숭배에 불만을 갖게 된 계기로 당시를 이야기했고, 추종자들은 그 설명을 받아들였다. (하지만 진실은 훨씬 더 복잡했을지 모른다. 1900년대 초 인도의 종교를 연구한 연대기 작가는 다야난드가 자란 주는

15세기에 우상 숭배를 버린 자이나교 종파의 영향을 받았다고 썼다. 따라서 그도 그런 관행에 어느 정도 젖어 있었을 것이다.)

이십대 초반, 아버지가 정해준 결혼 계획을 거부한 다야난드는 카티아와르 지방의 집을 떠났다. 다야난드는 집을 떠나자마자 소지품을 모두 잃었는데, 역사에는 그가 오히려 그 상황을 반겼다고 기록되어 있다. 다야난드는 힌두교의 뿌리에 대한 지식과 이해를 갈구했고, 원전을 해석해주는 이의 도움 없이 직접 책을 읽었다고 전해진다. 그는 또 직접 보길 원했다. 평원을 돌아다니며 다른 수행자들을 찾아 나섰고, 답을 찾을 수 없는 진리, 모든 논쟁을 잠재울 진리를 찾기 위해 다른 종단에 들어가기도 했다. 그는 방황하는 동안 자신의 일부를 버림으로써 진리를 더 잘 받아들일 수 있었고, 스물넷이 되던 해에 돈, 가족, 계급에 대한 집착을 내려놓고 거기서 아무것도 취하지 않았다. 그렇게 10년 넘게 이곳저곳 떠돌며, 여러 스승에게서 인간의 신경 회로와 신경 중심, '신은 인격체이며, 인간의 영혼은 신과 별개이고, 세상은 실재한다'는 개념에 대해 배웠다.

다야난드가 찾아 헤매던 것을 마투라의 눈먼 브라만에게서 발견했을 때가 1850년, 그의 나이 서른여섯이었다. 스승은 그에게 가르침을 받고 싶다면 가지고 있는 책들을 야무나강에 던지라고 명령했다. 스승은 성스러운 존재에 현대 문학이 영향을 미쳐서는 안 된다고 생각했다. 스승은 다야난드를 꾸짖고 때리며, 그에게 베다와 산스크리트 문법학자 파니니의 저술들을 가르쳤다. 다야난드는 그곳에서 보낸 3년이 자아 형성기였다고 썼다. 그는 힌두교의 기초를 이루는 성가인 베다를 배웠고, 힌두교가 한때는 순수했지만 지금은 중재자인 사제들과 잘못된 미신으로 가득 차 있다는 깨달음을 얻었다. 그가 떠나기 전, 스승은 마지막 가르침을 주었다. "사람의 가르침을 무시하고 고대 스승들에게서 지혜를 구하라. 힌두 경전이 잊힌 땅으로 가서 가르쳐라."

다야난드는 다시 방랑하며 갠지스 강변의 성지 하리드와르의 학자, 선교사, 순례자들에게 가르침을 전했다. 하지만 처음에는 개종자를 끌어들이지 못했다. 다야난드는 사람들을 잘 꾸짖었고, 더 나쁜 점은 산스크리트어로 꾸짖었다는 데 있었다. 고대 문법을 가지고 성직자들의 관습과 전통이 아무 가치도 없다는 주장을 편 것이다.

그러던 중 어느 지인의 조언을 받아들여 힌디어로 사람들을 꾸짖기 시작했다. 다른 영향도 있었다. 그는 기독교 선교사들의 활동에서 영감을 받아, 언젠가는 학생들이 그의 가르침을 전파하길 바라며 산스크리트어로만 수업하는 학교를 열었다. 또 책과 소책자를 출간하고 강연을 계속해나갔다.

다야난드가 쉰 살쯤 되었을 때는 북부와 서부 인도에서 추종자가 상당히 늘었다. 사람들로 가득 찬 강연장과 가정집에서 그는 힌두교의 과장되고 잘못된 숭배 관행을 신랄하게 비판했다. 한 기자는 라마의 옹호자들이 「라마야나」*에 존재감 있게 등장하는 괴물을 두려워한 것처럼 학자들이 다야난드를 두려워했다고 썼다. 그는 깊이 있게 울리는 목소리로, 뒤쪽이나 바깥에 서 있는 사람들까지 들을 수 있게 단어 하나하나를 천천히, 또박또박 발음했다. 다야난드는 여성 교육을 장려했고, 아동의 결혼과 과부 추방에 반대했다. 그는 여자아이는

• 라마 왕의 일대기라는 뜻으로 고대 인도의 힌두교 대서사시.

최소 12세가 되어야 결혼할 수 있고, 과부도 최소 두 명의 아이는 낳을 수 있다고 주장했다. 그는 카스트 제도의 내부 개혁을 주장하며, 브라만 계급이 만든 불가촉천민 제도를 신랄하게 비판했다. 다야난드는 다른 종교의 경전들보다 자신이 설파하는 경전들이 원형에 더 가깝다고 주장했다. 청중은 그의 말에 고개를 끄덕였지만, 그는 자신의 경전 또한 결국 원형의 복사본에 불과하다는 사실을 자주 상기시켰다.

목격자들은 다야난드의 설교가 열정적이며 기본 원칙에 기반하고 있다고 기록했다. 한 관찰자는 그를 "개혁 베다 교회의 주교"에 비유했다. 다야난드는 지식과 웅변 능력을 바탕으로 갠지스강을 따라 오가며 논쟁을 벌이고 연설을 펼쳤다. 그는 힌두교 사제들을 힌디어로 "교황"에 비유해 풍자했고, 청중은 그의 재치에 웃음을 터뜨렸다. 하지만 어느 곳에서는 이제 환영받지 못할 거라는 말을 들었고, 다른 곳에서는 바로 쫓겨나기도 했다. 군중 앞에서 종교 논쟁이 벌어지면, 다야난드는 사제들에게 그 출처가 어디인지 경전에서 정확한 구절을 찾아 설명하라고 요구했다. 사제들이 구절을 찾아내면, 그는 그 의미를 파헤쳤다. 한 모임에서는 힌두교 경전 어디에 우상을 숭배하라는 내용이 나와 있냐고 사제들에게 보여달라고 요구했다. 한 사제가 경전에는 없지만, 후대에 쓰인 저작과 해설서에 나와 있다고 답했다. 다야난드는 그런 해석들이 "자기 편향적이며, 해석자들의 이해관계에나 중요할 뿐"이라고 비판했다.

다야난드의 지지자들은 그의 신학 논쟁을 장대한 결투로 여겼고, 다야난드가 논리로 상대방을 무너뜨리는 모습을 스포츠 관람하듯 즐겼다. 그의 방식은 흥미진진했지만, 어떤 이들에게는 화를 돋우기도

했다. 아지메르에서 열린 토론에서, 다야난드는 그 지역의 힌두교도와 무슬림이 서로의 종교가 가진 약점에 대해 논쟁하는 것을 들었다. 논쟁을 듣던 그는 무슬림에게 "당신은 수염을 기른다"고 하고, 힌두교 사제에게는 "당신은 촛티(말총머리)를 기른다"고 말했다. "나는 당신의 수염을 잡고, 당신의 촛티를 잡을 수 있다. 하지만 나는 둘 다 없으니, 너희는 나를 잡을 수 없다"고 했다. 『크리스천 인텔리전서』는 그가 상대방에게 말할 기회를 주었지만, 다야난드는 이미 결론을 내린 상태였기에 상대는 "극도로 권위적"이라고 느꼈다고 보도했다. 그가 상대의 말을 들을 때는 "공손하지만 경멸이 담긴" 태도였다. 자신감 넘치는 다야난드에게 공격받은 사람들은 격분해 그를 상대할 가치도 없는 "무책임한 떠돌이 산야시(수행자)"라고 비난했다.

하지만 청중은 이미 변화되기 시작했고, 새로운 가능성에 마음을 열었다. 그의 사상은 많은 이에게 성직자들의 힌두교 해석에서 벗어날 자유를 주었다. 인간과 신 사이의 문제, 삶과 사후세계의 문제에 있어 성직자들의 개입에서 벗어나게 되었다는 뜻이다. 하지만 또 어떤 이들에게 다야난드의 사상은 너무 불편하고 충격적이어서, 그를 '영국 정부에 고용된 선교사'로 의심하기도 했다. 그는 평생 이런 비난을 반박하기 위해 노력해야 했다. 그를 존경하는 사람도 많았지만 그에 못지않게 두려워하거나 조롱하는 이도 많았다. 그를 기념하는 행렬에는 맨 앞에 치장한 코끼리, 악기 연주자, 그를 호위하기 위한 경찰이 늘 함께했다. 하지만 그 뒤에는 축제 분위기와는 거리가 먼 또 다른 행렬이 이어졌는데, 여기에는 당나귀가 등장했다. 베나레스의 영국인 지방 판사는 다야난드의 토론이 자신의 관할 구역에서 문제를 일으킬까 염려된다며 그를 도시에서 추방했다. 호위할 사람이 없을 때면 다야난드의 설교자들은 폭행을 당하기도 했다. 다야난드가 다른 종교에 대해 했던 신랄한 비판을 그의 추종자들도 그대로 따라했기 때문이다. 한 관찰자는 "그들이 가는 곳마다 비방과 열정, 부당한 방식에 관한 이야기가 돌았고, 거리와 광장에서 흔히 소란이 벌어지곤 했다"고 기록했다. 그럼에도 그의 종파는 뭄바이에서 1000마일 떨어진 연합주까지 퍼지며 성장했고, 사람들은 다야난드가 호소하는 경건함의 순수성에 귀 기울이고 이해하게 되었다. 다야난드가 설파한 순수한 힌두교는 5000년 전에는 진보적일 수 있었지만, 그가 주장한 힌두교의 처벌 본능은 5000년 세월의 견고한 구약성서적 태도였다. 다야난드는 법정에서 다루어야 할 분쟁으로 열여덟 가지를 언급했다. '채무, 보관물, 판매, 동업, 임금, 증여, 계약, 거래, 소유권, 경계, 폭행, 명예훼손, 절도, 위반, 간통, 논쟁, 상속, 도박'이었다. 그는 범죄의 경중에 따라 적합한 처벌 방법을 제시했다. "생식기, 배, 혀, 손, 다리, 눈, 코, 귀, 신체, 재산에 처벌이 가해져야 한다. 간통은 사형에 처하며, 여자는 개들에게 갈기갈기 찢기고 남자는 뜨거운 쇠 침대에서 재가 되도록 불태운다." 다야난드는 이런 처벌로 범죄를 예방할 수 있다고 믿었다. 한 영국인 사마지 회원은 "거의 도달 불가능한 엄격한 도덕성을 주입하는 개혁적 선동"이라고 묘사했다.

선교사들은 이 방식이 너무 익숙하게 느껴지는 것에 놀랐다. 보스턴 신문 『조합교회 The Congregationalist』는 아리아 사마지의 역설에 대해 이렇게 썼다. 아리아 사마지는 기독교에 단호히 반대하면서도, 아이러니하게도 그들이 적대시하는 기독교로부터 영향을 받았다. "그

1. 신념의 옹호

윤리는 힌두교적이라기보다는 기독교적이다. 그들은 베다에서만 가르침을 얻었다고 주장하면서, 베다 경전을 근거로 하는 브라만교에는 등을 돌렸다." 아리아 사마지는 아동의 결혼과 사티(과부 순장)를 비난하며, 조상 숭배를 금지하고, 교육을 장려하며, 전반적으로 매우 수준 높은 교리라는 평가를 받았다. 또 최고의 창조주에게 자비의 권능을 부여하고, 천국과 지옥을 장소가 아닌 상태나 특성으로 간주하며, 신에 대한 순종을 요구했다. 런던 선교회는 더 확신에 차서 아리아 사마지가 설파한 가르침은 기독교에서 '훔친 것'이라고 주장했다.

인도에서 활동 중이던 여러 선교 단체는 발행한 문헌에서 아리아 사마지의 교리 전파 방식에 경탄했다. 특히 언론을 통한 선교활동에 본능적으로 뛰어나다는 점에 주목했다. 런던 선교회는 선교활동 10년 평가 보고서에서, 아리아 사마지의 인기는 현지 언어로 된 미디어를 활용한 덕분이라고 분석했다. "그들은 현대 힌디어로 베다를 편집·출판·해석하며, 힌디어와 우르두어로 월간지를 발행한다." 얼마 지나지 않아 아리아 사마지의 견해를 대변하는 저널은 스물다섯 종을 넘어섰다. 아리아 사마지의 도덕 교육에 압도된 영국인 사마지 회원은 "기독교 선교활동까지 포함해 따져도 인도, 아니 어쩌면 전 세계에서 가장 활발하고 공개적인 선전활동을 펼치는 단체가 아리아 사마지일 것"이라고 확신했다.

다야난드의 가르침은 강력한 위협이었다. 라호르의 미국 장로교 대학 총장은 "북인도에서 복음의 진리 확산을 방해하거나 촉진하는 힘을 평가할 때, 아리아 사마지가 그 주된 요인임을 인정해야 한다"고 썼다. 아리아 사마지의 설교자들은 거리에서 행인들에게 서양이 동양에 전할 새로운 것은 없다고 거듭 주장했다. 아리아 사마지의 공식 저널은 기독교인들이 성서를 수백 개의 언어로 번역하려고 그렇게 노력했는데, 힌두교인들도 비밀 지식이 담긴 책을 위해 같은 일을 해야 하지 않겠냐고 주장했다. 아리아 사마지는 독자들에게 선교사들에 의한 대규모 개종 사례를 알리고, 동포들이 '영적 죽음'에 이르는 것을 막아야 한다고 촉구했다. 다야난드는 한발 더 나아가 1877년에 두 명의 기독교인을 개종시켰다. 첫 개종 의식은 개별적으로 진행되었지만, 곧 그의 추종자들은 브라만 사제들이 잘못된 길로 빠진 이들의 몸을 갠지스강에 담그는 의식을 벌이며 이를 제도화했다. 많은 이에게 한꺼번에 의식을 진행하기 위해 그들은 성스러운 불, 강연, 머리 깎는 의식을 포함한 개종 의식을 만들었다. 한 역사가는 다음과 같이 썼다. "이 의식은 시크교 불가촉천민 공동체 전체에 적용되기 시작했으며, 그들을 '정화'하여 정식 시크교 신자로 받아들이기 위해 행해졌다. 그 집단이 기독교로 개종하는 것을 막기 위해서였다."

개종을 통한 신자 증가, 토착 영성과 물질주의적 외래 세력 간의 문명 투쟁, 철저히 억압받는 사람들이 과거에는 세계를 놀라게 했다는 역사 이론의 전파 모두 깊은 불안감에서 나온 것처럼 보였다. 그들이 얻은 자신감은 불안정했지만, 환상을 반복하는 과정을 통해 점차 견고해졌다. 인도의 종교를 기록한 한 연대기 작가는 "힌두교의 우월성이라는 개념을 되풀이하기 위해 막대한 비용을 들여 엄청난 양의 문헌을 쏟아내고 있다"고 썼다. 이로 인해 사람들의 생각이 바뀌기 시작한 것은 불가피한 일이었다. "다야난드의 영향을 받은 수백 명의 학생은 고대 힌두인들이 현대 유럽인들만큼 자연과학의 발전을 이루었고,

총기, 기관차뿐 아니라 전보와 비행기까지 발명했다고 믿고 있다."

1881년 2월 아리아 사마지가 창설된 지 6년이 지났을 무렵, 빠르게 명성을 알리던 다야난드는 고기를 보기만 해도 구역질이 날 정도로 싫어하던 사람이었는데, 소를 보호하자는 논지의 짧은 논고를 출간했다. 「고카루나니디Gokarunanidhi: 소를 위한 자비의 바다」라는 제목의 이 책은 소를 보호하는 데 따른 경제적, 도덕적 정당성을 제시한다. 다야난드는 이 논고를 '자연을 사랑하는 보호주의자'(힌두교인)와 '육식하는 도살자'(무슬림) 간의 대화 형식으로 구성했다. 이 등장인물들은 철학적 논쟁을 벌이는데, 한쪽은 살아 있는 생명을 음식으로 바꾸는 것에 열을 올렸고, 다른 한쪽은 생명을 옹호하며 온화한 입장을 보였다. 약간의 경멸을 섞은 채로.

보호주의자 육식하는 사람들은 인간성을 특징짓는 신성한 자질, 이를테면 자비심이 결여되어 있다는 점에 유념하라. 그들은 언제든 타인에게 해를 끼쳐서라도 자신의 이기적인 목적을 달성하려고 한다. 육식하는 사람은 살찌고 튼튼한 동물을 보면 '이걸 죽여서 먹으면 얼마나 맛있을까'라고 말하는 듯하다. 반면 채식주의자는 그런 동물을 보면 건강하고 행복하게 사는 모습에 기쁨을 느낀다.

이 76쪽짜리 논고는 이미 개종한 사람과 믿을 준비가 된 사람들을 위한 것이었다. 다야난드는 나머지 사람들을 위해 마지막에 새로운 개념을 제안하는데 바로 소 보호 협회를 창설하는 것이었다. 협회 회원들은 '소 보호자'로 불리며, 자연의 규칙과 법을 수호하는 임무를 맡게 된다. 회원들이 자신의 수입 중 100분의 1을 기부하면 소를 구매하고 보호하는 일에 쓰이고, 소들이 풀을 뜯을 수 있는 땅을 매입하고 경작한다. 자세히 들여다보면, 이 협회의 역할은 단순히 소 보호에 그치지 않고 사회 전체를 보호하는 것까지 포함한다. 협회는 공동선을 위해 일하고, 협회의 목표를 돕는 이들을 존중하며, 그들의 정책에 반대하는 사람은 배척한다.

소의 신성함은 원래 베다에서 제시된 교리였다. 다야난드가 소의 신성함을 옹호한 사람 중 최초는 아니고, 이 신념을 따르는 가장 저명한 인물 중 한 명이었을 뿐이다. 1882년 그 논고를 발표한 지 1년 후, 다야난드는 여왕에게 청원서를 제출했다. 소는 신들보다 더 신성하며, 소를 보호해야 한다는 요구였다. 다야난드의 주장에 공감한 한 신문은 정부가 소 도살을 금지함으로써 '영원한 명성'을 얻을 수 있다고 촉구했다. 열정적인 젊은이와 부유한 노년의 후원자들이 나서며 소 보호 협회들이 생겨나기 시작했고, 이들은 베다에 쓰인 자연의 규칙과 법을 위반하는 행위에 경종을 울렸다. 그들은 '힌두의 감정에 거슬리는' 행동을 찾아내려 혈안이 되었다. 다야난드는 "[소 보호 협회의] 목표가 겉으로는 인도주의적이고 정치적으로 중요하지 않아 보일지 모르지만, 이 협회의 유일한 목적은 지친 소들에게 안식처를 제공하는 것"이라고 썼다. 그 비용은 지역 주민들의 자선 기부금으로 충당될 거라고 했다.

소 보호 운동이 확산되면서 사람들 사이에 긴장과 조용한 분노가 감돌았다. 이 운동의 배후 조직들은 힌두교의 통합, 부흥주의, 전통적 가치라는 개념에 따라 움직였고, 음식, 언어, 습관, 교육 등에서 다양한 외래문화의 요소를 배척했다. 하지만 개혁주의자와 전통주의자, 혹은 그 중간 어딘가에 있는 사람들이 단일 플랫폼에 전부 결집한 예는 소 보호 운동이 유일했다. 서인도에서 세련된 종교 지도자들이 수상쩍은 통계로 소 보호의 경제적 논리를 내세우는 동안, 협회는 마을에 수행자들을 파견해 은밀한 설득을 해나갔다. 1880년에서 1890년 사이, 조직화된 소 보호 운동이 연합주의 도시 중심부를 휩쓸었고, 칸푸르, 러크나우, 가지푸르, 베나레스, 알리가르, 프라탑가르, 그리고 특히 알라하바드와 같은 도시들에서 소를 위한 집단활동이 보고되었다.

소를 옹호하자는 논거 중 가장 인기 있었던 것은 경제적 유용성이었다. 설교자들은 소의 생산량을 계산해 그 결과를 전국에 퍼뜨렸다. 스리만 스와미는 많은 추종자를 거느린 설교자이자 그럴듯하면서도 명백한 허위 계산을 잘하기로 소문난 인물이었는데 "소의 종을 보존·보호·개선하는 일은 그 중요성을 아무리 강조해도 지나치지 않는다"라고 말했다. 그는 가장 생산성이 좋은 시기에 건강한 소 한 마리가 4만 5000명을 먹일 수 있다고 추정했다. 또 소는 매달 약 270파운드의 배설물을 생성하며 24년에 걸쳐 논 1에이커를 충분히 비옥하게 만들 만큼이라고 계산했다. 또 배설물은 치유 효과가 있고, 콜레라 확산도 막아준다고 주장했다. 스와미는 자신이 직접 소의 오줌으로 비장 비대증 환자 여섯 명을 치료했다고 했다. 그는 곡물, 우유, 버터의 높은 가격이 소가 부족하다는 증거라고 믿고 소의 생존에 우려를 표하며 영국인을 비롯한 외국인들의 끝없는 식욕 때문에 이런 문제가 생긴다고 비난했다. 하지만 그는 군중에게 무슬림은 그 책임에서 제외된다고 강조했다. 거기서 무슬림을 뺀 이유는 무슬림이 소를 먹지 않기 때문이라고 했다. 무슬림이 소고기를 먹는다는 비난은 식민주의자들이 힌두교인과 무슬림 간의 갈등을 조장하기 위해 퍼뜨린 중상에 불과하다고 말했다. 당시 무슬림은 종종 종교적 다수파인 힌두의 감정에 부합하는 것으로 묘사되곤 했고, 그와 반대되는 행동은 일탈로 간주되었다.

소 보호 집회가 열리면 최대 5000명씩 참석자가 몰렸다. 이 시기를 연구한 샌드리아 프라이태그는 저서 『동원 이데올로기로서의 성스러운 상징Sacred Symbol as Mobilizing Ideology』에서 아즈마트가르에서 열린 한 집회를 다음과 같이 묘사했다. "힌두교의 모든 신이 깃든 소 그림이 연단 앞 의자 위에 놓였고, 그림 사본도 배포되었다. 연설자는 송아지가 충분히 젖을 먹은 후에만 소의 젖을 짜야 한다고 당부했고, 모두가 소의 젖을 마셨기 때문에 소는 '만인의 어머니'라고 했다. 그러므로 소를 죽이는 것은 '모친 살해'라고 주장했다." 하지만 그 소 그림에는 무슬림을 상징하는 남자가 칼을 빼들고 서 있었다. 프라이탁은 이렇게 썼다. "교훈은 분명했다. 그런 모친 살해를 막기 위해 참가자들은 협회를 설립하고, 규칙을 채택하며, 임원을 선출하는 데 동의할 것이다." 지역 후원자들도 종종 연설에 나섰고, 보통 집회를 주재하는 가장 저명한 인물은 지지와 열의를 드러내곤 했다.

소를 둘러싼 논의는 불만과 민족주의를 겉으로 드러내지 않기 위한 장막이었다. 한 관찰자는 『캘커타 리뷰』에 이렇게 썼다. "그들은 소의 신성함을 이야기하면서, 영국의 지배 아래 그 신성함이 매일 어떻게 훼손되는지, 그 결과 얼마나 토양이 척박해지고 사람들이 빈곤해지고 있는지 가르쳤다." 불안의 조짐은 분명했다. 비하르에서 군인들에게 보낼 소 무리의 행렬 뒤로 침묵 시위하는 군중이 며칠 동안 따라다녔다. 간격을 벌리라는 경고가 있었지만 그들은 물러서지 않았다. 그러다 소를 안전하게 보관해둔 경찰서까지 공격했다.

행정관들은 소 보호 협회와 자원봉사자들이 활동하는 곳에서 종종 집단 간 폭동이 발생한다는 사실을 알게 되었다. 영국 당국의 입장을 대변하는 알라하바드의 신문 『파이어니어』는 소 보호 협회가 증대되는 종교적 적대감의 중심에 있는 것이 분명하다고 여겼다. 해당 신문이 확인한 바에 따르면 1894년 5월까지 '힌두교와 무슬림이라는 경쟁 종파가 여러 세대에 걸쳐 평화롭게 공존해온 시골지역까지' 소 보호 협회의 활동이 퍼졌다. 신문 기자들은 협회가 매우 편협한 태도를 보였고, 법의 한계를 인정하지 않을 수 없다고 했다. 땅의 법으로는 사람 마음에 숨겨진 규칙과 맞설 수 없었다. 기자들은 이런 편협함의 원인으로 힌두교 지도자와 무슬림 지도자들 간의 소통 부재, 협회의 '비밀스러운 영향력'을 꼽았다. 『파이어니어』는 예후가 그리 좋지 않다고 결론지었다. "대다수 힌두교인에게 주입된 광신주의에서 벗어나려면 몇 년은 걸릴 것이다."

북서부 주, 오늘날의 우타르프라데시가 위치한 이 오래된 지역에서 힌두교 지도자들은 먼저 무슬림, 기독교인, 그리고 '불가촉천민'으로 간주된 집단이 소를 죽이지 않도록 설득하려 했고, 일부는 소를 죽이지 않겠다는 서면 보증을 요구하기도 했다. 반대하는 이가 있으면 폭력을 행사했다. 막대기와 칼로 무장한 다수의 힌두교인이 총으로 무장한 소규모 무슬림 집단을 공격했다. 그들은 싸우다가 일단 후퇴해 손실을 따져보고는 같은 날 되돌아와 마무리를 지으려고 했다. 행정관들은 이런 폭동이 자발적인 것이 아니며 사전에 계획된 것은 아닌가 하고 의심했다.

몇 년 동안 불길한 감정의 기류가 감지되었다. 폭동에서만이 아니라 학살의 잔혹함과 그 과정에서 쟁점이 된 문제들도 마찬가지였다.

"독은 어디에서 나오는가?"라는 니사르의 질문에 대한 답을 찾는 데 도움이 되기를 바라며 나는 뉴델리, 런던, 보스턴, 뉴욕의 도서관 아카이브에서 역사를 파헤쳤다.

처음에는 다양한 데이터베이스에서 가능성을 발견하고 흥분하기도 했다. 검색어를 입력하고 몇 초 동안 검색 완료를 기다리면서, 결과가 최대한 먼 시점까지 거슬러 올라가기를 바랐다. '오래된 순서'로 검색 필터를 조정하자 복사된 흑백 문서 유형의 과거가 모습을 드러냈다. 내가 찾던 보고서뿐 아니라, 연관된 다른 사건들도 당시의 세계를 내 앞으로 불러왔다. 모든 검색 결과는 잠재력을 갖고 있었다. 각각의 인물이나 사건은 자체의 삶뿐 아니라 그 죽음 이후에 끼친 영향력을 따라 타임라인이 따로 형성되기 때문이다. 과거의 삶은 보통 문서화되어 있지만, 이후에 끼친 영향력은 탐구할 여지가 많았다. 지금 내가 있는 현시점에서 과거를 돌아보면 그들의 사상이 어떻게 전파되었고, 어떻게 변화했는지 확인할 수 있었다. 신문, 논문, 책, 챕터, 소논문, 팸플릿을 읽으며, 내가 지금 읽는 이 글들이 한 세기 전에 실제로 벌어진 일이라는 묘한 느낌에 빠져들었다.

그러다가 필연적으로 어떤 깨달음이 찾아왔다. 내가 읽고 있는 신문들은 소유주가 영국인이거나 운영자가 선교사들이었고, 그렇지 않더라도 사건의 목격자가 누구인지, 누가 기록한 것인지 확실치 않았다. 현대에 일어나는 사건들만 제대로 분석해도 충분히 노벨상 수상 자격이 될 정도다. 그런데 이 자료들을 읽으면서 배워가는 내용은 있어도 완전히 이해하는 데는 어려움이 있었다. 창밖에서 안을 들여다보는 느낌이랄까. 내 앞에 있는 자료들은 기록자의 복합적 욕망과 상호작용에 의해 단순화된 느낌이 들었다. 결함 있는 기록들 사이를 오가는 동안 그림이 떠올랐다 멀어지고, 길을 잃었다가 되찾기도 했다. 그러다 나중에는 그냥 내게 찾아오는 것들에 자연스럽게 나를 맡겨보기로 했다.

1882년, 『파이어니어』의 한 특파원은 드문 유형의 공동체 폭동이 발생했다는 소식을 들었다. 폭동에 학살 흔적이 있으며 그 규모가 이 지역에서 반세기 동안 목격된 것 중 가장 크다는 사실을 알고 그는 어느 선교사와 함께 살렘Salem(현재 타밀 나두주에 위치)이라는 마을로 향했다. 나는 두 사람 다 영국인이 아니었을까 상상했다. 그들은 철도가 없는 지역에서 가장 빠른 교통수단인 말을 타고 이동했다. 도착했을 때, 현지인들이 '셀람Selam'이라고 부르는 마을에서는 여전히 불길이 타오르고 있었고, 폭도들의 눈빛을 보니 아직 거리의 통제권을 넘겨줄 준비가 되지 않은 듯했다. 그들은 마을 입구에서 특파원을 멈춰 세웠다. 아직은 관찰자를 마을 안으로 들이거나 목격자를 밖으로 내보낼 생각이 없어 보였다. 그들의 규칙은 그날 나중에 군대가 마을에 진입해 감정의 지배를 끝내고 법의 제약을 다시 확립하고 나서야 끝났다. 특파원은 그 후에야 그곳에서 무슨 일이 일어났는지 알 수 있었다. 멀리서 보이던, 폭력을 암시하는 연기 기둥들은 가까이서 보니 무슬림들의 집에서만 피어오르고 있었다. 특파원이 본 시신들은 결국 매장되었고, 화장은 이루어지지 않았다. 모든 문제의 중심에는 파괴된 모스크가 있었다. 모스크의 가구들은 부서졌고, 샹들리에는 산산조각이 나 있었다. 아이와 돼지들이 모스크의 우물로 끌려가 안으로 던져졌다. 이 재앙을 일으킨 힘의 목표는 단순 말살이 아닌, 그들의 땅을 신성모독으로 더럽히는 데 있었다.

특파원은 마을을 돌아다니며 최근의 사건을 조사하다가 학살의 원인을 우연히 발견했다. 주민들은 무굴제국 시대에 이 지역을 통치하던 나와브들이 모스크 주변에서 힌두 음악을 연주하지 못하도록 금지했다고 말했다. 마을 다른 곳에서 힌두 음악 축제가 열릴 때면 큰 북소리, 격렬한 연주자들, 계속되는 춤사위, 끊이지 않는 노래와 선언, 신을 향한 외침, 거리를 향한 외침으로 활기가 넘치고 시끌벅적한 공공의 축제가 되었다. 하지만 새벽, 정오, 약간 늦은 오후, 또 그보다 조금 늦은 저녁, 그리고 밤에 기도를 드리는 모스크 주변에서는 힌두의 신앙 표현이 소음으로 여겨질 수밖에 없었다. 평화는 침묵의 구역을 통해 유지되었다. 주민들은 새 모스크가 승인되고 건설되기 전까지는 합의가 유지되었다고 했다.

나름 영국의 나와브처럼 권력을 행사하던 현지의 치안판사는 새 모스크 밖에서도 옛 규칙이 적용된다고 선언했다. 하지만 힌두 축제 행렬의 주최자들은 그 명령이 지나치게 광범위하다고 생각했고, 곧 실질적 권한을 가진 법원도 이에 동의했다. 나와브의 시대는 막을 내렸고 지금은 계몽 시대인데, 치안판사가 월권을 행사했다는 것이었다. 법원은 기도 시간에만 연주를 피하라고 판결했다. 그때부터 치안판사들은 감독 지역의 문제와 민감성을 가장 잘 알고 있었음에도 모스크 밖의 음악 문제에 대해 거의 발언권을 갖지 못했다. 그럼에도 치안판사는 모스크 밖 음악 문제와 관련된 공개회의에서 다시 한번 자신의 권한을 행사했다. 마을의 힌두교도들은 이런 종교적 제약을 더 이상 감당하지 못하고 살인을 저지르기 시작했다.

하지만 그것은 초기에 나온 정보를 바탕으로 한 것이었다. 더 많은 증언이 나오면서 특파원의 두 번째 기록에서는 더 명확한 그림이 드러났다. 마을의 힌두교도들은 연례 마리암만 축제를 위해 치안판사에게 행렬 조직을 허가해달라고 요청했다. 이 축제는 동물, 바퀴 달린 북, 춤추는 드러머, 불의 무희와 불을 뿜는 이들, 수백에서 수천 명이 음악과 신상을 따라가는 유쾌한 행렬이었다. 하지만 영국인 치안판사는 이 행렬을 허가하지 않았다. 판사는 그들의 안전을 보장할 수 없다며 행렬은 현명하지 못한 선택이고 평화를 해칠 거라고 경고했다. 하지만 바로 그날, 무슬림들의 쿠트바 축제는 허가가 났다.

추가 기록을 보면 관리자들이 진정한 예배 행위와 의도적인 방해 행위의 경계를 설정하려고 고민한 흔적이 더 많이 드러난다. 최종 집계에 따르면 폭동에 가담한 혐의로 체포된 힌두교도는 160명이 넘었다. 그중 많은 이가 폭동에 가담하기 위해 살렘 외부에서 들어온 것으로 파악되었다.

1889년, 살렘에서 동쪽으로 약 200마일 떨어진 곳에서 밤늦게 한 고대 사원에서 온 행렬이 새 모스크 근처를 지나가려고 했다. 행렬이 음악을 연주하고, 시끄럽게 소리 지르면서 상황은 곧 심각해졌다. 군대가 신속히 도착해 모스크를 포위하고 안에 있던 무슬림들과 밖에 있던 일부 힌두교도를 데려갔다. 무슬림들은 힌두교도를 공격한 혐의로 체포되었고, 힌두교도들은 기도 시간 동안 모스크 밖에서 '톰톰'이라는 북을 두드린 혐의로 더 많은 벌금을 부과받았다. 남인도 지역의 경찰은 고위직을 유럽인들이, 하위직을 현지인들이 차지하고 있었는데, 경찰은 이 모스크가 예배 장소로 인정받을 조건을 충족하지 못했기 때문에 힌두교도들이 모스크 밖에서 음악을 연주할 권리가 있다고 판단했다. 치안판사는 양측의 말을 듣고 사람들의 포용적이지 못한 태도에 두 손 두 발 다 들고 말았다. 모든 면에서 문제만 찾으려는 사람들이 있었다. 한 신문은 폭동 가담자들에게 '정신병원 수감자'라는 표현을 썼는데, 정확히 '광기'를 암시하는 이 단어에 누구도 이의를 제기하지 않았다.

자극과 반항이 파괴로 이어지는 일은 인도의 다른 지역에서도 볼 수 있었는데 특히 두 종교의 축제가 겹칠 때는 충돌이 불가피했다. 어느 한쪽의 귀에는 굴복하지 않겠다는 의지로 들리던 북소리가 다른 쪽 귀에는 전투의 함성으로 들렸다. 신문들은 이 혼란을 기록하며, 왜 인도의 두 주요 종교인 힌두교와 이슬람교 사이의 수십 년간 이어져 온 평화가 갑작스레 끝나버렸는지 의아해했다. 그들의 애도에는 다음의 질문이 담겨 있었다. 도대체 무슨 일이 일어난 것인가? 무엇이 변했는가?

그 후 발생한 대규모 소요는 봄베이에서 시작되었다. 톰톰 소리에 폭동이 촉발되어 시장과 직물 상가로 확산되었고, 푸나에서는 무슬림들이 경제적 보이콧을 당했으며, 예올라에서도 비슷한 일이 반복되었다. 분노는 매우 강렬했고 그 원인으로 지목된 소 보호 운동은 비난받았다.

관련 사건 기록은 너무 많아 오히려 전말을 파악하기 어려웠다. 하지만 『캘커타 리뷰』의 한 관찰자는 새로운 현실이 등장하고 있는 것에 주목했는데, 실제 현실과는 동떨어진 것이었다. 영국인들에 관한 갖은 소문이 돌았고 그중에는 영국인들이 인도에서 대량학살을 저질렀다는 내용도 있었다. 실체 없는 것임에도 널리 퍼졌고 익명의 작가는 그런 소문이 돈다는 것 자체가 "불길한 징조. 소문은 어느 정도 해로운 영향을 미치고 원주민의 마음에 더 독성이 강한 씨앗이 퍼질 것에 대비하게 하며, 소문이 터무니없을수록 더 심각한 상황에도 무뎌지기 때문이다"라고 썼다. 이 소문들은 사람들이 모든 판단을 유보할 것임을 보여주는 징후였다. 그러는 동안에도 아리아 사마지의 영향력이 확장될 만한 경로들은 계속해서 성장했다. 이 단체의 신학교 아이들은 16년 동안 보호받으며 가족, 친구, 외부 세계의 영향을 받지 않은 채 은둔하며 지냈고, 다야난드의 이상에 맞는 신의 사절단으로 키워졌다. 또 아리아 사마지는 정치 토론을 하는 모임도 운영했다. 단체의 구성원이 군부대에 모집되기도 했는데 그 과정에서 이 종파가 "일부 연대의 충성심을 뒤흔든 일"이 있었다. 또 이 단체의 대표들은 끊임없이 선전활동을 벌였는데, 그들은 어디서나 활동하는 것처럼 보였지만 특정 장소에는 전혀 나타나지 않아 영국인들은 이들의 활동에 우려를 표했다. "힌두교와 이슬람교 사이에 심화되는 적대감" 때문이었다. 무슬림들은 아리아 사마지가 영국 통치에 대한 적대감만큼 이슬람에 대해 똑같이 격렬한 적의를 품고 있다고 확신했다. 그때나 미래에나 우려스러운 점은 보이지 않는 곳에서 활동하며 영향력을 키워가는 집단이었다. 끝없이 확산되는 소문들처럼.

2.
책과 소총

19세기 말 그리고 그 후로도 한동안 아리아 사마지는 역사의 전면에서 한발 물러나 있었다. 그렇다고 영향력이 감소했다는 뜻은 아니며 다야난드의 사상과 설교가 더 이상 새로운 것이 아니었다는 말이다. 추종자를 원했던 다야난드는 추종자는 물론 그 자녀들에게도 자신의 사상을 주입하려 했다. 그의 말은 거기서 그치지 않고 더 강력한 기류에 흡수되는데, 그것은 자유를 위한, 그리고 특정 형태의 국가 설립을 위한 투쟁이었다.

1920년대에 한 단체가 등장하며 두드러진 존재감을 드러냈다. 이 정치 조직은 전 인도 힌두 대의회라는 힌두 마하사바였고, 힌두교와 관련된 문제는 전부 신중히 고려해야 한다고 여겼다. 마하사바의 주요 관심사는 '힌두 공동체의 자기 보존과 종교적 안전'이었다. 애초에 이 단체는 무슬림들에게 분리 선거권이 부여된 것에 대한 대응으로서

1915년에 설립되었고, 불안해하는 힌두교도들에게 나침반 역할을 하기까지는 그리 오랜 시간이 걸리지 않았다. (마하사바의 서신을 보면 이 단체가 지역 정당과 힌두 정치에 몸담은 이들을 위한 지원 그룹이었다는 것을 알 수 있다.) 나는 그 지도자들의 편지를 읽으며, 도티와 조끼를 입은 카스트 상류계급의 이 남성들이 디너 파티 같은 분위기에서 '힌두와 무슬림의 문화 및 정치는 근본적으로 차이'가 있고, 따라서 두 종교는 당연히 공존할 수 없다고 말하는 모습을 상상했다. 한 지도자는 인터뷰에서 말했다. "무슬림은 정복한 나라에서 자신들이 우위에 있지 않거나 다수파가 아니면, 그곳을 다룰 하르브Darul Harb, 분쟁의 땅으로 간주했다. 반면 그들이 다수파가 된 곳은 다룰 아만Darul Aman, 평화의 땅으로 여겼다. 다룰 하르브를 다룰 아만으로 바꾸는 것은 그들 신앙의 일부였다." 그의 관점에서 무슬림은 '이등 시민'이었다. 그는 무슬림에게 이동의 자유를 주고, 무역과 상업활동에 참여시킬 수는 있지만, 정치적 참여에는 선을 그어야 한다고 말했다.

1920년대와 1930년대, 힌두 마하사바 관리자 가운데 발라크리슈나 세오람 문제는 특히 많은 요청을 받았다. 먼 지역에서 어려움을 겪는 이들이 편지를 보내와 무슬림 남성과 소년들이 평화로운 힌두교도들을 집단 폭행한다고 전했다. 문제가 힌두 사회에 헌신적이라는 평판을 듣고 그의 조언과 지지를 요청한 것이었다. 편지를 보낸 시기는 다양했다. 1938년, 벵골의 아리아 사마지 지부에서 평화 행렬 당시 무슬림의 공격을 고발하는 편지. 1922년 혹은 1923년, 주요 힌두교 사원 지도자로부터 말라바르 지역 강제 개종에 관해 조사하라는 지침. 그 밖의 여러 편지.

문제가 남긴 서신과 개인 일기를 보면 그는 평화로운 집단인 힌두교도들이 전투적으로 변해야 한다는 비전을 갖고 있었음을 알 수 있다. 문제는 백내장 수술 전문의였고 학자같이 수염을 기른 진지한 사람이었다. 하지만 그의 일상은 정치·종교·군사적 강인함으로 채워져 있었고, 그가 생각하는 평화와 안전은 한 문장으로 응축될 수 있었다. "세상은 검으로 유지되고 지속된다." 그는 힌두교도들이 베다 경전에 나오는 '책과 소총The Book and the Rifle'의 암시적 이미지를 따라야 한다고 주장했는데, 이는 베니토 무솔리니의 발언을 연상시켰다.

문제는 1899년 2월, 봄베이대학을 2등급 우등으로 졸업했다. 당시 스물일곱이었던 그는 의학과 외과술을 자유롭게 실습했다. 하지만 문제는 피에 끌렸다. 그는 곧 봄베이 사령부 연대의 민간 외과 의사 네 명과 함께 남아프리카로 향하는 배에 올랐다. 1901년 10월 1일에는 나탈에서 보어인과의 전투에서 부상당한 군인들을 치료한 공로로 퀸스 사우스 아프리카 클라스프 훈장을 받았다. 인도로 돌아온 뒤, 문제는 나그푸르에 자선 안과 진료소를 설립했다. 그는 넓은 어깨와 뒤로 넘긴 곱슬머리, 풍성한 수염을 지닌 인상적인 외모에 긴 정장 쿠르타를 입고 다녔다. 그의 진료소를 방문한 한 칼럼니스트는 문제를 '다소 요란하다'고 묘사했으며 특히 그의 안경에 대해 언급했다. 단순한 관찰 내용이었지만 문제는 희한하게도 그 말에 크게 화를 냈다.

힌두 마하사바의 임시 회장직을 맡기도 했던 문제는 자신이 힌두교의 진리를 따르는, 다시 말해 힌두교의 논리에 의해 움직이는 힌두인이라고 여겼다. 그는 자신을 '균형 잡힌 판단력을 가진 실험과학자'라고 묘사했다. 힌두교의 진리가 힌두교의 논리로 뒷받침되듯, 힌두교의 논리는 훨씬 더 견고한 무언가에 기초해 만들어졌다고 그는 결론지었다. "이 체계의 기반에는 하나의 영원불변한 요소가 있다. 그것은 유일신에 대한 믿음, 즉 우주 전체에 스며든 전지전능한 신, 베다, 경전, 힌두 계시록에 드러나는 전능한 신에 대한 믿음이다. 이것은 아무 의심할 것 없이 자명하고 스스로 존재하는 진리로 받아들여지는 유일한 신앙의 요소다." 이것은 50년 전 다야난드가 했을 법한 말처럼 들렸다.

문제는 힌두교도를 결백하고 선의를 가진 집단으로 묘사했다. 1934년 1월 마드라스에서 열린 청년 회의에서, 그는 30분 넘게 회장 연설을 하며 젊은 청중에게 말했다. "지난 10년 혹은 15년 동안 인도에서 발생한 공동체 간 갈등의 역사를 분석해보면, 힌두교인은 이런 분쟁을 일으키거나 먼저 공격을 시작한 적이 한 번도 없었다고 말해도 과장이 아닐 것이다. 사실 힌두교도들은 갈등 초기 단계에서 항상 심각한 피해를 입었는데, 불시에 공격을 당했기 때문이다."

문제는 불안 지역으로 먼저 달려가 폭동 조사를 지휘하며 무슬림에게 잘못이 있다고 결론 내리거나, 다른 방식으로 소요에 개입하기도 했다. 그는 자신이 이슬람에서 힌두교로의 재개종을 수천 건 직접 감독했다고 주장했다. 그는 당시나 지금이나 과장되어 보이는 한 가지 걱정에 사로잡혀 자기 삶을 헌신했는데 바로 '힌두교도들이 위험에 처해 있다'는 생각이었다.

문제는 인도 전역을 다니며 곧 인구 재앙이 도래할 거라고 설교했고, 방문하는 곳마다 자신의 다음 행선지를 알렸다. 그는 무슬림과 가톨릭 인구가 빠르게 증가하고 있는데 이는 '전적으로 힌두교도들의 희생'을 기반으로 이루어지고 있다고 했다. 그는 오래전부터 그런 의심을 품어왔다. 1891년, 문제는 인도 중앙에 위치한 나그푸르의 기독교 선교 학교인 히슬롭 칼리지에 입학했다. 문제는 훗날 자신이 항상 성경 수업에서 1등을 했다고 말했는데, 어느 날 한 교수에게 이렇게 질문했다. "대학에서 가르치는 기독교 선교사들이 힌두교 소년들을 기독교로 개종시키면 선교 협회로부터 수수료를 받는다던데, 그게 사실입니까?" 교수는 이 질문에 화가 나서 대답했다. "이봐요 학생, 어리석은 소리 말아요. 그건 잘못된 생각이고 그런 오해에 휘둘려서는 안 됩니다. 수수료를 받는 일 따위는 없어요. 학생들이 기독교에 갈망을 느낄 때만 개종은 이루어집니다. 그런 개종은 신성한 의무로 여겨지지만 순전히 자발적이어야 하고 조금도 강제적인 면이 있어서는 안 됩니다."

무슬림과 가톨릭 인구가 힌두교도보다 더 빠르게 증가하고 있긴 했지만, 문제가 염려한 건 상상조차 할 수 없을 만큼 먼 미래의 일이었다. 절대적인 인구수는 그보다 훨씬 더 적었다. 통합된 인도에는 2억 명이 넘는 힌두교도, 7000만 명 미만의 무슬림, 약 500만 명의 기독교인이 있었다. 30년 동안 늘어난 무슬림 인구는 10년 동안 증가한 힌두교도의 인구와 같았다. 그럼에도 문제는 자신이 상상한 미래를 두려워했고, 다른 힌두교도들도 그 비율을 보고 경각심을 갖기를 바랐다.

문제는 힌두교가 세상 어느 것보다 더 탄탄하다고 생각했지만 사실 힌두교의 개념 자체는 모호했다. 1921년 인구조사를 보면 "힌두교에는 중심이 되는 하나의 두드러진 개념이 없다"고 특별히 언급했다. 힌두교는 다양한 인종, 전통, 신념을 포괄할 만큼 모호하고 유연한 용어였다. 잉크와 종이를 들고 집집마다 돌아다니던 인구조사원들은 힌두교인으로 정체성을 밝힌 세계주의적 벵골인과 '불가촉천민' 펀자브인들을 발견했으며, 신앙이 힌두교와 엇비슷한 숲속 거주민과, '힌두교와의 오랜 연관으로 인해 애매하게 힌두교 한 끄트머리에 위치하게 된' 부족들을 만났다. "하지만 인구조사는 대상자의 신앙뿐 아니라 이를 기록하는 조사원들의 신념에도 영향을 받았다. 힌두교 조사원들은 종교의 외곽에 존재하는 수천 개의 주변 집단을 힌두교인 칸에 포함시켜 숫자를 과장하려는 경향이 있었지만, 카스트 체계의 정점에 위치한 브라만 조사원들은 원시 부족민이 자신과 같은 종교에 포함되는 것을 부정할 가능성이 높았다. 따라서 힌두교 항목은 다양한 신앙 체계의 집합인 동시에 그 산물이기도 했다. 힌두교인인지 아닌지는 질의 대상자가 누구인지, 누가 질의하는지에 따라 달라졌다."

문제는 '힌두교 교회'의 부재를 애석해하며, 이를 종교 내부의 카스트 분열 탓으로 돌렸다. "마호메탄(무슬림)은 하나의 유기적 공동체를 이루고 있으며, 종교적으로 잘 조직되고 규율이 잡혀 있어, 공동체 어느 한 부분에 가해진 피해를 어디서든 똑같이 강렬하게 인식한다. 요컨대 그들에게 공동체 감정은 너무나 강력하고 압도적이어서, 모든 공적 움직임은 공동의 이익을 떠나 생각하기 어렵다." 이런 단결성을 가질 수 있는 이유는 '마호메탄들 사이에는 카스트 제도가 존재하지 않기 때문'이다. 모든 젊은 무슬림은 잠재적 군인으로 "신앙을 수호하고 전파하다 죽으면 천국의 영광을 얻는다는 열정적인 신념으로 움직인다".

문제는 힌두교인들에 대한 과거의 공격과 경멸을, 실제든 상상이든, 최근의 모욕만큼이나 강렬하게 느꼈다. 그는 콜하푸르에서 열린 한 회의에서 말했다. "나는 역사가가 아니지만 역사에 관한 책들을 읽어왔다." 그가 읽은 역사책 중 『인도의 이슬람Indian Islam』은 인도에서 활동하던 미국인 선교사 머리 티투스가 쓴 것으로, 문제는 이 책의 많은 부분을 차용했다. 출간 직후 이 책은 구식 자료에 의존했다는 비판을 받았지만, 문제는 이 책을 충분히 신뢰해 힌두 사회는 "지난 1000년 동안 그 어떤 민족도 겪지 못한 끔찍한 시련을 겪어왔다"고 결론지었다. 그는 이슬람이 인구의 상당 부분을 동화시킨 점을 고려할 때, 힌두교의 생존 자체가 기적과 같다고 여겼다. "페르시아인이나 아프가니스탄의 아프간인들처럼 우리 힌두교도들이 완전히 사라지지 않았다는 점은 정말 놀랍다." 그는 역사를 읽으며 결론 내리고 다른 가정들을 세웠으며, 그 내용은 사실처럼 굳어져버렸다. 그는 무슨 자신감에서인지 이슬람 정복 지도를 불교의 지리적 확산과 겹쳐 보면서, 다음과 같은 결론을 내렸다. 델리 주변 사람들은 "이슬람의 침략에 완강히 저항해 겨우 14퍼센트의 희생을 겪은 반면, 국경 지역 사람들은 '퇴폐적이고 타락한 형태의 불교'를 믿고 있었기 때문에 이슬람에 쉽게 동화되었다".

문제는 확실히 역사가가 아니었으며, 무슬림에 대한 그의 생각은 수정이 필요했다. "델리 북쪽에서는 할례받은 무슬림 농부들이 이슬람 신앙을 고백했지만, 그러면서도 여전히 마을의 옛 신들에게 기도를 올렸다. 델리 남서쪽에는 무슬림 성姓에 힌두 이름을 지어 붙이고 힌두 축제를 기념하는 종파들도 있었다. 또 다른 무슬림 부족은 힌두 신 시바를, 일부는 강과 나무를 숭배하기도 했다. 북부 한 마을의 무슬림 가정집에서는 '신의 집'이라는 공간을 마련해, 알라와 힌두 신 칼리에게 기도를 올렸다."

문제는 힌두인들의 전쟁 본능이 평화 때문에 약화되었다고 믿었고, 힌두인들은 자기 자신도 방어하지 못할 지경에 이르렀다고 여겼다. 그는 마하트마 간디의 비폭력 설교가 '힌두 청년들의 마음을 왜곡시키고 있다'며 좌절감을 토로했다. 문제는 무슬림들이 즉각 불러 모을 수 있는 격렬함에 견줄 만한 힌두의 힘을 갈망했고, 어렵지만 불가능한 일은 아니라고 결론지었다. 문제는 힌두인들이 전투적 민족이 될 수 있다고 말했지만, 이를 위해서는 브라만이 수백 년 동안 차별해 온 하층 카스트의 힘이 필요하다고 생각했다. 힌두인들이 조직을 갖추고 스스로를 보호하려면, 카스트 제도를 폐지하고 카스트 하층민들 사이에 '공동체 의식'을 형성해야 한다고 문제는 썼다. 그는 1923년에 어느 편지에서 이렇게 썼다. '카스트 상층민들은 힌두-무슬림 폭동 같은 비상사태에서 카스트 하층민이 제공할 수 있는 물리적 도움을 받지 못했다.'

문제와 다른 힌두 지도자들은 서신에서 종종 무슬림을 이슬람의 대의를 위해 결속한 애국심 없는 단일 집단으로 묘사했다. 이런 관점은 이슬람을 힌두 인도에 대한 실존적 위협으로 보는 시각으로 이어졌다. 문제는 이슬람 철학이 '신도와 전사들'을 성전(지하드)으로 이끌어, '세계를 이슬람의 지배 아래 두는 것'을 목표로 한다고 주장했다. 그는 힌두교도와 무슬림 간의 차이는 해결될 수 없으며, 전쟁이 불가피하다고 믿었다. 문제는 무슬림이 본래 힌두교도였다고 간주해 그들이 살인을 쉽게 저지르는 이유를 과학적 엄밀성을 적용해 파악하려 했다고 주장했다. 그는 자신의 가정에는 어떤 결함도 없다고 보고, 그 결과를 깊이 확신했다. 하지만 그의 결론은 과학적 엄밀성이 아닌 편견의 논리였다. 그는 어린 나이에 결혼하는 관습—성관계 암시—이 '힌두 인종의 남성성과 에너지를 고갈시킨다'고 주장했으며, 동물의 피를 흘리고 고기를 먹는 관습이 무슬림의 '폭력성'을 유발한다고 결론지었다.

문제는 두 공동체가 합의점에 이를 수 있는 부분은 거의 없다며, 심지어 부적절한 장소에서 음악을 연주했다는 이유로 갈등이 일어난다고 주장했다. 1920년대 또는 1930년대의 소 보호 회의에서, 그는 힌두교 행렬이 모스크를 지나갈 때 벌어지던 돌 투척 공격이나 폭동은 불가피한 일이었다고 언급했다. 그는 자신의 말이 청중에게 미칠 영향을 잘 아는 영리한 사람이었고, 여기서 씨앗 하나를 심기로 한다. 그는 힌두교도들이 모스크를 지날 때 행렬에서 연주하는 음악에 주의해야 한다고 말하면서도, 주도로에 모스크를 세운 무슬림에게는 책임이 없는지, 그렇다면 힌두교 행렬은 어디로 지나가야 하는지 참석자들에게 물었다.

힌두교도들이 지적이기보다는 전투적으로 변하길 바라는 문제의 마음에는, 그가 무슬림의 특징이라고 말한 전투력에 대한 얕은 동경이 깔려 있었다. 그는 다른 종교 지도자들과 함께 최근의 역사를 무시하며, 힌두교도들을 평화 애호 민족이라고 폄하했다. 그들의 신화 속에 나오는 전술적 천재였던 왕들과 말을 타고 뛰어다니던 여왕 전사 등에 미치지 못한다는 비난이었다. 하지만 문제는 단순히 불평만 하는 사람이 아니었고 행동에 나섰다.

1918년 6월 22일, 제1차 세계대전이 막바지에 이르렀을 때, 문제는 자신의 거주지 총감독관에게 편지를 보냈다. 그는 인도에 대한 독일의 위협에 맞서기 위해 당국이 징병제를 도입하고 자원봉사대를 활용할 것을 제안했다. 그는 전쟁 발발 10년 전부터 독일이 교육 시스템을 개혁해 아이들에게 지적·군사적 의식을 심어주는 데 주력했다고 주장했다. "한마디로 독일은 매우 조용하고 체계적으로 작업을 진행해, 이번 전쟁을 선언하기 전까지는 심지어 가장 가까운 이웃 국가들조차 독일 전체가 사실은 훈련과 무장이 잘되어 있고 전쟁 준비가 완료된 거대한 군사 캠프라는 사실을 몰랐다. 이렇게 과학적이고 결단력 있는 적과 맞서려면 우리도 같은 방식으로 나아가야 한다." 문제는 총감독관에게 식민지 행정부가 이런 길을 택한다면, "잘 훈련되고, 건장하며, 총명하고, 어느 정도 교육받은" 청년 5만 명에서 10만 명으로 구성된 상비군을 쉽게 조성할 수 있다고 확언했다. 그는 이런 병력을 구축하기 위한 몇 가지 방안을 제안했다. 보이스카우트의 창설, 8세 아이들에게 기초 군사 훈련 제공, 장교 훈련을 위한 군사 대학 설립, '군사 직업과 전투 스포츠에 대한 관심을 되살리기 위해' 총기 소유 제한 철폐, 사격 클럽 장려, '내부 혼란과 평화의 파괴'로부터 인도인을 보호할 지역 민병대 창설 등이 포함되었다.

시간이 지나면서 문제의 이런 비전은 다른 적을 염두에 두고 적용되었다. 두 차례 세계대전 사이에, 문제는 힌두교 군대와 사설 민병대가 무슬림 문제를 해결할 수 있다고 확신하게 되었다. 그는 무슬림의 공격 가능성에 대비하기 위해 시크교도, 기독교도, 힌두교도 사이에 동맹을 맺었다. 문제는 다시 한번 독일에서 영감을 얻었다. 벨가움 지역 치안판사는 무슬림에 대한 문제의 계획을 기밀 보고서에 기록했다. "문제 박사는 무슬림이 원래 인도의 힌두교도였다고 주장하며 힌두교도들에게 무슬림을 두려워할 필요가 없다고 강조했다. 그러면서 독일 나치가 유대인들을 대한 사례를 들었다."

인도 전역의 지지자들은 도처에서 문제에게 편지를 보내, 그들이 '마하사바의 람 세나', 즉 '라마의 군대'를 위해 병사들을 모집하고 있다고 알렸다. 동시에 그의 군사적 아이디어는 계속해서 발전하고 변화했다. 그는 힌두교 가르침에 뿌리를 두고 사고하는 장교들을 지속적으로 군대에 공급할 수 있는 군사 학교를 구상했다. 졸업생이 군대에 들어가지 않더라도, 경찰로 일하며 사회에 다른 방식으로 봉사할 것이었다. 그는 '정신 훈련, 지적 발달과 더불어 신체 또한 균형 있게 발전'할 수 있도록 훈련시킬 계획이었다. 학생들에게 제공되는 훈련은 종교적으로 규정된 의무를 바탕으로 한다. 문제는 젊은 힌두 남성들을 형제애로 결속시켜 하나가 되게 하고, 머릿속에서 카스트에 대한 생각을 없애며, 조국에 대한 애국심과 의무감을 키우기를 꿈꿨다. 그는 군사 학교 자금을 마련하기 위해 왕자와 영국 관리들에게 편지를 쓰고, 학생들의 무기 사용 허가를 얻기 위한 캠페인을 벌였다. 그는 이 모두가 힌두인에게 전투 정신을 일깨우기 위한 것이라고 말했다.

학교의 목표와 구조는 1931년 3월 문제가 이탈리아를 방문했을 때 깊은 인상을 받은 파시스트 청년 조직 발릴라에서 크게 영향을 받았다. 그는 아이들의 훈련 자체에는 큰 관심이 없었지만, 그들의 정신은 분명히 드러나 있었다. 이탈리아 역사가 마르치아 카솔라리는 문제의 파시즘에 대한 관심이 캘커타와 봄베이의 이탈리아 영사였던 지노 스카르파의 선전활동으로 고취되었을 가능성이 높다고 말했다. 그녀는 스카르파가 문제와 무솔리니의 만남을 주선했다고 밝혔다. 카솔라리는 문제가 무솔리니에게 끌린 이야기와 그의 이탈리아 방문에 관한 최초의 상세 기록을 저술했다. 카솔라리는 1990년대 초 인도 전역의 기록보관소를 찾아다니기 시작했을 때만 해도 "이 이야기를 아는 사람이 있을지언정 글로 남긴 사람은 없었다"고 말했다.

문제는 오랫동안 무솔리니를 만나길 열망했으며, 이는 다른 힌두 지도자들도 마찬가지였다. 그들은 무솔리니가 개발·훈련·규율을 실제로 구현해낸 인물이라고 여겼다. 그들은 분명 마라티어로 쓰인 신문과 책들에서 무솔리니를 찬양하는 글을 읽었을 것이다. 1931년 3월 19일 로마에서 그의 바람이 이루어졌다. 문제는 일기장에 그 만남을 필기체로 기록했다. 목요일인 그날, 태양이 저물기 시작할 무렵 팔라초 베네치아 중층에 있는 글로브 룸으로 이어지는 거대한 나무 문이 문제 앞에 열렸다. 이 방은 500년 역사를 지닌 곳으로, 어느 작가는 이곳에 들어서는 것이 너무나 광활한 풍경을 마주하는 것 같아서 방의 저 멀리 있는 무솔리니의 실루엣을 보기 위해 망원경이 필요할 정도였다고 묘사했다. 문제는 방 안으로 발을 내딛으며, 저 높은 곳의 화려한 금박 천장도, 성 마르코의 사자와 로마의 암늑대가 새겨진 돋을새김 장식도, 벽 깊숙이 박혀 있는 거대한 화강암 기둥도, 방을 따라 이어지는 정교하게 조각된 프리즈도, 궁전을 지은 교황들의 문장이 새겨진 방패도, 황제의 문보다 넓은 샹들리에도 쳐다보지 않았다. 그는 거기에 대해서는 아무것도 기록하지 않았다. 그의 시선은 오로지 방의 맨 끝, 12피트 길이의 책상 뒤 넓은 의자에 앉아 있는 덩치 큰 남자 무솔리니에게만 고정되어 있었다.

그 책상은 견고하게 제작되었고, 가장자리에는 정교한 소용돌이무늬가 새겨져 있었다. 책상 한쪽 모퉁이에는 청동 사자상이 놓여 있고, 우산 모양의 갓을 씌운 긴 램프, 여러 대의 전화기가 자리를 차지하고 있었고, 전화선들은 무솔리니의 발아래 카펫 위에서 제멋대로 뒤엉켜 있었다. 방 안은 어슴푸레한 빛으로 가득했고, 샹들리에는 격자무늬 천장에 은은한 금빛으로 반사되고 있었지만 밝은 조명을 의도한 방은 아니었다. 강력한 지도자의 오래된 관행처럼, 무솔리니는 아래 거리에서 불 꺼지지 않은 그의 방을 올려다볼 사람들에게 얼마나 열심히 일하며 얼마나 적게 자는지 증명하고 싶어했다. 문제는 무솔리니가 오른손을 들어 군중에게 흔들던 발코니를 지나 빠른 걸음으로 지도자를 향해 걸어갔다. 무솔리니는 9년 후, 그 발코니에서 영국과 프랑스에 전쟁을 선포하게 된다. 문제는 방 안에 들어설 때 자신이 앉을 의자가 없다는 사실을 알아차렸을까? 방과 홀, 그 광활한 풍경에는 눈이 쉴 곳이 없었다. 초점이 향하는 곳은 오직 한 곳뿐. 그 초점은 의자에 앉아 있던 무솔리니에게서 점점 위로 올라갔고 자리에서 일어나 문제를 맞이하는 그에게 향했다. 문제는 무솔리니의 태도를 유심히 살피지 않을 수 없었다.

문제는 무솔리니에 대해 "넓은 얼굴, 이중 턱, 넓은 가슴을 가진 키 큰 남자. 얼굴은 강한 의지와 강렬한 개성을 지닌 사람임을 보여준다"고 기록했다. 두 사람은 인도의 독립운동과 인도와 영국이 평화를 이룰 가능성에 대해 논의했다. 그러다 무솔리니가 문제에게 자신이 세운 이탈리아 군사 학교에 대해 어떻게 생각하는지 물었다. 문제는 이렇게 답했다. "야망을 품고 성장하는 모든 나라에는 이런 조직이 필요합니다. 인도는 군사적 재건을 위해 그런 조직이 가장 필요하고……저는 이를 위한 작업을 하고 있습니다. 저도 비슷한 목표를 가진 조직을 독립적으로 구상했고 제 사조직으로 시작했습니다."

문제는 시간이 지나면서 힌두 우익 세력을 이끈 중요 인물로 기억되었고, 신체적 강인함을 힌두의 사명처럼 주장하며 이를 위해 노력했다. 하지만 그가 무솔리니와의 대화 중 언급한 "비슷한 목표를 가진 조직"은 그의 군사 학교가 아니었다. 그 학교는 무솔리니와의 만남으로부터 6년이 지난 1937년에야 설립되었기 때문이다. 게다가 학교의 목적을 정의하는 문서가 완성되었을 때 거기에는 한 조항이 포함되었는데, 학교가 해산될 시 1925년에 설립된 한 조직이 학교의 자산을 인수한다는 내용이었다. 동산과 부동산, '현금까지' 포함해 학교의 전 재산은 인도국민의용단RSS에 양도된다. 이 조직은 마라티어를 사용하는 브라만인 닥터 케샤브 발리람 헤지와르(닥터지Doctorji라고도 불림)가 이끌고 있었다. 문제는 적어도 20년 전부터 헤지와르를 알고 있었으며, 그가 젊은 인도인들을 조직하고 훈련하는 데 중요한 역할을 한다고 확신했다. RSS는 헤지와르의 지도 아래, 젊은이들이 순수 힌두 사상을 믿도록 유연한 정신을 양성하고 형성했다. 카솔라리는 말한다. "젊음이라는 개념에는 특별한 무언가가 있다. 그들이 젊은이에게 관심을 갖는 이유는 새로운 인간을 창조해낼 수 있기 때문이다. 정신을 조작하고, 특정 유형의 국가를 만들기 위하여."

그로부터 몇 년이 지나 1930년대 말로 접어들면서, 영국이 전쟁으로 분주해지고 인도에서 분할된 무슬림 국가를 요구하는 목소리가 점점 커지자, 문제는 힌두인들이 무슬림 연맹 세력에 맞서 스스로를 방어할 필요성이 있다고 더 확신하게 되었다. 1939년 10월 18일 작성된 편지에서 그는 이렇게 썼다. "무슬림들은 점점 골칫거리가 되어가고 있다. 우리는 정부와 무슬림 모두와 싸워야 한다…… 무슬림 연맹이 그들의 민병대를 지원하듯 힌두 마하사바는 그 싸움에 지원을 보낼 것이다. 마을마다 자원봉사자들을 준비시켜라. 이들은 유용하고 실용적일 것이다."

3.
신뢰할 수 없는 애국자들

헤지와르는 1889년에 태어났으며, 그가 자란 세계는 갈등으로 가득했다. 힌두교도들이 음악을 연주하지 못하고, 무슬림들이 거리에서 종교 행렬을 막았다는 이야기가 나돌던 시기였다. 권력을 얻기 위해 아첨하고, 속으로 불만을 품으며, 언론에서 공동체 간의 불만이 거리낌 없이 표현되던 시대였다. 헤지와르가 성인이 되었을 때 마주한 환경은 힌두교도들이 자유의지를 행사하지 못하는 상황이었다.

    헤지와르는 열세 살 때 전염병으로 부모를 잃었다. 그는 어느 전기에서, 남겨진 여섯 형제자매가 "삶의 바다에서 방황하는 배"와 같았다고 회고했다. 형제들은 음식을 찾고 일을 구하기 위해 흩어졌고, 생존의 압박 속에서 점점 멀어져갔다. 큰형은 "방탕하고 무질서한 삶"에 빠져들었고, 또 다른 형은 다른 도시로 떠났다. 하지만 헤지와르는, 작가의 말에 따르면, 규율과 자부심을 향한 길로 나아갔다. "그는 극심한 굶주림에 시달릴 때조차 친구들에게 음식을 받아먹지 않았다." 전기 작가는 이렇게 썼다. "그는 결코 돈을 구걸하지 않았다." 미담만 모아 놓은 그 책에서 인간적인 약점이나 나약함에 대한 묘사는 찾아볼 수 없다. 헤지와르는 매일 5마일을 달리고, 수영하고, 영국에 반항하는 과감한 장난을 즐겼다. 그는 행정가들에게 자신이 누구에게도 굴복하지 않는다는 것을 보여주기 위해 반항적인 행동을 했고, 결국에는 닐 시티 고등학교에서 영국에 대항하는 시위를 이끌다 퇴학당했지만, 교사들에게 깊은 인상을 남겼다.

힌두 민족주의 지도자들, 특히 문제의 조언에 따라 헤지와르는 1910년 서벵골의 수도 캘커타로 떠났다. 그는 캘커타대학의 국립 의과대학에서 의학 학위를 취득했다. 하지만 그의 진정한 배움은 정치적 성격을 띠고 있었다고 한 관찰자는 적었다. 캘커타에서 "헤지와르는 여러 정치 단체 지지자와 의도적으로 접촉했다". 특히 이탈리아 비밀결사에서 영감을 받은 지하 조직들과 교류했다.

캘커타는 이미 비밀결사에 익숙한 도시였다. 소년들의 열정을 담은 비밀 조직이 도시 곳곳에 퍼져 있었지만, 실제로는 그들 다수가 별다른 성과를 내지 못했다. 하지만 1902년 인도 서부 해안의 바로다에 위치한 비밀결사의 회원이 캘커타의 초기 조직인 아누실란 사미티에 접근해, 젊은 신입 회원들을 '궁극적으로 군사행동에 도움이 될 활동'으로 훈련시키는 혁명적인 조직을 제안했다. 벵골 경찰의 공식 보고서는 아누실란 사미티에 대해 이렇게 묘사했다. "겉보기에는 병자 간호를 위한 소년 훈련, 기근 구호 기금 모금, 체력 단련을 위한 체육관 설립을 목표로 하는 무해하고, 선량한 기관 같았다. 하지만 총기를 수집하며, 폭력적이고 절박한 상황에 대비해 소년들에게 사격과 검술을 가르치는 비밀 장소였다."

젊은이들이 신체 훈련에 집중하는 동안 어른들은 활동 자금을 지원했다. 아누실란 사미티의 사무실에 새로 온 신입들은 순수·용맹·봉기에 관한 고무적인 이야기들, 프랑스 혁명, 신의 전사로 여겨졌던 인물들, 게릴라 전술에 관한 이야기를 들었다. 자원봉사자들은 강도 높은 훈련을 받았고, 규율의 중요성을 끊임없이 주입받았다. 하지만 조직이 "들불처럼 번지며" 500개의 밀접한 네트워크로 성장하고 젊은 혁명가들을 모집하기 위한 비옥한 터전이 되던 시점에도, 비밀을 중시했던 아누실란의 창립자들은 자원봉사자들에게 조직의 목적(영국 통치의 종식)만을 말했을 뿐, 목적을 이룰 방법에 대해서는 알려주지 않았다. 여기에는 그럴 만한 이유가 있었다. 조직의 영향력이 커지고, 메시지와 폭력성이 두드러지면서 아누실란 사미티는 감시 대상이 되었다. 아누실란의 일부 분파는 "검만이 유일한 길"이라 믿었고, 선전 활동을 벌이며, 자선활동으로 위장해 혁명가들에게 자금을 지원하고, 무기와 탄약을 배포하는 다른 조직들과 밀접한 관계를 맺었다. 게다가 아누실란 사미티는 급진적인 주간지 『주간타르Jugantar』를 발행했는데, 여기서는 점진적 자유가 아닌 완전 독립을 주장했다. 『주간타르』는 외국 상품을 보이콧하고 국산품을 장려하는 방식에 있어 급진파와 온건파가 논의하던 신중한 연설이나 정치 회의에는 관심이 없었다. (아누실란의 일부 분파는 경제적 보이콧과 협박을 혼합하여 국산품 사용을 촉진하려 했다.) 대신 사람들 마음에 "자유에 대한 열망"을 불러일으킬 선전의 물결을 조장해야 한다고 주장했다.

그들이 원했던 선전물은 이미 출간되어 있었다. 당시 행정 당국은 캘커타에서 드러난 네 가지 새로운 글쓰기 방식에 주목했는데, 명백한 선동까지는 아니지만 거의 그 경계에 이르렀다. 첫 번째는 영국 관료들을 비난하면서 동시에 "어머니와 자매들의 순결 지키기"를 언급하는 방식이었다. 두 번째는 진정한 자유를 위해 요구되는 개인의 고난을 시로 노래했다. 세 번째는 억울한 혁명가들의 역사를 허구로 꾸며내는 방식이었는데, 그들의 조작된 행동은 아무 비평 없이 전달되었다. 이런 이야기는 독자의 마음에 역사적 배경을 심어주기 위한 것이었다. 마지막으로, 가장 중요한 것은 폭탄 제조법의 자유로운 출판이었다. 이런 선전은 감정을 자극하고, 역사적 영감을 제공하며, 행동의 이유를 설명하고, 사람들이 무엇을 할 수 있는지 보여주는 역할을 했다.

『주간타르』는 벵골인들을 행동에 나서게 하고, 그들이 도덕적 속박에서 벗어나게 했다. 그들은 봉기를 원했고 이를 위한 혁명의 로드맵도 출판했다. 어느 날 아침, 독자들은 『주간타르』 지면에서 봉기에 관한 놀라운 표현을 접했다. 「무리의 형성」이라는 기사에서, 8000만 명의 벵골인은 1000명당 "하나의 무리를 형성할 것"을 촉구했다. 글쓴이는 그들이 '지구별 무리'를 형성하고, '동시대의 사건과 지역적 혼란'을 활용해 확장해나가라고 했다. 규율, 질서, 비밀 유지가 중요한 덕목이었고, 지원자들은 "충성심, 열정, 이타심, 인내, 신뢰, 복종"을 입증해야만 무리에 들어갈 수 있었다. 『주간타르』는 도움이 필요한 무리가 있으면 다른 무리를 소개해줄 용의가 있다고 밝혔다. 하지만 이런 문제는 신중하게 판단하고, 비밀 통신은 절대 우편을 이용하지 말라고 당부했다.

1910년 헤지와르가 캘커타에 도착했을 때, 혁명가들은 도처에 있었다. 그들은 왼손에 기타[*]를, 오른손에 칼을 들고 불빛 아래서 비밀을 지킬 것을 맹세했으며, 버려진 요새에서 사격술을 연습하고, 자금 마련을 위해 상점을 털고, 암살 계획을 세우고 실제로 암살을 자행했다. 또 폭탄을 제작하고 탄약통에 화약을 채우며, 조직원들의 이름과 주소를 숨기려고 복잡한 암호를 암기했다. 이들은 지역 단위로 조직을 구성하고, 이웃들의 직업과 도덕적 결함, 도로와 탈출 경로 지도를 작성했다. 각 무리의 구성원들은 매년 학생 한 명을 그들의 대의에 끌어들이겠다는 서약을 했다. 아누실란 사미티는 "미혼의 젊은이들은 열정, 자기희생, 일할 에너지를 담은 그릇"이므로 각 지역 조직원들에게 학교와 대학에서 중심 사상을 전파하는 데 집중하라고 요구했다. 비밀주의와 처벌 분위기가 만연했다.

헤지와르의 추종자들은 헤지와르가 아누실란 사미티의 지도자들에게 깊은 인상을 주었다고 주장한다. 헤지와르는 그들의 우려에 대해 질문을 던지며 관심을 보였고, 그들과 매우 가까운 관계를 형성했다. 결국 헤지와르는 당국의 감시 대상이 되었는데, 그와 관련된 이야기는 RSS의 전설로 자리 잡았다. 흥미로운 부분은 발각 직전의 긴장감과 거기서 가까스로 벗어나는 순간이었다. 한 이야기에서는, 헤지와르가 캘커타에서 지나치게 친절한 남자를 의심하는데, 친구들은 그에게 속아 넘어갔지만 헤지와르는 속지 않았다. 결국 남자는 영국 스파이였음이

---

* 『바가바드 기타』. 힌두교 철학과 윤리, 삶의 방향성을 담고 있는 종교 문헌.

밝혀졌고 그의 의심은 사실로 드러났다. 스파이는 헤지와르가 자신의 정체를 알아챈 것을 깨닫고, 두려움과 당혹감 속에서 황급히 떠났다. 남자는 적이었지만 헤지와르에 대한 존경심을 잃지 않았다. "몇 년이 지나도, [헤지와르]에 대한 그의 존경심은 수그러들지 않았다. 그는 항상 헤지와르를 '나의 가장 가치 있는 적수'라고 불렀다. 정말로!"

1914년 1월 말, 캘커타 국립 의과대학에서 '의학 및 외과 면허증'을 취득한 헤지와르는 나그푸르로 돌아가 의료활동을 시작하려 했지만, 당시 인도는 힘겨운 자유의 길로 나아가고 있었기에 그에게는 의학도 무의미하게 느껴졌다. 그는 힌두 마하사바에 합류해 팸플릿을 만들고, 인도의 독립을 위해 좀더 폭력적인 방법을 쓰는 것을 '진지하게 고려'했다. 그의 영웅들이 제한적인 독립을 옹호한 것과 달리, 헤지와르는 온전한 자유 인도를 원했다. 처음에는 간디의 불복종 운동이 이를 가능하게 할 거라고 믿었다. 하지만 곧 그 운동이 터키 칼리프를 강화하려는 글로벌 이슬람 연대 운동과 인도의 자유 투쟁을 통합하는 방향으로 나아가자 사람들의 신뢰를 배신한 것에 실망하고 만다. 그는 이 연대 운동에 대해 인도와 무슬림 간 협력은 불가하다고 암시했다. 헤지와르는 인도의 무슬림들은 국가의 운명보다 종교에 더 관심이 많다고 여겨 "그들의 애국심은 신뢰할 수 없다"고 했다.

국가적 혼란기에 헤지와르에 대한 묘사는 극적이며, 큰 질문을 던지는 탐구심 많은 인물로 강조된다. 신화 관련 서적을 출판하는 갼 강가 프라카샨이 출간한 그의 삶에 관한 동시대 어린이 만화책에서 그는 밤에 깨어 있는 모습으로 묘사된다. 깔끔한 흰 셔츠를 입고 그가 침대에 누워 있다. 캡션에는 이렇게 쓰여 있다. "아침부터 밤까지 그는 열심히 일했다. 밤에는 침대에 누워 나라 걱정을 했다. 많은 질문이 그를 괴롭혔다." 그 질문들은 다음과 같았다.

1. 우리 땅은 황금의 땅이었는데! 왜 이렇게 가난해졌는가?
2. 영광스러운 과거를 뒤로하고 우리는 왜 노예 상태에 있는가?
3. 북쪽이나 서쪽에서 온 외부인들은 소수에 불과했는데, 어떻게 그들이 우리를 압도했는가?
4. 우리는 역사에서 어떤 교훈을 얻어야 하는가?
5. 현재 이 비참한 상황에 대한 책임은 누구에게 있는가? 영국인인가? 무슬림인가?
6. 이 나라의 암울한 시절은 끝날 것인가?

다음 장면에서는 그가 침대에 똑바로 앉아 팔짱을 끼고 입술을 굳게 다문 모습이 그려져 있다. 그의 생각을 보여주는 말풍선은 이제 더 크게 온전히 그려져 있고, 노란 형광색으로 음영이 칠해져 있다.

"노예 상태는 우리를 비참하게 만들었다. 우리를 노예로 만든 것은 악덕이다. 우리는 사회 감각을 잃었고 규율도 없었다. 그래서 이 광대한 나라는 적에게 정복당했다. 몰락의 책임은 우리에게 있다. 힌두교도들이 잘 조직되고, 이기심을 버린다면, 이 암울한 상황도 얼마든지 밝게 바뀔 수 있다. 이것이 핵심이고 나는 꼭 그렇게 해낼 것이다." 그 말풍선 속 문장들은 약간 기울고 불균형하며 불안정해 보였지만, 그의 강인함을 묘사한 다른 장면들과 함께 깊이 있는 사색가이자 전사의 만화적 초상이 완성되었다.

그 만화는 정신적으로 미성숙한 이들을 겨냥한 것이었다. 만화는 독자들에게 "무슬림은 힌두인들에게 적대적으로 행동하길 즐겼다"고 말한다. "그저 북소리만 들려도 모스크에 있던 이들은 불쾌해했다. 그들은 축제 행렬을 공격했다. 온순한 힌두인들은 겁에 질려 있었다. 그럴 때면 닥터지(헤지와르의 별칭)가 직접 큰북을 들고 행렬을 이끌기도 했다."

모스크와 사원 주변, 종교 행렬 경로에서의 폭력 사태는 여전히 가라앉지 않았다. 사람들은 상대를 자극하기 위해 음악을 연주했고, 거의 매번 폭동으로 이어졌다.

1926년 9월 20일 아침, 나그푸르에 도착한 문제는 헤지와르와 만났다. 마을은 난관을 없애준다는 코끼리 머리가 달린 신을 기리는 축제 가네샤 차투르티를 위한 장식으로 가득했다. 문제는 수많은 행렬과 웅장한 규모에 감탄했다. 그는 행렬이 모스크를 지날 때 음악을 요란하게 연주하고, 무슬림들이 '좋든 싫든' 간에 이에 반대하지 않는 것이 만족스럽다고 일기에 적었다.

하지만 행렬이 모스크를 지날 때 연주를 멈췄던 두 젊은 남자 때문에 좋던 기분을 망쳤다. 문제는 헤지와르가 그들에게 다가가 멈추지 말고 음악을 계속 연주하라고 권하는 모습을 지켜보았다. 하지만 그들은 헤지와르의 격려를 무시하고, 오히려 무례하게 대꾸했다. 문제는 그들이 헤지와르의 '깨우침'은 필요 없다고 말하는 모습에 크게 실망했다. 문제는 이들이 간디의 '자살적인 공동체 통합 사상' 때문에 망가졌다고 생각했다. 평화는 그의 방식이 아니었다. 그는 불안을 찾고, 그것을 증폭시킬 방법을 모색했다. 그는 사람들에게 감정에 충실해 행동하라고 격려했다. 그날 오후, 무슬림들이 부쉈다며 손상된 우상을 가져온 사람들에게 문제는 나그푸르 거리에서 그 부서진 우상을 들고 행진하자고 제안했다. 이런 행사는 공동체 감정을 불러일으킬 수 있었고, 그 행진의 목적도 그랬을 것이다. 하지만 우상을 관리하던 사람들은 이를 꺼려했다. 문제는 헤지와르와 함께 그들을 찾아가 행진은 가치 있는 일이라고 설득하려 했다. 하지만 결국 두 사람 다 설득에 실패했고, 평화는 유지되었다.

1926년 2월부터 1927년 8월까지, 식민지 인도에서 52건의 폭동이 발생했다. 그중 17건은 예배 장소 밖을 지나는 행렬과 음악 때문에 촉발되었는데, 약 200명이 사망하고 1700명 넘게 부상을 입었다. 그중 가장 치명적인 폭동은 1926년 4월에서 5월 사이 캘커타에서 두 차례에 걸쳐 발생했으며, 113명이 사망하고 1070명이 부상당했다. 당시 보고서에 따르면, 폭도가 단검을 휘둘러 행인들을 찌르고 상가 건물의 복잡한 미로 속으로 사라졌다. 국무장관은 '힌두교 행렬이 모스크 앞에서 음악을 연주한 것'이 폭력을 촉발했다고 말했다.

문제와 힌두 통합 운동의 다른 중심인물들은 폭동이 진정된 직후 캘커타로 향했다. 부상자들의 상처가 채 아물기도 전에, 사람들의 분노가 가라앉기도 전에, 문제는 힌두인과 무슬림 사이의 지속적인 '내전'에 대해 선동적인 연설을 했다. 그는 힌두인들이 정치적으로는 영국인에게, 다른 쪽에서는 무슬림과 그들의 '공격적 사고'에 지배당하고 있다고 말했다. AP 통신 기자는 문제가 "무모하게 억압당하는 소수 지역 힌두인들의 반발심이 고조되면, 무슬림에게 어떤 결과가 닥칠지 생각하라며 경고를 날렸다"고 적었다. 캘커타의 다른 곳에서는 또 다른 힌두 지도자 판디트 마단 모한 말비야가 자마다르(주로 '주인들의 큰 금액 수표를 운반하는' 등 잡일을 하던 이들)와 경비원들에게 모여서 체력을 키우고, 자신과 사원을 보호하며, '종교적이고 고귀한 책들'을 읽으라고 촉구했다. 말비야는 그들의 역할을 부각하며, 하인의 일은 수치스러운 게 아니고, 그들은 인류를 보호하며 평화를 지키는 일을 하는 것이라고 말했다. 그는 캘커타 폭동 중 일부는 잘 대처했으며, 이제 신체적 힘이 얼마나 큰 가치가 있는지 이해했을 거라고 말했다. 그는 각 지역에 체육관을 세우고 더 강해져야 한다고 말했다. "체력을 기르지 않는 남자는 여자로 간주해야 한다"면서.

그의 연설에서는 평화와 폭력이 한데 얽혀 있었고, 폭력을 통한 평화 개념도 들어 있었다. 이 연설들의 목적은 아주 명확했기에, 한 신문에서는 '이런 발언은 캘커타 대중 가운데 무지하고 소란스러운 이들의 폭력에 대한 열정을 직접 선동하는 것 아닌가?'라며 우려했다. 말비야와 문제는 개별적 '자기방어 행위'를 공개적으로 지지하지는 않았지만, 신체적 강인함을 칭찬하고 허약함을 '여성적'이라고 비난하면서, 교육받지 못한 청중을 위험한 깨달음의 벼랑 끝으로 몰아넣었고, 마지막 한 걸음은 그들이 스스로 내딛도록 남겨두었다.

헤지와르는 폭동 중에 '약하고 조직적이지 못한 모습'을 보이는 힌두인들은 공통의 목표를 향해 나아가는 힌두교 집단의 보호를 받을 필요가 있다고 믿었다. 1925년, 라마가 라바나를 물리친 신화적 승리(일부 이야기에서는 선이 악을 이긴 날로 묘사된다)를 기념하는 날에, 헤지와르는 인도국민의용단RSS의 창설을 발표했다. 그는 식민지 인도에서 '민족주의에 대한 열정이 식어가고 있다'고 우려했다. 혼란과 분열은 어디에나 있었다. 영국은 식민지에 대한 지배력을 잃어갔고, 곳곳에서 작은 갈등이 일어났다. 사람들은 언어, 종교, 카스트 문제로 논쟁을 벌였다. 무슬림과 힌두인들은 끊임없이 싸웠고, 소문과 음모는 불신을 더 부추겼다. 북동부 지방의 힌두인들은 무슬림들이 여성을 납치해 강제 결혼 시킨다는 말을 퍼뜨렸다. 다른 지역의 힌두인들은 힌두교가 영국령 인도에서 다른 모든 종교의 신자들보다 압도적으로 더 많은 수를 차지하는데도 자신들의 세력이 약해졌다고 생각했다. 헤지와르는 그의 조직이 다른 집단에 대해 악의를 품지 않았음을 분명히 했다. 하지만 '조직의 목적은 힌두인들이 자신의 공동체에 가해지는 공격에 저항하는 힘을 갖게 하는 것'이라고 밝혔다.

무슬림을 염두에 두고 한 말이었다. 헤지와르는 그들이 '독을 품은 쉿소리'로 폭동을 퍼뜨린다고 생각했다. 이전에 문제가 그랬던 것처럼, 그는 모든 폭동이 사실상 '무슬림 폭동'이며, '항상 무슬림이 시작하고 공격했다'고 말했다. 헤지와르는 인도의 구원자가 특정 신앙을 가진 사람일 것이라고 확신했다. "힌두교도만이 힌두스탄을 해방시킬 것이며, 그들만이 힌두 문화를 구원할 수 있다." 이런 극단적 사고를 퍼뜨리려면 불신을 유보하고, 지도자들의 모든 말을 진리로 받아들이는 태도가 요구됐다. 아직 마르지 않은 석고 같은 사고의 어린아이들은 이런 사상을 받아들이기에 이상적인 대상이었다. 문제는 '넓은 가슴, 근육질의 어깨, 큰 팔다리, 큰 체격'을 가진 이들을 이상적인 젊은이로 묘사했고, '어떤 과학과 지식 체계도 이해할 수 있는 대단한 지성과 소총을 다룰 능력'을 갖춰야 한다고 말했다.

RSS가 운영하는 캠프에 도착한 어린 소년들은 똑바로 서서 오른팔을 가슴에 가로로 대고, 한목소리로 비밀 선서를 외쳤다.

전능하신 신과 선조들 앞에서 엄숙하게 선서합니다. 저는 힌두교의 신성한 종교, 힌두 사회, 힌두 문화를 온전히 유지함으로써 힌두 국가의 자유를 쟁취하기 위해 RSS의 회원이 될 것을 맹세합니다. 마음과 영혼을 다해 RSS의 일을 정직하게, 사심 없이 수행하며, 이 선서를 평생 따를 것을 맹세합니다.

RSS 및 다른 준군사 단체들이 운영하는 게릴라 캠프에서 인도 전역의 훈련생과 지도자들은 의구심을 버리고 힌두교의 위대함만 확신하도록 교육받았다. 그들은 단검, 칼, 나무 막대 사용법을 훈련받았다. 교사들은 학생들을 '조직적 폭력'에 대비시키고, '승리를 목표로 대량학살 게임'을 가르쳤다. 쉬는 날이면 소년들은 소풍을 나갔다. 그곳에서 지도자들은 힌두교의 용맹을 보여주는 전설적인 이야기를 반복해서 들려주었으며, '힌두교인이 고통받는 이유는 그들이 조직적이지 못하고, 관대하며, 평화적인 성향을 갖게 되었기 때문'이라고 상기시켰다.

그 이념은 빠르게 퍼져나갔고, RSS는 곧 확장되는 힌두 극단주의 단체 중 가장 신속하게 성장한 조직이 되었다. 1930년대 카라치에서 RSS는 그들의 대의에 지지를 맹세하는 현지인들에게 크림을 잔뜩 얹은 우유 한잔을 약속했다. 그냥 집회에 참석해서 맹세하고 RSS의 깃발에 경례만 하면 되었다. 다른 지역에서는 자원봉사자들이 힌두교 수호를 위해 약간의 파이사를 기부해달라며 집집마다 방문했다. 일부는 시간과 돈을 내주었고, 어느 지지자는 비행기를 기부하기도 했다. 조직은 인쇄기를 구입하고, 무슬림 노동자들을 해고했으며, 자신들의 이념을 홍보하는 팸플릿을 발간했다. RSS는 이런 포교활동이 대의에 대한 공감 형성에 도움이 되었다고 주장했다. 그들의 인기가 어느 정도인지에 대해서는 수치가 크게 엇갈렸지만, 1938년에 4만 명이었던 회원 수는 2년 후 10만 명으로 늘었다.

역사학자 카솔라리는 저서 『스와스티카의 그림자In the Shadow of the Swastika』에서 "RSS의 모집 방식은 이탈리아 청소년 조직 발릴라의 방식과 사실상 동일했다"라고 썼다. "예를 들어 RSS 회원들은 연령에 따라 그룹으로 나뉘었다(6~7세부터 10세, 10세부터 14세, 14세부터 28세, 28세 이상). 이는 루파의 아들들Figli della Lupa(암늑대의 아들들), 발릴라, 아반가르디스티Avanguardisti(아방가르디스트), 카미치에 네레Camicie Nere(검은 셔츠단)로 나뉘었던 파시스트 청소년 조직의 연령대 구분과 놀랍도록 유사하다."

1942년 한 정보원이 작성한 내무부 비밀 메모에는 RSS가 '신체 훈련, 규율, 공공 서비스를 목표로 하는 범힌두 보이스카우트 운동'이라고 묘사되어 있다. 정보원은 RSS가 학생들을 세뇌하는 과정을 기록했다. 캠프에서 젊은 자원봉사자들은 동트기 전부터 해 질 무렵까지 강사들의 연설을 들었다. 연설에서는 무슬림이 "그들 사이에 있는 도둑"이라며 경계해야 한다고 강조했다. 헤지와르의 후계자이자 당시 RSS의 총책임자였던 M. S. 골왈카르는 그들에게 '타종교 신자들에 대한 증오감을 키울 것'을 촉구했다. 그는 개인주의의 위험은 점령당한 프랑스의 운명에서 볼 수 있다고 주장했다. 그들에게 조국을 위해 피를 흘리라고, 그 피가 자신의 형제의 것일지라도 흘리라고 촉구했다. 골왈카르는 "오직 원칙을 따르고 고수하는 자만이 진정한 형제로 간주된다"고 강조했다.

조직의 지도자들은 힌두의 우월성에 대해 점점 더 솔직해졌다. RSS의 수장이었던 골왈카르는 히틀러의 유대인 대우에서 중요한 교훈을 찾았다. 그는 서로 다른 민족이 '하나의 통합된 전체로 동화되는 것은 사실상 불가능하다'며, 이는 "힌두스탄에서 우리가 배우고 활용해야 할 좋은 교훈"이라고 주장했다. 골왈카르는 무슬림의 완전한 복종을 요구했다. 그는 무슬림들을 '이 땅의 적'으로 여겼고, "자신들이 이곳을 정복하고 왕국을 세우러 왔다고 생각한다"며 비난했다. 영국의 통치가 끝나면서 인도에서 무슬림 국가를 분리하기로 결정이 내려지자 RSS는 큰 충격에 휩싸였다. 지도자들은 RSS의 본래 설립 목적인 국가와 그 기본 이념을 수호하는 임무를 수행하기로 한다.

4.
죽은 자들의 언덕

내 친할아버지는 1911년 라르카나에서 태어나 91세까지 사셨다. 할아버지가 어릴 때 살던 집은 인더스 문명기에 가장 큰 거주지였던 모헨조다로에서 멀지 않았다. 어렸을 때 처음 이 이름을 듣고 나는 그 단어에 매료되었다. 신디어의 꼬인 발음으로 무안 조 다로 muan jo daro는 죽은 자들의 관문, 즉 지상의 거처에서 쫓겨난 영혼들을 위한 문을 연상시켰기 때문이다. 무안 Muan(시체) 혹은 무오 마로 muo maro(시체여 죽어라)는 회복 불가능한 사람, 예를 들면 아들 같은 존재에게 던져진 저주였다. 하지만 실제 그 이름은 그런 의미가 아니었다. 시간이 흐르고 기술이 발전하면서 밝혀진 내용에 따르면 그것은 관문이 아닌 매장지였다. 죽은 자와 죽은 기억들의 언덕. 이유는 언급되지 않았지만 어떤 재앙이나 중요한 장소를 암시했다.

할아버지에 대해 기억나는 것은 많지 않다. 다만 일인용 소파에 앉아 계시던 모습만은 또렷하다. 팔꿈치를 팔걸이에 올리고, 몸을 앞으로 기울인 채 발목을 교차하고 초인종에 답하려는 듯한 자세로 앉아 계시던 모습. 그 외에도 몇 가지 단편적인 기억이 떠오른다. 여러 섬이 모인 바닷가 도시, 남부 봄베이 윌슨 칼리지에 계시던 모습. 할아버지는 한때 이웃이자 친구였던 부토 가문의 한 사람에게 가죽 채찍을 선물로 받았는데, 그 가문은 번영과 극적인 죽음으로 이름 나 있었다. 그러다 어느 순간, 더 나이가 들어 반바지를 입고 테니스를 치시는 모습. 시간이 흘러 더 나이 든 할아버지는 인도 중부의 작은 마을 인도르에 정착했는데 그곳에서는 이민자 신분으로 여러 불안정한 상황에 놓여 있는 자녀들과 함께 지냈다. 할아버지는 흰색 쿠르타-파자마를 입고, 사람들이 비워준 소파에 앉아, 새댁이었던 내 어머니에게 철자 시험을 내주고 있었다. 여기서 빠진 것은 그의 인생에서 가장 중요했을 순간, 고난에서 생존으로 건너가려고 아슬아슬한 줄타기를 하던 시기의 기억이다. 1947년 8월, 인도의 분리와 파키스탄의 탄생이 그것이다. 당시 할아버지는 어딘가에서 왔고, 이곳까지 오기 위해 국경을 넘었으며, 수백만 명과 함께 이동했다. 하지만 할아버지는 어디서 왔는지, 이곳에 오기 위해 무엇을 했는지 말하지 않았다. 어쩌면 한번쯤 말했을지 모르지만 나이 든 후에는 말하지 않았고, 여름에 잠시 방문한 손주들 앞에서는 한 번도 이야기를 꺼내지 않았다.

할아버지는 1947년에 기차를 타고 도착했을까? 아니면 수레를 탔을까? 혹은 그냥 걸어서 왔을까? 아내와 두 아이가 함께였던 것은 거의 확실하다. 그 여름 내내 쏟아지는 빗속에서 그들은 무엇을 보았을까? 이 땅에 대해 거의 아는 게 없는 영국 관리가 그은 선에 따라 분리된 후,* 간신히 버티던 시절, 그들이 이 나라에서 견뎌내야 했던 건 무엇이었을까? 거리의 하수구와 우물, 물, 칼과 키르판**의 끝, 지나는 기차에 발사된 총알, 악의적인 의도로 붙여놓은 게시물들. 거기에 깃든 광기를 그들은 거부했을까? 아니면 그 광기에 함께 뛰어들었을까? 이웃, 우유 배달원, 농부들이 잠시 본래의 자신이 아닌 사람이 되어, 평소에는 결코 하지 않았을 법한 일들을 하던 시기. 가족들은 어떻게 했을까? 무성한 수풀 속에 무기를 들고 매복하던 사람들 사이로 들판을 지나갔을까? 남자든 여자든 싸움에 개입하지 않는 사람이라도 목적지에 무사히 도달할 거라고 장담할 수 없었던 시기. 아이들도 마찬가지였다. 집을 비워둔 채 떠났던 사람들이 돌아온 집은 분노한 이들에게 점령당한 뒤였다. 자신들도 살던 나라, 살던 집에서 쫓겨났는데, 종교적 적이 살던 집을 차지하지 못할 이유가 뭐가 있었을까? 도처에서 공격이 임박했다며 공격과 성전에 대비하자는 이야기가 들려오던 시기.

1947년 9월 6일, 인도가 독립한 지 3주 정도 지났을 때, 초대 총리 자와할랄 네루, 그의 선배이자 동료 발라브바이 파텔, 인도의 총독이자 버마의 마운트배튼 자작, 국방부, 철도부, 난민부 장관들은 신속한 행동을 위해 비상위원회를 구성했다. 이 위원회는 전쟁 중 영국이 긴급 상황에 대응했던 방식을 본보기 삼았다. 그들은 믿을 수 없을 만큼

• 인도와 파키스탄의 국경선을 그린 사람은 시릴 라드클리프로, 이 선은 라드클리프 라인이라고 불린다.
•• 시크교도 남자들의 증표인 휴대용 칼.

빠르게 변화하는 상황 속에서 다음의 임무를 맡았다. 즉각적으로 군대를 재구성하고, 이탈로 공백이 생긴 경찰력을 충원하며, 행정관 수가 부족한 상황에서 행정 시스템을 운영하고, 전기·수도·전화선이 제대로 작동하도록 유지하며, 식량 공급망을 안정적으로 관리하고 폭우에 대처하며, 무엇보다 겨울 작물인 벼와 옥수수밭이 방치될 경우 발생할 기근 가능성을 막는 데 힘쓰는 일이었다. 이 모든 일을 수행하는 동시에 콜레라 약을 배포하고, 난민 캠프를 위한 확성기와 조명 기구를 주문하며, 지프차의 스패어 부품을 확보하고, 병원의 보안을 점검하며, 군인·경찰·일반 시민들이 일제히 대규모 범죄 행위에 가담하는 상황도 주시해야 했다.

　인도와 파키스탄 사이의 대규모 이동이 계속되면서, 관찰자들은 혼란의 정도를 기록했다. 인도가 독립한 지 일주일 만에 난민 수는 수십만 명에 달했고, 국경 한쪽에서 쫓겨난 사람들이 버리고 간 재산은 국경 반대편에서 온 난민들이 차지했다. 마을들은 무장 태세를 갖추고 낯선 이들을 사살했다. 병원에서의 칼부림, 기차역에서의 총격, 무슬림 하인들의 고용주에 대한 위협이 보고되었다. 매일같이 이만큼의 칼부림, 저만큼의 총격, 이만큼의 부상자, 저만큼의 사망자, 이만큼의 굶주린 이들, 저만큼의 약탈당한 이들이 쏟아져 나왔다. 위원회는 분단 이후 몇 주 동안 하루에 한두 차례 부총독 관저에서 회의를 열었다. 그들은 매시간 갈등 상황을 보고받고, 그 규모에 대한 소문을 들었다. 때로는 항공기로 나라를 돌아보며 직접 관찰한 내용을 이야기했다. 수 마일에 걸쳐 양방향으로 이동하는 난민들의 행렬을. 내 할아버지도 그때 머리 위로 나는 비행기를 봤을까? 냉정을 유지해야 할 지도자들에게까지 스며든 그 광기를 할아버지는 감지했을까? 누구도 그 혼란에 면역력을 가질 수는 없었다. 인도와 파키스탄 사이를 오가는 난민 열차에서 대량학살 사건이 연달아 발생한 후, 총독은 열차에서 학살이 일어났음에도 무사한 군인들이 있다면 공범임이 분명하니 30분 이내에 이들을 처형하자고 제안했다. 또 다른 지도자는 폭도들을 공개적으로 채찍질해도 괜찮은지 물었다. 부총리는 창문으로 총을 쏜 집들을 폭파할 것을 고려했다. 사람들은 폭도들의 머리 위로 경고 사격을 하는 경찰에게 불평하며, 그냥 몸을 조준해 사격하라고 요구했다. 군인들은 철도 근처에서 총기를 소지한 민간인을 발견하면 사살할 권한을 받았다. 다른 사람을 칼로 찌른 자는 사형에 처했다. 영구적인 억압은 이런저런 형태로 모두의 마음속에 자리 잡았다. 그들은 평화를 수호하려는 행동이 오히려 폭력을 초래하지는 않을까 우려했다. 그들은 시크교도들에게 단검을 칼집에 넣으라고 권유할 수 있을까? 아니면 그것으로 오히려 그들을 자극해 살인을 부추기게 될까?

이 혼란의 중심에는 신생 국가의 새 지도자 네루가 있었다. 그가 오래도록 기다려온 운명은 인도의 독립과 함께 찾아왔다. 하지만 큰 권력에는 고통스러운 의무가 따랐다. (시간이 지날수록 그는 깨어 있는 동안에도 늘 지친 채로 일했고, 낮 회의 중에 잠들기도 했다. 정보 기구의 수장은 네루가 일하고, 회의하고, 연설하는—지도자들의 일상적인 업무—모습을 보며 그의 비범한 집중력과 몰입이 그를 죽음에 이르게 할 거라고 결론지었다.) 당시 혼란과 혼동 속에서 체제와 규칙을 만들어야 한다는 네루의 중압감은 공포에 질린 말을 처음 타본 사람이 느낄 법한 것이었다. 그는 군중이 난동을 부리면 발길질했고, 길을 빨리 비켜주지 않는 군중의 무리 위로 기어오르기도 했다. 그는 별다른 생각 없이 충동적으로 짜증을 내고 거칠게 행동했지만, 놀랍게도 피해자들은 이를 묘하게 긍정적으로 받아들였다. 델리 거리에서 약탈을 일삼던 자를 직접 마주한 네루는, 그 약탈자가 "네루의 손에 죽는 것은 영광"이라고 선언하자 그의 전리품과 함께 그냥 두고 떠났다. 네루는 이 시대와 자신은 계속 엇박자를 내는 것 같다고 느꼈다. 홀로 남았을 때 그는 카슈미르 버드나무 껍질에 다정한 편지를 적어 보내곤 했으며, 카슈미르의 산을 그리워했다.

네루는 인도 분리 이후 뒤따른 분열에 깊은 고통을 느꼈다. 그는 인도 대통령에게 편지를 써서 이런 분열에 대해 아무것도 할 수 없다는 무력감을 토로했다. 그는 특히 무슬림들이 닥치는 대로 사냥되고 학살당하고 있음을 알게 되었다. 외국 대사관마다 군중이 들이닥쳐 무슬림 직원을 찾아내 죽이려고 했다. 이제 델리 무슬림의 4분의 3 이상이 난민 수용소에서 지냈다. 그는 폭력이 또 다른 폭력을 낳는다는 사실을 알고 있었다. 그렇더라도 이 땅에서는 양심이나 결과에 대한 두려움이 완전히 사라진 걸까? 1947년 9월 초부터 시작된 델리 학살을 그는 도무지 이해할 수 없었다. 그렇게 오래 지속되며, 그렇게 특정 집단을 겨냥한 분노의 존재는 상상조차 할 수 없는 것이었다. 특히 사람에게서 생명을 앗아가는 방식에 특별히 신경 쓴다는 점이 더 충격이었다. "죽은 이들의 몸에 남겨진 흔적들은 마치 개인적인 복수처럼 느껴졌다. 살육과 잔혹함에도 한계가 있어야 하는데 북인도에서 지난 며칠은 그 한계를 넘어섰다. 이런 행동에 몰두하는 사람들은 스스로를 잔인하게 몰아갈 뿐 아니라 주변 환경에까지 독을 퍼뜨린다……

평소에 조용하고 평화롭던 사람들도 곳곳에서 개별적인 공격에 나선다. 어린아이들이 거리에서 잔인하게 도살당한다. 델리의 여러 지역의 집들은 여전히 시체로 가득 차 있다. 집 안으로 들어갈 때마다 며칠 동안 방치된 시체들이 속속 발견된다"고 네루는 기록했다. 그는 국민에게 신뢰를 잃어갔다. "앞날이 어둡게 보이는 이유는 5만 명, 10만 명이 학살당했기 때문이 아니다. 이 모든 일과 함께 퍼져나간 사고방식, 어쩌면 앞으로도 계속될 정신 상태가 더 큰 문제다." 그는 그 순간에 온전히 자신을 바쳐 글을 썼다. 그는 이토록 생명을 경시하는 국가를 이끌고 싶지 않다고 했다.

일반 시민들도 폭력적이었지만, 네루는 이런 학살이 우발적이 아니라 조직적이라고 확신했다. 수많은 사람이 그에게 편지를 보내, 영향력 있는 이웃과 소규모 단체들이 힌두교를 보호한다는 명분으로 집집마다 돌아다니며 혼란을 조장한다고 말했다. 델리 경찰청장이 폭동과 학살이 정말로 조직적으로 이루어졌는지 의문을 제기했을 때, 네루는 한 치의 의심도 없다고 단언했다. 델리에서 문제가 시작되기 일주일 전, 네루는 특정 조직이 선동적인 공고문과 전단지를 도시 곳곳에 배포했다고 말했다. 네루는 조직적으로 움직이는 시크교도와 힌두교도 단체, 특히 RSS와 연계된 집단들이 델리에서 살인을 저질렀다고 믿었다. 1947년 9월, 그는 발라바이 파텔에게 보낸 편지에서 "RSS가 현재 델리뿐 아니라 다른 곳에서 발생한 소요에도 큰 영향을 미친 것이 분명해 보인다"라고 썼다. 네루는 델리 경찰이 이 문제를 전문적으로 처리하지 못했다고 비난했으며, 정보 기구의 작동 방식에도 불만을 표했다. 네루는 소요를 일으킨 자들이 정부보다 정보력이 더 좋은 것 같다고 말했다.

　네루가 받은 정보 보고서에는 RSS의 확산에 대한 불길한 전망이 담겨 있었다. 단순히 정부 내에 그들을 동정하는 사람들이 존재하는 것을 넘어, 정의로운 사회와는 양립할 수 없는 결정과 행동들이 이루어지고 있었다. RSS 지지자들이 카슈미르 자위대용 무기들을 그들 조직에 배포했다는 보고가 들어왔다. 또 뉴델리 부청장이 RSS 회원들을 특별 치안판사와 특별 경찰관으로 임명했다는 사실도 알게 되었다. 네루는 뉴델리 부청장이 "특정한 방향으로 동조하고 있는 것 아닌가" 하고 의심했다. 그 때문에 도시의 법 집행 기관이 폭도들을 사전에 제압하지 못한 것 아니냐는 것이었다. 네루는 "내가 보기에 우리는 특정 시크교도와 힌두교도 파시스트 세력들이 정부를 전복하거나, 최소한 정부의 현재 성격을 붕괴시키려는 매우 명확하고 조직적인 시도에 직면해 있다. 이것은 단순한 종교적 소요가 아니다"라고 적었다. "이들 중 많은 사람은 극도로 잔인하고 냉혹하며, 순전히 테러리스트처럼 행동했다. 그런 활동이 성공하려면 우호적인 여론이 있어야 가능한데, 실제로 그런 분위기가 있었다. 일부 조치가 취해지기는 했지만, 이 갱단들은 아직 완전히 해체되지 않았고, 여전히 엄청난 혼란을 야기할 가능성이 있다." 네루는 이렇게 적으며, 최근 델리의 사프다르정 병원에서 벌어진 사건을 언급했다. 힌두교도 몇십 명으로 이루어진 갱단이 분리된 병동에 있던 무슬림들을 찾아내 사냥하듯 공격했다. "우리가 상대해야 할 사람들의 끔찍한 본성을 상기시켜주는 사건이다." 더 심각한 점은, 병원에 경찰 스무 명이 배치되어 있었지만, 모두 비무장 상태였고, 병동을 보호할 생각이 없어 보였다는 것이다. 사방에서 폭력이 난무했고, 지역 관리들은 정부 정책에 공개적으로 반대 연설을 하며 네루를 곤란하게 만들었다. 그는 사람들이 어디에 동조하는지, 그들이 이성적인 말을 들을지 고민하며 고군분투했다.

인도가 아직 분리되지 않던 시기, 경찰과 정보 당국은 민원과 수사, 우연한 발견을 통해 RSS의 역량과 무기 보관 정보를 밝혀냈다. 1947년 1월, 경찰은 펀자브 지역의 RSS 사무실을 수색했다. 시알코트, 라왈핀디, 호시아르푸르 전역에서 대나무 막대 50개, 창날 77개, 도끼 38개가 발견되었다. 멀탄에서는 50명에 달하는 RSS 회원이 비밀리에 모였으며, 이들 중 다수가 하키 스틱으로 무장하고 있었다. 이들은 전쟁이 임박했다고 확신하며 밤에 몰래 모임을 열고, 사원과 박람회에서 비밀 회합을 가지며 이에 대비했다. 훈련은 군사적 성격을 띠었고, 사용된 도구는 칼과 산酸 등 무기로 쓸 수 있는 온갖 것이었다. RSS의 회원 수는 날로 증가했다. 그해 3월까지 RSS는 펀자브 지방에서 거의 5만 명의 회원을 확보했다. 하지만 그들은 단순히 전쟁에 대비하는 게 아니라, 전쟁을 일으키려는 열망을 갖고 있었다. 무슬림 거주지역을 지날 때는 파키스탄 반대 구호를 외치며 도발했고, 신문 편집자들에게 RSS의 활동을 긍정적으로 보도하도록 지시했다. 그러는 동안 RSS는 자기방어라는 명목 아래 혼란을 조장하려는 욕망을 더 키워갔으며, 여기에 새로운 역량이 더해졌다는 소식이 들려왔다. RSS는 혼자 있는 무슬림을 공격하는 자객 부대를 조직했다. 같은 해 4월, 조직원 한 명이 스스로 폭발물을 터뜨리는 사건이 발생했고, 이를 계기로 경찰은 그들이 이제 폭탄까지 제조하고 있음을 알게 되었다. 경찰은 RSS 한 지부에서 폭탄 열아홉 개를 발견했고 또 다른 도시에서는 폭발물을 만드는 데 쓰는 빈 물병과 전구를 수집했다. RSS는 '복수 부대'와 폭발물 사용 훈련을 받은 소규모 군대를 설립했고, 그 과정에서 힌두교 무기 공급업자들은 RSS 조직원들에게 총기를 제공했다. 추가 수색에서는 조직적인 무장 준비의 구체적인 증거들이 속속 드러났다. 줄룬두르 RSS 지부장의 집을 수색한 경찰은 폭발물, 지뢰 제작 관련 문서, 단검, 산, 활과 화살, 힌두교도와 무슬림의 거주지 지도, 힌두교도와 무슬림 공동 거주 주택의 세입자 및 소유주 명단을 발견했다. 경찰은 상부에 긴급 보고를 올려 RSS가 조직적으로 움직이고 있고, 다른 무장 단체들과 협력하며, 감정적으로 선동하고, 거리낌 없이 무슬림에 대한 위협을 일삼고 있다고 경고했다.

경찰은 RSS 조직원들이 도시를 여러 구역으로 나누어 배치한 계획도를 발견했다. "각 구역에는 지도자가 임명되었고, 충분한 무기가 공급되었으며, 특정 신호가 주어지면 도시 전체를 기습해 무슬림 학살을 시작할 준비가 되어 있었다." 1948년 경찰 보고서에 기록된 내용이었다. 계획은 세부적이고 구체적인 것, 황당한 것까지 다양했다. 그중에는 비행기로 모스크에 폭탄을 투하하는 계획도 있었다.

하지만 이런 계획 중 많은 부분은 감춰져 있었는데, 훗날 RSS의 자체 출판물을 통해 밝혀졌다. 펀자브 지역을 가로지르는 라비강 주변에는 RSS 자원봉사자들이 폭탄과 권총을 다루는 방법을 배우려고 모여들었다. 폭발물은 부족하지 않았다. RSS는 대의를 위해 기꺼이 폭탄을 만들어줄 제조자들을 확보하고 있었고, 많은 남녀가 개인적인 위험을 감수해서라도 이를 운반할 준비가 되어 있었다. 훈련 캠프의 위치는 정기적으로 변경되었고, 일정과 배치 계획을 아는 사람은 극소수였다. "정보가 널리 퍼지면 불필요한 위험을 초래할 수 있다"는 이유였다. 이들은 빨간색, 초록색, 흰색 빛을 1마일 이상 송출하는 고출력 손전등과 광범위한 거리에서 신호를 보내고 암호화된 메시지를 전달할 수 있는 소방대 경적을 보유하고 있었다. 조직 내부인조차 이런 준비는 자기방어 조치라고 알고 있었다. 그들은 싸움을 원하지 않았지만, 무슬림이 이런 식으로 계속 나온다면 전투는 불가피하다고 믿었다.

네루 총리는 정보기관의 비효율성을 우려하며, 이들이 폭력의 가해자와 치명적인 소문을 퍼뜨리는 자들을 효과적으로 식별하지 못한다고 판단했다. 1947년 9월 25일 내각 회의 기록에 따르면, 네루는 "현재 델리에서 혼란을 일으키는 자들의 정보 조직이 정부의 정보 조직보다 더 우수하다"고 지적했다. 이에 대해 총독부 참모총장인 로드 이스메이는 정보를 정리하고 체계화할 소규모 중앙정보국의 창설을 제안했다. 한편 RSS는 일부 자원봉사자에게 무슬림처럼 생활하도록 지시했으며, 이들은 무슬림 국가 분리를 주장한 무슬림 리그Muslim League의 음모를 파악하는 역할을 맡았다. 이 자원봉사자들은 '무슬림 리그의 RSS 고위 간부 살해 후 무방비 상태의 힌두교 공동체 대량학살 계획' 같은 터무니없는 음모론을 조직에 보고했다. 하지만 이런 정보는 경찰에게 공유되지 않았고, RSS 조직원들이 살인을 정당화하는 데에만 사용되었다. RSS 고위 지도자들이 이끄는 세 개 그룹이 동시에 무슬림 거주지에 수류탄과 폭탄을 투척한 뒤, 이를 사전 예방 조치라고 주장한 사례도 있었다. 캉그라밸리에서는 RSS 무장 요원들이 무슬림을 공격한 사건을 조사하라는 긴급 명령이 내려졌음에도 행정 당국과 경찰이 이를 묵살했다. 대신 RSS 내부 기록에 따르면, 행정 당국은 경찰관 한 명이 자원봉사자들에게 시체들을 신속히 화장하라는 메시지를 전달했다고 한다. 이들은 지역 목재 가게에서 나무를 가져와 시체를 덮고 불태웠다. 무슬림을 공격하고 재산을 빼앗으며, 무슬림 시체를 서둘러 화장하고 증거를 없애는 행위는 RSS 내부에서 조직의 유용성, 영향력, 교활함을 보여준 사례로 기록되었다.

5.
가장 부자연스러운 방식

2002년, RSS 조직원 마니크 찬드라 바즈파이와 스리다르 파라드카르는 분리 독립 당시 RSS의 활동을 기록한 『피로 쓰인 역사History written in blood』를 출간했다. 이 책에서 그들은 "파키스탄에서 강제로 쫓겨난 사람들에게 희망의 전령으로 등장한 RSS"라고 설명하며, 새롭게 탄생한 두 공화국(인도와 파키스탄)에서 벌어진 살인과 음모는 모두 의무감에서 비롯된 행동이었다고 주장했다. 700페이지에 달하는 이 서사는 전형적인 RSS의 기록물로, '무자비한 무슬림과 이에 맞선 감사를 아는 힌두교도'의 구도를 기반으로 한다. 책에 따르면 RSS 자원봉사자들은 인도 군대와 긴밀히 협력하며 동펀자브와 서펀자브에 걸쳐 활동했고, 힌두 난민들에게 음식·돈·숙소를 제공하고, 힌두 거주지 입구에 무장 경비를 배치하며, 파키스탄에서 인도로 이동하는 힌두 난민 열차를 직접 호송했다.

『분리의 나날들: RSS의 맹렬한 서사Partition-Days: The Fiery Saga of RSS』는 RSS라는 조직의 기억을 담아낸 전형적인 산물이다. 역사적 사실에 입각하지 않았다는 회의론은 전혀 반영되지 않은 이야기 모음, RSS 회원 버전의 주관적인 이야기, 아이디어, 역사적 해석이라 할 수 있다. 이 책은 부정할 수 없는 거대한 사건과 작은 허구적 일화들을 섞어, 제한적 거짓 혹은 조건부 진실로 구성된 역사를 제시한다. 확실하게 문서화된 자료가 없는 상황에서, 믿고자 하는 사람들의 마음과 말 속에만 존재하는 역사 서술이다. 예를 들어 라호르에서 RSS 자원봉사자를 체포하고 폭탄이 가득 든 트렁크 세 개를 압수한 힌두 경찰관은 "파키스탄의 위대한 힌두인 충성자"로 불렸다거나, RSS가 만든 폭탄은 "사람들을 보호하고 자기방어를 위해" 사용된 것이라는 등의 설명이다. 또 RSS 자원봉사자들은 고문을 당하면서도 무너지지 않았다고 묘사되어 있다. 항문에 성기를 삽입하겠다는 위협에도, 발바닥을 때리고 음모를 뽑는 파키스탄 경찰의 고문에도 굴복하지 않았다는 것이다. 이런 이야기 속에서 분리 독립 당시 RSS의 역할은 영웅적 행동, 현명함, 은밀한 지원으로 묘사된다. "RSS의 영향력은 멀리까지 뻗어 있었다. 신뢰할 수 있는 협력자들은 사회 전 계층에 퍼져 있었다. 그들의 연락망은 어디에나 있었고, 경찰의 급습 계획도 급습대가 출발하기 전에 미리 전달될 정도로 그들의 통신망은 효율적이었다"라고 적혀 있다.

RSS는 거리로 돌격대를 보내고 폭력 캠페인을 감독하는 것 외에도, 힌두인들의 사고를 형성하기 위해 다양한 방식으로 활동했다. 권위의 원천을 도덕적으로 타락했다고 낙인찍어 신뢰를 실추시키고, 소문과 암시를 반복적으로 퍼뜨려 의심을 품게 하는 전략을 사용했다. 1960년대에 RSS를 떠난 한 자원봉사자는 조직의 활동을 날카롭게 비판한 책에서, RSS가 인격 살인을 무기로 사용했다고 설명했다. RSS 활동가 D. R. 고얄은 저서 『라슈트리아 스와얌세박 상Rashtriya Swayamsewak Sangh(RSS)』에서 말한다. "그들은 자신들과 의견이 다르거나 그들의 이론과 실천을 비판하는 사람에게 가장 악질적인 범죄적 동기를 부여하곤 했다. 1946년의 일이다. 한 신문에 자와할랄 네루가 담배에 불을 붙이고 있는 사진이 실렸다. 호샤르푸르 지역(그곳에서 나 또한 RSS의 하급 간부로 활동했다)의 여러 RSS 활동가는 그 사진을 오려 보관해두었고, 순진하고 쉽게 믿는 소도시 주민들에게 네루의 타락을 증명하는 증거로 제시했다." 그 사진은 일종의 음란물처럼 활용되었다. RSS 활동가들은 그것을 사람들에게 보여주며 말했다. "이것 봐라. 담배를 문 채 사진 찍히는 것도 부끄러워하지 않는 자라면 사적인 자리에서 무슨 짓을 못 하겠는가?" 이들은 다른 사진들도 이런 식으로 활용했다. 예를 들어 네루가 레이디 마운트배튼과 악수하는 사진, 그의 여동생 비자야 락슈미 판디트가 민소매 블라우스를 입고 머리를 가리지 않은 채 인도인과 외국인 남성들 사이에서 테이블에 앉아 있는 사진 등이었다.

고얄은 이렇게 썼다. "이 사건은 RSS의 인격 살해 무기고 중 빙산의 일각에 불과하다. 그들이 제공하는 병적인 세부 사항은 문명화된 사람이라면 누구도 차마 반복하고 싶지 않을 정도다." 그는 이어서 말했다. "이런 일들은 분명한 이유로 언론에 나오지 않는다. 다만 암시와 비유적 표현으로, RSS의 기관지인 『오거나이저Organiser』 같은 내부 잡지에나 간간이 등장할 뿐이다. 하지만 그런 이야기들이 거리에서 매일같이 들려오면 정치적으로 중립적인 사람과 내부 사정을 잘 모르는 사람들은 짜증을 느끼고, 그런 비난을 들을 때 이렇게 말할 뿐이다. '빌어먹을, 저 사람들은 원래 남에 대해 온갖 말을 하지 않나.' 이런 분위기는 어느 정도 RSS에 유리하게 작용한다. 이런 주제는 대개 찬반 논쟁으로만 흘러가지, 아무도 그 주장의 사실 여부나 타당성을 깊이 따지려들지 않기 때문이다."

시민들에게 종교 간 폭력을 부추기는 은밀한 캠페인의 존재는 다른 증거들에서도 볼 수 있다. 1946년 11월, 인도가 독립하기 10개월 전, 라호르에서 한 국민회의파 지도자가 발라바이 파텔(곧 인도의 부총리이자 내무부 장관이 될 사람)에게 편지를 썼다. 그는 지역 신문 『여명Dawn』이 종교 간 대립을 부추기는 보도를 하고 있다며, 의회당 지도부가 이에 대해 조치를 취해야 한다고 호소했다. 하지만 그가 더 심각하게 우려한 것은 다수의 힌두교도가 공유하던 전단지였는데, 여기에는 공동체가 조직을 강화하고 무장을 준비해야 한다고 촉구하는 내용이 담겨 있었다. "라슈트리아 상RSS이 특히 공포와 불만을 조장하며, 다른 사람들을 선제공격하도록 선동하고 있다." 그의 항의 서한에는 전단지 한 장이 동봉되어 있었는데, 이는 지도자 무함마드 알리 진나가 발행했다고 주장하는 지침 목록으로, 그는 무슬림들을 위한 독립 국가를 인도에서 분리해내기 위해 싸운 인물이었다. 이 문서는 처음부터 노골적인 의도를 담고 있어 믿기 어려웠다. 첫 문장에서는 진나의 정당 소속 회원이 기록한 것이라고 주장해놓고, 마지막에는 '진심을 담아, 하비부르 라흐만'이라며 명백한 무슬림 이름이 서명되어 있었다.

이 문서는 맹목적으로 믿는 사람들의 특정한 불안을 자극하도록 정교하게 조작된 듯했다. 그 지침에는 다음의 내용이 포함되어 있었다. '인도의 모든 무슬림은 파키스탄을 위해 목숨을 바쳐야 한다' '인도를 정복하고 시민들을 이슬람으로 개종시켜야 한다' '한 명의 무슬림은 다섯 명의 힌두교도에 해당되는 권리를 가져야 한다. 즉, 각 무슬림은 다섯 명의 힌두교도와 동등하다' '힌두교 상점, 공장, 사원을 약탈하고 파괴해야 한다' '무슬림 첩자들을 인도의 모든 마을과 지역에 침투시킨다' '무슬림들은 주요 도시에 무기를 배포하고, 힌두교도들을 인도에서 몰아내는 데 필요한 모든 종류의 무기를 소지한다' '힌두교 여성과 소녀들을 강간·납치해 무슬림으로 개종시킨다'.

내용은 전부 거짓이었고, 갈등과 불안을 조장하며, 순진한 사람들을 신봉자와 병사로 만들기 위한 의도였다. 국회의원들은 지도자들이 의회에서 이 가짜 문서를 공개적으로 비판하며 '이 전단지의 영향을 무력화해야 한다'고 촉구했다. 이에 대해 파텔은 그 문서의 진위에 대한 증거가 없으며, 이와 유사한 문서들이 여러 곳에서 유포되고 있다면서 "가장 좋은 방법은 무관심으로 대응하는 것"이라고 답했다. 어쨌든 그는 언론이 종교 갈등 뉴스를 다루는 방식에 대해 일종의 합의를 이룬 것으로 보이며, 직접 개입할 필요가 있을 때에만 행동하겠다고 했다.

지도자들이 이 문제에 주목하든 그렇지 않든, 시민들은 확실히 주목했고, RSS가 선전활동으로 퍼뜨리는 분열적 수사법에 반응했다. 1947년 9월 인도-파키스탄 분리가 이루어진 지 한 달 후, RSS의 기관지 『오거나이저』는 여론조사 기관 갤럽에서 실시한 설문조사를 발표했다. 독자들에게 주어진 질문은 다음과 같았다. '펀자브에서 인도 영토에 남은 무슬림들을 국경 너머의 힌두인들과 교환해야 하는가?' '델리에 거주하는 무슬림들은 떠나야 하는가?' '델리의 무슬림들이 '충성스럽고 애국적인 시민'이 될 수 있는가?' '무슬림들을 믿음과 신뢰가 요구되는 고위 공직에 계속 두는 것이 바람직한가?' 이 설문은 영어와 힌디어로 동시에 게재되었다.

여론조사에 응한 사람은 약 8만 5000명이었다. 그중 약 8만 4600명이 델리의 무슬림들은 추방되어야 한다고 생각했고, 그들은 나라에 충성스럽지 않을 것이며 권력을 행사하는 위치에 있어서는 안 된다는 데 동의했다. 응답자들이 대부분 RSS 지지자였음을 고려하면 이런 적대감은 놀랍지 않다. 하지만 이렇게 많은 사람이 그런 감정을 표출했다는 사실은 범죄수사국CID에서 볼 때도 놀랄 일이었다. 고위 경찰관들은 이런 여론조사 행태를 어떻게 중단시킬지 고민했다.

인도 분리 이후 몇 달 동안 불안감은 계속 고조되었다. 모스크를 향해 던진 작은 돌 하나에 수많은 무슬림이 거리로 쏟아져 나왔고, 무슬림이 던진 농담 한마디에 RSS 조직원들이 집 앞까지 몰려들었다. RSS는 자원봉사자들에게 다가올 내전에 대비하라고 지시했다. 델리 외곽과 북부 시골 마을들에서는, RSS 훈련 교관들이 케랄라와 펀자브처럼 멀리서 와 소년들을 훈련시키고 조직했다. 그들은 들판에 서서 막대기를 들고는 상상 속의 적을 공격하고 방어하며 연습했다. 느슨한 조직 구조를 가진 RSS는 구성원들에게 '개인 역량'을 발휘해 행동하며 '일종의 게릴라전'을 수행하라고 지시했다. RSS 회원들은 힌두교 가정에 폭동이 벌어지는 동안 무슬림 청소부들에게 피난처를 제공하지 말라고 경고했다. 자원봉사자들은 공공 생활에서 무슬림이 완전히 사라지기만을 바랐다. 한 자원봉사자는 "완전한 무슬림 근절 운동을 벌여야만 무슬림들이 인도를 떠날 것"이라고 말했다.

모한다스 카람찬드 간디는 RSS의 조직력과 급속한 성장, 특히 펀자브에서의 확산에 대해 경계했으며, '전체주의적 관점을 가진 종교 집단'이라고 묘사했다. RSS 지도부는 자신들의 유일한 관심사가 사회복지라고 주장했지만, 경찰과 수사 기관의 보고서들은 RSS를 폭력 조직으로 묘사하며, 경찰까지 폭력 행위에 동참하도록 유도한다고 경고했다. RSS 활동가들은 델리에서 무슬림을 공격할 준비를 하고 있다고 경찰들에게 이야기하면서, 조직원들에게 총을 쏘지 말라고 은근히 요청했다. 다른 지역에서도 뻔뻔하게 행동하며, 경찰에게 폭동이 일어날 텐데 RSS 조직원들은 손목에 흰 손수건을 묶어 식별할 것이라고 미리 알렸다. 한 경찰서장은 "이런 접촉이 다른 경찰관과 경찰서장들에게도 이루어지고 있는 것을 확인했다"고 기밀 메모에 적었다. 한편 어느 좌절한 경찰 수사관은 이렇게 보고했다. "RSS는 공무원들, 특히 경찰과 군인 같은 공공 서비스 종사자들과 접촉해 그들을 포섭하려고 한다. 나는 이런 사실을 오래전에 보고했다."

1947년 말까지 RSS에 대한 비밀 보고서에는 점점 더 긴급한 경고가 담겼다. RSS 자원봉사자들은 막대한 자금을 모금하고 있었으며, 조직이 금지될 것에 대비해 대응 전략을 세우고, 다음 선거에 출마할 계획도 세웠다. 범죄수사국은 RSS 활동가들이 무슬림 거주지에 폭탄을 설치할 음모를 꾸몄다고 의심했다. 1947년 12월 6일, 또 다른 보고서가 전해졌다. 뉴델리에서 남쪽으로 150킬로미터 떨어진 곳에 RSS 활동가 50명이 모여 '정부 요직을 장악할 방법과 수단'을 논의했다. 또 약 5만 명이 모인 대규모 집회에서 RSS 지도자들은 과거 이야기를 들려주고, 조직의 깃발을 게양하며, 참석자들에게 "우리는 신성한 일을 하는 중"이라고 강조했다. 한 지도자는 "갠지스강의 흐름은 어떤 장애물로도 막을 수 없다"고 말했다.

이틀 후, 경찰 정보원이 외부인의 출입이 금지된 RSS 캠프 회의에 잠입해 활동을 감시했다. 정보원의 보고에 따르면, 골왈카르는 군중을 선동하며 "각 가정에서 새로운 자원봉사자를 모집하고, 그들에게 힌두교 정신을 주입하라"고 촉구했다. 신원을 밝히지 않은 정보원은 이렇게 기록했다. "골왈카르는 정부에 대해 언급하며 '법도 힘을 이기지 못한다. 우리는 게릴라전에 대비해야 한다……'고 말했다."

RSS 지도자는 조직이 파키스탄을 완전히 끝장낼 때까지 만족하지 않겠다고 선언했다. "네루 정부든 다른 정부든 우리 앞을 가로막는 자는 누구든 제거될 것이다." 그는 무슬림이 인도를 떠나야 한다고 주장하며, "마하트마 간디도 더 이상 그들을 오도할 수 없다"고 덧붙였다. "우리는 그런 사람들을 즉시 침묵시킬 수단을 갖고 있지만, 힌두교도들에게 해로운 일은 하지 않는 것이 우리 전통이다. 그러나 우리가 강요당한다면, 그런 방식에 의지할 수밖에 없다."

어느 보고서는 주석에 다음과 같은 내용을 달았다. "RSS의 계획 중 하나는 대중을 위협하고 장악하기 위해 의회의 주요 인사들을 암살하는 것이라는 주장도 있다."

네루는 인도 전역에서 RSS의 세력 확장에 관한 정보를 받고 있었으며, 12월 내내 잠무 카슈미르의 마하라자, 그의 부관, 연합주의 수상, 그 밖의 다른 인사들에게 서한을 보내 RSS를 해산하고, 민병대의 소총과 스텐 기관단총이 카슈미르의 RSS 구성원들에게 유출되는 실태를 조사하라고 촉구했다. "현재 RSS는 나라 곳곳에서 정부에 적극적으로 반대하며, 우리에게 엄청난 문제를 일으키고 있다." 그는 잠무에서 모스크 훼손, 무슬림에 대한 공격, 무슬림 여성 납치 사건의 책임이 RSS에 있다고 보았다. "이보다 더 큰 어리석음은 상상할 수 없다. 하지만 이것이 RSS의 전형적인 사고방식으로, 이들은 국가에 무엇이 이익이 되는지 이해할 능력이 없다."

네루는 다른 지도자에게 RSS에 대해 어떤 조치를 취했는지 답변을 요구하며, "당신은 RSS에 대해 조치를 취하겠다고 말했다. 언제 실행할 것인가?"라는 내용을 1947년 12월 29일에 썼다. 그는 아즈메르의 무슬림 인구 중 6분의 1이 이미 도시를 떠났고, 더 많은 사람이 떠나고 있다는 사실을 알게 되었다. 그는 부하에게 보낸 편지에서 "RSS는 그곳과 다른 곳에서 공격적인 태도를 보이며 위협을 가해 많은 이를 두려움에 떨게 한다"고 말했다.

1948년 1월, RSS 회원들은 간디가 "인도의 두 인종을 가장 부자연스러운 방식으로 융합했다"고 비난하는 전단을 배포했다. (그들이 생각하는 자연스러운 융합이 어떤 모습인지는 언급하지 않았다.) 그들은 모든 강과 산이 힌두교도에게 신성하며, 모든 도시와 사원이 힌두교 사상을 담고 있다고 주장했다. "이 땅의 흙조차 힌두 인종의 흔적을 보여준다." 그들은 간디의 방식이 "자살적인 결과를 낳았다"고 쓰며, 그를 "민족의 배신자"로 선언했다. 인도의 분리는 힌두 공동체 조직들에 깊은 트라우마를 남겼고, 이들은 인도의 재통합을 주장하거나 '인구 교환'—수백만 명의 원치 않는 힌두교도와 무슬림을 양국 간에 강제 이

주시키는 방안—을 논의하자고 주장하기도 했다. 이런 반응, 소문과 혼란을 조성하는 데 능숙한 조직의 활동은 공식 비밀 서신의 주제가 되었다. 파키스탄은 네루에게, '지속적인 결과를 이루고자 한다면 RSS 와 힌두 마하사바를 억제하라'고 촉구했다.

이런 압력 속에서 네루는 절망했다. "오늘날의 상황은, 파키스탄이 계속해서 극단적인 종교 정책을 따르고 있고, 우리도 점점 같은 길을 따라가 결국 파키스탄의 의도대로 움직이게 되는 형국이다. 파키스탄의 힌두교도들은 공포에 휩싸여 떠나고 싶어하며, 인도의 무슬림들도 두려움에 가득 차 있다는 것은 의심할 여지가 없다."

1월 내내 점점 더 급박해지는 내용의 보고서와 전보들이 끊임없이 도착하며, 종교적 광신주의자들의 입에서 쏟아지는 위험한 발언들을 네루에게 전했다. 또 방문객들은 정부가 미처 파악하지 못한 소식들을 전해주었다. 종교적 광신주의자들의 의도와 그들의 행동 속도를 보면 즉각적인 주의가 요구됐다. 혼란과 불안정이 점점 더 대중의 호응을 얻고 있었다. 그들은 정부 정책에서 이탈하는 움직임을 보였고, 충동적·감정적 반응을 의도적으로 늘렸다. 그 끝에 남은 건 오직 전쟁, 더 큰 불행, 새로운 복잡한 상황뿐이었다.

"나는 이제 극도로 반동적이고 편협한 힌두교도들과 맞서야 한다." 네루는 한 친구에게 이렇게 썼다. "그들은 내가 충분히 힌두적이지 않다고 생각하기 때문에 내 삶의 방식에 반대한다. 내 언어가 순수한 힌디어가 아니라 힌두스탄어라는 이유로 비판하고, 내 옷차림까지 문제 삼는다. 내 삶의 전반적인 방식이 그들의 공격 대상이 된다. 이들이 원하는 대로 흘러간다면 누구도 견디지 못할 것이다." 네루는 RSS의 인기가 높아지고 있다는 이야기를 들었다. 벵골, 펀자브, 여러 왕국에서 아무 저항도 받지 않고 행진하며, 그들의 행렬과 연설에는 대규모 군중이 모여들었다. 네루는 이제 1년도 채 되지 않은 이 나라가 이미 평화 대신 피를 선택한 것은 아닌지 의문이 들었다. 종교적 선동 세력은 매일 새로운 사건들로 그를 괴롭혔다. 허용 가능한 행동의 한계를 조금씩 시험하고, 법을 공공연히 무시하는 일이 반복되었다. 네루는 이런 사건들이 비상식적이라고 생각했다. 의회에서 멀지 않은 중앙 델리의 한 상업 지구에서 힌두 마하사바 회원들이 지도자들의 죽음을 요구하는 구호를 공개적으로 외쳤을 때, 그는 어떻게 처리할 계획인지 경찰청장에게 물었다.

말이든 글이든, 이런 메시지는 가슴을 요동치게 하고 이성을 마비시키는 동일한 효과를 가져왔다. 네루는 자신조차 이런 문제를 일으키는 사람들에게 중립적 태도를 유지하는 방법은 알지 못한다고 했다. 그는 보좌관에게 최근 폭력 사태에 RSS가 책임이 있다고 믿을 만한 충분한 증거가 있다고 썼다. 또 1월 28일, 그는 일부 RSS 회원이 그들 세력에 우호적인 지역에서 훈련을 받고 무기와 탄약을 가지고 돌아오고 있다고 기록했다.

위협을 감지하고 논의했던 네루는 실제 그 위협을 피부로 느끼게 된다. 사흘 후인 1월 31일, 그는 병사들이 줄로 묶어 끄는 무기 운반차 위에 서 있었다. 네루는 최대한 가까이 다가와 두 손 모아 기도하며 울먹이는 시민들을 향해 손을 흔들었다. 네루 뒤에는 모한다스 카람찬드 간디("마하트마 간디")가 조용히 누워 있었고, 폭격기가 낮게 비행하며 꽃잎을 흩뿌렸다. 간디를 살해한 나투람 고드세는 힌두 마하사바 회원으로 확인되었다. (RSS의 역사를 꾸준히 연구해온 역사가 디렌드라 자는 고드세가 간디를 암살했을 당시 RSS 회원이었다고 주장했다.)

며칠 안에 인도 전역의 경찰은 RSS 회원들을 찾기 위해 집집마다 수색을 시작했다. 군중은 RSS 회원들을 찾아내 폭행하고, RSS 사무소와 사업체를 불태우려 했다. 정부는 공공 서비스 부문에 종사하는 RSS 회원들을 찾아내려고 자체 조사를 벌였고, 1948년 말까지 인도 전역에서 3만1268명이 체포되었다. 체포된 이들의 이름과 소속 부서를 파일로 정리해보니 철도, 군사 공학 서비스, 중앙 정부, 언론, 통신부, 국방부, 재무부, 민간 항공, 중앙 군수창고, 군대 등 모든 분야에 퍼져 있었다. 암리차르의 경찰과 군사 부서를 총괄했던 사람은 군 내부에서 RSS 비밀 조직을 구축한 혐의로 체포되었다. 경찰은 군대 구내식당에서 RSS 회원들을 발견했고, 법 집행 기관의 고위층에서도 RSS에 동조하는 인물들을 밝혀냈다. 공공 자금이 RSS 활동가들의 훈련에 사용된 증거도 발견되었다. 심지어 RSS 용의자들을 심문하던 조사관도 RSS 소속일 가능성이 의심되었다.

각 지역에서 진행된 대대적인 색출 작업의 성과는 엇갈렸다. 이따금 RSS 회원 명단이나 무전기 같은 장비가 발견되기도 했지만, 대부분은 용의자의 흔적이나 물증을 찾지 못했다. 어느 한 정보 보고서는 RSS가 경찰의 단속 작전을 사전에 알아차린 것 같다며 탄식했다. 정보가 유출되어 증거물은 폐기되었고, 한번은 경찰이 RSS의 인쇄소를 급습하려 했지만, 이미 다른 곳으로 옮겨진 후였다. 한동안 아무도 눈치채지 못했지만, 전화교환소 직원들이 용의선상에 올랐다. 그곳에서 기밀 명령을 가로채고 있었던 것이다. 어느 법 집행관은 "전화 교환원들 사이에 하나의 파벌이 형성되어 있다. 이들의 정체를 밝혀내려면, 우리가 직접 사람을 투입해 야간 근무 중에도 지속적으로 감시할 필요가 있다"고 보고했다.

간디가 암살당하고, 암살범이 구타당하고 총에 맞을 뻔한 지 한 달 후, 네루는 종파주의로 물든 뿌리 깊은 이 관료제는 인도에 대한 자신의 이상과 양립할 수 없다고 생각했다. 그는 발라바이 파텔에게 보낸 편지에서 이렇게 썼다. "봄베이와 다른 곳에서 고드세의 바푸(간디) 암살에 관한 조사가 진행되고 있지만, 더 큰 음모를 추적하려는 진정한 노력은 부족해 보인다. 나는 점점 더 바푸의 암살은 단독 사건이 아닌, 주로 RSS에 의해 조직된 훨씬 더 광범위한 캠페인의 일부라는 결론에 이르게 된다. 많은 RSS 회원이 체포되었고, 그중 다수는 어느 정도 무고할지도 모른다. 하지만 핵심 인물 중 상당수는 여전히 해외에 있거나 지하로 숨어들었거나 심지어 공공연히 활동하고 있다. 그중 많은 수가 정부 기관과 경찰에 속해 있다. 그들 그룹에 비밀리에 작전을 수행하는 것은 거의 불가능하다. 얼마 전 한 경찰 간부는 RSS 당사자들에게 항상 사전에 정보가 새어나가 비밀리에 수색을 진행할 수 없다고 말했다."

네루는 델리 경찰 내의 수많은 RSS 동조자를 어떻게 처리할지 고민했다. "그들 모두를 상대하는 건 쉽지 않을 수 있다. 하지만 지금까지 해왔던 것보다는 훨씬 더 많은 조치를 취할 수 있다고 생각한다." 단순 체포만으로는 충분하지 않았다. "RSS는 여러 방식으로 여전히 활발하게 활동하고 있으며, 기회가 생기면 반격하리라는 점에는 의심의 여지가 없다. 안일하게 대응하다가는 새로운 재앙을 초래할 수 있다. 그들은 겉보기에 무고한 여러 활동에 참여하고 있고, 이를 통해 그들의 조직을 적절히 유지하고 있다고 들었다."

법 집행 기관의 일부는 여전히 작동했기에 RSS의 구조를 밝혀내는 데 필요한 정보를 모을 수 있었다. 내무부는 이 조직이 '나치식'으로 운영되며, 최고 지도자들의 신상은 일반 대원들에게 공개되지 않는다고 보고했다. 교사들이 중간자 역할을 맡고 있었다. "그들의 주요 슬로건, 핵심 선전 구호는 '힌두교가 위험에 처했다'이다." 신입 대원들은 6개월 단위로 훈련을 받았으며, "각 기수에서 자살특공대가 선발된다"는 보고도 있었다. 이 특공대는 주로 교육받은 젊은이들로 구성되었고, 작전이 실패할 경우 희생시킬 준비가 되어 있었다. 훈련을 마치면 이들은 사원이나 허름한 건물에서 조직의 지도자들과 만났다. 그들은 특별한 경례와 암호를 사용했는데 오른손을 가슴까지 올렸다가 내리고, 암호를 낮은 소리로 읊었다. RSS는 당시에는 RSSS로 알려져 있었으며, 암호는 '18.193'이었다. R이 알파벳 18번째 글자이고, S가 19번째 글자로 세 번 반복된다는 의미였다. 특공대원들은 비밀 엄수를 맹세했으며, 도보 이동은 금지되었다. 대신 제공받은 차량으로 RSS의 '지역 간 연락망'을 통해 조직 내 메시지를 전달했다.

RSS가 델리 전역에 붙여놓은 슬로건과 포스터는 깨끗이 지워지거나 페인트로 덧칠되었다. 이름을 가리면 그 존재마저 사라지기라도 하는 것처럼. 하지만 RSS 회원들은 지하로 숨어들어 활동을 이어갔다. RSS는 델리 전역에서 금지령 해제를 요구하는 시위를 조직했다. RSS를 지지하는 공개 집회에서는 자전거를 탄 감시원들을 보내 도시 전역에서 경찰의 움직임을 파악하고, 아이들을 동원해 붐비는 상점가에 금지된 전단지를 배포했다. 수십 년 후, RSS의 자원봉사자들은 이때를 극도로 고통스러운 시기로 회상했다. 그 집단적 기억은 너무나 강렬해서 그때 태어나지도 않았던 사람들조차 당시를 회상하며 눈물을 흘릴 정도였다.

RSS 회원들이 일부러 대규모 체포를 감수하고 행동에 나서던 때, 경찰에 진정서 한 건이 올라왔다. 젊은 RSS 활동가 일곱 명이 점심시간 즈음 정의를 찾으러 델리 의회 의사당으로 향했다고 누군가 기록한 것이다. 이들은 이전에 시위에 나섰던 이들이 그랬듯 영웅처럼 배웅받았다. 목에 걸린 화환은 그들이 중요 인물임을 나타냈고, 사탕은 곧 닥칠 고통에 잠시나마 무감각하게 해줄 진통제와도 같았다. 젊은 RSS 활동가들은 집결해 구호를 외쳤고, 구타를 당하며 감옥에 갇혔다.

의회가 위치한 거리의 경찰서로 향하는 길은 험난했지만, 모든 것이 계획대로 진행되었다. 그들의 목표는 체포되어 사법 시스템이 감당하지 못할 만큼 감옥을 가득 채우는 것이었다.

하지만 감옥에 갇혀 자유의 무한한 가능성도 닫혀버린 순간, 은유와 이론은 현실이 되었고 이제 그 현실을 지배하는 건 경찰이었다. 제복을 입은 경찰들이 그들 주위에 몰려들었고, 귀가 따가울 정도로 험한 말들을 쏟아냈다. 저녁 식사는 음식이라고 부르기도 힘들 만큼 역겨웠다. 하지만 그 식사 시간마저 다른 곳으로 이송하라는 명령을 받고 온 경찰들 때문에 중단되었다. 그들은 서둘러 끌려나갔다. 새로 배정된 경찰서는 도시 북쪽, 델리의 오래된 지역에 있었다. 그곳은 자마 마스지드*의 거대한 그림자 아래 서 있었는데, 울려 퍼지는 아잔(이슬람 기도 소리)에 귀가 따가울 정도였다. 체포된 이들은 앉으려 했지만,

1월의 칼바람이 사방에서 몸을 베듯 몰아치는 벌판에 서 있으라는 명령이 떨어졌다.

자정이 되기 전, 총검 장착 소총을 든 25명의 군인이 그들을 포위했다. 소년 한 명당 네 명의 병력이 배치되었다. "이렇게 저렇게 해주십시오"나 "고맙습니다"와 같은 정중한 말은 물론 없었고, 소년들은 가까이 시동이 걸린 채 대기 중이던 트럭에 타라는 명령을 받았다. 그들은 잠시나마 빈 좌석이 자신들을 위한 것이라고 착각했지만 그건 짧은 환상에 불과했다. 이들은 바닥으로 밀려났고, 좌석은 권력을 과시하길 즐기는 군인들 차지였다. 소년들이 과거에 누구였든, 어떤 가정에서 자랐든, 이제 이것이 그들의 새로운 정체성이었다. 트럭 바닥으로 도로의 거친 충격이 몸에 전해졌고, 군인들의 입에서는 저속한 말이 쏟아졌다. 그들은 어둠 속 이름 없는 곳으로 끌려갔다.

트럭은 작은 언덕과 신성한 숲을 가로지르며 질주했다. 소년들은 창밖으로 델리의 도시생활, 그 법과 질서가 사라져가는 모습을 바라보았다. "우리 어디로 가는 거예요?" 소년 한 명이 조심스레 물었다. "네 지도자가 저지른 죄를 속죄하러 네 얼굴을 씻기러 간다." 한 남자가 비웃듯 대답했다. 무엇을 물어도, 되돌아오는 것은 모욕뿐이었다. 감옥에 갈 각오는 했지만, 저 바깥에 놓인 것에 대해서는 아무 대비도 되어 있지 않다는 사실을 그들은 그 순간에 깨달았을까? 그들이 가득 채우려 했던 감옥은 이름 없는 벌판으로 이어지는 거대한 처벌의 땅이었음을 그들은 알아차렸을까?

- 델리의 랜드마크로 무굴 제국의 황제 샤자한이 지은 유서 깊은 이슬람 건축물.

몇 시간 동안 60~70마일을 달린 트럭이 마침내 운하에 도착했다. 운전사는 차에서 내려 뒤따라오던 다른 차량에 탄 장교들과 상의했다. 그들은 낮게 깐 목소리로 속삭였고, 전해지는 것은 불길한 분위기뿐이었다. 새 지시를 받은 운전사는 도로에서 벗어나 운하를 따라 더 깊숙이 들어갔다. 소년들에겐 낯설고, 문명과는 동떨어진 땅속 깊숙이. 나무와 덩굴이 무성하여 시체를 감추기 충분해 보이는 장소에 이르렀고 트럭 엔진이 꺼졌다. 군인들은 소년들을 트럭에서 끌어내렸다.

그곳이 어디인지 알려주는 지리적 표식이 없을 뿐 아니라, 인적도 없어 지역을 가늠할 사투리도 들려오지 않았다. 느껴지는 건 운하를 따라 졸졸 흐르는 물소리와 날카롭게 살을 에는 차가운 바람뿐. "똑바로 서." 한 남자가 명령했다. 하지만 소년들은 군인들이 요구하는 군대식 자세를 취하지 못했다. 그리고 구타가 시작되었다. 돈이 흘러내리고, 옷이 벗겨지고, 잘못된 믿음이 벗겨져나갔다. 그때 소년 한 명에 남자 두 명씩 다가가 한 명은 머리를, 또 한 명은 발을 붙들고 휙 들어올려 운하로 내던졌다. 일곱 번의 첨벙 소리가 밤공기를 갈랐다. 공포가 온몸을 휘감아왔다. 콧속은 얼음처럼 차가운 물로 타들어갔고, 귓속으로는 물이 들어찼다. 필사적으로 헤엄쳐 강둑으로 나오려 했지만, 둑 위에 선 군인들이 구타하며 다시 물속으로 밀어넣었다. "나오지 마!" 소년들이 RSS와 연관된 죄에 대해 충분히 교훈을 얻었다고 확신했을 때, 군인들은 트럭을 타고 떠나버렸다. 소년들은 간신히 헤엄쳐 뭍으로 올라왔고, 강둑에서 덜덜 떨며 서 있었다.

그들은 델리로 향하는 도로에서 어느 경비원을 만났다. 그는 소년들에게 성냥을 건네주며 몸을 덥히라고 했다. 이전에도 그곳에서 비숫한 소년들이 운하에 던져지는 것을 본 적이 있다고 했다. 그리고 델리로 가는 방향을 알려주었다. 그들은 길을 따라가다 어느 마을에 도착해 먹을 것을 구하고 몸을 숨기게 해달라고 애원했다. 델리로 가는 기차를 발견했지만, 차표 검사원은 표 없는 승객에게 동정심을 발휘하지 않았다. 그들은 기차에서 쫓겨나 델리 방향으로 걷다가 또 다른 기차를 발견했고, 좀더 걸었다. 그렇게 델리역에 도착했을 때 플랫폼에 있던 경찰이 그들을 보고 두 명을 다시 체포했다. 나머지 소년들은 지치고 배고팠지만, 다시 한번 저항을 시도했다. 하지만 결국 다시 붙잡혔고, 적어도 이 사건에 기반한 고소장이 작성될 때까지 다시는 그들의 소식을 들을 수 없었다.

이런 내용은 RSS가 자신들이 겪은 시련에 대해 하던 이야기, 조직 구성원들이 몇십 년 후 집에서 손주들에게 들려주던 유형의 이야기였다.

RSS 지도자들은 민주적이고 종교 중립적인 인도를 지지하며 힌두 국가를 옹호하지 않는다는 내용의 서한을 공식적으로 작성했다. 또, 그들은 음지에서 활동하지 않으며 사설 군대가 아니라고 주장했다. 골왈카르는 그런 이야기들이 상상의 산물일 뿐이라고 썼다. 하지만 RSS는 조직원들에게 체포되면 경찰 앞에서는 조직을 떠나겠다고 약속하고, '국가민주기구National Democratic Body'라는 정당에 가입하라고 따로 지시했다. 이 정당은 RSS의 사명을 이어가기 위해 곧 창당될 예정이었다.

그 정당은 기원이 된 조직의 뚜렷한 영향을 받으며 서서히 형태를 갖춰나갔다. 이 정당의 창당 직전 회의에서, 이념가들은 당이 구상하는 인도에서 무슬림을 어떤 식으로 수용할 수 있을지 논의했다. 어느 회원은 "무슬림들이 RSS 축제를 기념하는 것을 도덕적 의무로 삼아야 한다"고 말했다. 또 "무슬림들도 메카를 향해 기도할 자유는 있지만, 힌두교 국가에 더 적합한 언어인 힌디어나 산스크리트어로 기도를 드릴 수도 있는 것 아닌가?"라는 의견도 나왔다. 하지만 그들 사이에서도 어디까지가 지나친 관용인가에 관해서는 의견이 엇갈렸다. 새 정당에 대해 논의하던 또 다른 회의에서는 한 연사가 무슬림의 시민권을 전부 박탈할 방법은 없을지의 문제를 제기했다.

3장

가족 문제

1.
가족

어느 날 오후 나는 델리의 한 도서관에서 책이 줄지어 꽂힌 서가를 따라 천천히 손가락을 움직이다가, 위험을 예고하는 제목 앞에 멈췄다. 『RSS의 진실』『RSS에 관한 오해』『RSS는 적인가?』와 같은 제목이 많았고, 대개 자비 출판된 책들로, 논쟁적이고 분량은 짧은데 지나치게 길게 느껴지는 내용이었다. 하지만 딱 한 권의 책은 달랐다. 제목은 『짐승의 뱃속에서: 힌두 우월주의 조직 RSS와 인도의 BJP, 내부자의 폭로』였다. 첫 장을 읽었다. 그리고 다음 장도 천천히. 소름이 쫙 끼쳤다. 잠시 후 나는 한 시크교 남자가 운영하는 복사기 옆으로 갔다. "몇 페이지요?" 그가 물었다. "전부 다요." 그 후로 한 시간쯤 기다리면서 나는 이 책이 책장에 꽂혀 있던 건 단순 실수가 아니었을까 궁금해졌다. 이 책은 지금까지 어떤 작가도 시도하지 못한 방식으로 조직 내부를 가까이서 묘사하고 있었다. 그날 밤 나는 단숨에 책을 완독했고, 복사본을 스캔해 여러 장소에 안전하게 보관한 뒤, 저자에게 이메일을 보냈다. 우리는 메일을 주고받았고, 영상 통화 날짜를 잡았으며, 두 달 후인 2022년 7월, 저자가 방문할 예정이던 콜카타에서 직접 만나기로 했다.

그와 약속한 날 늦은 아침, 나는 콜카타 동부의 한 쇼핑몰 앞 널찍한 길가에서 그를 기다리며 릭샤꾼들이 수레 닦는 모습을 바라보았다. 머리 위에서는 장마철의 무거운 구름들이 한데 뭉쳐 천천히 이동하고 있었다. 멀리서 그가 모습을 드러냈다. 파란색 이캇 무늬 쿠르타를 입은 작은 체구의 남자가 야채가 한가득 든 쇼핑백을 들고 있었다. 안경 너머로 보이는 눈빛은 부드러웠고, 머리는 짧고 희끗희끗했다. 그는 아내가 집을 비워, 요리사가 점심을 준비하는 데 필요한 재료를 조금 샀다고 했다. 나는 그를 따라 한 블록 두 블록 지나 그의 집으로 향했다. 우리는 뾰족한 못들이 박혀 있는 경계벽 사이, 게이트를 통과해 들어갔다. 게이트를 지키는 사람은 없었다. 거실에 다양한 크기의 소파 겸 침대 세 개가 놓여 있는 것으로 보아 방문객이 꽤 오래 머물다 간 모양이었다. 작은 아파트는 한두 명이 살기에 적당해 보였다. 잠시 후 가정부가 망고와 과자를 내와 우리 사이에 있는 작은 테이블에 조심스레 내려놓았다.

파르타 바네르지는 40년쯤 전에 RSS를 떠났다고 했다. 그는 인생에서 그 시절의 문을 굳게 닫아버린 것처럼 말했다. 하지만 RSS 사람들은 "한번 RSS는 영원한 RSS"라는 말을 즐겨한다. 거기에는 그만한 이유가 있다. RSS는 공동체와 가족이라는 틀을 통해 회원을 끌어오기 때문에 개인에게는 중력 같은 힘이 작용한다. 그래서 그는 RSS를 떠났음에도 여전히 자주 생각했고, 그곳에 계속 있었다면 지금쯤 어떻게 되었을지 그려보곤 했다. 그는 RSS 내부의 장래가 촉망되던 인물에서 완전한 추방자가 되었다. 그리고 그렇게 된 데에는 그가 쓴 책 탓이 컸다. 그의 책은 조심스러운 고백 같은 것이지만, RSS에 대한 비판임이 너무나 분명했다. RSS에 절대적으로 헌신했던 그의 아버지는 조직에 대한 어떤 의문도 용납하지 않았고, 결국 아들과도 거리를 두었다. "아버지 마음이 완전히 무너져내렸죠. 오랫동안 서로 말 한마디 하지 않았어요."

두 사람 사이의 거리는 몇 년 동안 좁혀질 줄 몰랐고, 이제 파르타는 아버지를 애정이 아닌, 혐오스런 견해를 가진 사람으로 바라보게 되었다. 아버지에 관해 이야기하는 그의 표정에서 두 가지 감정이 그대로 드러났다. 거기에는 과거의 기억으로 쌓인 통찰만이 남았을 뿐, 새로운 깨달음은 없었다. 지텐드라 바네르지는 가치관이나 자녀 교육에서는 절대 타협하지 않는 정직한 사람이었다. 그는 아들 파르타의 크리켓과 축구 경기를 보기 위해 시간을 냈고, 아들을 데리고 영화 「콰이강의 다리」를 보러 가기도 했다. 그는 아들이 좋은 영화에서 영향을 받고, 당대의 문화를 경험하길 원했다. 그의 아버지가 어떤 사람인지를 말할 때 그런 면은 떼어놓을 수 없는 부분이었다.

하지만 지텐드라는 뼛속 깊이 RSS 사람이었고, 그의 행동, 그의 말은 본성에서 비롯된 것이기도 했다. 부모에 대한 애정을 빼고 바라본 아버지는 '온전히 인종차별적이고, 이슬람 혐오적이며 파시스트'였다. 파르타는 아버지의 인종차별이 '온건한 방식으로' 표출되었다고 했다. 그런 측면은 아버지가 읽는 것, 하는 말, 가족들에게 주입한 가치관 속에서 분명히 드러났다. "아버지는 공산주의와 공산주의자들은 악이며, 이슬람도 악이고, 기독교도 악이라고 말했어요. RSS 잡지와 신문을 읽었는데, 증오로 가득 차 있었죠. 그때는 그게 증오라는 것도 몰랐어요. 그냥 진실인 줄 알았으니까요. 내가 읽고 듣는 게 궁극적인 현실이라고 믿도록 키워진 거죠."

파르타는 1956년생이었다. 그는 아버지 이야기를 들려준 다음, RSS에서 아버지가 어떤 사람이었는지 보여주겠다고 했다. 그는 거실 의자에서 천천히 일어나 벽에 붙인 책장으로 걸어갔다. 그는 책장 앞에 붙여놓은 소파침대 앞에 쭈그리고 앉아, 다른 팔로 넘어지지 않게 균형을 잡으며 책장의 유리 미닫이문 손잡이로 손을 뻗었다. 유리문 뒤에는 부모님의 컬러 사진들이 있었는데 일부는 손상되지 않게 비닐로 씌워두었다. 가족사진에서 바네르지 부부는 무표정한 얼굴로 일정한 거리를 두고 있었다. 자신들에 대해서는 아무것도 드러내지 않으면서 겉으로 보이는 모습에 신경 쓰는 듯한 느낌이었다. 사진만으로는 지텐드라가 무슬림을 불편하게 여기는 점이나 그의 재정적 선택으로 아내가 감당한 어려움 따위는 전혀 느껴지지 않았다. 책장 안에는 트로피, 포스터, 무용수들의 사진, 누군가 음식을 먹는 사진, 돌로 조각된 작은 소라고둥들이 놓여 있었다. 2017년 카루크니트 미술 및 공예 상점의 달력과 함께, 미니어처 플라스틱 의자에 앉은 갈색 피부의 작은 플라스틱 인형 두 개도 놓여 있었다. 방치된 장식과 잊힌 물건들이 독특한 분위기를 자아냈다.

유리문이 덜컹하며 끼익 소리와 함께 열렸다. 그는 안으로 손을 뻗었다. "아버지 책들이에요. 보여드릴게요."

책더미에서 헤지와르의 초상화가 떨어졌다. 질문을 던지는 듯한 눈빛, 둥근 얼굴, 풍성한 흰 콧수염, RSS 소속임을 상징하는 높고 검은 모자에 반사된 은은한 광택. 헤지와르는 쉰한 살에 일찍 세상을 떠났지만, 이후 RSS 내에서 받을 수 있는 최고의 공식 지위인 '아바타'에 올랐다. 바네르지는 저서에서 아바타가 "신을 숭배하는 수준까지 경외와 존경을 받고 기억되는 자"라는 뜻이라고 썼다. 돋보이는 조명 아래 그려진 그의 초상화는 공식 승인을 받은 것으로, 온라인에서 1500루피에 팔렸다. 책들은 RSS 출판부에서 나온 영웅담들이었다. RSS의 전설적인 지도자 에크나트 라나데가 지텐드라의 결혼식 날 선물한 것이었다. 라나데는 간디 암살 이후 내려진 RSS 활동 금지령에 맞서 시위를 조직했지만, 감옥에 끌려가지는 않았다. 그는 숨어서 활동하며 지도력을 발휘한 점을 인정받아 '언더그라운드 사르상찰락 Sarsanghchalak(총수)'이라고 불렸다. "책 대부분이 마라티어로 돼 있어요. 예전의 프라차락(선전요원)들은 마라티어를 했거든요. RSS는 본래 마라티어 조직이었으니까. 하지만 이제는 좀 달라졌죠." 학구적인 병사였던 지텐드라는 그 책들을 벵골어로 번역했다.

파르타는 아버지가 어떤 이유에서인지 따로 모아 테이프로 묶어둔 엽서들을 꺼냈다. 엽서를 펼치자 RSS 판테온의 스타들이 모습을 드러냈다. 엽서 한 장에는 골왈카르가 있었다. 다듬지 않은 머리와 거친 수염이 순간적으로 성스러운 느낌을 주었고, 수도자 같은 분위기도 풍겼다. 또 다른 엽서에는 힌두 지도자 라마크리슈나의 아내인 사라다 데비의 얼굴이 있었다. 라마크리슈나의 가르침은 비베카난다에게 영감을 주었다. 그림 속에서 그녀는 흰 사리를 입고 있었고, 머리 주변으로는 부드러운 후광이 둘러싸고 있었다. 세 번째 엽서에는 마라타 전사 왕 시바지의 얼굴 뒤로 주황색 깃발이 휘날리고 있었다. 이 고행자나 성인, 전사의 이미지들은 RSS의 서벵골 지부에서 인쇄한 것이었다. 파르타는 그 엽서들을 손바닥 위에 올려놓고 보면서 말했다. "거기서는 힌두주의에 관한 논의가 전부예요. 다른 건 없어요. 오로지 보수 힌두주의뿐이죠. 제가 RSS 글쓰기 대회에서 1등을 했다면 상품은 헤지와르 전기일 거예요. 얼마나 따분해요?"

간디가 암살된 후 대대적 체포가 있었고, 그로부터 얼마 지나지 않아 감옥에서 풀려난 RSS '거물' 중 한 명이 파르타의 아버지였다고 했다. 지텐드라는 베나레스에서 학구적인 벵골인이었지만, RSS 활동 금지령에 대한 대응으로 감옥 채우기 운동이 벌어지자 자신의 미래마저 포기하고 이 운동에 합류했다. 그의 희생은 수염을 기르고 안경 쓴 조직의 최고 지도자, 골왈카르도 인정했는데 그는 스스로를 네루와 동등한 위치의 인물로 여겼다. 골왈카르는 지텐드라의 이름을 알고 있었고, 그 사실만으로도 지텐드라에게는 충분한 보상이 되었다.

RSS 활동 금지령에 대한 항의가 시작된 후 먼저 델리에서, 이후 주변 마을에서 4만 명 이상의 자원봉사자와 일반 대중이 코노트 광장, 찬드니 초크 등에서 대규모 집회를 열어 캠페인에 동참했다. 경찰과 정보 요원들은 이를 "그들만의 자만심 가득한 위신의 지표"라고 불렀다. 하지만 골왈카르는 RSS 간부들이 보여준 최고의 헌신이라 여겼다. 1949년 7월 부총리가 RSS 금지령을 해제하고 점차 사람들을 석방하자, RSS 지도자들은 그들에게 즉시 임무를 부여했다.

공개 및 비공개 회의에서 골왈카르는 자신의 대원들에게 새 회원을 모집하고, 새로운 거점을 개발하며, 정치 정당에 가입해 'RSS 이데올로기를 그 정당들에 주입하라'고 촉구했다. 고위 지도자들은 지지자들에게 힌두주의 수호를 위해 기금을 모으도록 장려했으며, 여기서 1000루피, 저기서 2000루피씩 모금하게 했다. 회원 가입비도 지정했는데 신청자가 적어 점점 낮춰졌고, 몇 번 더 인하한 끝에 최종적으로 2아나로 결정되었다. 회원들은 결속 강화를 위해 동료들과 정기적으로 조직적인 게임을 하도록 지시받았다. 골왈카르는 청중에게 네루의 국민회의당 힌두교 회원들이 곧 RSS에 합류할 것이라며 그들을 독려했다. 매우 분주한 시기였고 어떻게 보면 조직의 인기와 확장을 반영하는 듯 보였다. 추종자들도 대부분 상황을 그렇게 받아들였다. 하지만 그런 행동에는 절박한 조바심이 깔려 있었다. RSS 지도부는 대원들에게 계속 임무를 부여해 그들을 붙잡아두려고 안간힘을 썼다. 간디 암살범과의 연관성 때문에 거센 반발을 겪었고, 무기 훈련과 근접 전투 훈련을 받은 수천 명의 RSS 대원은 평생 공직에서 퇴출당하고 감옥에 갔다 풀려난 후 조직의 향후 계획에 대해 알고 싶어 안달이었다고 한 RSS 관계자는 정부 조사관에게 진술했다. "우리, 조직의 지도자들에게 큰 책임이 주어졌습니다. 역동적이고 활기찬 젊은 대중을 효과적으로 통제하지 않으면 그들이 무책임하고 위험한 행동을 저질러 조직이 불명예를 입고, 그 책임을 져야 하는 상황이 올 수도 있습니다." 지텐드라는 석방된 후 한동안 조직의 지부인 샤카를 감독하다가, 벵골에서 RSS의 첫 번째 선전원(프로파간디스트)으로 활동했다. 조직은 그 대가로 내부 인맥을 통해 일자리를 마련해주었다. 일종의 자비였다. 간디 암살 이후, 세상은 RSS 소속 인물들에게 결코 친절을 베풀지 않았기에.

지텐드라가 RSS를 위해 했던 선전활동으로는 그의 번역물과 한 편의 에세이 외에는 거의 남은 게 없지만, 1950년 초 서벵골에서 그가 조국과 힌두의 단결을 위해 열심이었던 것만은 분명하다. 당시 2만 명의 힌두와 무슬림 벵골인은 매일 한 나라에서 다른 나라로 이동했다. 그들은 서류, 옷, 보석, 현금을 챙겨 서둘러 떠났고, 이동 중에 몇 가지 물건을 포기하고 몇 가지를 챙겼다면 운이 좋은 편이었다. 이곳에서 인도-파키스탄 분리는 과거의 일이 아니었다. 인도와 파키스탄의 총리들이 서로 국민을 통제하라고 촉구했지만, 혼란은 계속되었다. 당시 파키스탄 총리였던 리아콰트 알리 칸은 "인도-파키스탄 재통합을 주장하거나, 파키스탄 내 힌두교도들에게 별도의 고향을 요구하는 단체들의 활동을 억제한다면 평화가 찾아올 것"이라고 네루에게 조언했다. 그는 특히 서벵골에서 RSS 순회 폭력단이 무력한 무슬림들에게 위협을 가하지 않겠다는 보장을 받고 싶어했다. 네루는 이에 대해, 파키스탄의 힌두교도들이 "빈번한 살해, 방화, 약탈, 여성 납치 등 온갖 폭력에 시달리고 있으며, 우리와 긴밀히 연관된 많은 사람이 도덕적으로 무너지고 있다"고 리아콰트 알리 칸에게 전했다. 당시 두 총리의 신중한 비판에는 사태의 규모에 대한 당혹감이 감춰져 있었다. 1950년 1월부터 3월까지, 동부 국경 지역에서 발생한 격렬한 공동체 간 폭력으로 약 50만 명의 난민이 인도로 유입되었고, 이보다 약간 적은 수가 파키스탄으로 넘어갔다. 매일매일 도화선이 타들어가는 속도로 재앙이 다가오고 있었다.

네루는 그 순간 이성적인 것은 하나도 없다고 생각했다. 어느 것 하나 말이 되지 않았다. 난민들의 눈빛에는 충격이, 입술에는 참혹한 이야기가 담겨 있었고, 사람들은 그들의 경험담을 듣고 이웃을 공격하며, 총리에게 파키스탄과 맞서 싸우라고 요구했다. 한편 서벵골의 대중은 늘 부추기는 세력에게 언제든 선동될 준비가 되어 있었다. 이런 환경에서 네루는 각 주의 주지사들에게 서한을 보냈다. "사람들이 흥분하고 증오와 분노로 가득 차 있을 때, 힌두 마하사바가 어떤 식으로든 잘못된 길로 선동하면 큰 혼란을 초래할 수 있다…… 아주 작은 사건도 순식간에 거대한 폭력 사태로 번질 수 있다." 그는 벵골에만 최소 155개 지부를 두고 있던 힌두 마하사바뿐 아니라, 힌두교와 무슬림 인구를 교환하자고 요구하는 다른 반동적인 힌두 정당들, 또 공공 집회에서 위협 연설을 일삼는 단체들도 제지해달라고 간청했다. 끊임없는 유언비어 유포와 선동에 지친 네루는 이를 방치하면 공동체 간의 불길이 불시에 그들을 덮쳐올 거라고 주지사에게 여러 차례 경고했다. 네루는 소요 사태를 진압한 장관들에게 찬사를 보내고, 무능한 장관들은 꾸짖으며 상황을 통제하려 애썼다. 하지만 진정으로 싸우려 했던 것은, 그가 종종 언급한 '중세적 사고방식'으로, 여기에는 힌두 정당들만이 아니라 정부 관료, 일반 대중 모두가 해당됐다. 3월 3일 네루는 전 인도 라디오All India Radio를 통해 전국에 연설하며 국민에게 이 상황을 설명하려 했다. "수천만 명을 뿌리뽑아 낯선 땅에 정착시키는 것은 극심한 고통을 수반하는 엄청난 과업입니다." 그는 물었다. "수백만 명의 운명이 달린 중대한 문제를, 어떻게 순간적인 흥분으로, 여러 가능성을 충분히 고려하지 않은 채 결정할 수 있습니까?" 그는 인도인들이 무슬림을 '잠재적 파키스탄인'으로 보는 것을 멈추길 바랐다. 하지만 힌두 정당들은 여전히 '놀라운 방식으로 잘못된 말과 행동을 하며' 선동을 계속해나가고 있는데 과연 그게 가능한 일일까?

네루는 장관과 친구들에게 편지를 보내, 힌두 마하사바—거기에 연관된 RSS—가 본질적으로 인도보다 파키스탄에 더 가깝다고 말했다. 그들이 채택한 힌두 중심 정책은 본질적으로 파키스탄의 이슬람 중심 정책을 뒤집어놓은 것과 똑같다는 것이었다. 그는 특히 마하사바의 무슬림 정책을 혐오했으며, "그들은 가끔 세상에서 가장 어리석은 제안을 내놓는다"고 비판했다. 하지만 "어리석음도 일종의 민족주의적 외양을 걸치면 먹히는 시장이 있다"는 사실을 네루도 인지하고 있었다. 힌두 마하사바의 사상이 사회 깊숙이 스미는 것을 네루는 가장 불안해했다. "우리는 점점 파키스탄 또는 힌두 마하사바의 정책을 따라가고 있는 것 같다"고 네루는 썼다.

네루가 싸웠던 '중세적 사고방식'은 1950년 초에 극명하게 드러났다. 행동에는 빠르게 나서면서 결과는 천천히 생각하는 반동적 사고방식이었다. 벵골과 아삼주의 무슬림, 특히 황마를 재배하던 많은 무슬림이 쫓겨나 동파키스탄으로 내몰렸다. 시골 전역에서 그들의 농지는 버려졌다. 황마 농사는 번영과 반감을 동시에 야기했다. 당시의 시와 문학작품들은 무슬림 가정의 깨끗한 양철 지붕이 햇빛에 반짝이는 모습을 부의 상징으로 묘사하곤 했는데 이런 부는 주변 지역의 물가 상승을 부추기기도 했다. 무슬림 경작자들이 쫓겨나면서, 네루는 경제적으로 중요한 수확철에 황마 생산에서 심각한 위기가 닥칠까봐 우려했다. 그 자리를 차지한 것은 파키스탄에서 온 힌두인들이었는데, 이들은 뛰어난 농업 기술을 갖고 있었지만, 그들에 대한 시선은 적대적이었다.

중세적 사고방식은 큰 그림을 보지 못하고 그림의 한 부분만 보는 것이다. 어느 의회 의원은 서구적 관습에 반발해 대통령 입장 때 고대 인도 악기와 소라를 불자고 제안했다. 그러자 네루는 그 의원에게 "500년 전에 사용하던 무기를 쓰고 싶은가, 현대식 무기를 쓰고 싶은가?"라고 물었다. 하지만 벵골 전역에서 학살이 계속되고, 난민들이 기차나 증기선을 타고 속속 도착하자, 그의 글에서도 차분함은 사라져갔다. 네루의 사무실에서 발송된 서신들은 점점 더 분노로 가득 찼다. 특히 3월 26일, 벵골 상공회의소 회장과 네루의 운전사가 힌두교도들에게 살해당했다는 소식이 전해진 날, 그의 분노는 극에 달했다. 네루는 파키스탄 총리든 친구든 그날 편지를 쓴 모든 이에게 격렬한 비난을 퍼부었다. 그의 처벌 본능이 다시 강렬히 솟구쳤다. 그는 감옥형과 집단 벌금을 부과하고, 말뿐인 수사에 종지부를 찍고 싶어했다. 4월 1일, 네루의 내각은 5개월 전 채택된 헌법이 보장한 기본권을 불과 몇 시간 만에 정지시키려 했다. 인도 대통령은 무슬림들이 공포에 빠지고, 힌두교도들이 더 대담해질 것을 우려해 이를 재고해달라고 간청했다.

네루를 경멸하는 사람들은 그를 이슬람 폭군이라 부르며 익명의 편지를 보냈다. 어느 인도 의회 의원은 그에게 "친애하는 마울라나 네루님께"로 시작되는 편지를 쓰면서, 네루가 인도의 분리를 받아들임으로써 조국을 배신했다고 비난했다. '마울라나Maulana'는 원래 페르시아어와 아랍어에 능통한 학자를 가리키는 말인데, 네루가 무슬림에 동조한다는 의미로 이 호칭을 사용한 것이었다. 이 조롱의 표현은 이후 그의 별명으로 굳어졌다. 70년이 지난 후에도 네루를 비판했던 힌두의 후손들은 트위터에서 그를 "마울라나 네루"라고 부르며 조롱한다. 네루는 그들이 자신을 미워하는 이유가 자신의 옷차림, 언어, 삶의 방식 때문이라는 걸 알고 있었다. 그는 벵골 주지사에게 보낸 편지에 이렇게 썼다. "그들은 제가 충분히 힌두인답지 않다고 생각합니다. 이 사람들이 원하는 대로 된다면, 당신도 나도 견딜 수 없을 겁니다." 네루는 '자유 인도라는 고귀한 저택에서 인도의 모든 자녀가 함께 살아가는 곳'이라는 국가적 이상을 여전히 꼭 붙들고 있었지만 1950년 초에는 그 이상이 조금씩 멀어져가고 있음을 느꼈다. 그는 부총리에게 보낸 편지에서 이렇게 토로했다. "제가 간직해온 이상이 전부 사라지고 있습니다. 지금 인도에서 벌어지는 상황은 단순히 저를 괴롭히는 것을 넘어, 제 인생의 노력이 실패로 돌아갔음을 보여줍니다. 가장 가슴 아픈 것은 바로 이 나라 내부에서 진행되고 있는 부패입니다."

파르타의 아버지 지텐드라는 RSS의 새 정치 조직인 자나 상Jana Sangh의 한 외곽 지부에서 비서로 일했다. 자나 상은 그동안 은밀하게 행해지던 일들을 노골적으로 드러내려고 만든 단체였다. 파르타는 아버지 지텐드라와 함께 사무실의 삐걱거리는 나무 계단을 올라가던 기억, 아버지가 전달할 정당 서신을 작성하기 위해 열심히 두드려대던 타자기의 요란한 소리를 떠올렸다. 작은 사무실이었지만 대담한 꿈으로 가득 차 있던 곳. 하지만 힌두 국가를 건설하겠다는 꿈을 실현하려면 더 많은 자본이 필요했다. 마하사바는 총선을 준비하며 1951년 3월, 미국 외교관들과 공식적으로 만나 공산주의자와 국민회의당이 권력을 잡는 것을 막기 위해 선거운동에 "직접적인 지원"을 요청했다. 마하사바 지도자인 아슈토시 라히리는 미국 기업들이 마하사바의 서

벵골 지역 출판물에 광고를 게재하도록 압박해달라고 요청했다. 이 터무니없는 요구는 당연히 거절당했고, 이후 미국과 영국의 관료들 사이에서 접근 방식에 관한 외교 전문이 오갔다.

"일은 있었지만 평범한 당원들에게 돌아오는 돈은 거의 없었어요." 파르타가 말했다. 아버지가 RSS에 헌신한 대가는 결국 아내와 자식들이 감당해야 했다. 유일하게 차고 넘친 것은 이념뿐. 한 집의 가장이 조직의 운명에 흔들리지 않는 신념을 내세운 결말은 파국이었다. "아버지는 모든 걸 포기했어요. 학문상의 경력, 안정된 중산층 가정, 집, 세속적인 즐거움까지 전부 다요. 어머니가 많이 힘들어하셨고, 저도 마찬가지였어요. 우리는 평생 가난하게 살았고요. 그게 바로 RSS였죠."

그게 RSS였다. 조직의 회원들은 고난을 중시했고, 자신의 희생뿐 아니라 주변 사람들의 희생까지 꼼꼼히 따졌다. 가까운 유대감과 본질적인 이해로 위기 때는 서로를 도왔지만 동시에 서로에 대한 철저한 감시 체계가 만들어졌다. 서로 무슨 옷을 입는지, 무엇을 먹는지, 태도가 갑자기 변하진 않았는지, 조직에 대한 헌신이 줄지는 않았는지, 돈을 벌었는지 주의 깊게 살폈다. 어떤 고난도, 어떤 소유물도 감시의 눈길에서 벗어나지 못했다. 몇 년이 지나 파르타가 아버지를 따라 RSS에 들어가고, 조직에 관한 책을 쓰고 그곳을 떠난 후에도, 그런 습관에서 완전히 벗어나지는 못했다. 재정적 책임을 외면한 그의 아버지처럼 다른 조직원들도 '가끔 굶거나' '밥 한 그릇, 차파티나 감자 몇 개로 그날그날 연명'하며 스스로 안락함을 포기하고 감내하는 모습에서는 고귀함마저 느껴질 정도였다. 그런 초연함은 그의 가치 체계에서 가장 존경할 만한 덕목이었다.

"그들은 탐욕스럽지 않았고, 거짓말도 하지 않았고, 부패하지도 않았어요. 성자처럼요." 파르타는 말했다.

RSS 회원이 되고 수십 년 동안 그들과 함께한 이유도 그 때문이었다. 물론 그들은 무슬림과 공산주의자, 기독교인을 증오하고, 인종차별을 하고, 사고방식은 극단적으로 보수적이었으며, 반지성주의적 이념을 가지고 있었다. 그가 이슬람 혐오, 달리트에 대한 멸시, 성차별을 지지한 것은 아니지만(특히 RSS의 본성을 깨달은 이후) 그가 알던 RSS의 가장 충성스러운 간부들은 '개인적으로는 무척 정직한 사람들이었다'는 것을 내가 알아주길 바랐다. 그들의 순도 높은 증오는 '스스로의 교리를 정직하게 따른' 결과였다고 그는 덧붙였다.

하지만 아무 의문 없이 형성되는 신념은 없다. 파르타 안에 남아 있던 회의감의 흔적은 어머니의 영향이었다. 그녀는 네루의 정당인 국민회의당을 지지하는 집안 출신이었고, RSS에 대한 반감이 극도로 강했기에 지텐드라는 집에서 정치 이야기를 거의 하지 않았다. 그녀는 정규 교육을 받지 못했지만, 집안의 영향 때문에 대체로 국민회의당의 범종교적 세계관을 따랐다. 그녀는 아버지를 따라가기로 한 아들의 결정을 절망 속에서 지켜보았다. 어머니는 아들이 학문을 포기하고, 인간성도 잃고, 이성을 바탕으로 한 합리주의와 영성을 버리고 종교에만 빠져들까봐 두려워했다. 파르타는 "어머니가 RSS의 가부장적 사회 지도자와 남성 우월적인 허풍쟁이들을 싫어하셨다"고 썼다. 그녀는 RSS가 가족에 미치는 영향에 의문을 품었다. 어머니는 RSS가 길 잃은 남성, 여성, 아이들에게 이야기로 헛된 희망을 불어넣고, 한 남자의 에너지와 시간을 이용한 뒤, 쓰임새가 다하면 버린다고 했다.

지텐드라는 그 말이 사실임을 알고 있었지만, 자신이 착취당했다고 느끼지는 않았다. 그는 아들에게 "RSS에서 내가 한 일은 조국을 위한 것이었다. 신이 준 이 의무가 내 삶을 지탱해준 자양물이었다"라고 했다. 아들은 그 말을 듣고 당혹스러웠다. 지텐드라는 종교적인 사람이 아니었고, 종교의식을 행한 적도 없었다. 심지어 푸조 축제 기간에 여신상을 보러 길 건너편 천막(판달)까지도 걸음한 적이 없었다. "아버지의 신앙은 추상적이었어요. 매일 영성활동을 하는 것도 아니었고요." 지텐드라는 종교의식에 참여한 적도 없었지만 그는 마치 이렇게 말하는 것 같았다. "힌두인은 강해야 해. 우리는 하나로 뭉쳐야 하고, 전투적이 되어야 해. 오직 무기를 통해서만 나라를 통합할 수 있어. 이 나라는 다른 누구의 것도 아닌 힌두인만을 위한 것이야."

지텐드라의 믿음은 힌두교 자체에 대한 것이라기보다 힌두 공동체의 통합에 대한 신념이었다. 그의 사고는 탐구와 추론을 통해 자연스럽게 형성된 게 아니라 기계적인 반복 학습으로 주입된 것이었다. 그는 수십 년 동안 RSS 지도부가 주창해온 개념을 담아내는 그릇 같은 존재였다. 나는 그의 저서 한 권을 펼쳐보았다. 비베카난다 탄생 100주년을 기념해 쓰인 책이었고, 서문을 작성한 사람은 지텐드라의 지인이자 RSS 지도자였던 에크나트 라나데였다. 영적 지도자 비베카난다의 가르침을 모아놓은 편집본으로, 라나데는 그 가르침 중 일부를 나열했다. "인도에서의 국가적 통합은 흩어진 영적 힘을 하나로 모으는 것이어야 한다······ 인도에서의 국가란 같은 영적 목표를 향해 심장이 뛰는 이들의 연합이어야 한다." 그는 비베카난다가 사람들에게 "어리석음, 미신, 소심함, 사소한 일로 인한 다툼과 말싸움"을 버리고,

대신 조직화를 통해 위대한 힘을 얻으라고 했다고 말한다. "그러므로 개별적 의지를 조율해 과거보다 훨씬 더 영광스런 미래를 구축해야 한다." '최상의 질서를 갖춘, 순수하고 단일한 힌두 논리에 부응하는 국가적 통합'은 실현 불가능한 망상이었다. 하지만 그 목표가 손에 잡히지 않을수록 조직의 활동가들은 끝없이 목표를 추구하며, 실패를 탓할 대상을 지목할 수 있었다. 온전히 순수한 힌두교를 추구하는 과정에서 이에 상반되는 욕망과 선택은 외래의 것, 불순한 것, 나라가 나아가야 할 길을 가로막는 장애물이었다.

파르타는 어머니가 옳았다고 했다. 2017년 지텐드라가 세상을 떠난 후, 파르타는 어린 시절에 알았던 아버지의 지인들을 만나러 콜카타의 RSS 사무실을 방문했다. 그는 아버지를 변호하며 지텐드라의 희생을 상기시켰다. 지텐드라는 RSS를 위해 대학을 포기했고, 간디 암살 후 벵골에서 조직을 재건했으며, 인디라 간디가 시민의 자유를 정지시키고 RSS를 추적할 때 증거가 될 만한 불리한 서류들을 불태웠으며, 결국 그들을 위해 감옥까지 갔다. 지텐드라의 전도활동과 번역 작업은 기념비를 받을 자격이 충분하다고 주장했다. 하지만 그들은 내키지 않아 했고, 그들이 제안한 것은 파르타에게 충분하게 느껴지지 않았다. 삐걱거리던 계단, 시끄러운 타자기 소리, 손편지를 써서 전달하던 사람들로 채워졌던 공간은 사라지고 없다는 것을 그제야 깨달았다. 아버지의 마지막 몇십 년은 자신의 삶과 선택을 되돌아본 시간이었다. 그 고독 속에서, 아버지는 RSS가 금지했던 라빈드라나트 타고르의 작품에 마침내 용기 내어 공개 찬사를 보내기도 했다. 아버지는 가끔 도티와 쿠르타를 입고 RSS 특별 모임에 참석하곤 했지만, 그들의 사상과는 점점 멀어져갔다. 그는 파르타에게 이제는 조직의 극단적 견해를 견딜 수 없다고 고백했다. 1992년 모스크 파괴와 2002년 구자라트 폭동에서 조직의 개입에 의문을 품기도 했다. 모든 파괴 행위는 더 큰 혼란의 씨앗을 내포했다. "아버지는 더 이상 과거의 완고하고 오만한 RSS 인물이 아니었어요." 지텐드라는 이제 조직이 그에게 아무것도 요구하지 않는다는 사실에 평온을 얻었고 온화해졌다. 결국 그의 장례식에는 15~16명의 조직 원로만 참석했고, 그의 죽음은 RSS의 벵골어 저널 『스와스티카』에 짧게 언급되었을 뿐이다.

파르타가 처음으로 지텐드라의 손에 이끌려 샤카에 간 것은 1962년, 여섯 살 때였다. 그는 샤카의 일상과 회원들의 삶 속으로 자연스럽게 끌려들어가 바쁜 나날을 보냈다. 게임을 하고, 노래를 부르고, 이야기도 들었다. 어떤 게임을 하고 무슨 이야기를 들었을까? 모든 활동은 신화적 요소를 참조했거나 어떤 식으로든 힌두 문화와 연결되어 있었다. 크리켓이나 축구 같은 서구식 게임이 들어설 자리는 없었다. 지역 교육 담당자인 무캬 시크샤크는 아이들을 둥글게 앉혀놓고 힌두교와 그 상징에 관한 이야기를 들려주며, 아이들의 세계관을 테두리 지었다. 수업할 때는 의도적으로 소라 나팔 소리나 사원의 종소리를 배경음으로 희미하게 깔았다. RSS 교사들은 지적 멘토의 역할을 자처했지만, 그들의 교육은 본질적으로 단 하나의 종교적 가르침에 기반하고 있었다. "거기서 아인슈타인이나 찰스 다윈, 기후변화 같은 이야기는 하지 않았어요." 무슬림에 대해서는 늘 같은 방식으로 이야기했고, 남성과 여성은 전통적인 역할로 나뉘었다. 남성은 타고난 지도자, 여성은 그들을 보조하는 존재라는 생각이 기본이었다. 파르타는 아홉 살이나 열 살 무렵 학교에서 무슬림 아이 몇 명을 때리고 싶은 충동을 느끼기도 했다. 주변 사람들은 이게 괜찮다고 생각하는 듯했지만, 어머니에게는 그 말을 하지 않았다. 어머니가 어떤 반응을 보일지 두려웠기 때문이다.

한번은 최고 지도자인 골왈카르가 엉성한 산스크리트어로 기도를 인도하는 파르타를 보고 그를 방으로 불렀다. 골왈카르는 아버지와 학업에 대해 몇 가지 질문한 후, 파르타에게 한 고위 RSS 지도자에게서 집중 강습을 받아 산스크리트어 발음을 교정하라고 지시했다. "그렇게 길러졌어요." 샤카에서 경험한 성장의 순간들, 리더십 경험, 형제애와 소속감, 힌두교를 섬기는 전사 정신의 점진적 주입 등은 어린 파르타에게 목적의식을 심어주었고, 그는 점점 더 조직의 궤도로 끌려 들어갔다. 수업, 교류, 대화의 모든 요소는 단 하나의 목표를 향해 정교하게 계산된 듯 보였다. 그들의 궁극적 '고객'을 위해 일할 조직원을 키우는 것이었고, 그 고객은 바로 조국이었다. 그들은 조직에서 파르타의 성공이 필연적이라는 메시지를 다양한 방식으로 전달했다. 심지어 지금도 그는 평생을 RSS에 바친 후, 육십대에 국회의원으로 활동하는 자신의 모습을 상상하곤 했다.

1960년대 후반부터 1970년대 초반까지 조직 내에서 파르타의 책임은 점점 커졌고, 그는 더 높은 직책을 맡게 될 거라고 믿었다. 상사들은 그가 드문 인재라고 상부에 보고했다. 그는 문제없이 명령을 수행했고 조직원 모집에도 능력을 발휘했다. 긍정적 평가는 점점 쌓였고, 결국 샤카의 교육 담당자로 임명되었다. 파르타는 십대 후반에 접어들면서, 콜카타 북부에서 수백 명의 아이에게 RSS 가입을 독려했다.

신규 회원이 샤카를 방문하면, 파르타가 그들을 맞아 신상을 파악했다. 학교는 어디에 다니는지, 몇 학년인지, 어디 사는지, 아버지는 무슨 일을 하는지, 형제자매는 몇 명인지 등을 물었다. 취향, 성격, 비밀까지 모든 주제가 그의 관심 대상이었다. 처음에는 종교나 정치 이야기는 절대 하지 않도록 조심했고, 뚜렷한 이념을 갖지 않은 사람처럼 보이려고 했다. 무해하고 존중받는 이미지를 내세워 신입 회원에게 가족을 만나고 싶다고 요청했다. 그러면 신입 회원의 집에서 파르타를 초대해 차나 식사를 대접했다. 그의 경험상 대부분의 가족은 RSS 관계자가 집을 방문한다고 하면 기쁘게 받아들였다. 샤카가 끝난 후, 그는 보조 교사와 함께 부모를 만나러 갔다. 명목상으로는 차 한잔을 마시기 위해서였지만 부모와 교사들은 서로를 탐색했다. 한쪽은 자녀에게 안전한 환경을 찾아주려 했고, 다른 한쪽은 조직의 미래를 짊어질 인재를 물색했다.

   부모, 형제자매와의 만남을 거듭하며, 파르타는 점점 치밀하게 계산된 호기심을 드러냈다. 가족들은 종종 그의 관심에 기분이 들떴고, 그는 가족의 모든 것을 꿰뚫어보는 눈과 깊이 있는 감정으로 신입 회원을 파악하며 그들의 환경과 두려움을 머릿속 지도에 그려나갔다. 그들의 걱정을 자신의 것으로 여기면서, 자신이 대표하는 거대 조직이 이 지역에서 얼마나 무한한 자원을 갖고 있는지 보여주려고 했다. 그리고 그들에게 자신이 없어서는 안 될 존재임을 보여줄 방법을 찾아냈다. "학교생활은 어떤지, 기말고사 준비는 잘하고 있는지 물어봐요. 수학은 잘하고 있니? 도와줄 사람은 있니? 내가 수학을 도와줄 사람을 보낼 수 있어. RSS에서 수학을 잘하는 사람을 찾아서 집으로 보내줄게. 무료로 가르쳐줄 거야."

 새로운 신입 대원이 들어오면 처음에는 할 일이 많았다. 파르타는 적어도 일주일에 한 번씩 꼭 가정 방문을 했다. 그런 친숙함은 금세 효과를 냈다. "'아드님은 정말 단시간에 신참에서 벗어났어요. 이제 RSS 가족입니다'라고 말해요. 가식이 아닌 진심을 보여야 해요. '나는 너를 형제처럼 아끼고, 네 삶과 가족을 진심으로 걱정한다'는 것을 보여주죠. 그러면 점점 믿고, 의지할 수 있는 사람이라고 생각해요. 필요할 때 항상 곁에 있을 사람이요. '우리가 돈을 주지는 않지만 당신 자식이 잘 지내는지 지켜볼 거다. 방과 후 인터넷으로 포르노나 보면서 시간을 보내는 게 아니라, 친구들과 어울리고, 노래하고, 나라와 민족에 대해 이야기하는 걸 알게 되면 어머니도 안심할 거다. RSS에 오지 않으면 길거리에 나앉아 친구들과 어울려 담배를 피우고, 마약을 하고, 여자 문제나 일으키는 방탕한 아이가 될 거다.'" 진정성은 그의 무기였고, 신입 대원들이 거부할 수 없는 '비결'이기도 했다. "진심으로 대해야 해요. 아시죠? 사람들은 2초 만에 이 사람이 가식적인지, 사실은 여동생을 노리고 있는지 알아채요." (이런 접근 방식은 RSS의 성공에 필수적이었다고 작가 악샤야 무쿨은 말했다. "그들은 '라스트 마일 네트워크'를 구축해서 사람들의 삶 속까지 깊숙이 침투하죠. 그렇게 해서 평범한 힌두 가정에 접근하는 겁니다. 저는 그들을 '가장'이라고 부릅니다.")

 파르타는 조직에서 잘나갔지만 그래도 전향 시도는 대부분 실패로 끝났다. 모집한 10명 중 9명은 대개 국민회의당이나 공산당을 지지하던 가족들의 손에 '눈치도 못 채는 사이에' 끌려갔을 거라고 그는 추측했다. "그들은 이미 RSS에 대해 알고 있었어요." 남은 사람은 대부분

문맹이거나 무지했다. 그는 RSS를 가리켜 이렇게 말했다. "'당신이 계몽되지 않은 가정에서 자랐다면 내가 당신을 계몽시켜주겠다. 나는 당신에게 힌두교를 가르치고, 비베카난다를 가르치고, 인도와 여러 주, 다양한 언어, 노래를 가르쳐주겠다'고 말하죠."

세계관, 이슬람, 여성에 대한 RSS의 관점이 다양한 훈련과 조용한 대화들 사이로 서서히 스며들게 한다. 파르타는 그것을 집단 세뇌라고 생각했다. "RSS에서는 수많은 사람을 훈련시키지만 대개는 지식이 전혀 없어 질문조차 할 수 없는 이들이에요. 적당한 표현이 떠오르지 않지만 사고의 부재, 지성의 결여라고나 할까요."

누군가 질문을 하면 어떻게 되냐고 물었다. 그는 어떤 식으로든 답은 주어지겠지만, 질문자는 답변을 비판적으로 사고할 능력이 떨어질 거라고 했다. 단순히 나이가 어려서라기보다, 그들이 받은 교육의 질 때문이라고 했다. RSS 회원들의 지적 능력에 대한 그의 냉소적 태도는 다소 충격적이었다. 파르타는 마치 수학이나 과학의 기본 원리를 말하듯 확신에 차서 말했다. "커리큘럼 기반 교육과 논리적 사고력은 완전히 동떨어져 있어요." 그는 RSS 회원들을 비난하지는 않았지만, 그렇다고 옹호하지도 않았다. 그는 RSS의 말단 회원들을 지적 경험이 제한된 존재들로 봤다. "그러니까 정말로 지능이 형편없어요. 회원들의 90~95퍼센트는 실제로 골 빈 바보들이에요."

파르타는 이런 구조가 조직에는 매우 효과적으로 작용한다고 믿었다. RSS는 광대한 네트워크 전역에서 명령을 실행할 추종자들이 필요했고, 그 명령을 방해 없이 수행해야 했다. "사고를 무디게 만들어요. 생각하거나 질문하거나 도전하지 못하게요. 그저 지도자들의 지시를 맹목적으로 따를 뿐이죠. 지역 지도자들은 지구 지도자들에게 지시를 받고, 지구 지도자들은 전국 지도자들에게 지시를 받아요. 전국 지도자들은 다시 사르상찰락Sarsanghchalak 또는 최고 지도자에게서 지시를 받고, 아무도 거기에 의문을 제기하지 않아요. 어떤 질문도 나오지 않고 그저 합장하며 따를 뿐이죠." 샤콩에서 서기로 활동했던 전직 RSS 자원봉사자는 진지한 질문이 나오면 답을 꾸며내거나, 문제가 될 만한 질문에 두세 가지 다른 질문과 섞어 어물쩍 넘어가는 게 자주 쓰는 수법이라고 했다. "그들은 보통 '나중에 이야기하자'거나 '따로 이야기하자'고 말해요."

15~16세 때 파르타는 연례 간부 훈련 캠프에 초대되었고, 이후 샤카의 지역 지도자로 임명되었다. 그는 수천 명의 선배가 인도 전역에서 맡았던 규율화된 전통을 이어갔다. 소수의 사람만이 그들의 관행을 목격하는 작은 영지에서, 파르타와 지도자들은 부지런히 주황색 깃발을 펼치고 게양했으며, 아침 기도를 올리고 운동을 감독했다. 그 자리에서는 그들만 활동하는 것처럼 보였지만, 인도 전역에서 파르타 또래의 RSS 회원들이 동시간대에 똑같은 활동에 참여하고 있었다. 이런 동시성에서 그들은 기운을 얻고, 더 큰 공동 활동에 참여한다고 느끼며 동기부여를 받았다. 마오주의자와 여러 적대 세력이 수제 폭탄을 만들어 RSS 샤카를 공격하던 날에도, 파르타는 홀로 임무를 수행했다. 그는 공산당과 국민회의당에서 활동하는 지역 친구들이 RSS를 혐오하더라도 자신을 죽이지는 않을 거라고 확신했다. 그들이 무기 삼은 건 살인이 아닌 위협과 조롱이었기에 그들은 파르타의 우스꽝스러운 카키색 반바지와 공원 한구석에서 하는 바보 같은 운동을 비웃었

다. 그럴 때면 파르타는 이렇게 말했다. "나는 너희가 어떻게 생각하든 신경 쓰지 않아. 너희는 맹목적으로 몰입해 있으니까. 무슨 신이 내린 사명이라도 되는 것처럼 생각하잖아."

날씨도 폭력도 샤카의 일상을 방해하지는 못했다. 샤카는 RSS와 산하 단체의 가장 기본 단위였고, 그 존재는 필수적이었다. 평화로운 시기에 샤카는 RSS를 대표하는 장소로, 아이들이 매일 모여 운동과 규율을 배우고, 형제애와 정직의 가치를 배우며, 자신들의 유산에 관한 이야기를 들을 수 있는 곳이라는 게 겉으로 드러난 모습이었다. 샤카는 거대 집단의 프런트 데스크 같은 곳이었다. 그곳의 깃발은 늘 펄럭여야 했고, 경례를 받아야 했고, 세상의 중심이 되어야 했다. 사람들이 이를 폄훼하더라도 샤카의 존재는 필수적이었다. 그곳은 삶의 중심이었다. 샤카 자체의 중심 역할을 해준 것은 주황색 깃발이었다. 사원의 우상, 구루드와라Gurudwara의 성서처럼 그 깃발은 존경받는 존재였고, 거기에 경례하는 사람들에게는 신성한 것이었다.

파르타의 업무는 그의 잠재력에 부합했고, 그는 RSS의 학생 조직 공동 총무까지 올랐다. RSS 사무실에 가면 사람들과 몇 시간씩 대화하곤 했는데 그들은 무슬림들이 이런저런 행동을 한다며 불평을 늘어놓곤 했다. 사람들은 항상 그와 대화하려고 시간을 냈다. 그는 주 전역을 돌며 연설하고, 회의를 주최하고, 다른 캠퍼스에서 조직의 인기를 평가했으며, 콜카타 전역에서 행진을 이끌었다. 그가 캘커타대학 안뜰에서 조직한 집회는 학생 단체 역사상 최대 규모였을 것이다. 그는 "그걸 직접 봤어야 했다"고 말했는데, 그 소식은 이튿날 도시의 대표 신문 1면을 장식하기도 했다. 1970년대 중반 인도 총리가 계엄령을 선포한 비상 시기에, 그는 RSS 회원들에게 25년 전처럼 감옥 채우기 운동을 하자고 설득했다. 회원들은 힘든 감옥생활을 감내하며 투옥되었지만, 파르타는 같은 길을 따르지 않기로 했다. "저도 감옥에 가려고 했지만, 막판에 마음을 바꿨어요." RSS는 다시 불법화되었지만, 이전처럼 회원들은 다른 활동을 가장해 모임을 이어갔고, 조직은 계몽적인 새 이름을 내세워 활동을 계속했다. 파르타도 그런 조직 하나를 설립하는 데 도움을 주었다. "위장 RSS였어요. 우리는 모두 정치색을 띠지 않고, 공격적이지 않은 이름의 플랫폼에서 활동했어요. 반데마타람 차터베시 위원회Bandemataram Chaterbesh Committee였죠." 반데 마타람이라는 이름은 국가와 깊이 뿌리박힌 혁명, 민족주의 감정을 연상시켰다. "캘커타 고등법원 판사까지 위원회 회장으로 영입했어요. 그가 대법원장으로 일할 때는 RSS에 가입할 수 없었지만, 반데마타람 차터베시 위원회인데 누가 거부할 수 있겠어요?"

그 활동으로 파르타는 명성을 얻었다. 이제 그는 단순히 지텐드라의 아들이 아니라, 미래가 촉망받는 인물로 알려질 만큼 충분한 업적을 쌓았다. 그런데 모든 일이 순조롭게 풀리던 1981년, 그는 갑작스럽게 조직을 떠나 놀라움을 안겼다.

파르타는 점점 더 RSS와 거리감을 느끼고 있었다. 그 이유에 관한 그의 설명은 일관되지 않았다. 그는 어머니의 고통스러운 암 투병 때문에 삶에 대해 다시 생각하게 되었다고 했다. 게다가 RSS 지도부에 던진 그의 질문들은 답을 받지 못했다. "때로는 너무 우울해져서 조직과 거리를 두고 몇 달씩 연락을 끊고 살았어요. 그들은 열심히 말을 붙이려 애썼고, 저를 다시 조직으로 끌어들이려 했죠. 그런 일이 몇 년 동안 여러 번 반복됐어요." 그는 타고르를 읽고, 라이와 가탁의 영화를 보며, 좌파 성향의 친구들과 이야기를 나누었다. 그런 대화, 독서, 관람을 통해 그는 성장했고, 동시에 조직과 멀어졌다. 이후에 그는 미국으로 이주했다. "정말 좋은 친구 수백 명을 뒤로하고 떠났어요. 다시는 볼 수 없겠죠." 그는 자신의 저서에서 그 출발을 정화 과정, 갠지스강에서 몸을 닦으며 죄를 씻어내는 의식처럼 묘사했다.

그는 미국의 한 시골에서 박사 학위를 준비하는 동안, 보통의 유학생들처럼 고향 소식을 확인해볼 마음은 들지 않았다. 설령 그랬다 해도, 당시에는 인터넷이 없었다. 그러다 1995년 올버니로 이주한 뒤에야 인도에서 벌어진 일들을 접하게 되었다.

"충격이었어요."

그가 아버지로부터, 샤카에서, 훈련 캠프에서 듣고 자란 힌두의 미래가 갑자기 현실이 되어 있었다. 신들린 사람들, 환희에 찬 사람들이 바브리 모스크 돔 위에 올라가 모스크를 무너뜨렸다는 이야기를 읽고 그는 확신했다. "그들은 인도가 힌두교도만을 위한 나라라는 오랜 교리를 실현하고 있었던 거예요." 파르타는 아스가르 알리 엔지니어 같은 작가 및 연구자들과 서신을 주고받으며 힌두 근본주의에 대해 논의했다. 또, 독립적으로 진행된 폭동 조사 보고서들도 읽었다. 그중 많은 내용은 그가 이미 잘 알며, 깊이 이해하고 있던 진실이었다. 폭동은 새로 형성된 종파 조직들이 선동한 것으로, 그 조직은 RSS와 그 정치 분파인 BJP 당의 관련 인물들로 구성되어 있었다. 이 조직들은 겉으로는 RSS가 아닌 것 같지만, 구성원들 모두 RSS 출신이었고, 새 단체의 대표자로 활동하고 있었다. 그는 RSS에 관한 글들이 전부 외부인의 시각에서 쓰였다는 것을 깨달았다. 학자들은 RSS를 이론적으로는 이해해도 그 본질은 제대로 파악하지 못했다. "그래서 저는 '내가 뭔가를 해야 해. 나는 그들을 잘 알고 있고, 내가 아는 사실을 알고 있는 사람은 아무도 없으니까' 하고 생각했어요." 그는 자신의 경험을 바탕으로 얇은 책 한 권을 집필했다. 그의 활동을 자세히 설명하지는 않고, 대신 RSS 내부의 일상적인 사소한 것들에 초점을 맞췄다. 그렇기는 해도 책에 담긴 내용만으로 아버지는 깊은 배신감을 느꼈다.

2024년 모디의 정당이 세 번째 임기를 차지할 가능성이 높아지자, 파르타는 평소보다 더 오랜 기간 인도에 머물기로 결심했다. 그는 전국을 여행하며 사람들에게 RSS에 대해 알리고 싶었다. "그들은 인도를 완전히 뒤집어놓고 있으며, 히틀러가 독일에서 했던 방식 그대로 파시스트 국가로 만들고 있어요. 그들의 운영 방식은 너무나 지루하고 단조롭고 아무 특색도 없지만, 그 때문에 오히려 사고 능력이 없는 사람들로 이루어진 강력한 국가적 네트워크를 구축하는 데 성공할 수 있었죠. 사고 능력이 떨어지는 사람들은 지도자의 명령을 아무 의심 없이 따르니까요. 그게 RSS의 가장 큰 힘이죠. RSS에 대해 제대로 아는 사람은 아무도 없어요. RSS의 역사를 읽는 사람이 몇이나 될까요? 인도 국민 대다수는 RSS가 뭔지 몰라요. 애초에 대다수가 문맹인데, 히틀러, 무솔리니, 프랑코, 도조, 제2차 세계대전, SS, 갈색셔츠단*에 대해 뭘 알겠어요? 주류 미디어에서 RSS에 대한 논의는 전혀 이루어

• 나치 독일에서 활동했던 준군사 조직. 히틀러 정권의 앞잡이 역할을 했고 갈색 셔츠를 유니폼으로 입고 다녔다.

지지 않아요. 주류 언론에서 RSS의 역사를 제대로 다룬 내용을 들어본 적 있으세요? 없죠, 단 한 번도요. 그건 너무 불편한 주제라서 미디어 기업과 RSS-BJP 지도부와 갈등이 생길 게 뻔하고, 그런 점을 재빨리 파악했을 테니까요." 집권당과 그 이념적 뿌리인 RSS는 서로 독립적인 조직이라고 주장하지만, 파르타는 조금도 믿지 않았다. 오히려 RSS-BJP는 하나라며 그 둘을 묶어 생각했다.

파르타는 그 결과로 익숙한 병폐들이 퍼져가는 모습, 거짓 정보와 조작된 역사, 무장한 파시스트들이 시민 생활의 규칙을 정하는 현실을 그의 미국 집에서 지켜보았다. "겨울잠을 자던 인종차별주의자들이 새 정권 아래서 완전히 깨어났다"고 그는 말했다. 새 정권은 불안을 조장하며 그들을 사실상 정부의 도구로 만들어버렸다.

이 모든 게 결국 모디에게 유리하게 작용했다고 그는 말한다. "BJP는 힌두트바와 모디의 인도에 대한 환상을 만들어냈어요. 온갖 선전과 거짓말로, 인도가 올바른 방향으로 나아가고 있다는 환상을 심어주죠. 그 전체 시스템은 대중을 그럴듯한 교리로 이끌고 환상 속에서 살게 만들어요." 그는 작가 올더스 헉슬리가 묘사한 이상적인 전체주의 국가를 떠올렸고, 인도인들에게도 그 상태가 적용된다고 생각했다. "감옥 안에 있지만, 벽은 보이지 않는 거예요."

아버지 지텐드라의 사랑은 파르타를 제복과 '예서yes-sir'의 세계로 이끌었다. 작은 세계였지만, 그가 익숙히 잘 아는 곳이었다. 하지만 질문하고 답을 요구하는 과정에서 그는 아버지가 물려준 세계관의 한계를 깨달을 수 있었다. 그는 아버지가 가진 호기심의 좁디좁은 영역을 애통해했다. "아버지는 평생 RSS 영역 밖의 인도에 대해서는 알려고 하지 않았어요. RSS의 틀 안에 속하지 않은 인도에는 관심도 없었죠. 얼마나 슬픈 일이에요? 똑똑하고, 교육받은 사람이었는데 말이죠." 지텐드라는 5년 전 세상을 떠났지만 파르타가 RSS를 언급하는 동안에는 그 방에 여전히 존재하는 것처럼 느껴졌다. 하지만 끝내 말하지 못한 질문이 하나 있었다. '지텐드라가 그들의 말을 듣지 않았다면 어떻게 됐을까? 그랬다면 우리는 지금 어디쯤 있을까?'

내가 떠나기 전, 그는 망설이며 자신의 인터뷰 내용을 출판 전에 보여줄 수 있겠냐고 요청했다. 이미 충분히 많은 친구를 잃었기에 더는 누군가를 불편하게 만들고 싶지 않다면서.

2.
부모와 아이들

운하는 쓰레미 더미로 뒤덮인 둑 사이로 졸졸거리며 천천히 흘렀다. 동부 델리의 여러 비하르(구역) 주민들은 이 검은 물이 상류의 청바지 공장에서 흘러나온 오염물질, 암 유발 독소, 그리고 온갖 불행을 실어 나른다고 확신했다. 거기서는 구리 추출을 위해 태운 케이블 냄새처럼 쉰내가 코를 찔렀다.

고쿨푸리 지하철역에서 길을 따라 내려가면, 니사르가 버리고 떠난 집이 나오는데 그 근처에서 한 젊은 남자가 오후 휴식을 취하려고 약국 셔터를 내리고 있었다. 이번 주만 해도 두 번 그는 나를 봤고, 내 손에 들린 노트북을 유심히 살폈다. 그는 생명공학을 전공했지만 별로 좋아하지는 않는다고 했다. 그가 사랑하는 건 크리켓이었고, 델리의 여러 클럽에서 프로 선수로 뛰었다고 했다. 그의 얼굴에는 필연적으로 현실을 받아들여야 하는 이의 그림자가 드리워져 있었고 나는 그런 얼굴을 너무나 잘 알았다. 그는 지금, 열정과 현실 사이에서 선택의 기로에 서 있었다. "이 스포츠는 일반 가정에서는 감당하기 어려워요. 프로 선수들이 쓰는 배트는 모두 영국산 버드나무로 만드는데, 2만5000에서 3만 루피 정도 하거든요. 여기에 코치 비용과 기타 장비까지 포함하면, 한 달 평균 2만에서 3만 루피가 들어요. 일반 가정에서 그 비용을 어떻게 감당하겠어요? 부자들이나 할 수 있는 스포츠죠." 그는 대신 탐정 같은 직업도 생각해봤지만 조언해줄 사람이 없었다. 그에게 남은 선택지는 장래가 유망한 생명공학 분야와 약국 둘 중 하나였다. 킷캣 초콜릿은 냉장 보관을 해도 정작 약들은 그렇게 하지 않는…….

한동안 이런 대화가 이어지다 끊기자 그는 내게 여기서 뭘 하고 있냐고 물었다.

"공공장소에 있는 종교적 상징들에 관심이 있어서요." 나는 도로변에 펄럭이는 주황색 깃발을 가리키며 말했다. "지하철을 타고 오는데 두 가지가 유독 눈에 띄었어요. 하나는 휴대폰 기지국, 또 하나는 주황색 깃발. 인도 국기 수보다 훨씬 더 많더라고요."

"네, 여기는 그런 게 많죠." 그는 길 끝을 바라보며 조용히 말했다.

그는 자신이 종교적인 사람이라고 단호하게 말했지만, 폭력적이지는 않다고 덧붙였다. 종교적 열정이나 분노를 드러내는 행위와는 거리를 두고 있다고 했다. 이를 증명하듯, 그는 자신의 가게 앞에 어떤 깃발이나 종교적 표식도 없다며 자랑스레 내보였다. 스티커나 깃발을 강제로 붙이게 하는지 묻자, 그는 웃으며 말했다.

"그건 스스로 선택하는 거예요. 아무도 강요하지 않아요."

폭동의 여파로 경험과 관찰 내용을 주고받을 때 흐르는 긴장감이 있다. 기자도 관찰 대상인 상대방도 서로에겐 낯선 존재이고, 평소라면 더 자연스럽게 나눴을 이야기도 서로 조심스럽게 감춘다. 나는 바기라티 비하르와 무스타파바드를 여러 차례 걸어다니며, 그곳 분위기와 문화를 더 깊이 이해하려 했지만, 사람들과의 대화에는 언제나 경계가 바짝 서 있었다. 사람들이 마음을 닫게 할 만한 질문을 하지 않으려 조심하지만, 대화하다보면 우리는 자신이 너무 많이 말했다고 깨닫는 순간들이 있다. 처음 한 사람이 나에 대해 질문하기 시작하면, 어김없이 꼬리에 꼬리를 물고 질문이 쏟아지곤 했다. 그리고 그들은 경계하기 시작한다. 하지만 약국 문을 닫던 남자와의 만남은 달랐다. 그는 대놓고 호기심을 보였고, 적극적으로 설명하려고 했다. 오랜만에 질문을 적대 행위로 여기지 않는 평화로운 사람을 만나 다행이라는 생각이 들었다. 그래도 여전히 궁금했다. 폭동이 그에게는 어떤 흔적을 남겼을지. 단순한 소속감이 아닌 적극적인 참여의 문제로 서서히 넘어가며, 나는 그에게 무슬림 동네를 방문한 적이 있는지 물었다. 그는 무슬림 친구들이 있다고 대답했지만 잠시 생각하더니 "그 모하메단 사람들"은 동네를 깨끗이 치우지 않는다고 말했다. 그런 식의 표현은 많이 들어봤지만, 이 평온해 보이던 남자의 입에서 그 말이 나왔을 때는 유난히 이질감이 들었다. 나는 곧 자리를 떴고, 바기라티 비하르를 향해 걸어갔다.

그 동네는 두 운하 사이에 낀 작은 조각의 땅이었는데 운하는 주민들이 버린 쓰레기로 가득했다. 숨 막히는 악취가 뜨끈한 바람을 타고 몇 블록 너머까지 퍼졌다. 사람들은 그곳에 살며, 물건을 고치고, 용접을 하고, 창가에 앉아 있거나, 집 앞 계단에서 잠을 잤다. 한 블록 떨어진 곳에서는 커다란 철제 프레임의 트램펄린 운영자가 덩그러니 서서 부모들이 자녀를 데리고 나타나기를 기다리고 있었다. 아이들이 안에서 뛰어놀 때 1분에 1루피를 받았지만, 돈을 받는 행위에서 기쁨은 느껴지지 않았다. 그의 머릿속은 트램펄린을 구입할 때 받은 대출금 걱정으로 가득했다. 골목 안으로 들어올 만큼 폭 좁은 소형 트럭과 자동차들이 울퉁불퉁한 아스팔트를 덜컹거리며 지나갔다. 길바닥에 널린 셔츠와 속옷 위로 바퀴가 지나며 물기를 짜냈다. 이미 회색빛으로 바래고 해진 지 오래인 옷이 구겨지는 것 따위는 중요하지 않았다. 길마다 집들 사이사이에 세워진 작은 사원과 제단, 그 앞에서 쓰레기를 씹어먹는 소들, 신들의 이름을 딴 폭력 조직을 홍보하는 광고판. 가게 겸 사무실인 작은 집들의 문과 옥상에는 삼각형 깃발에 검정-주황의 두 가지 색으로 그린 분노에 찬 하누만*의 얼굴이 펄럭이고 있었다. 인도 국기를 게양한 집보다 그 깃발을 단 집이 훨씬 더 많았다. 이 깃발은 RSS 무장 단체인 바지랑달에 대한 충성을 의미했다. 그 깃발이 이 지역에 이렇게까지 퍼졌다는 것은, 간디가 중시하던 가치가 이곳에서는 환영받지 못한다는 신호였다. 이 신성한 이미지는 거의 20년 전 처음 등장해 자동차 뒷유리와 범퍼 등에 나붙기 시작했다.

나는 델리 폭동의 용의자로 지목된 한 남자의 어머니를 만나러 가려 했다. 그는 법적 공백 상태였다. 수사관들이 '몇 가지 질문'을 한다

• 힌두교의 신 중 하나로, 힘과 충성심, 용기를 상징하는 원숭이 신.

며 집에서 데려간 지 3년이 지났지만, 여전히 석방될 기미는 보이지 않았다. 그러는 동안 그에게는 닥칠 수 있는 모든 불행이 한꺼번에 몰려왔다. 아버지가 세상을 떠난 후 그는 가족의 유일한 생계 책임자였다. 하지만 구금 상태에서 돈을 벌 방법은 없었다. 수감된 지 3년 만에, 이십대 초반이었던 아내가 갑자기 세상을 떠났다. 그의 어머니는 유방암으로 항암치료를 받고 있었고, 거실에서 침실로 이동하는 것도 숨이 차 간신히 하루하루를 보냈다. 세 아이는 흩어져 친척 집에 맡겨졌지만, 아이를 맡은 친척들은 늘어나는 생활비 부담에 불만이 많았다. 한 아이는 할머니가 쉬는 동안 바닥을 닦아야 했고, 오후가 되면 공부와 청소로 지쳐 베개에 머리를 대기 무섭게 잠이 들곤 했다. 용의자는 자신이 아무것도 하지 않았는데, 억울하게 누명을 썼다고 주장했다. 변호사는 그가 석방될 가능성이 높다고 봤다. 그런데 이웃들이 그의 어머니 약값을 RSS가 지원해주고 있다는 말을 했다. 그 때문에 나는 그의 어머니를 만나고 싶었다. 하지만 그녀를 만나러 가는 길에, 강가 비하르에서 바기라티 비하르로 지그재그로 이어지는 작은 네 갈래 길 다리를 건너려던 순간, 한 사원 밖에서 오토바이를 탄 젊은 남자를 발견했다. 문득 그 남자에게 이 지역 샤카가 어디 있는지 물어볼까 하는 생각이 들었다. 니사르는 가끔 샤카 이야기를 했는데 그가 목격한 폭동 가해자들이 아침에 그곳에서 RSS 훈련을 했다고 했다. 남자는 운하 근처의 위성 사진 지도에서 한 군데를 가리켰다.

"피팔 나무 옆에 있어요. 제가 데려다줄게요." 오토바이를 탄 남자가 말했다. 그는 몸을 앞으로 움직여 내가 탈 자리를 마련했다. 그의 오토바이 전조등에는 주황색의 분노한 하누만 스티커가 붙어 있었다.

"괜찮아요, 제가 직접 찾아갈게요." 그러자 그는 시간이 있어서 친절을 베풀고 싶다며 침착하게 다시 말했다. "지금은 아무도 없을 거예요. 책임자는 뒤쪽 골목에 살아요. 어디 사는지 알아낼 수 있을 겁니다." 오토바이는 내가 걸어왔던 길 아래서 멈춰 섰다. 지역 바지랑달 지도자의 집이었다. "불러보세요." 그는 내게 그의 이름을 알려주며 말했다. 그는 시동을 끄고 내 옆에서 기다렸다.

 열린 철문을 두드리자 타일을 외장재로 붙인 집 2층에서 한 노인이 아래를 내려다보며 무슨 일이냐고 물었다. 그는 내 말을 듣더니 기다리라고 했다. 잠시 후 3층 창문에서 한 남자가 전화기를 귀에 댄 채 몸을 내밀고 골목을 가리키며 "직진, 왼쪽, 오른쪽"이라고 외쳤다. RSS와 조금 관련 있는 지역 단체의 포스터에서 본 얼굴이었다. 나는 위층 남자와 옆에 있는 남자에게 감사 인사를 하며 이제 나한테 신경 쓰지 않았으면 싶었다. 바지랑달 지도자는 집 안으로 들어갔지만, 오토바이를 탄 남자는 내가 골목으로 들어가 샤카를 이끄는 남자의 집으로 들어갈 때까지 계속 쳐다보고 있었다.

 길은 온통 파헤쳐져 있고, 깨진 타일 조각들이 여기저기 흩어져 있었다. 가볍게 걸을 수도, 남의 집 앞에 멈춰 오래 생각할 수도 없는 길이었다. 행동 하나하나가 다 소리를 만들어 문밖에 서 있기만 해도 누군가의 시선을 끌었다. 남자의 집 문은 닫혀 있었다. 그의 소속을 알려주는 흔적은 없었지만, 인도 여신을 나타내는 스티커와 애국자를 칭송하는 몇 마디 문구가 붙어 있었다. 문을 두드리자 안에서 개 짖는 소리가 났다.

 "어이, 춤 카르!" 남자가 개에게 소리쳤고, 개는 잠잠해졌다. "누구야?" 남자가 두꺼운 방충망 뒤에서 말했다. 나는 그의 모습이 보이지 않았지만, 그는 분명히 방문객을 볼 수 있었다.

나는 내 소개를 했다.

"내일 다시 와요." 말은 그렇게 하면서도 여기에는 무슨 일로 왔냐고 물었다. 나는 늘 하던 대로 폭동 이후를 연구하고 있다고 말했다. 그는 잠시 생각에 잠겨 기다리라고 말하더니 문을 열어주었다. 그는 키가 작은 중년의 남자로, 몸에 딱 붙는 주황색 도티를 입고 있었다. 얼굴은 둥글고 피곤해 보였으며, 발은 소금밭에서 일하는 일꾼처럼 부어 있었다. 길과 그의 집 사이에 열려 있는 하수구를 건널 수 있게 그가 작은 손을 내밀었다. 그는 절뚝거리며 옆방으로 들어가면서 나더러 의자에 앉으라고 말했다. 나는 휴식 시간을 방해해 미안하다고 사과했다.

"아, 괜찮습니다. 어차피 계속 전화 받고 있었으니까요." 그는 물 한 잔을 가져오라고 소리쳤고, 접시에 비스킷도 함께 내왔다. 나는 조용히 사양했지만, 그의 아들이 미소 지으며 말했다. "음식도 없이 물만 드릴 순 없죠."

그의 본명은 다닐랄이었지만, 식구들은 애칭으로 다니람이라 불렀고, 그도 애칭을 더 선호했다. 그는 바로 다음 날 아침, 샤카에 나를 초대했다. 샤카는 RSS와의 연관이 시작되는 곳으로 보통 게임을 하면서 우정을 쌓고 사회적 만남을 갖는 곳이었다. "거기엔 사람이 많아요. 정말 많아요. 다들 얘기 잘 해줄 거예요." 그의 아들 사진은 인도의 전설적인 타자 사친 텐둘카르의 이름을 따서 지었다. "공공 부문 종사자나 교수, 기업가, 경찰도 있어요."

내가 놀라는 모습을 보고 사친은 덧붙였다. "샤카는 세 그룹으로 나뉘어요. 12학년 이하의 학생, 전문가, 은퇴자나 노인 이렇게요."

"마흔이 넘은 사람들이요." 다니람이 말했다. "우리는 그들의 경험이라는 필터를 통해 세상을 봅니다." 그는 무릎을 꼭 잡으며 1990년부터 그곳에서 살았다고 말했다. 그는 호텔에 가스 실린더를 공급하는 일을 했는데, 스쿠터나 트럭에 싣고 델리 북동부 곳곳을 돌며 배달했다. 방 안에는 열한 개의 실린더가 침대 뒤와 그가 앉아 있는 뒤쪽 구석에 쌓여 있었고, 그 위에는 헤지와르의 사진이 걸려 있었다. "이제 예전처럼 일하기는 힘들어요. 무릎에 문제가 있어서요." 그는 부어오른 무릎을 드러내며 말했다.

"3년 전 여기서 무슨 일이 있었는지 말씀해주시겠어요?" 내가 물었다.

"코로나 이전에 일어난 일이죠." 다니람이 말했다. 우리 모두 고개를 끄덕이며 동의했다. "여긴 정말 끔찍했어요. 사람들은 그렇게 말하죠. 싸움이 시작된 날짜가 언제였더라?" 사친은 카필 미슈라가 연설한 후 문제가 시작됐다고 말했다. 하지만 그는 미슈라를 탓하지 않았다. "그 사람들이 도로를 막고 시위했던 거 기억나세요? 모든 게 시민권 수정법 반대 시위 때문이었죠. 미슈라가 '너희가 여기서 떠나지 않으면 우리가 떠나게 만들겠다'고 말했을 때, 그날 저는 무슬림 지역에 실린더를 배달하고 있었어요. 배달을 마치고 돌아오는데 사람들이 돌을 던지기 시작했어요. 버스에 돌을 던지고 경찰을 때리기 시작했죠. 집으로 오는데 폭력이 점점 커지고 있었어요. 스쿠터를 타고 급히 돌아왔어요. 그러는 동안 그들이 힌두 지역까지 들어온 거예요. 여기 사람들도 나가서 방어하기 시작했죠. 그렇게 하지 않았으면 우리가 있는 곳까지 침범했을 겁니다."

다니람은 집에 머무르지 않았다. 그는 정확히 무슨 일이 일어났는지 기억하지 못했지만, 몇 가지 구체적인 장면은 또렷이 떠올렸다. 무슬림들이 어느 쪽에서 왔는지, 어떤 주유소를 불태웠는지, 그리고 모한 요양병원에서 총상 치료를 받던 한 남자에 대해서도. "아무도 이 일이 언제, 어떻게 시작됐는지는 몰라요. 무슬림들만 알겠죠. 그날 무슬림 여성들은 라즈다니 공립학교에서 아이들을 일찍 데려갔어요. 무스타파바드 쪽에 있는 학교예요. 심지어 학교 교장도 왜 그들이 그런 행동을 하는지 이해하지 못했어요. 한 명씩 와서 '조퇴할게요'라고 말했죠. 그들은 새총을 준비해서 옥상에 올려놨어요. 그리고 릭샤마다 붙어 있는 섀시를 새총 대신 사용했어요."

내가 어떻게 그게 가능한지 이해하지 못하자 그가 설명을 덧붙였다.

"예를 들어 휘발유 폭탄을 만들었다고 해보세요. 새총을 쓰면 더 멀리 날아가겠죠. 그들이 그렇게 한 거예요."

"그들은 다 준비가 돼 있었던 거예요." 사친이 말했다.

"준비가 다 돼 있었죠. 그런데 우리는 아무것도 몰랐어요." 다니람이 말했다. "이런 건 우리 사회와 문화의 일부가 아니지만, 모르는 사람들이 오면 준비를 해두어야 해요. 그렇지 않나요? 갑자기 나타나면 어떻게 되겠어요?" 이유를 밝히지는 않았지만, 당시 사람들이 그에게 도움과 보호를 요청했다고 했다. 그는 성직자를 따라 밤늦게 열리는 결혼식에 갔고, 돌팔매질과 총격 속에서도 그 사람 곁에 앉아 있었다.

하지만 이야기를 이어가면서 다니람은 점점 더 또렷하게 기억을 떠올렸다. "그때부터 힌두인들도 더 적극적으로 변했어요. 그렇다고 누굴 죽이거나 해친 건 아니었어요. 도로를 막고 차량을 멈춰 세웠죠. 그러자 무슬림들이 겁에 질려 차에서 뛰어나왔고 운하로 뛰어들었다가 익사했어요."

"많은 사람이 그렇게 죽었나요?" 나는 조금 맞장구를 쳐주며 물었다.

"시신들을 건져냈죠." 그가 말했다. "사실 싸움은 무슬림 지역에서 벌어졌지만, 여기는 더 큰 혼란이 있었어요. 몇몇은 우리 손에 죽기도 했는데 그건 나중에 봤어요. 무슬림들이 이쪽으로 왔다가 우리가 들고 있는 몽둥이와 무기를 보고 겁에 질렸죠. 우리도 그런 건 가지고 있으니까요. 가만히 앉아 있을 수만은 없잖아요. 대응을 해줘야죠."

그의 주장은 맥락을 따라잡기 어려웠지만, 그가 전달하려는 메시지는 이랬다. 무슬림들이 공격하러 이곳에 왔다가 무장한 힌두교도들을 보고 두려움에 스스로 목숨을 끊었다는 것.

"경찰이 버려진 차량, 불에 탄 차량들을 치웠어요. 그런데 그 차량들은 전부 한 단체의 것이었어요. 우리 거요."

다니람이 왜 슬퍼하는지 이유는 명확히 알 수 없었지만, 그 슬픔만은 진실되어 보였다. 그가 떠올린 기억은 개인이 아닌 훨씬 더 큰 집단 차원의 기억 저장고에서 끄집어낸, 한 세기가 넘는 기간에 일어났던 모든 폭동을 아우른 경험과 회상의 집합이었다. 그가 익숙한 듯 끄집어낸 어휘는 그의 생각과 전혀 무관하든지 혹은 그의 경험에 맞게 준비해 각색된 것이었다. 그 단어들은 헤지와르, 문제, 혹은 힌두교도들이 주장해왔고, 수백 명의 RSS 지도자가 발전시켜온 '힌두인들이 집단 포위 상태에 있다'는 생각에서 나온 말 같았다. 그들은 대중 앞 무대 위에서, 연단 뒤에서, 혹은 신문과 저널에서 그런 이야기들을 해왔다. 나는 그들이 사적으로도 이렇게 말해오지 않았을까 하는 생각이 들었다. 처음에는 은근히 비난의 단서를 제공하다가 세부 사항, 관찰, 전해 들은 이야기를 가지고 천천히 비난의 대상을 확정 짓는 방식이었다. 그의 이야기를 충분히 오래 듣다보면, 의심 속 안개 너머로 구원자와 악당이 선명하게 드러난다. 그는 말하는 도중에 스스로 한 말을 편집해나갔는데, 한번은 "우리는 무슬림 가족을 보내줬다"고 말했다가, 다시 "우리가 무슬림 가족을 구했다"고 정정했다.

"뭐, 누군가 그 가족을 죽였을 수도 있겠죠." 그는 좀 전의 그 가족에 대해 말했다. "하지만 힌두교도들은 자비로워요. 진심으로 사람들을 구하려고 노력할 겁니다. 그건 확실해요." 그의 기억 속에서 폭동 전까지는 평화가 있었지만, 그들 사이에는 항상 최악을 두려워하는 마음이 존재했다. 그는 1992년 모스크가 철거된 후 무슬림들이 버스에 돌을 던졌던 이야기를 들려주었다. "지금도 똑같아요." 다니람은 누구든 무슬림만 만나면 상대방을 어떤 불안 요소와 한데 묶어 생각하려 했다. "내일은 이드예요. 평소에는 무슬림 지역에 가지만 오늘은 안 갈 겁니다. 오늘 거기서는 피를 볼 거예요." 그는 염소 도살을 가리키며 말했다. "물소를 줄 세워놓을 거예요."

"그리고 못 먹는 부위는 길에 내버리겠죠." 사친이 말했다.

"악마 같은 행동 아닌가요? 맞아요, 우리도 동물을 먹었죠. 하지만 우리는 깨달음을 얻은 뒤로는 동물 먹는 걸 그만뒀잖아요?" 다니람이 말했다.

"우리 종교, 산타나 다르마, 영원한 힌두교의 가르침." 사친이 그 영원성을 언급하며 말했다. "그건 삶의 방식입니다. 우리는 다른 종교도 모두 인정합니다." 그는 산스크리트어로 경구를 암송하며 말했다. "사르베 바반투 수키나하, 사르베 산투 니라마야하, 사르베 바드라니 파샨투Sarve bhavantu sukhinah, sarve santu niramayah, sarve bhadrani pashyantu. 우리는 다른 모든 종교를 인정하지만, 그들은 그렇지 않죠."

사친이 말하는 동안, 다니람은 '샴푸'의 머리를 세게 두드렸다. 나는 그 개가 무슨 잘못을 했나 싶었다. "가즈와-에-힌드Ghazwa-e-Hind." 그는 나를 향해 말했다. 무슬림들이 인도를 지배하기 위한 전쟁에서 선제공격을 할 거라는 뜻이었다.

"가즈와-에-힌드." 그의 아들이 말했다. "그들은 자신들의 종교를 따르지 않는 사람을 카피르Kafir라고 부르죠. 러브 지하드에 대해서는 들어보셨겠죠. 그런 경우가 여러 번 있었어요. 최근에 나온 영화 「케랄라 스토리」도 그 주제를 다루고 있죠. 영화를 보진 않았지만, 내용은 알고 있어요."

"좋지 않아요." 다니람이 아들의 말을 이어받아 말했다. "우리 종교에 좋지 않아요. 우리 종교에서 개종당한 여성이 3만2000명이에요. 꾸며진 이야기일 수도 있지만 그런 걸로도 마음이 바뀔 수 있죠. 저는 그게 진실이라고 생각해요. 그건 진실이에요. 영화에서는 세 여자의 이야기를 다루고 있지만 실제로는 3000명일 수도 있잖아요."

한 사람의 생애라는 짧은 시간의 틀이 가진 역사로는 절대 이길 수 없는 전투가 있다. 우리는 인생의 끝자락에 가서야 겨우 시작에 대한 성찰을 하게 된다. 델리대학의 역사학 교수이자 인도에서 힌두-무슬림 결혼에 대해 폭넓게 연구한 차루 굽타는 언젠가 러브 지하드라는 개념이 19세기 대중문학에서 무슬림 통치자들을 퇴폐적이고 조작적인 존재로 묘사한 것에서 시작되었다고 했다. 1920년대 들어 힌두교라는 하나의 깃발 아래 종파, 부족, 카스트를 통합하려는 운동과 모든 인도인에게 그들의 힌두 혈통을 설득하려는 운동이 벌어지면서 이전에 무슬림 통치자를 겨냥했던 의심과 가정은 모든 무슬림에게 확대되었다. "그때는 이런 걸 납치라고 불렀어요. 사랑의 도피까지 납치라고 여겼죠." 이런 '납치' 주장은 카스트로 분열된 국가에서 힌두교 통합을 위한 접착제 역할을 해왔다고 그녀는 말한다.

2023년 현재, 델리 북동부의 분단 난민 캠프 근처에서 이런 개념은 도로 위 자갈만큼, 바깥에 떠도는 냄새만큼, 떠오르고 지는 태양만큼 현실적인 존재였다. 그 정신의 계보는 1920년대를 넘어, 심지어 개인의 선택이 문화적 정책으로까지 이어졌던 다야난드 사라스와티 시대 이전으로까지 뻗어 있는 듯했다. 이 개념을 수용한 마음은 마녀 사냥꾼, 창조론자, 일식을 두려워했던 사람들의 마음과 공통점이 너무나 많았다. 음모를 진지하게 받아들일 준비가 된 마음. 나는 다니람에게 하루 이틀 안에 그를 만나러 샤카로 가겠다고 말하고 작별을 고했다. 나는 뒤돌아보지 않고 길을 따라 걸었다. 골목 끝에는 어느 시각장애인이 소와 함께 앉아 있었다. 소의 귀에는 노란색 식별 태그가 달려 있었다. 그는 소를 만져도 된다고 허락해주었다. 소가 내 손바닥 냄새를 맡는 동안, 나는 소의 머리를 쓰다듬으며 그 눈에서 위안을 얻었다. 사랑하고 신뢰하는 사람들의 말, 편집 선택권을 의심받는 언론이 전하는 말들을 진실이라고 확신하는 이들의 이토록 깊은 신념을 누가 어떻게 되돌릴 수 있을까?

3.
동델리 살인 사건

바기라티 비하르의 여느 때와 다름없는 날이었다. 날씨는 따뜻했을 수도, 추웠을 수도, 비가 내렸을 수도 있지만, 내 관심은 하수구에서 넘쳐흐르는 물과 덫으로 쳐놓은 철사들, 늘어진 전선, 깨진 유리 조각, 튀어나온 콘크리트 구조물로 어지러운 골목길에 쏠려 있었다. 그런 것들에 걸려 넘어졌다가는 또 다른 콘크리트 구조물이나 깨진 유리 조각, 늘어진 전선, 하수구 물웅덩이에 사람이 다칠 수도 있었다. 아직 이곳 지형에 익숙하지 않은 나는 조심스럽게 땅을 살폈다.

거리 이름들은 순서대로 지었겠지만, B 구역 3번 골목은 C 구역 6번 골목으로 이어졌고, 벽에 적힌 숫자들은 갑자기 순서를 건너뛰어 집과 거주자의 삶을 통째로 삼켜버린 듯했다. 히만슈 타쿠르의 아버지인 하렌데르 타쿠르는 그런 집 가운데 한 곳에 살고 있었다. 히만슈는 델리 폭동 당시 범죄 혐의를 받은 젊은이였다. 그 집을 찾아가 내 소개를 하자, 하렌데르가 집 안으로 들어오라고 허락했다. 집은 좁고 네모난 구조로, 햇빛이 잘 들지 않았다. 바로 옆 방에 있던 하렌데르의 부모님이 내게 침대에 앉으라고 권했다. 우리는 흐릿한 흰 불빛 아래서 이야기를 나누었다. 하렌데르는 자신의 아들이 결백하다고, 이건 실수라고 확신했다. "그들은 아무 증거도 없어요." 그의 아들 히만슈는 운전기사로 일했다. 그는 폭동이 시작된 2월의 어느 날, 출근하다가 그냥 집으로 돌아가기로 했다. 집으로 돌아가는 길에, 그의 친구 비벡이 길에서 주웠다며 스마트폰을 주었다. 당시 길거리에는 사람들이 흘린 물건이 많았다. 히만슈의 휴대전화는 구형이어서 그는 그 스마트폰을 받았다. 그의 친구들이 매끄러운 액정을 두드릴 때, 그는 여전히 키패드를 쓰고 있었다. 그는 그 스마트폰을 한 달쯤 즐겁게 사용했다. 그러던 어느 날, 사복 차림의 범죄 수사대 소속 남자들이 3번 골목으로 찾아왔다.

"그들이 제게 물었어요. '아들은 어디 있지?' 그래서 제가 대답했어요. '여기, 골목 밖에서 놀고 있습니다.' 제가 아들을 불렀고, 아들이 왔어요. 아들은 아무 데로도 도망가지 않았어요. 아무 잘못도 없는데 왜 도망을 가겠어요? 2020년 폭동에서 누가 누군가를 살해했다면, 집에 가만히 앉아 있지는 않았겠죠? 경찰이 전화기 때문에 여기 온 줄은 몰랐습니다." 경찰들은 히만슈에게서 전화기를 빼앗고 그를 경찰차에 태웠다. 그들은 하렌데르에게 난드나그리 범죄수사본부에서 몇 시간 조사 후 아들을 풀어주겠다고 약속했다. 하렌데르는 오토바이를 타고 범죄수사본부로 따라갔지만, 거기서 아들이 갖고 있던 전화기가 살해된 사람의 소유였다는 말을 들었다. 그때가 열여덟 살 먹은 아들이 자유로웠던 마지막 순간이었다. "그들은 아들에게 여덟아홉 건의 혐의를 씌웠어요. 그리고 3년 반이 지났죠. 증거는 없어요. 아이를 보면 이런 일을 했을 사람이라고는 믿을 수 없을 거예요. 감방 동기들도 입이 닳도록 아들 칭찬을 해요." 하렌데르는 아들에 대해 말했다. "내 아들은 그 안에서 누구와도 엮이지 않았어요. 자신을 지켜내고 있죠."

히만슈는 더 많은 것을 이루고 싶어 공부를 했고, 하루 종일 아무것도 하지 않는 방탕한 친구들과는 어울리지 않았다고 했다. 하지만 이제 그는 만돌리 감옥 11번 방에 있고, 몸무게는 절반으로 줄고 눈 밑은 시커멓게 부어올랐다. "아들이 그러더군요. '전 아무것도 안 했는데 왜 여기 있는 건가요?'" 하렌데르는 히만슈가 구금 중 고문을 당했다고 확신했다. "아들은 어느 방으로 끌려갔고 거기에는 큰 플라스틱 막대와 나무 손잡이를 매달아놓은 팔 길이만 한 가죽 벨트가 있었어요." 그는 이 모든 게 부당하다고 말했다. 아이들은 더 많은 사건에 결부시키겠다는 위협을 받으며 빈 문서에 서명을 강요당하고 있다고 했다. "심지어 아들에게 단검을 집어들게 하려고 했어요. 아들은 '얼마나 많은 혐의를 씌우든 원하는 대로 해주지 않을 겁니다'라고 말했대요." 그는 아들에게 휴대폰을 가져다준 친구 비벡이 경찰에게 돈을 받고 정부 측 증인이 되었다고 주장했지만 증거는 없었다.

"폭동 당시 있었던 일을 말씀해주시겠습니까?" 내가 물었다.

"저는 그 주에 여기 없었는데 아이들이 계속 전화를 걸어왔어요. 아이들은 두려움에 떨고 있었고 간신히 목숨을 구했다고 했죠. 무스타파바드에서 온 무슬림 100명이 지나다니면서 사람들에게 칼을 휘둘렀대요. 돌아오고 싶었지만 오지 말라더군요. 한 친구가 무슬림들이 저를 차 안에 던지고 불을 지를 거라고 했어요. 여기까지 올 때 지나야 하는 길들은 무슬림이 다 장악하고 있었어요. 바기라티 비하르의 A와 B 블록을 점령했죠. C와 E 블록만 아직 우리 수중에 있었어요. 다른 곳은 모두 무슬림 손안에 있었고요. 강가 비하르에서 힌두인들이 우리를 지키러 오지 않았다면 한 명도 살아남지 못했을 겁니다. 아이들 얼굴도 못 알아봤을 거예요. 이 지역은 정말 공격에 취약했어요." 그는 자신의 모든 걸 걸고라도 맹세할 수 있다며 당시 상황을 떠올렸는데 어떤 때는 무슬림 100명이 있었다고 했다가, 어떤 때는 200명이 있었다고 했다. 그가 말할 때, 가족들이 주위로 몰려와 그가 잊고 말하지 않은 숫자나 위험에 대한 세부 사항을 덧붙였다. "사람들이 경찰에 신고했지만, 경찰은 오지 않았어요." 그는 폭력을 겪은 다른 사람들처럼 경찰의 수사 방식에 비판적이었다. "경찰이 체포해간 이들은 모두 중류층이나 빈곤층 아이들이었어요. 부모는 일용직 노동자고 법도 모르는 사람들이죠. 문맹이라고 죄를 뒤집어씌운 거예요. 경찰은 뭔가 하고 있다는 걸 보여줘야 했고, 그래서 이런 식으로 하는 거죠."

증거 없이 구금된 다른 아이들의 이름을 묻자, 그는 니사르가 법정에서 선서하며 지목했던 사람들의 이름을 하나씩 댔다. "부모들이 다 노동자예요." 니사르도 폭도들 사이에서 그 아이들을 본 게 놀라웠다고 말하곤 했다. '그 아이들은 원래 살인자가 아니었어요. 그럼 뭐가 그들을 살인을 원하는 폭도들에 합류하도록 만들었을까요?'라고 니사르는 반복해서 물었다. 니사르는 계속해서 그들의 배후에 누가 있는지, 왜 그들은 체포되지 않았는지 궁금해했다.

하렌데르는 RSS의 활동에 감사한다고 말했다. "정부가 피고인들에게 RSS 변호사를 제공했고, RSS는 구금 상태에 있는 아이들의 가족에게 돈과 약을 주고 있다"고 했다. "저는 RSS 변호사를 쓰지 않았지만, 다른 사람들은 RSS 변호사를 이용했어요." 그는 RSS가 돈을 지불하는 변호사들은 우선순위가 다른 게 될 수도 있고, 변호사들이 갑자기 일을 그만둬버릴 수도 있다고 생각했다. 그는 책임감 있는 변호사를 원했고 자신이 돈을 지불할 수 있는 사람을 찾아야 했다. "BJP가 RSS 변호사를 제공한 이유는 체포된 사람들이 하루 벌어 하루 먹고사는 노동자의 자녀라는 걸 알고 있기 때문이겠죠. 기껏해야 1만에서 1만 2000루피 정도 버는데, 변호사 비용을 어떻게 지불하겠어요?"

하렌데르의 어머니가 말을 시작했지만, 두 남자는 침대에서 내려다보며 그녀에게 조용히 하라고 했다. 그녀는 얼굴을 찌푸리며 더는 말을 하지 않았다. 그때 바지랑달이나 RSS가 거리에 있었는지 물었다. "아니요." 그가 즉각 대답했다. "그때 바지랑달도, RSS도 여기 없었어요. 아시다시피 보호를 위해 모인 군중에게는 얼굴이 없습니다."

그가 말하는 동안 내 전화기가 계속 울렸다. 니사르였다. 나는 그의 집요함에 놀랐다. 우리 사이에는 '전화는 한 번만 건다'는 암묵적인 약속이 있었기 때문이다. 나는 니사르가 위험에 처한 건 아닐까 걱정스러웠다. 바기라티 비하르의 공격자들이 그를 찾아낸 건 아닐까 싶었다. 통화가 연결되었을 때, 그의 낮은 목소리에는 긴장감이 서려 있었다. "형제님, 제가 지금 다얄푸르 경찰서에 있습니다." 그는 인사도 없이 바로 본론으로 들어갔다. "폭동이 일어날 겁니다. 빨리 오세요." 그는 브리지푸리 모스크 근처에서 발생한 칼부림과 관련이 있다고 말했다. 나는 다행히 그 동네에 있다며 바로 가겠다고 했다.

여기저기서 전날 밤 벌어진 사건에 관한 이야기가 나돌았다. 술에 취한 젊은이 자이드가 브리지푸리 모스크 근처 아이스크림 가판대에서 라훌이라는 행인을 찌르고 그의 친구를 공격한 사건이었다. 자이드는 체포되었다가 탈출했고, 라훌은 병원으로 옮겨져 회복 중이었다. 하지만 이 사건은 무스타파바드, 다얄푸르, 강가 비하르, 바기라티 비하르의 이웃들 사이에서 다른 형태로 전파되었다. 바기라티 비하르 외곽 도로에 사는 낙농업자 아시크는 전날 저녁 모스크 근처에서 발생한 치명적인 힌두-무슬림 간의 라프다(큰 소동)에 대해 흥분해서 이야기했다. 친구들은 현장에 가보라고 했지만 그는 관여하고 싶지 않아 거절했다. 바기라티 비하르의 다른 지역, 은퇴한 전직 전화회사 직원은 자신이 아는 사실이라곤 무슬림이 힌두인을 찔렀다는 것뿐이라고 말했다. 그 밖에 다양한 버전의 이야기가 떠돌았다. 유일하게 일치하는 내용은 한 사람이 살해당했다는 것이었다.

상해 사건이 발생한 지 몇 분 만에, 공격자와 피해자의 종교에 대한 이야기가 끼어들었고, 복수를 꾀하는 사람들이 브리지푸리 모스크로 향하는 길목에 나타났다. 이 모스크의 이맘은 과거 폭동 중에 실명했다. 상인들은 상해 사건이 갑자기 위협적인 수준으로 변모한 것에 놀랐다. 사설 군대 소속임을 나타내는 옷을 입은 남자들은 뽐내듯 동델리 곳곳을 누비고 다녔다. 일부는 바지랑달 소속이었고, 일부는 다른 민병대 소속이었다. 남자들은 군중 사이에서 몸을 엮기도 하고 몇 피트 너비의 좁은 골목으로 몰려들어 오토바이를 뒤집고 무슬림이 보이면 위협을 가하기도 했다. 그들은 모스크에서 주도로로 승객을 태우고 가는 릭샤를 멈춰 세우고 운전자들을 폭행했다. 안전거리에서 촬영된 영상에 찍힌 군중 속 젊은 남성은 수백 명이나 되었다. 그들은 경찰이 도착하자 흩어졌지만, 위협적인 몸짓과 언행으로 보아 되돌아올 것 같았다. 한 젊은 남자가 가게 옥상에서 휴대폰으로 영상을 찍고 있던 가게 주인에게 소리쳤다. "지난번에 너희를 끝내지 못한 건 실수였다. 곧 끝장을 봐주지."

니사르도 그 소식은 들었지만, 이튿날 아침 재정 문제를 해결하러 다얄푸르 경찰서에 가고 나서야 사건의 심각성을 깨달았다. 대규모 군중이 모여 경찰에게 자이드를 찾아내라며, 그러지 않으면 자신들이 직접 처리하겠다고 위협했다. "바지랑달의 지도자가 거기 있었어요. '이 자식이 왜 여기 있지?' 하고 생각했죠." 그 남자의 존재는 대개 문제를 불러일으켰다. 니사르는 RSS 연관 그룹들이 경찰을 어떻게 압박하는지 보라고 날 부른 것이었다.

우리는 중간 지점인 브리지푸리 모스크 옆에서 만났다. 그때가 2023년 6월, 마지막으로 그를 만난 지 거의 1년이 지난 시점이었다. 그의 증언이 기록된 이후로 법정에 소환되는 일은 거의 없었지만 여전히 판결은 나오지 않고 있었다. 그의 몸은 구부정했고, 이전보다 더 기력이 없어 보였다. 그날 그는 법정에서 입었던 것과 같은 흰 리넨 셔츠와 회색 바지를 입고 있었다. 그의 차는 모스크와 운하 사이 좁은 골목에 주차되어 있었다. 차를 후진하다가 벽에 부딪혔는데도 니사르는 개의치 않고 단번에 차를 돌렸다.

니사르는 가다가 속도를 늦추고 예방 차원에서 거리에 배치된 병사들의 낯선 모습을 살폈다. 트리푸라주의 소총대 전체 중대가 브리지푸리 모스크에서 주도로까지 한 줄로 서 있었다. 헬멧을 쓴 남성들이 무스타파바드 주민들에게 돌을 던지고 충격을 가했던 곳이었다. 소총대는 반란 진압과 질서 유지를 위해 창설된 준군사 조직이었다. 지역 주변에 통금이 내려졌고, 문제를 일으키던 무리는 지하로 숨어들었기 때문에 그날 그들의 임무는 비교적 여유로웠다. 병사들은 칼부림 사건이 있었던 학교 앞에서 휴대폰을 보며 웃고 있었다.

니사르는 도로 위쪽에 있는 주방용품 가게 앞에 차를 멈췄다. 작은 키에 근엄해 보이는 중년의 가게 주인은 등 뒤로 깍지를 낀 채 10여 명의 남성과 해가 지고 나면 무슨 일이 일어날지 걱정스럽게 이야기를 나누었다. 그들은 병사들이 떠난 후 문제가 시작될 거라고 의견을 모았다. 가게 주인은 아침에 지나가던 빼빼 마른 남자애가 다가와 말을 붙였다고 했다. "그 남자애가 '왜, 너는 잘 지내냐Kyun, tu khush hai?'라고 묻더군요. 그런 식으로 말해요." 소년이 존칭aap 대신 너tu라고 부르면서 질문은 더 위협적으로 들렸다. 그냥 지금 잘 지내고 있냐고 묻는 말이 아니라 그의 평화는 곧 끝날 거라는 암시의 말이었다. 가게 주인은 특히 소년의 웃음과 셔츠에 적힌 단어를 기억했다. '카르니 세나 Karni Sena.' 그 이름이 언급되자 남자 몇 명이 얼굴을 찡그렸다. 카르니 세나는 극단적인 폭력 단체로 악명이 높았다. 2017년 한 뭄바이 영화감독이 가상의 라지푸트 여왕 이야기로 영화를 만든다는 소식에 카르니 세나 회원들이 그를 공격했다. 그해 말 세나의 지도자는 주연 배우의 코를 베겠다고 위협하기도 했다. 그 후 몇 달간 그들은 자동차, 영화관, 쇼핑몰을 파괴하고, 심지어 학생들을 태운 버스를 공격하기도 했다. 카르니 세나 회원들은 다른 극단주의 단체들과 협력해, BJP의 언론 담당 업무도 맡았다. 그들은 헌법이 부패의 원인이라고 비난하며, 힌두 국가를 건립하고 반대자들을 제거하자고 주장했다. 이들은 거대한 콧수염에 몸에 꼭 붙는 티셔츠를 입고, 두려움 없이 활동을 벌였다.

니사르는 주방용품 가게에서 남자들이 아직 최악의 상황은 오지 않았다고 이야기하는 모습을 조용히 지켜보았다. 문제아 수백 명이 한꺼번에 나타나는 광경을 떠올리며 그들은 불안해했다. "이건 계획된 거야." 누군가 말했다. 그 말에는 드러나지 않았지만, 주변 길들마저 폭력에 기여한 점이 있었다. 이주민들이 파도처럼 밀려와 나무와 풀밭을 없애고 집을 지으며 이 지역을 형성하는 과정에서 크고 작은 길들이 불규칙하게 뚫리고 연결되었다. 이 익숙한 길들은 소요가 일어날 때면 위협적으로 변했다. 순식간에 나타났다가 숨기 좋은 길이었기 때문이다. 고함과 총소리는 좁은 골목에서 울림을 만들어내고, 남성 무리가 골목을 가로막으며 문제를 일으킬 수 있었다. 무리에 쫓기는 사람들에게는 골목의 모퉁이 하나하나가 다 위험했다. 모퉁이 반대편은 시야에서 벗어나 있어 모퉁이를 돌자마자 다른 무리나 동조자들이 기다리고 있을지도 몰랐다. 그곳에 살고 있다는 사실만으로도 폭동은 그들이 원하는 결과를 달성하지 못했고, 아직 더 큰 일이 남아 있을 거라는 느낌이 들었다.

니사르는 종종 자신이 얼마나 운이 좋았는지 생각했다. 그는 "신께서 날 살리신 데는 이유가 있다"라는 말을 즐겨했다. 그는 자신의 생명이 연장된 건 공동체 간의 폭력을 멈추게 하라는 신의 계시라고 믿게 되었다. 2022년 10월의 어느 날, 그는 내게 전화를 걸어 BJP 당의 장관인 파르베시 사히브 싱 베르마가 무슬림에 대한 '완전한 보이콧'을 요구하며, "무슬림들의 머리를 제대로 뜯어고쳐야 한다"는 말을 했다고 전해주었다. 그의 연설을 들은 니사르는 긴장감에 휩싸였고, 집 밖에 나가기 싫어졌다고 했다. 그는 이튿날 새 경찰청장을 만날 거라면서 말했다. "이렇게 계속 갈 수는 없다고 말할 겁니다. 이런 사람들은 불을 지피는 거예요." 그의 정의와 자유에 대한 신념을 공격하는 새로운 사건들이 매주 일어났고, 그는 정치적 행동부터 법적 대응까지 다양한 선택지를 놓고 고민했다.

다얄푸르가 또 다른 폭동 직전 상태에 이르자, 니사르는 서둘러 경찰서로 향했다. 폭력의 랜드마크들이 그의 주위를 둘러싸고 있었다. 앞에는 헬멧을 쓴 사람들이 들어오던 문, 오른쪽에는 BJP 지지자들이 폭동 중에 총을 쏘던 모한 요양병원 지붕이 있었다. 그는 속도를 높여 더 크고 튼튼한 차량들 사이를 비집고 나갔다. 내가 조수석에서 아무 것도 하지 않고 있는 것을 보고, 그는 휴대폰을 꺼내 자신을 격분하게 했던 영상을 검색했다.

"좆같은 앵커 새끼. 뭐 하는 짓이야?" 그가 말했다.

그가 메이크업을 아주 진하게 한 앵커를 보고 말했다. 앵커가 힌디어로 뉴스를 전하고 있었다. "델리에서 전해진 뉴스입니다. 브리지푸리에서 20세 청년이 사망했습니다. 모하마드 자이드라는 남자가 라홀을 살해했습니다. 자이드는 라홀의 형제에게도 심각한 상해를 입혔습니다. 모하마드 자이드가 라홀을 칼로 찔러 살해했습니다." 화면은 기자가 라홀의 여동생에게 무슨 일이 있었는지 묻는 장면으로 바뀌었다. 그녀는 라홀이 살아 있으며, 원한을 산 사람은 없었다고 말했다. 인터뷰가 진행되면서 상황이 명확해지기 시작했지만, 채널은 거기서 영상을 잘랐다. 하지만 시청자들이 반응한 건 헤드라인과 앵커의 발언이었다. 곧 다른 채널들도 같은 내용을 반복하며 "무슬림 남성(자이드), 무고한 힌두교도(라훌) 칼로 찔러"라는 제목으로 확대 보도하기 시작했다.

수년 동안 동기를 왜곡하고 폭동을 선동하는 연설을 지켜본 니사르는 언론의 교묘한 속임수를 본능적으로 알아챘다. 제시된 것과는 다른 무언가, 교묘하고 악의적인 무언가를 보며 그의 얼굴에 불안감이 서렸다. 앵커가 힌두와 무슬림의 이름을 반복적으로 언급하는 것은 이 이야기가 더는 단순한 뉴스 보도가 아니라는 의미였다. 무슬림들이 규범을 벗어났고, 그 결과 힌두인들이 고통받고 있다는 식의 이야기 흐름, 힌두인들을 향한 포위망이 좁혀오고 있다는 감정을 한층 더 고조시키는 이야기였다. 나는 온라인에서 이 사건에 대한 논평을 찾아봤고, 무슬림들을 어떻게 다뤄야 할지에 관한 트윗들을 발견했다. 우울하지만 놀라울 것도 없었다. 내가 검색하는 동안에도 더 많은 트윗이 올라왔고, 내용은 대체로 같았다. 다른 채널에서도 한 명이 사망했다고 보도하고 있었다.

현지 경찰서는 3년 전 크레인으로 시체를 건져올렸던 운하 옆 오른쪽 둑 위에 자리 잡고 있었다. 오후 늦은 시간이었고, 군중은 떠난 뒤였다. 니사르는 실망했지만, 그때 흰색 쿠르타를 입은 남자가 양옆의 두 남자와 함께 건물에서 나오는 게 보였다. 정치인의 분위기를 풍겼고, 피곤해 보이는 깊숙한 눈은 만성적 비타민 결핍이나 수면 부족의 흔적을 띠고 있었다. "저 사람이에요." 니사르가 말했다. 니사르가 다리에서 봤다고 말한 사람이었다. 니사르는 남자의 존재가 곧 나쁜 소식을 의미한다고 믿었다. 그는 한때 델리 의회에서 무스타파바드를 대표한 인물로, 평판이 안 좋은 지도자였고, 그건 니사르만의 의견이 아니었다. 학살 이후, 생존자들은 폭동 현장을 지휘하던 리더들이 그들의 집과 근처 자동차 부품 시장을 불태울 때 그 남자에게 지시를 받았다며 정식 고발했다. 하지만 그는 혐의를 부인했고 경찰 조사도 받지 않았다. 이제 그는 다얄푸르 경찰서에서 나오며 "흉기 난동 사건의 조사 상황을 점검하고 있습니다"라고 말하며 차에 올라타더니 떠났다.

남자가 방금 만난 사람은 부임한 지 6주 된 다얄푸르의 새 경찰서장이었다. 소란을 일으키는 단체들은 정기적으로 그를 찾아와 힘을 과시하고, 자신들의 행동을 경찰서장이 어디까지 허용해줄지 가늠해 보았다. 관할 지역에서의 공공질서에 문제가 생겼다면 경찰서장이 이를 용인하는 사건이 발생했기 때문이며, 문제가 사라졌다면 경찰서장이 그 문제를 해결했기 때문이었다. 지난밤은 경찰서장이 무엇을 할 수 있는지를 보여준 사례였다. 사람들이 밖으로 나와 소란을 일으키려 하자, 경찰서장은 수사에 방해가 된다며 30분 만에 해산시켰다. 무리는 슬그머니 사라졌다. 그날 밤과 다음 날, 내가 만난 지역 주민들은 경찰서장을 칭찬했다.

니사르와 내가 사무실로 들어갔을 때, 경찰서장은 자신의 시간을 낭비한 큰 체구의 남자를 꾸짖고 있었다. "그래서 말해봐, 진짜, 왜 날 만나러 왔는데? 네가 예쁜 여자였다면 이해했을 텐데, 아니잖아." 경찰서장은 이렇게 말하며 미소 지었지만, 수면 부족 때문인지 그 미소는 섬뜩해 보였다. 그는 길고 조마조마한 밤을 보냈고, 상급자들은 계속해서 칼부림 사건 보고서를 요구했다. 전화벨이 울리자, 그는 굵직

한 팔을 뻗어 전화기를 얼굴로 휙 가져갔다. "자이 힌드, 서"라고 말하고 나서 관련 인물들에 관한 보고를 이어갔다. "처음에 바지랑달 사람들이 왔습니다. 그다음에 또 다른 하누만 무리가 왔고요. 그들은 범인을 잡지 않으면 8시 30분에 일을 벌이겠다고 했습니다. 하지만 범인을 체포해도 똑같이 할 겁니다." 부청장은 경찰서장이 지금까지 처리한 내용에 만족했다.

경찰서장은 무스타파바드의 공동체 분열에 대해 잘 알고 있었고, 거대하고 통제하기 어려운 집단들을 그들의 가장 기본적인 요구로 축소해 다뤘다. 소란을 피우는 것은 그들의 본성이었다. 그들이 자신의 힘을 과시하고 경찰서장의 허용 범위를 시험하려고 찾아왔을 때, 그는 그들의 말을 경청하고 예의 바르게 대했다. 하지만 그들이 떠난 후, 문이 닫히면 그들을 "보푸$_{bhopus}$"(시끄럽고 공기로 가득 찬 고무 나팔)라고 불렀다. 그 단체 회원들은 기회주의자와 실업자가 대부분이었고, 사회에 아무 도움이 되지 않는 허세꾼들이었다. 경찰서장은 그들에 대해서는 걱정하지 않았다. 그들은 그의 하루가 어떻게 흘러갈지를 결정짓는 힘의 위계에서 별로 중요하지 않은 존재였으니까.

"서장님은 범죄자들을 '인카운터(초법적 처형)'한 적이 있답니다." 니사르는 경외감에 젖어 경찰서장을 소개했다. 경찰서장은 나와 눈이 마주치자 초법적 처형의 장점에 대해 이야기했다. "교화가 불가능한 하드코어 범죄자들에 대해 뭘 어떻게 할 수 있겠습니까?" 그가 물었다. 그들은 종종 여성들의 삶을 고통스럽게 만드는 교정 불가능한 사람들이었다. "그들은 감옥에 들어가도 자신만의 술탄국을 운영하죠." 그런 위협을 해결하는 최선의 방법은 그들을 '사살'하는 것이라고 그는 말했다.

"법은 어쩌고요?" 내가 물었다.

"제 관점에 동의하실 필요는 없습니다." 그는 자신의 매력을 의식해 상대의 경계심을 누그러뜨리는 태도로 말했다.

니사르는 델리 경찰의 수사에 비판적이었고, 종종 그 결과를 신뢰할 수 없다고 말했지만, 초법적 처형을 수행하는 경찰들에 대해서는 이상하리만치 호의적이었다. 내가 아는 이 가운데 니사르만큼 헌법 이야기를 많이 하는 사람은 없었는데, 효율적인 경찰―경찰이 죽인 범죄자의 수로 효율성을 책정한다면―을 마주할 때면 그는 즉시 헌법을 무시했다. 법치에 관한 이야기는 접어두고, 초법적 처형을 적법 절차의 연장인 양 간주해버렸다. 니사르는 그런 경찰관들에게 매료되었고, 멍한 표정으로 미루어 이미 공상의 나래를 펼치고 있는 게 분명했다. 그는 '인카운터' 전문 경찰관이 사살한 범죄자의 수를 마치 인간의 한계를 넓힌 성취처럼 언급했다. 경찰서장이 교전이 정당화될 수 있는 상황에 대해 이야기하는 것을 니사르는 잔뜩 몰입한 채 듣고 있었다. 자신은 결코 갖지 못할 권력을 아는 자를 마주한 데서 나오는 경이로움이랄까. 나는 니사르가 헌법의 우위를 주장하는 이유가 피해자였기 때문일까 궁금했다. 가혹한 나라에서는 더 쉬운 길을 꿈꾸는 유혹에 빠지기 쉽다. 즉각적인 정의, 하루 동안 총리가 될 수 있다면 시민들이 하게 될 일, 기술로 해결할 부패 척결, 오직 강력한 지도자만이 가져올 변화 같은 것 말이다. 혹시라도 그런 꿈이 실현된다면, 니사르의 통치는 어떻게 기억될까?

조직적 처형에 관한 경찰서장의 독백은 갑자기 문이 열리는 바람에 중단되었다. 흰색과 사프란 색 옷을 입은 남녀 아홉 명이 후다닥 들어왔다. 그들은 '통합힌두전선UHF'의 대표자들이었다. 이 조직의 창립자 자이 바그완 고얄은 한때 RSS 계열에 속했는데, 1992년 12월 아요디아에서 모스크를 파괴한 최초의 인물 중 한 명이라는 사실을 자랑스레 여겼다. 통합힌두전선의 웹사이트에는 '그는 이 사건의 49명의 피고인 중 한 명'이라고 쓰여 있었다. 이 조직은 다른 극단주의 단체들과 마찬가지로 힌두 사회 건설을 목표로 삼았고, 한 가지 특징을 덧붙이자면, 공개적으로 힌두 국가 건설이라는 목표가 실현되면 '인도의 내부 문제들이 사라질 것'이라고 주장하는 점이었다.

그들은 방 안에 흩어져 앉았고 경찰서장에게 라훌을 공격한 범인 수사가 어떻게 진행되고 있는지 물었다. 서장은 범인을 반드시 잡을 거라고 자신 있게 말했다. 방 앞쪽에 앉은 남성들이 대화를 주도했다. 그중 한 명은 실내에서도 선글라스를 쓰고 있었고, 목에는 사프란 색 숄을 두르고 이마에는 붉은 틸락이 찍혀 있었다. 나는 방 뒤로 물러나 있어서 대화를 똑똑히 들을 수 없었지만, 몇 마디 단어를 통해 그들이 용의자를 찾는 계획에 대해 논의하고 있다는 것을 알 수 있었다. 하루도 채 지나지 않았는데, 그들은 왜 이렇게 오래 걸리는지 알고 싶다고 했다. 한 여성이 수사를 재촉하려는 듯 말을 꺼냈다.

"그 소년의 여동생이 협박을 받았어요!"

"잠깐만요." 경찰서장은 갑자기 딱딱하게 여자를 바라보았다. "어떻게 아시죠? 협박이 어디서 있었나요?" 그의 질문은 마치 비난처럼 들렸다. 의자에 앉아 있던 사람들에게 어깨 깡패인 그의 거대한 체격이 현실로 훅 다가왔다.

여자가 말했다. "그가 그녀에게 말했어요."

"이메일로? 전화로? 직접?"

서장은 눈도 깜빡이지 않고 여자만 뚫어져라 봤다.

"직접이요." 여자가 다소 누그러진 목소리로 말했다.

"잠깐." 서장은 여자를 노려보며 말했다. 그 옆에 앉은 여자가 경고의 뜻으로 그녀의 팔뚝 위에 손을 올렸다. 그 질문으로 깊게 들어가는 것은 현명하지 않아. "정확히 언제 그녀를 위협했죠?"

여자가 뭐라고 웅얼거렸다. 그러자 그녀의 동료들이 빈틈을 메우려는 듯 나서며, 만약 그날 범인을 찾지 못하면 거리로 다시 나서겠다고 선언했다.

경찰서장은 여자에게서 시선을 거두고 말을 끊었다. "봐요, 문제는 우리 경찰이 너무 관대하다는 겁니다. 그게 오히려 문제를 일으켜요." 그가 방문객들에게 말했다. 몇몇은 고개를 끄덕였다. 그 경고를 이해한 것 같았다. 그는 리더를 향해 미소 지었다. "자, 다들 협력합시다. 내가 여러분을 응대해줬고, 여러분은 내 팀이 일을 하게 두면 되는 겁니다. 그런데 내 사람들이 당신들을 상대하는 데 시간을 쓰기 시작하면 일이 멈춥니다. 잘 생각해보세요. 지금 열심히 일하고 있는데 당신들 때문에 수사가 중단된다고요."

리더가 충분히 순응적인 태도를 보이지 않자, 경찰서장은 일부러 목을 가다듬으며 위협적인 기색을 보였다. "봐요, 내 사람들을 계속 붙잡아두면, 나도 펜을 내려놓고 시위를 할 겁니다. 여러분에게 달렸어요." 그는 수사를 전면 중단하겠다고 위협했다.

경찰이 일을 하지 않을 수도 있다는 가능성에 사람들은 겁을 먹었다. 모두가 한목소리로 "아니, 아니, 제발 그러지 마세요!"라고 외쳤다. 서장은 방 안을 둘러보며 한 사람 한 사람을 향해 승리의 미소를 지었다. 그들은 얌전히 행동하겠다고 약속한 뒤 악수를 하고 방을 나섰다.

마지막 사람이 나가고 문이 닫히자, 그가 우리에게 말했다. "평화를 원치 않는 이 사람들 때문에 우리는 거리 전체에 병력을 배치해야 합니다. 유치원생부터 5학년까지 자녀 교육비 문제로 나서지는 않으면서 이런 일로는 거리에 뛰쳐나와요." 그가 역겹다는 듯 말했다. "'우리는 당신들과 함께다'라는 걸 보여주려는 거죠. 작전일 뿐입니다."

나는 그에게 통합힌두전선과 관련해 어떤 문제가 생길 거라고 예상하는지 물었다.

"그들이 무슨 문제를 일으킬지 예상 같은 건 하지 않아요. 그들의 목적은 하나밖에 없으니까요. '자이 쉬리 람! 자이 쉬리 람!'" 그는 주먹을 치켜들며 말했다. "그저 주목받고 싶어하는 겁니다. 이건 그냥 두 개인 사이의 싸움이었어요. 하지만 이 사람들이 공동체 간의 싸움으로 바꾸려 하고 있죠."

피로감 때문인지, 그 집단에 본때를 보여준 후 치솟은 아드레날린 때문인지, 경찰서장은 말이 많아졌다. 그는 나를 바라보며 미간을 찌푸렸다. "당신은 너무 격식을 차려요."

나는 아즈탁의 뉴스 보도를 언급하며, 미디어의 역할에 대해 어떻게 생각하냐고 물었다. 서장도 그 보도에 대해 알고 있었다. "당신네 TV 뉴스 놈들이 그를 죽였죠."

"정정 보도를 요청하실 건가요?"

"코끼리는 묵묵히 걸어가고, 개들은 짖는 법이죠. 내가 또 다른 전선을 열고 싶지는 않아요."

그는 차이를 주문한 뒤 경찰서를 견학시켜주었다. 부임한 지 두 달도 안 됐지만, 그는 이미 자신의 성과를 자랑스러워했다. 그는 어린이 친화적인 방 앞에 멈춰 섰다. 파란색 스파이더맨 벽지와 아기 얼굴 포스터들로 방의 '친근한' 분위기는 한층 돋보였다. 우울한 분위기의 경찰서 곳곳에 배치된 화분들도 그의 작품이었다. 그는 계단을 따라 늘어선 고사리와 머니 플랜트*를 자랑스럽게 바라보며 말했다. "내가 한 거예요." 심하게 얻어맞은 남성이 친구들의 부축을 받아 절뚝거리며 계단을 올라가고 있었다.

그는 밖으로 나가 한 경찰관에게 경찰서 진입로를 막고 있는 차를 치우라고 명령했다. 몇 분 뒤 요란한 사이렌을 울리며 여러 대의 차량이 줄지어 도착했고, 경찰 고위 간부가 내렸다.

차들이 앞을 지나가자, 니사르는 피식 웃으며 "이런 사소한 일로"라고 말했다. 그는 경찰서장이 차 안의 누군가에게 곧은 자세로 거수경례하는 모습을 지켜보았다.

니사르는 브리지푸리 모스크로 돌아가는 길에 내게 뭔가를 보여주고 싶어했다. 그는 자신의 마루티를 골목 입구에 세웠다. "저것 좀 봐요." 그가 골목길을 가리키며 말했다. 좁은 길을 따라, 양쪽으로 늘어선 건물에 밝은 주황색 깃발 수십 개가 튀어나와 있었다. '자이 쉬리 람'이라는 문구와 함께 힌두 신 하누만의 그림이 그려진 깃발이 석양 아래 반짝였다. 바지랑달의 깃발이었다. "다 새로 생긴 거예요." 주위

---

* 집 안에 두면 행운이나 재물을 가져다준다고 믿는 식물.

를 둘러보자 다른 표시들도 눈에 들어오기 시작했다. 신들의 포스터, 주황색 깃발, 특정 신을 상징하는 소규모 무장 단체들의 광고판도 있었다. 모두가 종교를 나타내는 표식이었지만, 신앙적 독실함과는 거리가 멀었다. 상인들과 경찰을 만나 대화하며 힌두 단체가 원하는 게 무엇인지 이해했지만, 문득 라훌의 가족에 대해선 아무것도 모르고 있다는 걸 깨달았다.

"라훌의 집에 가보고 싶어요." 내가 니사르에게 말했다. 그는 차에서 기다리겠다고 했다.

라훌의 집 옥상에는 친구, 가족, 그 밖에 동정의 시선을 보내는 사람들이 모여 침울해하는 그의 부모 곁에 앉아 있었다. 라훌의 부모는 플라스틱 의자에 앉아 있었고, 그 곁에는 집주인이 있었다. 덩치 큰 집주인의 손가락에는 반지와 보석이 끼워져 있었고, 손목에는 독실한 신자임을 보여주는 나무 염주 루드락샤를 차고 있었다. 라훌의 아버지 람 스와룹은 두통 때문에 머리를 움켜쥐고 있었고, 어머니는 질문을 받기 전까지는 아무 말도 하지 않았다. 그녀는 아들이 그냥 차우멘을 먹으며 자기 볼일을 보고 있었는데, 자이드가 아무 이유 없이 욕을 했다고 했다. 라훌과 그의 친구가 왜 욕하느냐고 물었고, "그는 술에 취해 있었어요. 아무 말도 없이 그냥 칼을 꺼내 아들 배를 찔렀어요. 우리는 그 애를 몰라요. 근처에 세 들어 살고 있다는 것만 알죠. 그 애가 칼을 뽑아 다시 찔렀어요. 그는 무슬림이었어요. 붙잡혔지만 수백 명이 몰려와서 그 사람을 빼내갔어요."

집주인은 이야기를 하고 싶어 안달이 나 있었다. 바깥 도로에 배치된 추가 경비는 언제든 문제가 발생할 수 있기 때문이라고 했다. "이곳은 무슬림 지역이에요. 인접 지역은 작은 파키스탄이라고 할 수 있죠." 그가 손가락을 빙글빙글 돌리며 말했다.

"이건 미션이에요. 미-션이에요. 미이-션." 라훌의 삼촌 산자이 카샤프가 술에 취해 말했다. 발음이 잔뜩 꼬여 있었다. 말을 잘 들으려고 가까이 가면 얼굴에 침이 튀었다. "이건 그들 모두를 구출하는 미-션이에요." 무슨 말인지 알아들을 수 없었지만 나를 지켜보는 사람만 몇십 명이었기에 진지한 표정으로 고개를 끄덕였다. 거칠어 보이는 젊은 남자 몇 명이 노끈 침대에 앉아 그를 보며 낄낄거렸다.

「뉴스X」와 「인디아 뉴스」 기자들이 도착해 라훌의 아버지에게 인터뷰를 요청했다. 라훌의 아버지가 두통이 있다고 소리치자, 라훌의 어머니는 그에게 고함쳤다. "이게 저들의 의무야! 인터뷰를 해야 해!" 카메라맨이 준비를 마쳤다.

"말씀해주세요." 리포터가 라훌의 아버지에게 마이크를 내밀며 물었다. "라훌이 자이드와 친구라고 말한 적 있나요?"

"그런 말은 한 적 없습니다. 서로 알지도 못했어요. 그 애가 술에 취해 칼을 꺼내들고 아들을 찔렀습니다."

기자가 라훌의 어머니에게 시선을 돌리자 라훌의 아버지가 큰 소리로 말했다. "그는 모하메단이에요. 그가 내 아들을 찔렀어요. 무슬림 150명에서 200명이 와서 그를 빼내갔어요."

기자가 그에게 물었다. "정부에게 바라는 점이 있다면요?"

"그놈을 교수형에 처해야 합니다."

"그쪽 남자애들이 우리 여자애들을 괴롭히고 있어요." 라훌의 이모가 말했다. "힌두 여자애들이 죽어가고 있어요."

"그게 일상이야. 학교에 다니는 여자애들은 매일 괴롭힘을 당하고 있어." 술에 취한 삼촌이 말했다. "말해봐요, 이 모든 걸 어떻게 할 겁니까? 대체 여기서 무슨 일이 벌어지고 있는 거야? 당신들은 여기 뭣하러 온 거야? 우리 증언을 들으려고 온 거 아냐?"

"정부는 상황을 통제하지 못하고 있어요." 라훌의 이모가 말했다. "난 두려워요. 우리는 라훌이 집으로 돌아오기를 바랄 뿐이에요."

모두의 뒤쪽에서, 라훌의 아버지는 머리를 움켜쥔 채 중얼거리며 옥상을 무기력하게 서성거렸다. 그의 아내는 멍하니 생각에 잠겨 홀로 앉아 있었다. 집주인은 어느새 사라지고 없었다. 웃고 있던 소년들은 이제 한쪽 구석에서 얼굴에 분노를 띤 채 낮은 목소리로 이야기를 나누고 있었다. 끔찍한 일을 저지를 준비라도 하는 것처럼.

4.
힌두인은 오전 6시에 일어난다

다니람이 초대했던 샤카는 쉽게 찾을 수 있었다. 운하를 따라 난 진흙 투성이 빈터로, 2020년 2월 폭력이 시작된 다리 근처의 그곳을 모르는 사람은 없었다. 니사르도 그 장소를 알고 있었다. 강제 퇴거를 당하기 전 그는 거기서 몇 분 거리에 살았다. 그는 탈출 당일 아래층에 있던 폭도들 중 아이 몇 명이 샤카에 참석하곤 했다고 말한 적이 있지만, 그 점을 특별하게 생각하지는 않은 듯했다.

도착했을 때는 아직 어두웠다. 샤카의 입구는 대나무 막대로 막혀 있고, 사람이 걸어 들어갈 만큼의 공간만 열어두었다. 당연히 드나들 공간은 있었다. 샤카 참가자들까지 막는 것은 말이 안 될 테니까. 그렇게 되면 단체 활동을 할 수 없을 테고. 안쪽에서는 다니람이 거대한 피팔 나무 옆에 쭈그리고 앉아 처량하게 휴대폰을 들여다보고 있었다. 그의 얼굴에는 안타까운 표정이 가득했다. 그의 아들 사친도, 개도 보이지 않았다. 그는 여전히 이불 속에 집요하게 누워 있는 RSS 자원봉사자들에게 전화를 걸며 꿋꿋하게 협상하고 있었다. "람람Ram Ram. 올 거지? 응?" 아직 여명도 밝지 않았는데 벌써 지쳐 보였다. RSS 일개 대원의 삶이란 이런 거였다. 친구들도 일어나지 않으려 하는데 힌두 사회를 어떻게 깨울 수 있을까?

다니람은 나를 보더니 앉으라고 손짓했다.

"비 때문에 다 망했어요." 그가 설명했다. "새벽 1시 반부터 비가 내렸어요. 사람들이 올 겁니다. 늦더라도 오긴 올 거예요." 샤카 회원은 약 250명이었는데, 비가 올 때 빼고 매일 열 명에서 열두 명 정도가 출석했다. "어제는 열아홉 명이 왔어요." 그는 전에 만났을 때보다 더 기운차고 움직임도 활발해 보였다. 무릎의 부기는 가라앉은 것 같았다.

나는 춥고 비 오는 밤이 새벽에 일어나겠다는 결심에 어떤 영향을 미치는지 이야기했지만, 그는 내 공감에 패배감이 들었는지 정중히 웃으며 계속 전화를 걸었다. 빗물이 고여 운동장 곳곳에 웅덩이가 생겼다. 그는 그걸 걱정스럽게 바라보며 운동할 공간이 있을지 모르겠다고 중얼거렸다. 그때 한 남자가 파자마 차림의 잠이 덜 깬 아이 둘과 함께 도착했다. 그는 무거운 몽둥이, 긴 강철 파이프, 끝이 날카로운 사리야를 들고 있었다. 사리야는 건설 현장에서 쓰는 철근으로, 이 지역에서 발생한 폭동의 생존자들은 폭도들이 사리야를 쥐고 있었다고 기억했다. 사리야는 자물쇠, 셔터, 사람까지도 순식간에 파괴할 수 있는 무기였다.

"람람." 그 남자가 인사했다.

"람람. 오늘 무슨 일 있어요? 아무도 안 오네요. 비가 와서 그런가."

"마헤시 지는 어디 있습니까? 세카르 지는요? 사친 지는?"

"마헤시 지는 회의 중이에요. 세카르 지는 자고 있고. 비 핑계를 대 네요. 사친 지는 회의 중이고요."

잠이 덜 깬 아이들은 멍하니 어른의 지시가 떨어지길 기다리고 있었다.

"만달(원)을 그릴까요?" 남자가 물었다. 다니람은 원을 그릴 곳을 알려주었다.

남자는 피팔 나무 아래 한 지점을 골라 손가락으로 진흙에 점을 찍었다. 그런 다음 금속 파이프와 사리야를 큰 컴퍼스처럼 활용해 4~5피트 지름의 원을 그렸다. 그는 사리야를 땅에 대고 걸으며 원을 완성했다. 그런 다음 막대기를 원의 한가운데 두고 손가락으로 원을 반으로 나누었다. 남자는 작업에 완전히 몰두해 있었다. 시선도 돌리지 않았고, 팔과 손가락 각도, 형태를 그대로 유지한 채 몸을 하나의 도구처럼 사용하며 움직였다. 그는 원 안의 낙엽을 치우고 나서 진흙 위에 그은 선 중심에 엄지손가락을 눌러 찍고, 그것을 축으로 새끼손가락을 뻗어 반원을 그렸다. 마지막으로 반원 주위에 직선으로 광선을 그려 떠오르는 태양의 형상을 만들어냈다. 다니람이 그림을 칭찬했지만 그는 묵묵히 철근을 중심에 박고 강철 파이프의 한쪽 끝을 그 위에 올려놓았다. 태양이 완성되자 그는 똑바로 서서 손에 묻은 먼지를 털고 트레이닝복 바지를 매만진 뒤, 남쪽으로 다섯 걸음을 걸어가 모래 위에 선을 그었다. 그 후 사리야 위에 기둥이 세워졌고, RSS 회원들에게 큰 의미가 있는 삼각형 모양의 주황색 깃발, 바그와가 모습을 드러냈다. 깃발이 펼쳐지고 중앙의 떠오르는 태양 형상의 구조물 위에 게양되었다. 하지만 그날 아침 바람은 협조적이지 않았고, 더 높은 목표를 향해 펄럭여야 할 신성함의 상징인 깃발은 축 늘어져 있었다. 그들은 군기가 잔뜩 들어간 단호한 표정으로 주먹을 움켜쥐고, 등을 꼿꼿이 폈으며, 입은 굳게 다물었다. 세세한 준비를 마치고 갑작스럽게 끌어올린 고양감은 꼭 종교 의례를 앞둔 모습 같았다. 신에게 헌신하는 자들의 신을 향한 애정은 세심한 준비 과정에서 드러난다. 신상을 천천히 씻기거나, 천을 가지런히 정리하거나, 구리 그릇 위 정확한 위치에 코코넛을 올려놓는다거나, 불붙이지 않은 향 아래 깨끗이 반짝이는 철판을 놓는 행동이 그렇다. 그 깃발도 그런 숭배의 대상이었다. 그들은 기둥을 향해 작은 일렬 대형을 이루었고, 다니람은 자세와 발 간격을 점검했다. 내가 그들 사이에 줄을 맞춰 서자, 그는 만족스러운 표정을 지었다. 다니람은 오른팔을 가로로 가슴에 뻗고, 손바닥은 바닥을 향하게 폈다. 우리는 한 명씩 앞으로 나아가 고개 숙이며 깃발에 경례했다. 관광비자로 체류하는 내가 이런 시민 의식을 수행한다고 시민이 될까 하는 생각이 문득 들었다. 그 순간 RSS의 깃발에 경례하는 사람은 누구나 회원으로 간주한다는 책 속 한 문장이 머리를 스쳤다.

순식간에 군대놀이가 시작되었다. 남자들은 크고 불확실한 보폭으로 비스듬하게 절뚝거리듯 서로에게 걸어갔고, 옆걸음으로 방향을 수정한 뒤 경례하고, 다시 뛰어가 다른 사람에게 경례를 받았다. 다니람은 운하를 등지고 서서 아침 체조를 주도했다. 먼저 우리는 커다란 원을 그리며 뛰었다. 그런 다음, 나란히 선 채 양팔을 옆으로, 위로, 앞으로 뻗으며 네 번씩 반복해서 스트레칭을 했다. 초등학교 2학년 체육 수업을 그대로 본뜬 훈련이었다. 다니람의 부드러운 격려 속에서 우리는 목을 풀고 뻣뻣한 몸을 스트레칭으로 풀었다. 동작은 점점 더 복잡해졌다. 팔은 한 방향으로, 몸은 또 다른 방향으로 움직였다. 열 명이 다니람을 따라하려 애썼다. 어떤 운동은 혼란의 연속이었다. 한쪽 다리를 앞으로 내밀고, 손을 왼쪽으로 휘두른 다음, 하체가 그 뒤를 따랐다. 다니람은 애초에 기대도 하지 않았다는 듯 미소를 지어 보였다. 실패는 오히려 집단의 안무와 하나가 되게 하려는 의지를 더 강하게 만들었다. 그 동작을 제대로 해낼 기회는 네 번 있었고 나는 매번 조금은 나아지고 있다는 약간의 만족감을 느꼈다. 45분쯤 지나자 누군가 만트리 지 게임을 하자고 했고, 모두가 환호했다. 다정한 눈빛과 온화한 목소리의 날씬한 노인이 게임을 주도했다. 그는 단정한 흰색 사파리 정장을 입고 슬리퍼를 신었는데, 헐렁한 실내복 차림의 사람들과 뚜렷이 대비되었다. 그는 손가락을 뻗어 지시를 내렸고, 사람들은 손가락을 보며 왼쪽이나 오른쪽으로 움직이다가 결국 완벽한 원을 이루었다. 그러고 나서 그가 깃발을 세운 남성을 가리켰고, 그 남성은 그룹에서 벗어나 걸었다. 그가 등을 돌린 순간, 손가락으로 다니람을 가리켰고, 다니람은 손뼉을 치기 시작했다. 즉시 나머지 사람들도 다니람을 따라 진지한 표정으로 크게 손뼉을 쳤다. 그동안 남자는 다시 돌아서서 그룹의 리더를 찾아 중앙을 배회했다. 그 순간 사람들은 한마음으로 연결된 것처럼 모두가 0.5초도 되지 않아 다니람의 동작을 따라했다. 다니람은 안전하다고 확신하고, 다른 사람들이 따라할 수 있게 두 손을 머리 위로 올렸다. 그 순간 남자가 고개를 홱 돌려 다니람의 움직임을 포착했다. 다니람은 절뚝이며 무리에서 빠져나왔고, 손가락이 또 다른 리더를 지목했다. 새 리더는 다른 사람들이 따라할 수 있게 손

뺨을 치고 코를 문질렀다. 다니람의 추측이 틀릴 때마다 사람들은 억지웃음을 터뜨렸다. 어린 소년의 차례가 되었을 때, 그는 세 번째 시도만에 리더를 찾아냈고, 그의 얼굴은 환희로 빛났다. 운동장 벽 뒤편에서는 자동차 엔진과 스쿠터 소리, 방치된 도로 위에서 덜컹거리는 작은 트럭들의 소음이 들려왔다. 하지만 안에 있는 사람들에게는 모두가 아는 걸 한 사람만 모른 채 군중에게 둘러싸인 느낌, 조직활동 안에서 비밀을 품고 있는 그 감각을 더 즐길 시간이 남아 있었다. 한 사람이 모르는 사실을 무리는 알고 있었고, 무리는 리더의 존재가 드러나지 않게 조심했다.

게임이 끝나자, 그들은 슬리퍼를 벗고 진흙에 앉았다. 파르타는 조직을 떠난 지 수십 년이 지났지만, 모든 게 그가 말한 그대로였다. 그중 한 명이 음정에 맞지 않게 노래를 부르기 시작했고, 나머지는 멜로디를 맞추려고 애쓰지도 않은 채 각 구절을 따라 불렀다.

    힌두가 깨어날 때 세상은 깨어나고,
    인류의 신앙도 깨어난다.
    힌두가 깨어날 때 세상은 깨어나고,
    힌두는 인류의 영원한 친구.
    우리는 뿌리를 통해 모든 것을 수용하고,
    우리가 어떤 길을 걸어왔든
    우리에겐 오로지 하나의 신뿐.
    힌두가 깨어날 때 세상은 깨어나고,
    인류의 신앙도 깨어난다.

차별과 어둠은 사라지고,
불멸이 지배한다.
힌두가 깨어날 때 세상은 깨어난다.

신, 국가, 정치의 관계를 설명하는 가사가 이어졌다. 노래는 베다의 말, 우파니샤드의 가르침, 사원에서 모두가 받을 지식에 관해 이야기했다. 아이들도 기도문을 외워 따라 노래했다. 노래가 끝난 후 다니람은 깃발을 내려 조심스럽게 접은 뒤, 사람들을 피팔 나무 주변으로 모이게 했다.

그가 말했다. "이 형제는 3년 전에 있었던 일의 진실을 알고 싶어한다. 그래서 우리를 찾아오셨다. 그래서 여기 상$_{Sangh}$을 찾아온 것이다."

셰카르 바라드와지라는 키 크고 덩치 있는 진지한 남성이 내 교육을 맡기로 했다. "폭동을 이해하려면 먼저 지역의 인구 통계 이야기부터 시작해야 합니다."

그는 무스타파바드가 문화적으로 익숙했던 시절을 회상하며 아쉬워했다. 그의 말이 끝나자, 그곳에 모인 남성 몇 명이 무스타파바드의 몰락에 대해 중얼거렸다. 그는 혼란스러운 듯 말했다. "그들이 어디서 그렇게 오는지 모르겠어요." 그는 너무 많은 무슬림이 이주해오는 바람에 힌두인들이 설 자리는 없어졌다고 주장했다. 그는 내가 믿길 바라는 이야기를 들려주었다. 2020년 2월의 폭동은 힌두 이웃을 몰아내기 위한 무슬림의 음모였다는 것이다. "그 폭력은 치밀하게 계획된 거였어요. 폭동이 일어날 줄 알았던 무슬림 상인들은 가게 셔터에 '시민권 수정법 반대, 국가시민명부 반대'라는 슬로건을 적었어요. 그 슬로

건은 불의에 항의하던 시민들이 외치던 문구였고, 플래카드, 경계벽, 보도, 트윗에도 등장했습니다." 하지만 바라드와지에게 이 문구는 더 어두운 의미를 담고 있었다. "무슬림 폭도들에게 이 가게 주인은 우리 편이니 불태우지 말라는 신호였어요. 슬로건이 없는 가게는 그들의 타깃이 됐죠. 저는 더 특별한 타깃이 됐어요." 바라드와지는 BJP 당원이었고, RSS 회원이기도 했다. "제가 힌두인들을 조직하는 사람이니, 저를 제거하면 좋을 거라는 소문이 돌았던 것 같아요."

바라드와지는 멀리서 자신의 가게가 불타는 것을 지켜봤다고 했다. 그는 하늘색 오토바이 헬멧을 쓴 남자들이 CCTV 카메라를 떼어내고 가게를 망가뜨리는 모습을 봤다고 했다. "힌두 땅에서 우리를 보호할 사람이 없다는 건 부끄러운 일이에요. 정부는 우리가 집에 무기를 보관하는 것도 허락하지 않습니다. 폭력을 행사하는 것도 허용하지 않죠. 법 때문에 우리는 손이 묶여 있어요." 그의 불만은 정책 실패가 이런 상황을 야기했다는 데서 그치지 않았다. 그는 궁극적인 문제가 문명의 결함 때문이라고 했다. "힌두인들은 어릴 때부터 세상과 평화롭게 살아야 한다고 배웁니다. 이 가르침 때문에 우리 손목이 묶이는 거죠. 아이들에게도 똑같이 가르쳐요. 하지만 무슬림들은 날 때부터 죽음과 파괴의 분위기에서 살아가는 법을 배워요. 이런데 우리가 어떻게 함께 살아갈 수 있을까 하는 생각이 들죠. 이렇게 다른 문화와 사고방식을 가진 사람들이 어떻게 함께 살 수 있겠어요? 말이 안 됩니다. 공통점이 전혀 없어요. 사는 방식도, 먹는 음식도, 생각도 다릅니다. 말씀해보세요. 무슬림들은 사업을 시작하거나 채소를 팔 때, 가게에 힌두 이름을 붙입니다. 이게 무슨 뜻일까요? 자기들 이름으로는 사업을 할 수 없다는 뜻 아닙니까? 힌두인들을 이용해 돈을 벌면서 그 힌두인들을 죽이고 싶어합니다." 그는 잠깐 멈췄다가 뭔가 생각난 듯 말했다. "무슬림 한 명은 힌두인 100명 가운데서도 살 수 있어요. 아무도 그를 '물라'라고 부르지 않아요. 존중의 의미로 '물라 지Mullah-ji'라고 부릅니다. 무슬림 모자를 쓰고 외출할 수도 있어요. 아무도 신경 쓰지 않으니까요. 하지만 힌두 지역에 사는 무슬림이 두세 명 되면 그들은 계획을 세우기 시작합니다. 길에 동물 뼈를 던지고, 어린 소녀들을 괴롭혀요. 말로는 우리와 우애를 나누고 싶다고 해요. 하지만 저는 진심으로 그들을 '형제'로, 우리를 '이웃'으로 여깁니다."

그의 말에 군중은 격렬히 동의했다.

"지붕에 돌을 올려놓았던 무슬림 의원 기억나십니까?"

"아닐 스토어에서 손발이 잘린 소년은요?"

"E 블록에서 힌두인들이 안전하게 대피시킨 무슬림은요?"

무슬림에 대해 이야기할 때 남성 몇 명은 얼굴을 찌푸렸고, 한두 명은 괴로워하며 앉아서 소리쳤다.

"그들이 화염병을 던졌어요!"

"자동차 1000대를 불태웠어요!"

"2000대요!"

작고 마른 체구에 목소리는 담배에 찌들고 치아는 얼룩진 물라얌 싱은 그때까지 맨 구석 자리에 있었다. 그가 한 소녀가 폭행당하고 신체 훼손을 당한 사건에 대해 말하자 다른 이들은 입을 다물었다. "경찰은 아직 이 사건을 조사하지 않았습니다." 그가 검붉은 혀로 치아에 딸깍 부딪히는 소리를 내며 말했다. "뭘 할 수 있었겠어요? 그건 폭동 범죄었어요. 힌두 여성이 납치되는 걸 막으려던 경찰이 있었어요. 그들은 경찰을 찔렀습니다."

"400번이요." 누군가 덧붙였다.

"400번이요." 싱은 고개를 저으며 치아로 딸깍 소리를 냈다. 그의 공허한 눈빛은 다소 위험해 보였다. "그리고 RSS 회원 한 명이 있었어요. 이름이 뭐였더라? 아무튼. 그가 RSS 회원이라는 이유만으로 집 문을 부수고 들어갔습니다. 이제 말씀해보세요. 이런 사건들만 보더라도 어떻게 함께 살 수 있겠습니까? 4번 골목은 무슬림 구역입니다. 주교 차로도 마찬가지고요. 그들은 거기에 모여 힌두 소녀들을 괴롭혔습니다. 다니람이 몇 명을 구했습니다." 싱은 다니람을 힐끔 쳐다보며 말했다. 무슬림 소년들은 당시 유행대로 머리를 기르고 다녔다고 싱은 말했다. 여자애들이 그들과 함께 떠나곤 했어요. "하지만 우리에게는 RSS가 함께하죠." 그가 단호하게 말했다. "우리는 그걸 용납할 수 없었어요. 그래서 어떻게 그들을 막을 수 있을까 생각했죠." 그는 RSS 소속 남성 70명을 모아 매일 무슬림들이 모이는 곳 근처에서 '힌두 소녀들이 괴롭힘당하지 않는 날까지' 하누만 찰리사Hanuman Chalisa를 낭송하게 했다. 싱 같은 사람들에게 북동부 델리는 신성한 전사가 될 기회가 무궁무진한 곳이었다. "미슈라 지의 딸 기억나십니까? 그 거리에서 무슬림에게 딸을 잃었습니다. 그 누구도 할 수 있는 일이 없었어요. 그 소녀의 이름은 라키였습니다. 우리가 아는 건 그녀가 떠났다는 사실뿐이었어요. 저와 다니람, 그리고 모두가 그녀를 제지했습니다. 제가 그 소년에게 가서 말했어요. 이곳에 다시 나타나면 좋은 꼴은 못 볼 거라고요."

이 남성들의 분노는 동의와 선택이라는 중요한 문제를 넘어서 있었다. 그들의 말과 태도 속에 여성의 마음이 중요하다는 인식은 전혀 없었다. 그들은 서로를 지지하고 격려하며 점점 더 과격한 말들을 쏟아냈고, 여성의 삶을 더 제한하겠다는 의지를 드러냈다.

싱이 말했다. "그들의 목표는 여기서 힌두인을 몰아내고, 때가 되면 그들을 죽이는 것입니다."

한 남자가 말했다. "이건 암보다 더 위험한 겁니다. 암에 걸리고 싶어하는 사람이 어디 있습니까? 그게 핵심 문제입니다."

군중 속에서 다른 누군가가 덧붙였다. "여기서는 이런 일이 자주 일어납니다. 러브 지하드 사건이 일고여덟 건은 됐어요."

뒤에서 부드러운 미소를 띤 노인이 놀란 듯 말했다. "러브 지하드, 러브 지하드, 정말 놀라울 만큼 자주 일어나요."

바라드와지가 뒤에서 끼어들었다. "러브 지하드? 이건 '룬드 지하드'(음란 지하드)예요." 그는 자신의 사타구니를 가리키며 말했다.

싱이 다시 말을 이었다. "일상적으로 일어나는 일이에요." 그는 이웃에서 일어난 도피 사건들을 추적해왔다고 했다. "지난 4~5년 동안 조리푸르에서 두 명, 산자이 콜로니에서는 서너 명, 강가 비하르에서는 세 명의 여자아이가 떠났어요. 비하르 출신의 여자와 결혼한 아시프라는 소년은 지난 몇 년 동안 또 한 명을 빼앗아갔어요. 그와 친구였는데, 힌두교도처럼 이마에 큰 틸락을 바르고 다녔어요. 그는 그녀를 유혹해서 데려가더니 그녀가 죽자마자 또 어떤 기혼 여성과 도망쳤습니다. 그 이마의 줄무늬는 볼레나트 신을 상징하는 것이었어요. 이제 말씀해보세요." 싱의 불만에는 사칭, 도피, 종교 간의 결혼, 잃어버린 힌두성, 무신경, 속임수, 무슬림 전체를 겨냥한 비난이 포함되어 있었다.

그는 말을 이어갔다. "친구 중에 무슬림 남자가 있었어요. 최근에 그를 만났죠. 그에게 '함께 도망갔던 여자는 어디 있냐?'고 물었어요. 아름다운 여자를 데리고 도망쳤으니 그녀에게 무슨 짓을 했을지 모르는 거죠. 친구가 그녀는 죽었다고 했습니다. 그래서 내가 '어디서 죽었느냐?'고 물었죠. 자기도 모른다더군요."

바라드와지는 계속해서 말했다. "그 사람들은 소누, 모누 같은 이름을 사용하고 틸락을 그립니다. 힌두인들이 착용하는 팔찌를 걸쳐요. 본명은 숨기고요. 이 모든 것은 힌두인을 속이고, 힌두 여성과 결혼해 지하드에 참여할 아이들을 낳기 위한 것입니다. 그런 걸 배워요. 마드라사*에서 배우는 내용이 바로 그런 겁니다."

남자들의 태도가 달라져 있었다. 조용히 있던 사람들은 뒤로 물러났고, 더 젊고 산만한 이들이 앞으로 나왔다 뒤로 물러났다 하며 할 말을 찾으려는 듯 보였다. 하지만 그들이 간신히 끄집어낸 말은 이미 오래된 불만 리스트에 불과했다. '아름다운 소녀, 도피, 무슬림 남성, 아기 기계, 개종, 러브 지하드, 죽음.' 그런 클리셰들이 방문자에게 제시할 증거로 쓰이는 것 같았다. 나는 이 모두가 일종의 연극은 아닌지 의아해졌다. 모두가 연극임을 알면서도 계속 참여하고 거부할 수 없는 충동에 떠밀려 계속 말하고 기록하는 것 같았다. 나는 그들의 장황한 설명을 방해하지 않고 흐름을 깨지 않도록 주의하면서 이따금 그들을 관찰했다. 그들이 하는 말은 이미 어디서 들었거나 읽은 내용이었고,

• 이슬람 학교.

뉴스를 보는 사람이라면 누구에게나 놀랍지 않을 이야기였다. 오히려 신선했던 건 '지금', 바로 이 순간, 뉴델리의 '이' 구석에서 '이' 남자들이 직접 그 말을 하고 있다는 사실이었다. 마치 같은 강의 다른 구간에서 수질 테스트를 하는 것처럼 테스트 막대에 독성이 표시되는 게 전혀 놀랍지 않았다.

이제 바라드와지는 콧수염을 기른 수호성인에게 경의를 표했다. 남자와 아이들이 그곳에 모인 이유였다. 그는 힌두인들에게 최후의 보루가 될 플랫폼을 만들어준 헤지와르 박사에게 감사한다고 말했다. 그 덕분에 평범한 사람들도 RSS가 자신들의 뒤를 지켜주고 있음을 알고 있다고 했다. "RSS는 항상 사람들을 돕기 위해 존재해왔습니다." 그가 감정을 실어 이야기했다. "당연히 힌두교도를 돕지만, 우리가 안쓰럽게 여기는 무슬림이 있다면 그들에게도 도움의 손길을 뻗습니다." 그리고 RSS 형제들이 무슬림들을 도우려다 살해당한 철도 비극에 대해 언급했다. 나는 그가 어떤 사건을 말하는 건지 전혀 알 수 없었다. "그러니 이제 자신을 죽이려는 자들을 어떻게 구하겠습니까? 그런데 정부는 무슬림 표밭에 대해 걱정하고 있습니다. 그러니 누군가 무슬림과 함께 살아야 한다고 말해도 그런 방식은 상상조차 하지 않을 겁니다. 그들은 폭동을 계획하고 해외에서 자금 지원을 받습니다." 그는 이어 중세 시대의 무슬림들이 힌두인들을 반으로 갈랐다는 이야기와 힌두인들을 굴복시키려는 시도가 실패로 돌아간 긴 이야기를 들려주었다. "그게 실패하자 그들은 역사를 왜곡했습니다. 지금 우리가 배우는 것은 철저한 거짓입니다."

내가 해야 할 일은 개별 주장을 하나하나 따지기보다 그들의 감정을 폭넓게 포착하는 것이었다. 여러 '지하드' 피해자나 이슬람의 원초적 충동에 대해 언급할 때 이들의 회상은 마치 술집에서 와심 아크람*의 크리켓 실력을 떠올리는 친구들 사이의 대화처럼 인상주의적이었다. 정보의 정확성은 제쳐둔 채 감정적 합의만을 중시했다. 모든 대화의 궁극적 목표는 힌두 공동체가 무슬림들에게 포위 공격을 받고 있다고 증명하는 것이었다. 이제 이런 굴욕과 음모는 바라드와지의 마음속에서 너무 생생해져, 그 이야기를 들려주는 그의 표정은 단호하게 굳어 있었다. 그는 허리를 곧게 펴고 앉아 자신이 말하는 내용에 따라 분노하며 눈에 불을 켜고 쏘아봤다.

나는 그가 언급했던 무슬림 자금 후원자에 대해 더 자세한 설명을 요청했다. 하지만 그는 말할 틈이 주어지면 그저 아무 말이나 다 할 기회로 삼는 것 같았다. 그가 큰 소리로 말했다. "제가 그냥 하는 말이 아닙니다. 신문에도 실렸어요. 폭동이 시작되기 직전에 그들은 1200크로어(약 1억 4400만 달러)를 받았어요. 피해가 발생한 후, 힌두인들은 1000만 루피를 잃었는데, 무슬림들은 10만에서 20만 루피를 보상으로 받았습니다. 무슬림들은 5만에서 6만 루피에 해당되는 피해를 입었다면 100만에서 150만 루피를 보상으로 받습니다. 이게 부패가 아니면 뭡니까?" 나는 차후에 그 돈과 관련된 보도를 찾으려 했지만, 하나도 찾을 수 없었다. 그는 곧 다른 주제로 넘어갔다. 그는 BJP의 강력한 경쟁자인 인도국민당과 아암 아드미당이 무슬림 표를 얻기 위해 필사적이라며 비난했다. 하지만 그 이야기는 잠깐 스쳐갔을 뿐이고

• 파키스탄의 전설적인 크리켓 선수.

다시 이슬람의 부패한 영향력에 관한 주제로 바뀌었다. 나는 진실과 의혹 사이를 수도 없이 넘나드는 음모론자의 정신을 다시 떠올렸다. 그들에게는 진실과 의혹의 존재만 가지고도 두 가지를 결부시킬 충분한 이유가 된다.

바라드와지가 말했다. "랜드 지하드를 보세요." 그의 말에 뒤에서 환호가 이어졌다. 그 단어는 본래 정의로운 투쟁을 의미했지만, 이 지역에서는 전쟁, 특히 힌두교도들을 대상으로 한 전쟁이라는 뜻으로 받아들여졌다. 무슬림들이 공공 부지를 불법 점유함으로써 비밀스러운 전쟁을 벌이고 있다는 생각은 한때 극단주의 힌두교 블로그에서나 볼 수 있는 내용이었다. 이는 어떤 운동이 시작되는 전형적인 방식이었는데, 잘 알려지지 않았던 이상한 발견 혹은 문장이 반복 언급되면서 생명력을 얻는 것이다. 2014년에 나렌드라 모디가 당선된 후「뉴스18」「리퍼블릭」「타임스 나우」같은 뉴스 채널들은 '랜드 지하드'라는 표현을 아무 검토 없이 보도해 신빙성을 부여했다. 주요 뉴스 매체 중 가장 최근에 창립된「리퍼블릭」은 랜드 지하드에 대한 이야기에만 9분을 할애했다. 헤드라인은 '라자스탄에서 랜드 지하드가 시작되었는가?'였다. 첫 2분 19초 동안 긴장감을 조성하는 음악이 깔리며 사리를 입은 여성들이 문 닫힌 가게들 앞에서 시위하는 장면과, 살와르를 입은 무슬림 남성이 전화로 이야기하는 장면이 나왔다. 기자가 여성에게 시위하는 이유에 대해 묻자, 그녀가 답했다. "그들이 이곳을 완전히 지옥으로 만들었어요. 밤낮으로 욕설을 퍼부어요. 남자들은 일하러 나가지만 여자들은 밖에 나올 수도 없어요. 우리는 자유를 제한받고, 환경도 완전히 바뀌었어요." 또 다른 여성이 울먹이며 말했다.

"그들이 카메라를 설치했어요. 또…… 음…… 괴로워요. 어떻게 여기서 살 수 있겠어요?" 여자의 목소리는 떨렸다. 기자가 말했다. "이 여성들은 눈물을 보이고 있습니다." 힌두인 한 사람이 무슬림 한 사람에게 집 한 채를 팔면서 시작된 문제였는데 이런 식으로 랜드 지하드라는 표현이 대중 플랫폼에서 아무런 윤리적 제재 없이 널리 퍼졌다. 「뉴스 네이션」「IBC24」「시티 미디어」「인디아 TV」「지 뉴스」 같은 플랫폼도 거기에 합류했다. 신문들은 BJP 장관들이 랜드 지하드의 위험에 대해 한 말을 인용하면서도 그 단어의 정치적 맥락은 제공하지 않았다. 맥락을 제공하면 발언자와 독자 사이에 신문이 끼어드는 셈이므로 그 말이 어떻게 받아들여지는지에 대해 책임을 져야 할 수도 있었다. 하지만 맥락을 모르는 대부분의 독자는 전국 신문에 실렸다는 이유로 그 주장이 타당하다고 여겼다. 맥락을 통한 진정 효과가 없는 상태에서, 그 문구는 반복 사용되며 바라드와지의 마음속에 스며들었다.

나는 '랜드 지하드'라는 말이 아무 의미도 없는, 만들어낸 표현이라고 말하려다 그만두었다. 다양한 형태의 지하드라는 유령에 사로잡혀 있던 바라드와지가 말했다. "이곳이 비어 있었다면 지금쯤 여기 모스크가 들어섰을 겁니다. 걸어다닐 수도 없는 상태가 됐겠죠. 방글라데시 사람들이 이곳에 정착했을 거고, 파키스탄 침입자들이 정착했을 거고, 아프가니스탄 사람들이나 로힝야인들까지 여기에 왔을 겁니다." 그는 무슬림들이 시민권 수정법과 전국시민명부에 반대한 이유 중 하나는 바로 이런 '불법 침입' 때문이라고 했다. 무슬림들의 존재가 드러날 게 뻔하기 때문이라는 것이다. 그의 반대는 수없이 얽히고설

킨 뿌리 같았다. 그는 나라의 유한한 자원을 공유하는 것도, 그 생각을 멈추는 것도 원치 않았다. 그는 자신이 다른 곳으로 갈 수도 없고, 다른 무엇도 될 수 없다는 생각에 사로잡힌 듯했다. "이곳은 유일한 힌두 국가입니다. 문서로 명시된 건 아니지만, 힌두교도들이 살 수 있는 유일한 곳이라는 건 모두가 알고 있는 사실입니다."

그러면서도 그는 무슬림들이 왜 그렇게 자유를 갈망하는지 의아해했다. 바라드와지가 물었다. "정부가 무슬림이 이 나라에서 살 수 없다고 말한 적 있습니까? 그들은 왜 여기서 안전하지 않다고 느끼는 걸까요? 그건 그들 스스로 성찰하고 답해야 할 문제입니다. 좋아요. 만약 힌두인들이 그들을 박해한다고 해봅시다. 그럼 말해보세요. 미국에서, 중국에서 그들을 박해하는 건 누구입니까? 기독교인들도 무슬림들에게 질려 있어요. 아랍 국가에서는 무슬림들조차 무슬림들에게 질려 있습니다. 무슬림 사회에 존재하는 이런 병폐는 정말로 이해할 수가 없어요."

샤카 바깥에서는 아침의 소음이 시작되고 있었다. 트럭이 덜컹거리고, 드릴 소리가 울리며, 사원의 종소리가 울려 퍼지고, 사람들은 기도를 올렸다. 지역 주민들은 피팔 나무 근처에 모여들었다. 군중은 때로 8~9명으로 줄었다가 13~14명으로 늘어나기도 했다. 그들은 서로 말을 하고 싶어 잠시 대화가 끊길 때 치고 들어가려고 때를 기다렸다. 그중 아무 말도 하지 않은 사람은 한 명밖에 없었다. 그는 그룹에서 떨어진 벤치에 앉아 있었지만, 대화는 충분히 들리는 거리였다. 그는 입을 굳게 다문 채 나를 노려보고 있었다. 한 시간 동안 듣기만 하던 그가 마침내 입을 열었다. "질문이 하나 있습니다. 우선 녹음기를 꺼주세요."

그는 내 과거와 가족에 대해 물었고, 나는 두바이에서 자랐다고 대답했다.

"당신은 한동안 사람들을 인터뷰해왔고, 사람들은 자신의 생각을 말해줬겠죠. 그런데 당신 생각은 어떤가요? 우리가 함께 살아갈 방법은 뭔가요? 열 가지 방법을 말해보세요."

"열 가지는 없고, 두 가지가 있습니다." 나는 즉흥적으로 말했지만 자신 있었다. "교육이요······."

그가 끼어들며 말했다. "그래요, 교육. 물리학, 화학 같은."

"물리학이나 화학 같은 게 아니라 비판적 사고입니다. 두 번째는 미디어······."

"그래요, 미디어와 책." 그가 서둘러 말했다. 머리를 흔들면서 '다음은, 다음은?' 하고 재촉하는 것처럼.

"아니요, 미디어와 뉴스입니다." 내가 말했다. "공동체의 뉴스 보도는 사람들에게 영향을 미칠 수 있습니다. 사람들은······ 감정적이 되죠."

그는 회의적이었다. "당신이 말한 비판적 사고는 말이죠······ 당신은 무슬림 교육에 관한 데이터도 모았겠죠. 그들이 얼마나 교육받았는지, 여성들이 얼마나 교육받았는지. 힌두인은 얼마나 교육받았는지, 북동부 지역에서는 얼마나 많은 사람이 교육받았는지? 오늘날 교육에는 어떤 허점이 있는지?" 나는 그가 내 말을 오해했다고 생각했지만, 그는 내 말의 의도, 뉴스를 분석하고 판단하는 능력에 관해 제대로 이해하고 있었다. 하지만 그는 마음에 들어하지 않았다. 그는 내가 무슬림에 초점을 맞추기를 원했다. "마드라사(이슬람 교육 기관) 교육과 정부 교육에는 어떤 허점이 있는지? 인구조사에 따라서요. 그런 작업도 당연히 하셨겠죠."

내 작업은 인구조사에 의존하지 않는다고 대답했지만, 그에게는 숫자가 필요한 것 같아 최근에 찾아본 1911년 인구조사 관련 문서에서 기억나는 무슬림 문해율 데이터를 떠올렸다. 나는 익숙하게 느껴지는 숫자를 말했다. "18퍼센트 정도일 겁니다." (그때 내가 100년 전 조사에서 나온 수치를 떠올린 게 이상하다는 생각은 나중에야 들었다.)

"잠깐만요. 멈춰보세요." 그가 말했다. 어조가 살짝 높아진 것 같았다. 그는 주도권을 잡고 내가 이해할 수 없는 주장을 관철하려고 했다. "좋은 데이터를 가지고 계시네요. 힌두 인구와 무슬림 인구, 문해율 차이를 알려주세요."

"이 모든 건 교육과 연결되죠." 한 노인이 말했다. "무슬림들은 아이가 세 살이 되면 마드라사에 보내는데, 거기서는 카피르(비신자)를 죽여야 한다고 가르치죠."

누군가 소리쳤다. "힌두 라슈트라(힌두 국가)를 선포하고, 힌두교도들만 지도자 역할을 수행할 수 있게 하는 게 정답입니다."

젊은 남자의 질문은 완전히 빗나갔고, 그는 찌푸린 얼굴로 뒤로 물러섰다. 하지만 바라드와지는 이미 생각을 정리한 상태였고, 말할 준비가 되어 있었다.

"라훌 형제님, 제가 말하고 싶은 건 무슬림들도 목소리를 내고 있다는 겁니다. 정부 일자리 할당제를 통해 기회를 얻고 있어요. 하지만 공부를 하지 않으면 어떻게 일자리를 얻겠습니까? 그러면서 가슴 치며 일자리가 없다고 불평해요. 안 그렇습니까? 공부도 하지 않는데 누가 고용하겠어요? 공부도 안 해. 지혜롭지도 않아. 시위나 하면서 시스템을 마비시켜. 집에 아들 둘, 부모님 둘, 남편과 아내가 있는데, 거기에 또 여섯 명을 더 낳아요. 그럼 시스템이 무너지지 않겠습니까?" 바라드와지는 자신의 나라가 국민을 제대로 지원하지 못하는 현실에 깊이 동요된 것 같았다. "그리고 이 나라에 살면서 왜 다른 사람들과 싸웁니까? 왜 다른 삶의 방식을 존중하지 못해요? 왜 끊임없이 선동을 일삼아요? 러브 지하드, 랜드 지하드 같은 것 말입니다. 이 나라는 우리 아버지입니다. 아들이 잘못된 길로 가고 있는데 아버지가 언제까지 참고 있어야 하죠?"

"무슬림들은 아이를 열다섯이나 낳고는 알라의 선물이라고 말해요." 싱이 말했다.

"이 나라를 어떻게 분열시킬까만 생각해요. 힌두교도들은 어떤가요? 겁쟁이들이에요. 무슬림은 한 명이 다치면 열 명이 몰려와요. 근처에 모스크가 있으면 스무 명이 나타납니다. 하지만 우리 힌두인들은 아무 데도 보이지 않아요." 바라드와지가 덧붙였다.

"알잖아요, 무슬림 한 명이 힌두 소년 두 명을 죽이고 도망쳤어요." 누군가 폭동이 일어날 뻔했던 사건에 관해 말했다.

"그들은 살아 있습니다." 내가 말했다. "종교와는 전혀 상관없는 일이었어요. 사소한 사건이었지요."

이 갑작스런 정보에도 바라드와지의 세계관은 흔들리지 않았다.

"라훌 형제님, 만약 형제님과 제가 싸웠다고 칩시다. 싸움이 감당할 수 없을 정도로 커졌어요. 나는 무슬림 이야기를 하는 게 아닙니다. 형제님과 제 이야기를 하는 거예요. 우리가 그렇게 서로를 죽이는 상황까지 갈 수 있을까요? 제 말 이해하시죠? 좋아요, 의사들이 그를 살려낸 건 우연이었어요. 그는 죽지 않았죠. 그런데 살려내지 못했다면 어땠을까요?"

그의 치켜뜬 눈썹, 끄덕임, 손동작은 내가 충분히 대안을 고려하지 않았다는 뜻을 내비쳤다. "그를 살려내지 못했다면 죽었겠죠. 형제님, 그가 살아남은 건 그냥 운이었어요. 운이 없었으면 사람들이 그를 죽였을 겁니다." 그는 손으로 망치를 내리치고, 칼로 찌르듯 시늉했다. "조금 비껴갔으면 죽었을 거예요! 이건 단순히 살인미수가 아닙니다. 살인이에요! 그게 형법 307조와 308조의 차이죠. 307조에서는 '이 사람이 죽었다'고 말합니다. 308조에서는 죽어가는 사람이 '이 사람이 날 죽였다'고 말해요. 스스로 자신의 살인에 대한 증인이 되는 겁니다. 이번에는 살아남았지만, 언젠가, 누군가가 그를 또 죽일 겁니다. 내가 말하고 싶은 건 바로 그겁니다. 그들의 혈관 속에, 그들의 핏속에 있는 것⋯⋯ 보세요, 아무도 그들을 이 나라에서 몰아내지 않아요. 하지만 맞아요, 어느 집이든 쓰레기는 치워야죠."

싱은 떠나려다 문득 뭔가가 떠오른 듯 나를 돌아봤다. 그가 가까이 다가와 물었다. "당신 이름이 정말 라훌 맞습니까? 신분증은 있겠죠?" 나는 그에게 도서관 카드를 보여주었고, 그는 만족한 듯 보였다. "우리를 반대하는 캠페인이 있어요." 그가 말했다. "라훌 형제님, 제 삶에는 나름의 원칙이 있습니다. 저는 무슬림과도 많이 친하게 지내요. 우리 결혼식에 그들이 힌두교인처럼 앉아 있을 정도로요. 하지만 그들의 마음속은 어떨까요? 친구들은 제가 RSS에 속해 있다는 걸 알고 저를 멀리했습니다. 그건 다른 이야기입니다만. 아무튼 둘 혹은 셋이 함께 앉아 있었죠. 그들은 술을 마시고 있었어요. 저는 고기를 먹지 않고 술도 하지 않는다고 말했어요. 그런데도 권하길래, 그럼 '좋아. 먹어보지. 하지만 닭고기를 먹을 거야'라고 했습니다. '그래, 가져와' 하더니 술을 마시기 시작했죠. 그들 중에 압둘이라는 사람이 있었습니다. 제가 말했죠. '압둘, 하나만 물을게. 왜 아이를 여섯이나 낳아?' 그러자 그가 '우리는 열 명씩 낳아. 굶주리든 말든, 너희가 두 아이를 위해 쓰는 만큼 우리는 그 돈을 열 명에게 써'라더군요. 저는 어떻게 그게 가능하냐고 물었습니다. 그는 이렇게 말했죠. '너희 힌두교도들은 하루 종일 우유나 과일 같은 걸 사서 아이들 건강을 챙겨야 하지만 우리는 하루에 한 번만 고기 요리를 해주면 돼. 우리 계획은 인구의 50퍼센트를 차지하는 거야. 그리고 우리가 힌두스탄을 장악하며 웃게 될 거야.' 제가 물었습니다. '어떻게 웃으며 힌두스탄을 장악하겠다는 건데?' 그가 말했죠. '너희는 단합이 안 되잖아. 앞으로도 절대 단합하지 못할 걸. 하지만 우리는 하나야. 언젠가 우리가 의회, 총리, 대통령을 차지하는 날, 너희는 자동으로 우리 노예가 될 거야.' 그렇게 말하더군요."

그들의 말을 들으며 피로감을 드러내지 않으려 애쓰는 동안, 작가 알록 라이가 RSS를 두고 했던 표현이 떠올랐다. "분노의 집합체." 그들의 이야기가 사실이든 거짓이든 그건 중요하지 않았다. 알록 라이는 알라하바드에 있는 그의 집에서 이렇게 설명했다. "모든 불평과 부정은 신중하게 만들어낸 거짓 지식의 일부다. 그것들이 모여 세상을 차단하는 틀을 생성한다."

어른들의 다리 사이로 아이들이 보였다. 그들은 관심받지 못한 채 가까운 곳에서 빈둥거리며, 성스러운 구원과 어두운 음모에 관해 열정적으로 이야기하는 어른들의 말을 주의 깊게 듣고 있었다. 깃발을 든 남자는 자식들을 그렇게 내버려두었다. 그 순간 남자는 아이들의 학교라는 세속적인 문제보다 자신의 신앙의 운명에 더 몰두해 있었다. 이른 아침, 무슬림의 잔혹함과 음모에 대한 강의를 듣는 아이들은 이제 졸려 보이지 않았다. 아직 열 살도 채 안 된 아이들. 그들의 일상적인 교육과정은 혼란스럽고 체계적이지 않았지만, 돌아가면서 혐의와 거짓을 어긋난 블록처럼 쌓아가는 어른들의 모습을 보며, 이 순간 아이들의 마음이 얼마나 딱딱하게 굳어지고, 가슴이 닫히고, 냉소적으로 되어갈지 뻔히 보였다. 이 아이들이 과연 자신이 속한 틀 안의 균열을 발견할 수 있을까? 주변의 이야기를 의심하고, 삶에 대한 다른 설명을 찾아낼 수 있을까? 이 아이들이 그곳을 벗어나려면 비범한 운이 필요할 테고, 더 나아가 스스로 탈출해야 한다는 사실을 깨닫는 데에는 더 큰 운이 필요할 터였다.

5.
읽기와 오독

 "그들은 증오를 팔았어요. 하지만 아주, 아주 진지하게 했죠. 신의 일을 하듯이." 전직 RSS 자원봉사자가 내게 말했다. 나는 방갈로르에서 자력으로 사업을 일구려 애쓰던 한 사업가 R을 다년간 알고 지냈고, 가끔 그와 이야기를 나눴다. 하지만 그의 과거에 대해 알게 된 건 RSS 이데올로기에 비판적인 한 사람이 이렇게 말했을 때였다. "그와 이야기해보세요. 들려줄 이야기가 많을 거예요."

 R은 전화 인터뷰에 응하기로 했고, 내가 '익명의 기술 기업가'라는 호칭이 적합한지 묻자, 한숨을 내쉬며 장황한 설명을 늘어놓았다. "4~5년 전이라면 제 이름을 써도 된다고 했을 겁니다. 하지만 지금은 상황이 많이 달라졌어요." 2019년까지만 해도 R은 트위터에서 모디 정권을 자주 비판했지만, BJP에서 일하는 그의 어린 시절 친구들이 그에게 온라인에서 쓰는 글을 조심하라고 경고했다. 그들은 R이 반체제

인물들의 감시 목록에 올랐다고 알려주었다. 그는 소셜 미디어가 정치활동을 위한 수단으로 과대평가되었다고 결론 내렸다. 그럼에도 그는 매주 어린 시절 친구들과 만남을 이어갔다. 그중 일부는 입법자들이 정책을 구상할 때 의존하는 사람들이었고, 일부는 더 거친 방식의 설득을 위해 키워진 사람들이었다. "그들은 말 그대로 뼈를 부수고 다녔습니다."

하지만 경고가 있은 지 불과 4년 후인 2023년, 친구들과의 대화는 더 어두운 방향으로 흘러갔다. "그들은 조금의 반대 기미라도 있으면 무자비하게 짓밟으라는 지시를 받아요." 어느 날 저녁, 친구들과 맥주를 마시며 불운한 이야기를 들었다. 방갈로르의 작은 인터넷 카페 주인은 한 현직 의원이 선거 공약을 지키지 않았다는 것을 유권자들에게 상기시키는 전단을 인쇄했다가 인쇄 장비가 파괴되는 피해를 입었다. "어떤 형태의 반대 의견도 용납되지 않아요." R은 말했다. "이건 반대 의견도 아니에요, 참나. 이건 사회운동이에요. 이 정도 수준까지 반대 의견의 기준이 낮아졌다면 정말 모르겠네요." 그는 모든 행동에 그림자처럼 따라붙는 연방 집행 기관에 시달리고 있었다. 그의 지인은 과거 몇 년 치 거래 내역이 샅샅이 조사될 거라는 통보를 받았다. 단순한 의심만으로도 집이나 직장, 전자기기를 대상으로 한 급습과 수색이 정당화되었다. 체포에는 공개 설명조차 필요치 않았다. (어느 세무 공무원이 말했다. "제 친구는 코미디언 한 명에 대해 조사하라는 지시를 받았어요. 마치 '그를 벌할 방법을 찾아'라는 식이었죠. 정말 미쳤어요.") 복잡한 외환, 세금 규정을 다루는 사업가로서 R은 아주 사소한 실수로도 "그들이 원한다면 나를 심각하게 망칠 수 있다는 걸 느꼈어요. 5년 전이라면 그들의 통지에 이의 제기를 하겠다고 말했을 겁니다. 하지만 지금은 그들이 나를 언제까지고 묶어둘 수 있다는 걸 알아요. 전에는 권력에 반대하는 대가가 이렇게까지 크진 않았죠".

R이 RSS에 가입한 것은 십대도 되기 전이었다. 그가 RSS에 들어가기로 하는 데 도움을 준 사람은 아이러니하게도 RSS에서 어떤 긍정적 요소도 보지 못했던 좌파 성향인 그의 아버지였다. 그때는 1990년대 초반이었다. 당시 전문가들이 바브리 모스크 파괴가 가져올 정치적 영향에 대해 논의할 때, 미래의 사업가 R의 모든 관심사는 게임에 쏠려 있었다. 그의 무슬림 친구들은 놀이터에서, 그리고 한때 넘쳐났던 축구와 크리켓팀 선수단에서 사라졌다. 그의 아버지는 RSS를 탓했다. "그들의 모스크를 부숴놓고, 다 괜찮다면서 너희와 함께 놀아줄 줄 알았어?"

R의 아버지는 날마다 인도가 겪는 고난을 RSS 탓으로 돌렸다. "아버지에게 RSS는 이 나라의 모든 문제를 상징하는 조직이었어요. 왜 모든 일의 원인으로 그들을 탓하냐고 물으면 결국 아버지가 답하지 못하는 지점에 이르곤 했어요." 인도공과대학에 입학하기도, 기업가가 되기도 한참 전인 열 살 때 R은 방갈로르에서 가장 가까운 샤카에 등록했다. 당시 모임 장소는 빈민가 한복판에 있었는데, 결국 고급 주택 개발로 잠식되었다. 당시 샤카는 달리트(불가촉천민)와 하위 카스트 출신 사람들로 이루어져 있었는데, 그들은 어린 R의 자전거와 영어 실력에 주목했다. 샤카를 이끌던 사람은 친절한 브라만 지도자였는데 그는 달리트 학생들과 직접 대화도 했지만, 그들과 함께 식사하거나 그들의 집에서 물을 마시지는 않았다. 하지만 그의 관심만으로도 충

분했다. 그는 깊이 자리 잡은 카스트의 경계를 넘지는 않았지만, RSS 의 자체 경비대가 자신이 지도하는 소년들을 건드리지 못하게 막았다. "그는 분명히 RSS 차세대 간부를 양성하는 데 집중하고 있었어요." R이 말했다.

샤카는 아이들에게 매일 모임이 끝난 후 한 시간 동안 남아서 자유 토론을 하도록 권고했다. 샤카는 지역사회 센터이자 어린이집 같은 곳이었다. 부모들은 일하는 동안 아이들을 믿고 맡길 수 있었다. 아이들은 거기서 안전했고, 훌륭한 시민으로 여겨지는 남성들로부터 전통적인 가치만 접했다. 때로 샤카의 책임자 프라무크는 사제를 초청해 아이들에게 힌두 신화와 부수적인 이야기들을 들려주곤 했다. "당시에 다른 샤카에서는 발리우드 영화를 비난하기도 했어요. 거기서는 힌두 사제가 사원에서 강간하거나 성추행하는 장면을 연출하면서, 모스크를 배경으로는 절대 그런 장면을 찍지 않죠. 다른 샤카 지도자들은 아이들에게 힌두 사원은 신성한 곳이고, 대개 그런 사람들은 강간범일 리 없다고 말했어요. 또 도덕과학 수업 같은 때면 '모든 건 무슬림들이 망쳤다'는 식으로 결론을 내곤 했죠."

1994년 열세 살이 된 R은 샤카를 운영하기 시작했다. 그는 똑똑했고 영어 실력도 나쁘지 않았지만, 어린이들에게 책임을 부여하는 것이 조직의 관행이었다. 열네 살이 되던 해, 그는 마이소르에서 열리는 RSS 연례 잼버리에 하루 초대를 받았다. R의 아버지는 근본적으로 싫어하는 사람들과 아들을 함께 보내는 게 망설여졌지만, 결국 여행을 허락했다. "아버지는 그들의 털끝 하나까지 혐오했지만 제 교육을 방해하진 않으셨어요." R은 곧 마이소르로 향하는 마타도어 밴 행렬에 올랐다. 밴에 탄 남성과 아이들은 잔뜩 들떠 있었다. 그들은 며칠 동안 그 행사에 관해 이야기해왔다. 그 행사는 매년 주에서 열리는 가장 큰 RSS 집회였고, 중요 인사들이 각 세션에서 연설했다. R은 그 행사를 큰 축제처럼 느꼈고, 샤카의 리더 곁에 머물며 그날 있었던 담론을 받아들였다. 하지만 세션이 진행되고 여러 연사가 하나같이 동일한 주제(주로 종교 및 박해와 관련된 우려)로 이야기하는 것을 보면서 그는 이 사람들이 시간 속에 갇혀 있다는 것을 처음으로 깨달았다. "그들의 존재는 힌두교도들이 억압받았던 특정 시기에 머물러 있었어요."

방갈로르로 돌아온 R은 질문하기 시작했다. 그 질문들이 어디서 나온 것인지, 왜 RSS 지도자들의 이야기에 회의감이 들었는지 알 수 없었지만, 자신의 독서 습관과 관련 있지 않을까 생각했다. 그의 아버지는 신문과 잡지를 수집했고 마음에 드는 사설을 발견하면 오려내 보관했다. 시간이 지나면서 스크랩의 양은 '수백 킬로그램'에 달했다. R의 아버지가 그와 공유했던 많은 기사는 1970년대 중반, 인도의 첫 비상사태* 동안 시민의 자유가 박탈되었을 때 용감하게 작성된 사설들이었다. 그중에서도 당시 한 신문이 항의 표시로 빈 페이지를 게재했던 것을 기억한다. 하지만 그 신문은 인도 민주주의가 또다시 공격받고 있는 이때, RSS 신봉자들에게 지면을 내주며 그들의 사상을 합리적인 듯 게재했다.

• 1975년 당시 총리였던 인디라 간디는 부정선거 혐의로 법원에서 총리직 상실 판결을 내리자, 이에 반발해 국가 비상사태를 선포했다. 비상사태 동안 언론 겸열이 이루어지고 반대 정치가와 언론인들이 체포되며, 반정부 집회가 금지되었다.

그는 자신과 다른 아이들 사이에 보이지 않는 선을 느꼈다. 다른 아이들은 순종적이고, 무조건적으로 명령을 따랐지만, 그는 끊임없이 역사에 대해 질문을 던졌다. 그는 힌두교와 불교를 믿는 황제들이 자행한 잔혹한 원정에 의문을 제기하며 선배들에게 공격적인 질문을 퍼부었다. "마라타 군대가 타밀나두 북부에서 저지른 일들은 어떻게 받아들여야 하죠?" "촐라 왕조가 비슈누 사원들을 파괴한 건요?" "왜 라마야나에서는 남인도 사람들을 원숭이와 곰으로 묘사하죠?" 그들의 대답은 명확하지 않았다. 그는 RSS가 왜 아요디아를 중요하게 생각하는지, 왜 아무 증거도 없는데 바브리 마스지드가 라마의 탄생지에 세워졌다고 확신하는지 물었다. "그걸 어떻게 아냐고 물었어요. 발굴 작업이 있었고 영국 식민 시대의 역사가들이 자신들이 아는 내용을 확인해줬다고 하더군요. 왜 무슬림을 적으로 여기는지 물었더니, 아브라함 계통의 종교들과 그들이 우상 숭배를 얼마나 경시하는지에 대해 이야기했어요. 그래서 저는 그럼 왜 이슬람교와 기독교는 대치하지 않는지 물었죠. 그러니까 제 말은 무슬림들은 예수를 선지자로 여기잖아요. 그제야 그들의 가면이 조금씩 벗겨졌어요. 그들은 문명사회 이야기를 했고, 힌두교는 그것을 초월한 종교이며, 신의 다양한 형태를 수용할 여지가 있다고 말했어요."

샤카의 선배들은 R의 질문에 인내심 있게 대답해주었고, R은 그들이 자신의 질문을 얼마나 잘 받아줬는지 생각하면 지금도 놀랍다고 했다. 하지만 그들의 답변은 그의 호기심을 결코 충족시키지 못했다. 그들의 답변은 계속되는 질문 앞에서 점점 시들해졌다. "그들은 힌두교도끼리의 싸움은 다르마, 성스러운 의무고, 힌두 국가를 세우는 데 필요한 민족주의 운동이라고 여겼어요. 하지만 무슬림 왕들끼리의 싸움은 사악한 침략 행위며, 종교 전쟁이라고 간주했죠. 제가 말했어요. '보스, 당신들은 정말 이걸 믿는 거예요? 아니면 철저한 거짓말이고 선전일 뿐이라는 걸 알고 있는지 말해보세요.'"

샤카는 회원 모집 사무소였을 뿐 아니라, RSS의 세계관을 전파하는 출구이기도 했다. RSS는 조직으로서 문서화된 기록을 거의 남기지 않았고, 오랫동안 기자로 활동했던 이들은 RSS 고위 지도자들에게 이름도, 머리글도 없는 종이에 쓰인 '공식 성명서'를 받은 적이 있다고 떠올렸다. 하지만 RSS 세계관을 형성한 요소들은 그들의 자체 발간 잡지에 가장 분명히 기록되었다. RSS의 시사지를 읽는 독자는 현실을 흉내 낸 세상을 마주하게 된다. RSS의 가장 유명한 영어 간행물 『오거나이저』는 극단적이고, 기이하며, 왜곡된 삶의 경험을 담은 사상의 저널이었다. 직접 대놓고 말하지는 않았지만, 그 잡지는 독자들에게 늘 숨겨져온 진실, 하지만 늘 의심해왔던 진실을 이제 드러내겠다는 메시지를 담고 있었다. 『오거나이저』의 초기 발행본에는 강제 개종과 결혼, 미국의 인종적 불안이 '블래키스탄Blackistan' 국가를 만들 위험성, 우르두어 부흥의 위협에 관한 내용을 실었다. 『오거나이저』는 지역의 혼인 사건과 이웃 간의 갈등 같은 뉴스를 문명의 대립으로 묘사했다. 헤드라인은 '인도 무슬림의 엑스레이'나 '평화봉사단의 개종 활동'으로 지어졌다. 1968년 8월 3일자 10쪽을 읽어보면 독자들에게 '무슬림은 나치를 선호한다'는 인상을 심어준다. 또, 한 점술가의 주장도 실렸는데, 그 점술가는 죽은 남자의 손바닥 사진을 보고 사망 원인을 살인으로 결론지었다. 책임 소재를 묻기 힘든 익명의 주장들이 타블로이드

판형의 잡지를 가득 채웠다. 한 외과 의사는 피임약을 먹으면 여성의 몸에 수염이 난다고 썼고(관련 분야가 아닌데도 의사라는 이유로 그가 하는 모든 말은 전문가의 의견으로 다뤄졌다), 다른 필자는 중국 표준어인 만다린어는 문자가 7000개나 되기 때문에 문맹률을 높이며, 따라서 '전 세계에서 우리 산스크리트어만큼 과학적인 언어나 문자는 없다'고 주장했다.

하지만 증오는 RSS의 의견을 전파하는 하나의 방식일 뿐이었다. 다른 하나는 효율성이었다. 1960년대 우르두어 부흥의 위협을 느낀 『오거나이저』는 가난한 한 나라가 어떻게 세 가지 언어로 교육을 제공할 여유가 있겠냐고 물었다. 그들은 인도를 다시 위대하게 만들기 위해 '함께 살고, 함께 나아가고, 비슷하게 생각하며, 비슷하게 행동하라'는 베다의 가르침을 따르자는 글을 실었다. 인구 통제를 요구하거나, 하급 구성원들의 세금 미납 문제, 부적격 수혜자들에게 할당된 복지 혜택에 대해 불평할 때 그들이 원하는 효율성 개념은 분명해졌다. 그들에게 효율적인 사회는 순수한 사회였고, 순수함은 효율적 과정의 상징이었다. 자기 성찰이나 수정은 거의 찾아볼 수 없었고, 그들의 입장과 진실은 정체 상태로 존재했다. 그들이 1949년에 가졌던 의견은 2023년에도 그대로 유지될 가능성이 여전히 높았다.

"RSS의 지식 기반은 인구의 99.99퍼센트를 납득시키기 충분할 만큼 그럴듯해 보여요." R은 말했다. "하지만 누군가 그 지식의 한계에 도전하는 순간, 모든 게 무너져 내리죠." 대화를 하는 동안, 그는 자신의 반대가 얼마나 미약한지 깨닫고 점점 침울해졌다. "우리는 너무 소수여서 전체 흐름에 아무런 영향도 끼치지 못해요. 선거에서도, 집단적 지성의 관점에서도 전혀 중요하지 않죠. 멍청한 1000명이 영리한 몇 사람의 주장에 세뇌당하면, 똑똑한 100명을 압도해버리니까요."

RSS가 대안적 역사를 전파하는 일은 우연에 맡겨지지 않았다. RSS와 그 계열 단체들은 체계적인 운영 구조로 뒷받침되었고, 이렇게 마찰 없이 작동하는 네트워크와 경로는 R이 볼 때 매우 인상적이었다. 그는 이를 '잘 짜인 신경망'이라고 표현했는데, 메시지를 전달하고 자금을 조달하는 속도는 놀라울 만큼 빨랐다고 했다. "기부금을 모금해야 할 때, 프라무크(지도자)는 RSS가 제공한 휴대폰으로 전화를 받았고, 우리에게 하루 안에 동네에서 일정 금액을 모아오라고 지시했어요. 다음 날 목표 금액이 미달돼 있으면, 그는 모자란 금액을 채울 수 있는 지역 기부자들의 명단을 내밀었죠."

메시지는 위로 전달되고, 명령·자금·물품은 그가 볼 수 없는 체계를 따라 내려왔다. 그는 한 RSS 회원이 샤카를 방문해 자신이 조직한 순례에 관해 논의하던 일을 떠올렸다. 그는 리더에게 지역 주민들이 순례에 참여했으면 좋겠다고 말했다. 리더가 팸플릿 1000장을 요청하자, 이튿날인 금요일 팸플릿은 깔끔하게 포장된 상태로 도착해 있었다. 아이들은 주말 동안 팸플릿을 배포했다. "팸플릿 1000장을 뿌려서 40명에서 45명이 순례에 참여했어요." 그는 여전히 놀라워하며 말했다. "대단한 성공률이죠. 대중 마케팅에서도 이런 결과는 기대하기 어려워요. 그 모든 일을 자발적으로 해낸다는 점이 내키진 않지만 감탄스럽죠." 익숙한 패턴이었다. RSS의 퇴행적인 면을 비판하면서도, 그 회원들의 헌신과 탁월한 조직력은 긍정적으로 회상하는 전 회원의 태도.

나는 그에게 이 네트워크가 루머를 퍼뜨리는 데에도 사용될 수 있을지 물었다.

그는 대답 대신 이야기 하나를 들려주었다.

R이 열세 살 혹은 열네 살이었을 때, 그의 샤카 리더가 라마 신전 건립을 위한 기부금을 모으자고 제안했다. 그때 R은 사원보다 도서관이 기념하기에 더 적합하지 않을까 하고 말했다. 리더는 이 아이디어에 대해 조직의 방갈로르 책임자와 논의했고, R의 제안이 있은 지 2주도 채 되지 않아 그것이 주 단위 혹은 전국 단위의 우선 과제가 되었다고 했다. "갑자기 도서관 건립 기금을 모으기 위한 팸플릿과 신분증, 양식들이 갖춰졌어요. 그들은 파일 번호, 양식 번호, 샤카 ID, 기부자 ID, 모금 담당자 ID까지 전부 만들었죠. 2주 만에요. 그냥 생각만 하면 바로 실현되는 것 같았어요."

거의 30년이 지난 지금도 R은 정보를 공유하고 필요한 것을 만들어내는 조직의 능력에 여전히 깊은 인상을 받고 있었다. 자신의 아이디어가 진지하게 받아들여지고 그렇게 신속히 진행되는 것을 본 어린 소년이 느꼈던 놀라움 그대로였다. "이제 그런 시스템에 기술까지 접목되었으니 그 인프라가 얼마나 무섭게 발전했을지 상상이 가요. 누군가 그런 인프라를 폭력에 이용하려 한다면 정말 순식간에 일이 벌어지지 않겠어요?"

/ 4장

기술적인 문제

1.
비전가의 장난감

행렬은 인도 서해안에 있는 구자라트의 한 사원에서 시작되었다. 이곳에는 과거 가즈니의 술탄 마흐무드가 보물을 노리고 약탈했던 한 사원이 있었다. 1000년이 지난 지금, 그 사원은 다시 한번 약탈당할 처지에 놓여 있었다. 이번에 빼앗긴 것은 보물이 아닌 '무슬림 야만성의 현장'이라는 꼬리표였다.

행렬의 선두는 라마의 전투 전차를 본떠 장식한 도요타 트럭이 이끌고 있었다. 트럭 지붕에는 장미 꽃잎이 뿌려져 있어 기도드리는 이들을 위한 것처럼 보였다. 트럭 짐칸에는 스피커가 설치되어 있었고, 거기서 한 노인의 목소리가 울려 퍼졌다. "모든 아이는 라마의 자식이다! 우리는 라마의 이름을 걸고 맹세한다. 사원은 오직 그곳에만 세워져야 한다!" 행렬을 따르는 사람들은 라마나 다른 하늘처럼 광대한 신들을 상징하는 파란색 페인트칠을 한 채 천천히 나아가는 트럭을 둘러싸고 춤을 추었다. 경찰이 있어 열정을 전부 표출하지는 못했지만 억누를 수 없었다. 선글라스를 쓴 변호사와 전기공들이 칼을 들고 '자이 쉬리 람!(라마를 찬양하라!)'을 외쳤다. 소년들은 발코니에 걸터앉아 다리를 늘어뜨린 채 행렬을 구경했다. 높은 층에서 어느 사진작가가 파도처럼 밀려오는 신자들의 물결을 카메라에 담았다. 사진의 중간쯤, 열 번째 줄 즈음에서는 얼굴이 겹쳐져 한 명 한 명 알아보기는 힘들었다.

1000년 전, 외국인 침입자의 사원 약탈이라는 원한으로 똘똘 무장한 행렬은 1990년 9월 출발했다. 행렬의 조직자들은 10월 말까지 우타르프라데시주의 북부 도시 아요디아에 도착하는 것을 목표로 삼았다. 군중은 그곳에 라마를 위한 기념물을 세우고 싶어했다. 이 행렬은 '라트 야트라Rath Yatra' '전차의 여정'이라 불렸다. 몇 주 동안 행렬은 인도 중부를 가로지르며 하루 300킬로미터씩 이동했다. 도시와 마을에 도착하면 속도를 늦추고, 그들의 메시지를 지역 문화 깊숙이 심으려 했다. 행렬 지도자들은 아요디아의 바브리 마스지드 모스크가 라마의 탄생지에 세워졌으며, 그곳은 원래 힌두 사원이 있던 자리라고 주장했다. 그러니 그 자리에 다시 신전을 세우려면 모스크를 무너뜨려야 한다는 것이었다. 격렬한 분노와 끓어오른 피의 행렬이 가져온 즉각적인 결과는 한참이 지나서야 희생된 목숨의 수치로 나타낼 수 있었다. 10월 27일 자이푸르에서 47명 사망, 10월 29일 비즈노르, 람푸르, 러크나우, 하우라, 란치에서 88명 사망, 10월 30일까지 콜로넬간지와 하이데라바드에서 67명 사망.

소란의 중심, 라마의 전차로 장식한 도요타 트럭 위에는 랄 크리슈나 아드바니가 서 있었다. 당시 예순셋이었던 그는 인도국민당BJP의 당대표였다. BJP는 공동체 간 폭력 사태 이후 유권자들이 양극화될수록 의회 내에서 빠르게 세력을 확장해갔다. 새로운 선동이 있을 때마다 사회 균열은 깊어져갔고, BJP는 인도에서 절대 권력에 가까운 위치에 올라섰다. 하지만 이전 수십 년 동안 발생한 폭동들은 지역에 한정된 사건들이었다. 독립 이후의 인도에서, 아드바니가 주도하는 이 운동만큼 규모가 크고 잠재적으로 위험한 선동은 없었다. 곧 인도의 총리가 될 나라심하 라오는 1990년 초, 필명을 사용해 이렇게 썼다. "수백만 힌두교도의 깊은 신앙을 바탕으로 한 전국적 운동이, 명백한 정치적 목적을 가지고 놀랍도록 기술적이며 정교하게 조직되어 이처럼 힌두의 심리를 깊숙이 건드린 것은 이번이 처음이다."

멀리서 보면, 아드바니는 친근하고 무해한 듯했다. 그는 정수리가 벗겨진 키 큰 남성이었고, 항상 미소를 띠며 정중한 태도를 보였다. 그에게는 교육을 잘 받은 교양 있는 사람의 기운이 느껴졌다. 그는 민중적이진 않았지만, 사람들은 그의 주변에 있는 걸 좋아했다. 아드바니의 학식과 워즈워스에 대한 애정은 RSS의 전설이 되었다. RSS에서 오래 활동한 이들은 그의 이미지와 음악에 대한 직관력에 관해 두고두고 이야기했다. 그는 영화가 지닌 힘과 운율의 효과를 잘 알고 있었고, 민주주의적 열망의 핵심을 겨냥한 강렬한 구절을 만들어내는 데 능숙했다. 그의 '가짜 세속주의pseudo-secular'라는 표현은 현대 인도의 근본 가치에 대한 간결하면서도 대중을 사로잡는 강렬한 선동 문구였다. 아드바니의 아버지는 카라치에서 영화관 두 곳을 운영했는데 그는 어린 시절 극장에 몰래 들어가 영화를 보곤 했다. 그때의 경험으로 그는 영화 리뷰 작가의 길로 들어서게 된다. 그는 가톨릭 학교에서 영어를 배웠고, 훗날 대중적인 노래와 시를 직접 써서 국민회의당의 정책을 조롱하기도 했다. 그는 도서관을 건립해 RSS 서적을 비치했다. 글쓰기는 그의 분야였기에 그는 카라치에서 RSS 지식 담당 부서 책임자로 임명되었다.

아드바니는 소통과 공동체 분열을 조장하는 문제에 관심이 많았다. 그는 10여 년 동안 RSS 기관지인 『오거나이저』의 편집자 겸 기고자로서 실력을 갈고닦았다. 이 매체는 불만을 찾아내 이를 정치적으로 이용하고, 허위 정보를 퍼뜨리며, 우월주의 사상을 확산하는 데 전념했다. 우르두어 부흥의 위협에 관한 기사에서는 '가난한 나라가 힌디어, 영어, 우르두어까지 세 언어로 공식 행정을 운영할 경제적 여력이 있는가?'라고 물었다(합리적으로 보이지만 경제적 논리로 포장한 편견일 뿐이었다). 다른 기사에서는 한 외과 의사가 '피임약을 복용한 여성은 수염이 자란다'고 경고하는 내용을 실었다. 또 다른 기사에서는 '세계에서 산스크리트어만큼 과학적인 언어(혹은 문자)는 없다'고 주장했다. 이 세 가지 기사만으로도 한두 페이지는 채울 수 있었다. 『오거나이저』는 24페이지 분량으로 1947년 7월 초부터 매주 발행되었다.

『오거나이저』는 다른 RSS 관련 잡지들처럼, 관련 없는 요소들을 연관 짓고, 정당성을 만들어내고, 독자들 역시 같은 방식으로 사고하도록 유도했다. 이런 논리는 종이 위에서만 존재하는 게 아니라 일상의 행동으로도 이어졌다. 솜나트 사원과 아요디아 모스크는 역사적으로 아무 관련이 없었지만, BJP의 당수였던 아드바니는 이 두 장소에 '연속적인 무슬림 침략과 힌두 재산의 파괴'라는 역사적 이미지를 덧씌였다. 그는 영적 지도자인 스와미 비베카난다의 말을 인용하기도 했다. "이 사원들을 보라. 수백 번의 공격과 수백 번의 재건을 견디며, 파괴되면 일어서고, 폐허 속에서 다시 솟아오르며, 언제나 강하고 새로운 모습으로 다시 태어나는 이 사원들을!"

1995년에 발간된 그의 전기 『아드바니의 등장The Advent of Advani』에서 그의 가족, 친구, RSS 동료들은 아드바니에게 가장 큰 영향을 준 인물로 사비트리 데비를 꼽았다. 사비트리 데비는 히틀러를 찬양하는 시를 썼고, 1950년대 독일을 돌아다니며 그의 귀환을 예언했던 인물이었다. 아드바니의 전기 작가는 그녀의 저서 『힌두에게 보내는 경고A Warning to the Hindu』가 그에게 깊은 인상을 남겼다고 기록했다. 이 저서는 힌두인들에게 전하는 조언을 담고 있다. "힌두인들은 즉시 카스트 차별을 버리고 단결해야 다시 인도를 통치할 수 있다. 카스트 제도를 고수하다가는 날로 거세지는 물결에 휩싸여 한두 세대 만에 무슬림 국가가 될 수 있다." 힌두 민족주의의 생존은 '전 인도적 힌두 의식'에 달려 있다고 데비는 주장했다. 아드바니는 그의 저서에서 "BJP는 인도의 전면적인 국가 부흥에 헌신하며, 이는 본질적으로 비종파적 힌두 정신에 기반을 두고 있다"고 썼다.

각 주의 주지사들은 비공식적으로 서로 연락하며 아드바니를 막아야 한다고 우려했다. 당시 인도 총리였던 V. P. 싱은 공산당 지도자에게 아드바니를 만나 설득해보라고 요청했다. "나는 그를 설득할 수 없었다." 공산당 지도자 조티 바수는 한 구술사학자에게 말했다. "그는 무굴제국 시대를 언급하며, 어떻게 무슬림들이 우리 사원들을 파괴했는지를 강조했다. 그래서 내가 물었다. '그들이 그렇게 한 일이 옳았나……?'" 아드바니는 바수의 질문에서 그들의 야트라(행렬)가 저지른 일도 유사한 폭력 행위일 수 있다는 우려를 읽어냈다. 그는 단호하게 대답했다. "아닙니다. 뭐든 파괴할 생각은 전혀 없습니다. 내 야트라는 평화적인 라트 야트라입니다."

아드바니가 자신의 캠페인은 무해한 평화적 행진이라고 아무리 주장해도, 행렬을 따라다니는 라마의 아기 이미지, 소리 높여 외치는 구호, 오디오 카세트로 틀어놓은 종교 노래들은 군중의 감정을 고조시키기에 충분했다. 아드바니를 뒤따르는 BJP 지도자와 RSS 지지자들이 탑승한 오픈톱 지프 행렬은 선발대보다는 겉모습 치장에 덜 신경 쓴 듯했다. 행진이 진행되는 동안 그들은 힌디어로 폭력적인 구호를 외쳤다. "한 번 더 밀어버려, 바브리 모스크를 부숴라." 아드바니가 무슨 말을 하든, 군중은 이성이 아닌 신앙의 북소리를 따라 움직였다. 남성들은 노랫소리에 사로잡히고, 여성들은 광란에 빠져 춤을 추었다. 한 자원봉사자는 삼지창으로 자신의 몸을 찔러 피를 냈고, 그 피를 아드바니의 이마에 발랐다. 100여 명의 사람이 자신의 피를 용기에 담아 아드바니에게 바쳤다는 기록이 전해진다. 어느 대위는 기자에게 자신의 병사들은 힌두교도라며, "내 병사들에게 종교 행렬에 참가한 같은 힌두교도를 향해 발포하라고 명령해야 할지도 모른다. 이런 상황이 마음에 들지 않는다"라고 했다. 도처에서 피가 흘렀고, 또 흘릴 것이 예고되었다.

재앙으로 치닫는 명백한 흐름을 보며, 저명한 역사학자 스물다섯 명이 한 기사에서 주장했다. "고대의 신성한 혈통을 주장하는 것은, 본래 종교적 신성함을 지니지 않았던 도시에 특정한 종교적 성격을 부여하려는 시도다." 그들이 언급한 유일한 문서는 19세기 역사 개요에서 발견된 것으로, 사원 파괴에 관한 내용을 담고 있지만 아무 증거도 제시하지 못했다고 지적했다. 모든 자료를 종합해보면, 그 모스크가 서 있던 자리에 원래 사원이 존재한 적은 없었다. 모든 게 허구로 꾸며낸 이야기였다. 하지만 행렬은 멈추지 않고 계속되었다. BJP는 간디가 암살된 후 RSS가 창설한 정당인 자나 상에서 파생되었다. 시간이 지나면서 두 조직 간의 관계는 느슨해졌다. BJP 지도부는 인도인들이 RSS 사상을 지나치게 극단적이라고 여길 것을 우려해 좀더 중도적인 노선을 택하기로 한다. 한편 RSS와 그 계열 단체들, 특히 과격 단체인 비슈와 힌두 파리샤드VHP 등은 사원 건립을 요구했다. "RSS와 비슈와 힌두 파리샤드는 수년 동안 아요디아에 라마 사원을 세울 것을 요구해왔다. 그동안 BJP 지도자인 아탈 비하리 바지파이(나중에 총리가 되는 인물)는 계속 망설였다. 그러다 1989년, 아드바니가 BJP 지도자가 되자 그는 계산된 위험을 감수하며 라트 야트라를 진행했다. 그것이 상 파리바르[RSS 가족]에게 깊은 인상을 남길 유일한 방법이었다." 바즈파이의 전기 작가인 아비셰크 초우다리는 말했다. "그들은 가족 같은 거다. 멀리 떨어져 있어도 대화를 나눈다. BJP가 다시 그들과 함께하고 싶다는 메시지를 RSS에게 전달한 셈이다."

행진이 있은 지 2년 후, 1992년 12월 6일 수백 명의 자원봉사자가 모스크를 습격해 성지를 허물었다. 아드바니는 폭력 사태에 유감을 표하며, 자신은 이를 부추기지 않았다고 해명했다.

바브리 마스지드가 습격당한 다음 날, 어머니는 두바이에서 봄베이로 트렁크 콜*을 걸어 교수인 여동생과 통화했다. "여긴 괜찮을 거야." 이모는 어머니를 안심시켰다. "무슨 일이 있을 거면 아요디아에서 있겠지." 하지만 이모가 집을 나섰을 때, 거리는 텅 비어 있었다. 그녀는 30년이 지난 후에도 그때 자신이 했던 말을 기억했다.

이모가 몇 킬로미터 떨어진 남뭄바이 사무실에 도착했을 때, 전화벨이 울렸다. 한 학부모가 전화를 걸어 아이들이 대학 수업을 빼먹어도 되겠냐며 허락을 구했다. 그 후 또 다른 학부모가 전화를 걸었고, 또 다른 학부모, 또 다른 학부모가 전화를 걸어왔다. "그때 한 무슬림 친구가 전화를 걸어왔어. 다급한 목소리로 말했지. '집으로 가! 왜 밖에 나와 있어? 큰 문제가 생길 거야. 폭동이 일어날 거야!' 무슬림이 나한테 봄베이에 폭동이 일어날 거라고 전화할 정도면 뭔가 단단히 잘못된 게 분명하다고 생각했어." 이모는 택시를 잡으러 아래층으로 내려갔는데 곧 열 명쯤 되는 남자가 이모를 발견하고 달려왔다. 이모는 당시 그들이 한 말도 기억했다. "'넌 누구야! 어디 가는 거지!' 하길래 나는 선생님이고, 수업이 취소돼서 집으로 가려 한다고 했어. 남자가 '어디 사는데? 누구랑 살아?' 하고 물었어. 나는 병든 노모랑 살고 있어서 돌아가봐야 한다고 말하며, 택시 좀 잡아달라고 부탁했어. 그러자 그중 한 소년이 낡은 피아트 차량을 세우고, 운전자에게 날 집까지 데려다주라고 했어."

운전자는 이모에게 이동을 만류했지만 이모는 계속 고집했다. "가는 길에 문제가 생겨도 내 책임이 아닙니다."

---

* 교환원을 통한 장거리 전화.

차가 출발하려 할 때, 한 소년이 무리에서 떨어져나와 그녀가 탄 차의 열린 창문으로 다가왔다. 그는 미소 지으며 말했다. "오늘은 운 좋은 줄 아세요." 그 말투에 이모는 소름이 돋았다고 했다. 그 소년을 떠올리며 이모는 손으로 가슴을 쓸어내렸다.

가는 길에 있는 사원들에서 종소리도 들리지 않았고, 가게 셔터들은 내려져 있었으며, 건물 게이트도, 창문도 굳게 닫혀 있었다. "밖에 돌아다니는 사람은 한 명도 없었어. 경찰도. 도시 전체가 텅 빈 것 같았지." 그녀는 그렇게 회상했다.

바닷가 무슬림 마을의 좁은 골목을 지날 때는 바깥에 있던 남자 몇 명이 그녀가 탄 차가 사라질 때까지 빤히 바라보았다.

길 끝에 교회가 하나 있었는데 밤이 되면 커다란 십자가에 피 같은 빨간빛이 들어와 아이들에게는 공포의 대상이었다. 운전자가 바로 그 십자가 앞에서 소리쳤다. "마담! 고개 숙여요! 지금부터 밟을 거예요! 네다섯 명쯤 차에 깔려도 몰라요! 밖을 보지 마세요!" 그녀는 처음엔 몸을 숙였다가 다시 고개를 들었다. 그 순간 직선 도로에서 한 무리가 그들을 보고 그쪽으로 다가왔다. 그녀는 그들 손에 들린 몽둥이와 칼을 봤고, 쉰 명쯤 된다고 생각했다. 운전자는 가속 페달을 밟으며 밴시*처럼 길을 뚫고 지나갔다. 그녀는 불에 탄 버스와 검게 그을린 택시를 봤고 앞좌석의 한 형체에서 연기가 피어오르는 것을 봤다.

이후 뭄바이 북부의 주후 지역까지는 아무 일도 없었다. 그녀가 사는 동네는 조용하고 햇살이 잘 드는 거리로, 발리우드 스타들의 저택

---

* 아일랜드 민화에 나오는 유령. 구슬픈 울음소리를 내며 죽음을 예고한다.

이 늘어선 해변에서 날아온 모래가 바람에 흩날리곤 했다. 하지만 그날은 수백 명의 남자가 주도로를 점령하고 있었다. 운전자는 그녀를 돌아보며 더 이상은 데려다줄 수 없다면서 미안해했다. "저는 여기 차를 두고 갈 거예요. 안전한 곳을 찾아봐야겠어요." 남자는 그렇게 말하고는 떠났다.

"건물 네 채만 지나면 우리 집이었어." 그녀가 내게 말했다.

그녀는 천천히 움직여 가장 가까운 건물의 계단 밑 움푹 들어간 곳에 몸을 숨겼다. 그런 다음 동네 공원을 지나 집으로 돌아가기로 했다. 그녀는 덤불 뒤에 웅크리고 몸을 숨겼다. "공포에 질려서 계속 숨고, 숨고, 숨고, 또 숨어야 했어…… 5분이면 걸어갈 거리인데 세 시간이나 걸렸어." 누군가 그녀의 건물 뒷문을 열어줘 들어갈 수 있었다. 건물 안에서는 주민들이 무슬림 명패를 떼어내고, 대신 힌두 신 가네샤의 우상을 내놓고 있었다. 남자들은 옥상에 모여 보초를 서기 시작했다. 빈 병에 물을 채워, 공격하려는 자가 있으면 던질 준비를 해두었다.

이튿날 아침부터 학살이 시작되었다. 건물 주민들이 거실 창문으로 길 건너 저지대 슬럼가를 보라고 소리쳤다. 젊은 남자들이 혼합 거주 지역으로 뛰어들어가 무슬림들을 끌어내고 있었다. "무슬림들을 밖으로 끌고 나와서 '탁, 탁, 탁' 이렇게 베어버렸어." 그녀는 팔로 베는 동작을 재현했다. "집집마다 문을 두드리며 무슬림이 살고 있는지 물었어. 정말 끔찍했어." 살인은 효율적으로 이루어졌다. 그것이 그녀가 기억하는 전부였다. 어느 동네가 불타고 있는지 아무도 확실히 알 수 없었지만, 소문과 요란한 사이렌으로 방향만 짐작할 수 있었다. 이런 아수라장 속에서 충격적인 폭력은 영원히 계속될 것만 같았다. 사람들이 방어 준비를 하고 있다는 이야기도 돌았다. 기름을 끓여 창문 밖으로 부을 준비를 해두었다는 이야기. 무장한 사람들이 아래로 몰려올 경우에 대비해, 카슈미르 고추를 뜨거운 물에 풀어놓았다는 이야기. 어머니와의 전화 통화에서 이모는 더 많은 말을 했겠지만 내가 기억하는 내용은 거기까지였다.

평소 두 사람의 대화는 따뜻하고 농담과 웃음으로 가득했지만 그날은 달랐다. 통화하는 내내 어머니는 가능한 한 오래 여동생을 붙잡고 놓지 않으려는 것 같았다. "지금은 어떻게 되고 있어?" 어머니는 다양한 방식으로 같은 질문을 반복했다. "오늘은 무슨 일이 있었어? 그다음엔 어떻게 됐어?" 나는 벽 너머에서 짧고 날카로운 질문들에 귀 기울였다. 어린아이라도 전화 반대편에서 뭔가 심각한 일이 벌어지고 있다는 것을 알 수 있었다. 통화가 끝나면 어머니는 조용히 수화기를 내려놓았다. 그러면 아버지가 다가가 어루만져주었다. 때로 어머니는 나를 발견하고 방으로 들어가라고 했지만, 시간이 지나면서 그냥 복도에서 듣는 것을 눈감아주었다.

1992년 12월 6일의 사건에 대해 공식 보고서는 이렇게 기록했다. "도시 곳곳에서 불길이 타오르기 시작했고, 이튿날부터 봄베이 전체가 불길에 휩싸였다." 그다음 달이 끝날 무렵 사망자 수는 900명에 이르렀고, 부상자 수는 2000명을 넘겼다. 봄베이 인구의 5분의 1은 무슬림이었지만, 폭동이 일어나고, 칼부림이 벌어지고, 불길이 치솟고, 군중이 몰려들 때마다 가장 큰 피해를 입은 것은 무슬림이었다.

폭동이 끝난 뒤, 폭력을 연구하던 사람들은 무슬림들이 얼마나 쉽게 식별되었는지 이야기했다. 봄베이 폭동에 관한 공식 보고서 작성에 참여했던 기자 조티 푼와니는 무슬림들이 식별되었던 방식과 보고서에 실린 섬뜩한 사례 하나를 내게 들려주었다. 나는 그 내용을 찾아봤고, 그녀가 말한 대로였다. 모스크가 철거된 어느 날 밤, 시 주택 당국에서 나왔다고 주장하는 남자들이 봄베이 동쪽 해안 근처의 혼합 종교 거주지 프라틱샤 나가르에서 거주민 조사를 한다며 집집마다 방문했다. 그들은 무슬림이 사는 집에 분필 표시를 해두었다. 일주일 후, 무장한 남자들로 가득 찬 트럭 일곱 대가 슬럼가로 들어왔다. 그들은 표시해둔 집에서 가져갈 물건을 모두 챙긴 뒤 불을 질렀다. 한 혼합 종교 가정의 집으로 들어간 남자들은 힌두인 아내에게 남편을 내놓으라고 요구했다. 남편은 침대 매트리스 속에 숨어 있었다. 남자들은 그녀에게 이곳에서 일어난 일을 누구에게든 발설하면 "널 벗기고, 강간하고, 죽여버릴 것"이라고 말했다. 그녀가 이 일을 경찰에 신고했을 때, 담당 경찰관은 말했다. "무슬림 한 명이 죽으면, 그만큼 무슬림이 줄어드는 거지."

푼와니의 표현을 빌리자면 '지면 부족'을 이유로 여러 사건이 진상 조사 보고서에서 누락되었다. 이야기를 나누던 중 그녀는 폭동이 발생하기 전, 당시 BJP와 밀접하게 연관된 힌두 민족주의 정당인 시브 세나의 사람들이 집을 방문했던 일을 떠올렸다. 그들은 집에 누가 살고 있는지 물었다. 푼와니는 순간 당황했다. "그런 걸 묻는 게 좋은 이유에서일 리 없다고 생각했어요."

나는 힌두 사원 건립 운동에 관한 다큐멘터리를 만든 아난드 파트와르단에게 폭력 사태 동안 무슬림들이 어떻게 식별되었는지 물었다.

"당시 시브 세나가 정권을 잡고 있었고, 그들은 명단을 갖고 있었어요. 그들은 무슬림의 명단을 배포했고, 동네 사람들 모두 알고 있었죠. 어디에 누가 사는지요. 폭동 기간에 심지어 고급 주택가도 공격을 당했어요. 무슬림 이름이 쓰인 명패를 사람들이 바꾸는 걸 직접 봤어요. 무슬림 이름을 가진 파르시교도들도 혹시 실수로 공격 대상이 될까봐 문패를 바꿨죠. 나치가 유대인의 주소 목록을 작성했던 것처럼, 그들도 그렇게 한 거예요." 그의 다큐멘터리 「라마의 이름으로Ram Ke Naam」의 한 장면에서 파트와르단은 칼을 들고 다니던 변호사와 전기공을 인터뷰했다. 그들은 열정적으로 신앙을 수호하겠다고 선언했다. 파트와르단은 처음에는 부드럽게, 하지만 점차 단호하게 파고들었다. 마침내 그는 이렇게 물었다. "라마가 태어난 게 언제인가요?" 몇 명은 대답하지 못했고, 한 명이 얼버무리며 말했다. "그건 역사를 연구하는 사람들만 알겠죠." "그러니까 모른다는 거죠?" 파트와르단은 카메라 뒤에서 다시 물었다.

"저는 전적으로 아드바니에게 책임이 있다고 봅니다." 파트와르단이 내게 말했다. "하지만 그가 무슬림을 증오했는지는 모르겠어요. 무슬림들은 아드바니의 정치적 여정에서 부수적인 희생자였어요."

아드바니는 이후 자신은 폭력을 선동한 적이 없다고 주장했다. "인도가 목격한 것은 억눌린 국가적 감정의 분출이었다." 그는 몇 년 후 회고록 『나의 조국, 나의 삶My Country, My Life』에서 이렇게 썼다. "나의 가장 큰 업적은 인도 민족주의의 개념과 진정한 정교분리주의의 의미에 대해 활발한 국가적 논쟁을 촉발시킨 것이다." 하지만 이런 거창한 수사 뒤에 감춰진 정치적 현실을 들여다보면, 아드바니가 선택한 후계자

아룬 제틀리는 훗날 당의 강경 힌두주의 노선이 기회주의적 선택이었다고 말했다. 하지만 그 전략은 성공적이었다. 1991년부터 1999년까지 인도에서는 다섯 차례 총선이 열렸고, 선거 결과는 매번 아드바니의 정치적 야망에 부응했다. 그가 이끌던 바라티야 자나타 당BJP은 1984년 총선에서 전체 514석 중 단 두 석을 차지했지만, 1996년에는 161석으로 인도의 최대 정당으로 급부상했다. 그다음 두 차례 선거에서는 더 큰 성공을 거둔다.

정치 저널리스트 니나 비야스는 델리에 있는 자신의 집에서 말했다. "아드바니는 바즈파이의 중도적 사상으로는 아무 성과도 내지 못한다고 개인적인 대화에서 말하곤 했어요." 비야스는 『스테이츠먼』의 특파원으로 활동했고, 한동안은 아드바니와 매일 대화하던 사이였다. 아드바니는 자신이 모스크 철거를 통제할 수 있다고 생각했지만, 그녀는 확신할 수 없었다. 아드바니는 다가오는 폭력 사태로부터 거리를 두려 했지만 비야스는 행렬 참가자들이 취하는 태도가 걱정스러웠다. 그녀는 '카트와(할례받은 자)'라는 경멸적 표현이 적힌 포스터들을 봤고, 아드바니에게 이렇게 말한 기억을 떠올렸다. "당신이 이 모든 걸 풀어놨어요. 이제는 통제할 수 없을 거예요." 그는 아무 대답도 하지 않았다고 했다.

2022년 6월 초, 모스크가 파괴된 지 거의 30년이 지난 시점이었다. 비야스를 만나기 며칠 전, BJP 대변인이 한 뉴스 채널에서 예언자 무함마드를 강간범이라고 암시해 국제적 위기가 촉발되었다. 대법원은 그녀를 국가 안보에 위협이 되는 인물로 규정하며, '전국에 불을 지른' 책임이 있다고 판결했다. 그로부터 얼마 지나지 않아, 두 명의 무슬림 남성이 그 대변인을 지지한 힌두교 재단사를 참수하는 장면을 촬영해 공개했다. "이런 정치적 이념은 전혀 놀랍지 않아요." 비야스가 내게 말했다. "놀라운 건 그 속도와 노골적인 방식이에요. 대놓고 '무슬림을 죽여야 한다'고 말하는 상황이요. 이런 일까지는 예상 못 했어요. 이런 상황에 대비할 수는 없는 법이죠. 우리가 이야기하는 이 순간에도 구금 센터가 점점 당연하게 용인되고 있어요. 우리가 이야기하는 동안 또 한 명의 무슬림이 린치를 당하고 있을 거예요. 정부 자금으로 지은 집들을 정부가 불도저로 밀어버리고, 누군가가 제 냉장고를 열어보면서 제가 소고기를 먹는다고 주장할 수도 있어요." 그녀는 모디가 총리가 된 이듬해인 2015년 9월, 쉰두 살의 무슬림 남성이 린치를 당한 사건을 떠올리며 말했다.

기억 속에서, 어떤 죽음은 주변 세계를 시간 속에 얼어붙게 만든다. 모하메드 악라크도 그런 최후를 맞이했다. 그는 불운하게도 시대와 그 시대의 살인적 분위기를 상징하는 존재가 되었다. 이 이야기는 한 마을의 사원에서 '소가 도살되었다'고 발표하면서 시작되었다. 사람들의 격분을 사기에 충분한 소식이었다. 그 후 남성들이 악라크의 집에 들어가, 그가 가지고 있던 고기가 소고기라 판단하고 그를 때려죽였다. 초기 경찰 조사에서 살해된 악라크는 소 도살 혐의로 기소되었다. 하지만 몇 달 뒤 고기를 법의학적으로 분석한 결과, 신성함과는 무관한 양고기로 밝혀졌다. 살해 사건이 발생한 지 1년 후, 경찰은 애초에 소가 도살된 적이 없다고 발표했다. 비야스는 단순히 살인 사건만이 아니라 법이 무너지고, 책임이 방기되고, 도덕적 기준이라고는 눈곱만큼도 찾아볼 수 없는 초현실적인 광경에 절망했다. 범죄 이후

법의 지배를 주장하는 이는 없었고, 오직 진공 상태만 남겨졌다. 이제는 혼돈의 시대, 분노의 표출이 모든 것을, 심지어 죽음마저 정당화하는 시대가 되었다. 분노의 표출을 저지하려는 시도는 '의로운 자들'의 권리를 침해하는 것으로 간주되었다. 비야스는 가족과 친구들의 왓츠앱에서 보이는 집단 사고, 희생자들의 체포, 무기력한 언론, 곳곳에 풍기는 봉건주의의 흔적에서 그 증거를 보았다.

"그들의 사고방식은 조금도 달라지지 않았어요." 비야스가 말했다. "시간의 틈새에 갇혀 있는 것처럼요. 그들은 여전히 1930년대 그들의 지도자들이 머물던 자리를 벗어나지 못했어요." 그녀는 BJP와 RSS를 오랫동안 지켜본 다른 관찰자들과 비슷한 의견을 냈다. 상황은 달라졌지만 그 운동을 지탱하는 사상과 방식은 그대로였다. RSS 역사가인 자Jha는 내게 말했다. "아직도 이렇게 어리석은 사상이 어떻게 우리를 지배하는지 이해할 수 없어요. 그저 놀라울 뿐이에요."

나는 아드바니의 딸에게 몇 차례 편지를 보냈지만, 아무 답신도 받지 못했다. 그의 전 연설문 작가인 수딘드라 쿨카르니에게도 연락했는데, 그는 만나서 대화하겠다고 했지만 결국 내 메시지를 무시했다. 이제 아드바니는 90대 중반에 접어들었고, 그를 보호하는 네트워크는 줄었지만, 그만큼 더 단단히 결속되어 있었다. 마침내 나는 그의 개인 보좌관인 디팍 초프라에게 연락했다. 사람들은 그를 '디팍 지'라고 불렀다. 그는 델리의 '탈라세믹스 인디아' 사무실에서 만나자고 했다.

사무실은 니자무딘 웨스트의 먼지 낀 골목에 자리한 단독주택이었다. 내가 도착하자, 경비원은 나를 작은 체구의 행정 직원에게 넘겼고,

그녀는 나를 큰 탁자와 의자가 놓인 방으로 안내했다. 잠시 기다리자 초프라가 도착했다. 그는 키가 컸으며, 온화한 인상의 얼굴에서는 세월의 흔적이 그리 많이 느껴지지 않았다. 그는 일흔다섯이고, 머리카락은 희고 가늘었으며, 콧수염은 아드바니의 것과 닮아 있었다. 초프라는 아들이 지중해빈혈(탈라세미아) 진단을 받은 후 이 단체를 설립했다. 이제 그의 책상 위에는 환자 명단과 지원을 요청하는 편지들이 놓여 있었고, 회의용 탁자 옆에는 약품들이 쌓여 있었다.

그는 모든 게 아드바니 덕분에 가능했다는 말로 대화를 시작했다. "그렇다고 당에 덜 충성하는 건 아닙니다. 하지만 저는 아드바니 씨와 첫 연을 맺었고, 제 충성심은 100퍼센트 아드바니 씨를 향해 있습니다. 그가 당을 만들었을 뿐이죠." 초프라는 아드바니의 19년 후배로, 30년 넘게 그의 곁을 지켜왔다. 그는 아드바니가 하는 활동의 중심이었고, 그렇기에 인도의 주요 정치적 사건 주변에는 늘 그가 있었다. 그의 유령 같은 존재는 공식 사진에서도 종종 찾아볼 수 있다. 생일 파티 뒷자리에서 조용히 지켜보는 모습, 모디와 아드바니가 함께 찍은 사진에서 유일하게 공간을 허락받은 인물, 테이블 위 꽃다발 뒤로 살짝 보이는 머리.

아드바니의 총리직에 대한 야망은 2014년 총선을 앞두고 모디가 당의 후보로 지명되면서 막을 내렸다. 여전히 지지와 조언을 해줄 이가 필요하다는 화해의 말들이 오갔지만, 그 순간이 모디의 시간이었음은 분명했다. 80대가 되어 정치 말년에 접어든 아드바니는 선거에서 승리를 이어가고 있었지만(2014년 그의 마지막 총선에서는 간다나가르 지역에서 68퍼센트의 득표율로 압승), 당은 50~60대의 활력 있는 지도자를 원한다는 보도가 끊임없이 이어졌다.

하지만 그의 부재의 이유를 나이로만 설명할 수는 없다. 아드바니는 유권자들 사이에서 그 어느 때보다 더 높은 인기를 누렸지만, BJP 당 내에서의 입지는 점점 약해졌다. 1992년의 기억은 희미해지고, 2004년과 2009년 총선에서 당은 연달아 패배한다. RSS 강경파는 그가 당을 중도 성향으로 만들려 했던 시도를 비판했다. 그들은 힌두트바를 고수하지 않는다면, BJP는 다른 정당들과 아무 차이가 없다고 주장했다. RSS 대변인 람 마다브는 한 외교관에게 "RSS의 핵심 이념이 희석되지 않게 하기 위한 체계적 변화"의 일환으로 아드바니의 퇴진을 요구했다고 말했다. 그들은 무엇보다 '이념적 침식'을 우려했다. 아드바니는 이 결과에 격분했다. 인도를 이끌고자 하는 그의 꿈은 매우 깊어서 도저히 감출 수 없을 정도였다. 여든네 번째 생일을 맞아, BJP로부터 무엇을 받았냐는 질문을 들었을 때 그는 이렇게 답했다. "당은 평생 제게 너무나 많은 것을 주었습니다. 그래서 사람들은 '당신은 총리가 되어야 한다'고 말하지만 당에서 받은 것이 너무나 크기 때문에 총리가 되는 것이 최고의 보상이라고는 생각하지 않습니다." 2009년 한 온라인 Q&A에서, "인도에는 현대 인도와 세계 정세를 이해하는 젊은 지도자가 필요한 것이 아닌가?"라는 질문에, 아드바니는 "겸허하게 말하건대 나는 두 가지 모두를 이해하고 있다"고 답했다. 하지만 디팍 초프라는 알려진 것과 달리 아드바니가 지도자의 자리를 열망하지 않았다고 강조했다. "그는 체스 플레이어가 아니었습니다." 아드바니가 더 이상 역사를 만들 수 없는 게 분명한 지금, 그의 친구 초프라는 그가 역사에서 위치할 자리를 다시 쓰고 싶어했다.

하지만 더 이상 움직일 수 있는 체스 말은 없었다. 그럼에도 아드바니가 왜 정계를 떠나지 않았는지 묻자, 초프라는 이렇게 답했다. "서구 정치와는 다릅니다. 인도 정치인들은 권력의 마지막 한 방울을 짜낼 때까지 머물러요. 사탕수수에서 즙을 짜내듯이요." 권력의 마지막 한 방울까지 짜낸 뒤, 모디가 부상하면서 아드바니는 나이 든 인도 정치인들이 맡는 마지막 역할로 밀려났다. 그의 발은 사람들이 만지기 위한 것이었고, 그의 손은 리본을 자르기 위한 것이었으며, 그의 존재는 반드시 필요한 것이 아니게 되었다. "이제 직책은 맡고 있지 않지만 당은 여전히 그를 BJP의 최고 원로 지도자로 여기고 있습니다. 든든한 버팀목으로요." 초프라가 말했다.

그의 말은 마치 공로상 수상 소감 같았다. 그는 아드바니의 집을 이틀에 한 번 방문해, 두 시간쯤 함께 시간을 보낸다고 했다. 일 이야기는 하지 않는다. "이제는 기억력도 별로 좋지 않으니까요. 매일 해야 할 일이 있는 것도 아니고요. 기운도 북돋아주고, 차도 한잔 마시고, 책 한 구절 읽어주고, 가벼운 이야기나 나누는 거죠. 계속 깨어 있을 수 있게요, 이해하시죠? 제가 가겠다고 인사하면, '아, 벌써 가나?' 하면서 미소를 띠어요." 초프라는 눈썹을 치켜세우고 놀란 미소를 지으며 부드러운 목소리로 그 아이 같은 순수함을 흉내내 보였다. "저는 그 시간이 즐겁고, 그도 즐거워하는 것 같아요. 하지만 이제 시사 문제를 들이밀진 않아요. 그는 최선을 다했으니까요." 그리고 다시 한번, 그의 유산이 확고하다는 점을 강조했다. "그가 당을 만들었고 여기까지 끌어올린 거죠."

두 사람의 인연이 시작된 것은 30년 전인 1989년으로 거슬러 올라

간다. 당시는 인디라 간디 암살 이후 5년이 지난 시점이었고, 국민회의당에 대한 동정 여론으로 아드바니의 당은 단 두 석밖에 차지하지 못했다. 그는 자신의 첫 선거 캠페인을 이끌 팀을 꾸리고 있었다. 당시 그의 나이 예순둘이었고, 그는 모든 게 완벽하게 준비되길 원했다. 아드바니는 동인도회사의 잔재였던 기업에서 기술자이자 영업사원으로 일하던 초프라에게 전화를 걸어 자기 집에서 차 한잔 마시며 이야기를 나누고 싶다고 했다. 초프라가 도착했을 때, 아드바니의 집은 선거운동을 준비하는 열정적인 참모들로 북적였다. 아드바니는 힌두 표를 결집하기 위해 당에서 아요디아 사원 건립을 지지한다고 선언할 계획이었다. 그때까지 남은 시간은 불과 4개월. 그는 놀랍게도 초프라에게 캠페인에 합류할 것을 제안했다. 가끔 가족 모임이 있으면 아드바니가 그를 붙잡고 농업용 물 펌프 영업 일이 어떤지 묻곤 했다. "그는 제가 어디를 다녀왔는지, 그 지역의 농작물 상태는 어땠는지, 무슨 일을 했는지를 알고 싶어했어요. 우타르프라데시에서 무슨 일이 벌어지고 있는지, 카슈미르의 농업과 어떻게 다른지 궁금해했죠." 아드바니는 온갖 종류의 정보에 목말라하며 질문을 퍼부었지만 정작 자신에 관한 이야기는 거의 하지 않았다. 그래서 캠페인에 합류하라는 제안은 더 뜻밖이었다. "그를 위해 팸플릿을 제작했어요." 그때 초프라는 아드바니가 세부 사항에 집착하는 사람이라는 걸 바로 알아차렸다. "두세 번 교정을 보고 원고를 제출했는데 그는 즉시 오류를 잡아냈어요." 아드바니는 정치 커뮤니케이션의 세부 사항에 깊이 관여했다. 그는 화려한 연설보다는 후방 전략가로 더 알려져 있었다. 포스터 레이아웃, 서체, 글자 크기까지 직접 손보곤 했다. 선거의 승리를 경험하며 그들은 가까워졌다. "아드바니는 나를 마음에 들어했어요. 만날 운명이었다고나 할까요." 초프라가 말했다.

이듬해 초프라는 아드바니를 따라 야트라에 동행했다. "솔직히 규모가 그렇게 커질 줄은 몰랐어요. 스릴러 영화 같았고, 정말 재미있었죠. 우리는 전차를 타고 있었고, 사람들이 우리를 보러 왔어요. 기본 요소는 흥미였죠. 하지만 한 도시에서 다음 도시로 이동할 때마다 '미쳤네. 새벽 2시에 도착했는데도 사람들이 앉아서 아드바니를 기다리고 있어'라고 생각했어요. 그때, 인도가 변화를 겪고 있다는 분명한 메시지를 받았죠."

사람들은 자발적으로 한밤중 도로변에 앉아 기다리고 있었다. "100루피에 매수된 사람들이 아니었어요. 그들에게는 열정과 헌신이 있었습니다." 그는 이 운동을 설계한 친구가 자랑스러웠다. "그는 라마의 탄생지에 사원을 세우자는 이야기를 했어요. 그 전까지 어떤 정치 지도자도 언급하지 않은 거였죠. 비슈와 힌두 파리샤드는 이를 위해 캠페인을 벌여왔지만, 그들은 기껏해야 승려들에게만 영향력이 있었어요. BJP는 정치 분파였고, 그 영향력은 인도 전역에 퍼져 있었죠." 초프라는 라트 야트라가 RSS의 여러 정치, 종교, 물류, 군사 부문을 최초로 하나의 목표 아래 결집시켰다고 했다. 힌두 사회를 단일 집단으로 동원하는 것을 가로막았던 과거의 분열을 마침내 극복한 거라고 그는 평가했다. "야트라가 모든 카스트를 하나로 모았어요. 힌두 사회에서 한 번도 일어난 적 없는 일이었죠."

초프라는 야트라에 전념하기 위해 2년간 휴직을 했다. 여정이 끝나면 본업으로 되돌아갈 생각이었다. 하지만 행렬 주변의 환희에 찬 얼굴들을 보고, 그들의 함성을 들으며 그는 야트라의 힘에 압도되었다. 그는 이 행사가 야기한 정치적 혼란을 즐겼다. 온 주변이 깨어나고 있었고, 그는 거기에 흥분했다. 그는 결국 아드바니 곁에 남기로 결심한다. 당시에는 야트라가 BJP의 운명에 어떤 정치적 영향을 미칠지 확신할 수 없었다. "BJP가 집권당이 될 거라고는 정말 상상도 못 했어요."

그에게 야트라와 관련된 폭동을 어떻게 정당화하느냐고 묻자 그는 얼굴을 찡그리며 말했다. "그렇게 표현하고 싶지는 않군요. 어디든 나쁜 부류, 좋은 부류는 다 있으니까요. 그 나쁜 부류들은 기회를 엿보고 있어요." 초프라는 야트라가 폭력에 '작은 기회를 제공했다'고 생각했을지 모르지만 어쨌든 그는 당시 상황이 잘 기억나지 않는다고 했다. "라트 야트라 이후 얼마나 많은 사람이 공동체 폭력으로 죽었는지 쓴 책이나 저널들만 읽으면······." 그는 폭력이 정확히 언제 발생했는지, 그 사건들을 정말 야트라와 연결 지을 수 있는지에 대해서는 잘 모르겠다고 했다. 그에게는 종교와 관련된 선동적 연설과 폭력 사이의 연관성이 그다지 명확해 보이지 않았다. 그는 야트라가 지나는 경로로부터 멀리 떨어진 주에서도 폭동이 발생했다고 강조하며 인도에서 그런 폭동은 예전부터 있어왔다고 말했다. "그런 일은 항상 있어왔고, 지금도 벌어지고 있죠. 야트라를 보며 사람들이 더 흥분했을 수는 있어요. 하지만 이런 요소들은 좋은 시기든, 나쁜 시기든, 불안정한 시기든 사회에 늘 존재해요. 거기서 폭동이 촉발되었고, 누군가는 '1990년 라트 야트라 때문이다'라고 말했을 수도 있겠죠. 하지만 저는 야트라가 공동체 폭력을 초래했다고 보지 않아요. 연설을 들어보면 아시겠지만 증오는 담겨 있지 않았어요."

나는 그 말에 움찔했다. 그 순간 내게 초프라는 힌두트바 지도자들이 한 세기 동안 정당화라는 과정을 거치며 컨베이어 벨트에서 만들어낸 또 하나의 생산품으로 보였다. 자신들이 남긴 혼란에 대해 속죄할 생각이 없는 사람들, 모든 것을 대중의 각성으로 치부하며, 피해자들은 그저 더 큰 일을 도모하는 여정에서 부차적 존재로 여기는 이들. 모든 것으로부터 스스로에게 면죄부를 준 이들. 그들은 그저 자신의 일을 했을 뿐이며, 그들이 한 일은 완전히 합법적이었다는 주장. 그 합법적 행동에 대한 대중의 감정적 반응이 불법이었다고 해서 그들이 비난받을 일은 아니라는 것이다. 비난은 도발한 자가 아니라 거기에 불법적으로 반응한 이들이 받아야 한다고 했다. 아드바니처럼, 초프라도 인도의 엄격한 법적 정의 뒤로 몸을 숨겼다. 법은 간단했다. '말(구두나 서면), 신호, 시각 표현, 기타 방법으로 종교, 인종, 출생지, 거주지, 언어, 카스트, 공동체를 이유로 다른 종교, 인종, 언어, 지역 집단, 카스트나 공동체 간의 불화, 적대감, 증오, 악의를 조장하거나 조장하려 시도한 자', 혹은 '이들 집단 간의 조화를 해치고 공공의 평온을 교란하거나 교란할 가능성이 있는 행위를 저지른 자'는 혐오 발언으로 기소될 수 있었다. 물론 초프라는 아드바니의 연설에 혐오 발언으로 엮일 만한 내용이 전혀 없다고 자신했다. 아드바니는 어떤 단어나 이미지가 사람들의 마음과 영혼에 각인되는지 잘 알았고, 혐오 발언의 경계를 넘지 않는, 그 영역 바로 바깥 언저리의 단어들을 교묘하게 활용했다. 어쨌든 그의 행렬이 끝난 후 1000명이 넘는 사람이 목숨을 잃었다.

아드바니는 단어 선택에 신중했기에 모든 책임을 부인할 수 있었다. 그가 회고록에서 모스크를 무너뜨린 자원봉사자들이 힌두의 대의를 훼손했다고 쓴 것은 합리적으로 들릴 정도였다. 초프라는 이 문제에 있어 그를 적극적으로 옹호했다. 초프라는 야트라가 사람의 목숨을 앗아간 것과 관련해서는 무심한 태도를 보였고, 야트라가 참석자에게 약간의 '흥분'을 야기했을 수 있다고 한 게 그나마 최대로 인정한 것이었다. "아드바니가 연설한 무대에서 다른 누군가가 혐오 발언을 했을 수도 있겠죠. 하지만 아드바니는 아니었습니다."

나는 그의 무심한 묘사와 냉담한 표정, '사소한 문제'라고 말하는 듯한 태도를 보면서 당황한 걸 들킬까봐 겁이 났다. 나는 그의 단독주택 게이트 밖으로 나오자마자 방금 본 그의 표정을 잊기 전에 남겨두려고 휴대폰 카메라로 그 표정을 따라하며 사진을 찍어 내 이메일로 보냈다. 살짝 치켜뜬 눈썹, 가늘게 뜬 눈, 옅게 미소를 머금은 입. 하지만 그런 수고는 필요치 않았다. 1년이 지난 후에도 그 얼굴은 단 한 번도 잊힌 적 없으니까.

그 말 그대로만 따지자면 초프라의 말이 옳다. 지나치게 영리한 자들이 늘 기대는 익숙한 피난처, 단어와 내포된 의미 사이의 틈바구니에서 그는 아드바니를 안전하게 보호하려 했다. 하지만 아드바니는 자신의 행동과 말을 분리하려 했고, 오직 자신이 한 말로만 평가받기를 원했다. 선을 넘는 연설을 하고, 라트 야트라의 약속을 행동으로 옮기라고 선동하는 자들과 같은 무대에 아드바니도 서 있었다. 아드바니는 그 부지에 사원을 세우자는 연설을 했지만, 모스크를 무너뜨리자는 연설은 다른 이들의 몫으로 넘겼다. 그는 힌두인들에게 벽돌을 기부하라고 말했지만, 살해에 관한 이야기는 다른 이들에게 떠넘겼다. 아드바니는 그들이 겪은 고통에 대해 이야기했지만, 다른 연사들은 고통을 가하자는 이야기를 했다.

하지만 아드바니는 범죄의 그림자에서 벗어날 수 없었다. 그 범죄에 책임이 부재했을 뿐. 싸움에서 확실한 승리의 전율, 장관을 선사하기로 한 약속이 그렇다. 아드바니는 그들에게 사원의 장관을 약속했지만, 그 길은 증오를 통해야만 했다. 그는 사원과 같은 마음의 문제는 법정에서 분쟁을 다툴 수 없으며, 사람들이 해결해야 한다고 주장했다. 아드바니는 그들에게 법원이 그들의 마음속까지 결정지을 수는 없으며, 오직 그들 자신만이 할 수 있다고 상기시킴으로써 스스로에 대한 우월감을 심어주었다. 증오는 사람들이 법의 테두리를 벗어나도록 부추기고, 신의 일을 핑계로 정당화된 무법 상태로 초대했다. 그들이 보호하고자 했던 라마는 야트라에 쓰인 선전물에서 아기의 모습으로 그려졌다. 그것이 그들이 지켜야 한다고 믿었던 존재였다. 아드바니는 사람들을 법에서 멀어지게 만드는 감정의 주파수를 찾아냈다. 사람들에게 스스로의 감정이 중요하다는 믿음을 심어주는 데 필요한 것은 증오였다. 그는 아무 절제 없이 그 모든 말과 행동을 했다. 사진 속에서 그는 경찰들에게 둘러싸여 보호받고 있었다. 언론 보도에 따르면, 현장에는 그 모든 것을 묵인해주는 경찰이 많았다. 그들이 말하는 대중의 각성은 증오를 심는 과정, 신의 법이 인간의 법보다 우선하는 현실을 만들어내는 일이었다.

아드바니가 모스크에 대한 계획, 힌두교의 '부흥' 계획을 발전시키면서, 당시 관찰자들은 국회의원으로는 드문 특징이 그에게 있다는 사실에 주목했다. 30년이 지나서도 기자들은 그를 '기술에 밝은' 사람으로 회상하며 감탄했다. "1991년, 나라심하 라오 총리가 의회를 디지털화한다며 대규모 전산화를 추진했어요. 의회 별관에 컴퓨터를 들여놨죠." 기자인 자얀타 고살은 내게 말했다. "하지만 컴퓨터를 배우러 간 의원은 총리와 아드바니 두 명뿐이었어요." 전산화 자체와는 별개로, 1991년 당시 국회의원의 평균 연령이 52세가량이었다는 점을 고려하면 컴퓨터를 배운다는 건 또 다른 문제였다. 아드바니는 총리에게 강의를 마련해달라고 요청했지만, 총리는 과연 누가 참석할까 의문이었다. 아드바니는 "아무도 안 와도 내가 참석하겠다"고 말했다고 초프라는 회상했다. 초프라는 야트라에 대해 너무 많은 내용을 밝히기를 경계했지만, 친구가 컴퓨터에 관심을 보인 일에 대해서는 주저 없이 이야기했다. 매일 저녁 5시가 되면 아드바니가 가장 먼저 강의실에 도착했다. 한 젊은 여성이 넓고 텅 빈 교실에서 인도의 두 지도자에게 컴퓨터 교육을 했으며, 곧이어 젊은 국회의원들도 동참하기 시작했다. 아드바니는 자신의 사무실에서 방문객들에게 노트북을 보여주며, "나는 컴퓨터로 일기를 쓴다"고 자랑하곤 했다. 홍콩에서 온 친구가 팜파일럿 같은 기기를 꺼내 보였을 때, 아드바니는 그 기능에 매료되었다. 일주일 후 아드바니가 쓸 새 기기가 도착하자, 그는 매뉴얼을 한 줄 한 줄 꼼꼼히 읽으며, 수첩에 적어둔 전화번호와 일정들을 새 기기로 손수 옮기겠다고 고집했다.

그의 열정이 관심사와 연결되는 것은 시간문제였다. 국경지대인 아삼주를 방문할 때마다, 아드바니는 불법 이민 문제를 제기하며 청중의 불안을 자극했다. 아삼에서 이주와 국경을 넘는 문제는 아드바니가 개인적으로 관심을 기울이던 사안이었고, 인도의 자부심이나 번영과도 뗄 수 없는 주제였다. 국경 지대에서는 국가와 주의 경계선이 바뀌거나 사라지기도 했고, 특정 민족이나 부족이 언제 그곳으로 이주했느냐에 따라 땅의 중요성은 달라졌다. 정체성은 끊임없이 변했다. 인구조사에서 아삼어를 사용한다고 응답했던 사람이 다음번 조사에서는 다른 답변을 내놓기도 했다.

"아삼에서 이주는 수 세기 동안 계속되어온 과정"이라고 은퇴한 고위 관료 S. D. 마줌다르는 델리 자택에서 말했다. "티베트 고원과 중국에서 온 부족도 있었습니다." 아삼에서 이주에 대한 편집증적 피해망상은 어디서 비롯되었는지 묻자, 그는 기억을 바탕으로 역사 강의를 시작했다. 수십 개의 집단, 그들이 벌인 유혈 분쟁, 언어와 고용 문제로 인한 갈등. 그것은 지위와 기회의 문제, 누가 얻고 누가 잃었는지에 관한 오래된 이야기였다. 지나치게 자세히 파고드는 내용에 내가 버거워하자 마줌다르는 간단히 정리해주었다. "이주는 경제적·정치적 이유로 이루어집니다. 그 자체로 나쁜 게 아니라 일어난 시점이 문제일 뿐이죠."

아드바니가 이주로 인한 스트레스를 언급할 때, 그는 일부 청중이 벵골 힌두인들에 대한 불만을 품고 있다는 것을 알았다. 또 산악 부족은 스스로를 인도의 시민이라 여기지 않았고, 아이들은 부모로부터 가장 좋은 일자리는 교육받은 외부인들이 차지했다는 이야기를 들으며 자랐다. 초프라는 파키스탄과의 국경을 가리키며 "서부 전선은 충분히 관리되고 있었죠"라고 말했다. "하지만 동부 국경은 너무 허술했어요. 원래 거기 살던 사람인지 불법 이민자인지 알 수 없었죠."

1983년 아삼에서 새롭게 작성된 유권자 명부를 바탕으로 선거가 실시된다는 발표가 있었는데 거기에는 최근의 이주민들도 포함되어 있었다. 방글라데시 독립의 해인 1971년 이전 거주자들만 시민권을 가져야 한다고 주장했던 지역 단체들은 이에 분노했다. 방글라데시의 탄생 과정은 폭력적이었고, 수천 명이 국경을 넘어 아삼으로 유입되었다. 하지만 새 유권자 명부는 지역 주민들에게 모욕적인 조치로 여겨졌고, 저명한 아삼 지도자들은 선거 보이콧을 촉구했다. 1986년, 정치학 교수 산지브 바루아는 "선거 찬성파와 반대파로 나뉜 민족 하위 집단 간에 충돌이 벌어졌다"고 기록했다. 어떤 지역에서는 랄룽 부족이 벵골계 무슬림들을 살해했고, 다른 곳에서는 보로 카차리족이 벵골계 힌두교도와 무슬림을 공격했다. 또 다른 지역에서는 힌두교도들이 무슬림들을 살해했고, 그 외 지역에서는 무슬림들이 힌두교도들을 살해했다. 어떤 곳에서는 힌두와 무슬림이 연합해 벵골계 무슬림들을 공격하기도 했다. 어느 기자는 "한 지역에서 피해자였던 공동체가 다른 지역에서는 가해자가 되었다"고 기록했다.

 수십 년 동안 힌두 지도자들은 아삼 주민들에게 그들이 처한 위험 상황을 상기시키는 것이 유용하다고 여겨왔다. 1940년대, 문제는 이렇게 경고하기도 했다. "아삼 주민들이 이 문제에 무관심하고 방관한 채 잠들어 있다면, 파멸을 맞을 것이다." 1960년대, 아리아 사마지의 지도자들, 특히 프라카시 비르 샤스트리는 "최근 몇 달 동안 아삼에만 80만 명의 불법 침입자가 유입되었다"고 주장했다.

 아드바니도 다르지 않았다. "오늘날 아삼 전체는 생존을 위한 싸움을 벌이고 있습니다. 생존에 대한 위협은 이웃 방글라데시에서 온 불법 이주민들의 홍수에서부터 시작되었습니다. 이 홍수가 통제되지 않으면, 아삼은 외국인들이 야기한 침수로 멸망할 것입니다. 그렇기 때문에 여러분, 힌두인들은 BJP에 투표해야 합니다." 이렇게 힌두 지도자들은 평화의 길을 밝히기 위해서가 아니라, 분열, 결핍, 임박한 위험을 끊임없이 상기시키기 위해 역사를 지탱하고 지속시켰다. 재앙은 늘 저 지평선 너머에 있었다.

힌두 우파 지도자들이 주장한 논리는 철저히 계산된 것으로, 그들의 주된 문제인 '무슬림'을 암시하면서도 직접적인 언급은 피했다. 대외적으로 말해지지 않은 내용은 RSS 회원들 사이에서만, 그것도 일대일 대화에서만 언급되었다고, 한때 아삼의 수도였던 실롱 출신 전 RSS 회원 소우멘 차크라보르티는 말했다. "벵골 분리 이후, 많은 사람의 고향이 동파키스탄이 되어 사라졌어요. 그래서 무슬림에 대한 증오가 생겨났고, RSS는 그 점을 이용했죠. 그들은 '우리는 당신들과 함께'라고 말했어요. 옷과 음식을 가져다주고, 난민 캠프를 운영했죠." 간디 암살 이후, RSS는 한동안 힌두교도들을 위한 세바seva, '봉사'에 나섰다. 그들은 난민들에게 음식, 쉼터, 물을 제공했고, 일자리를 찾도록 도와주었다.

정치학자 말리니 바타차르지는 난민들이 RSS 조직의 중요 기반이 되었다고 말했다. 차크라보르티는 RSS의 사회봉사가 사람들을 그들의 이념으로 끌어들이는 관문이었다고 했다. 그는 약 25년간 RSS에 몸담으면서, 그들이 벵골 힌두인들에게는 무슬림이 문제라고 말하면서, 아삼 주민들에게는 벵골 힌두인에 맞설 수 있게 조용히 지원하는 것을 목격했다. "그들은 공동체 간의 증오를 키우고 있어요. 그들은 문화 민족주의를 정치 민족주의로 바꾸고 있습니다." 그는 더 이상 RSS

와 함께하지 않는다. 다른 이들이 그랬던 것처럼 차크라보르티도 RSS에 질문을 던지기 시작하면서 관계는 점점 멀어졌다.

1998년 BJP가 주도한 연합 당이 집권하면서 인도의 국경 보호는 아드바니의 책임이 되었다. 당시 아드바니는 국가 안보를 책임지는 내무장관이었다. 그런데 이듬해 5월, 양치기로 위장한 파키스탄 군인들이 국경을 넘어 인도의 전략적 고지대를 점령하며 카르길 전쟁이 발발했다. 이 전쟁은 해발 5000미터 이상의 고지대에서 두 달 넘게 지속되었다. 전쟁이 끝날 무렵, 인도는 500명 이상이 사망하고 1000명이 부상을 입었으며, 파키스탄은 자국 군인 400명이 사망했다고 발표했다. 전쟁 이후 열린 모든 의회 회기에서, 장관들은 최전선 주민들의 삶이 어떻게 될지, 얼마의 보상금을 지급해야 할지, 전사자와 포로가 되어 고문을 당하다 죽은 병사의 가족들에게 어떤 지원을 해야 할지 논의했다. 총리는 아드바니에게 다른 장관들과 함께 인도의 국가 안보 시스템을 검토하라고 지시했다. 하지만 1999년이 끝나기도 전, 파키스탄 테러 단체 하르카트-울-무자히딘 소속 테러리스트 다섯 명이 승객 191명이 탑승한 인도 항공기를 납치했다. 항공기는 카트만두에서 델리로 향하던 중이었다. 암리차르, 라호르, 두바이에 차례로 임시 착륙을 지시했던 테러리스트들은 조종사들에게 탈레반이 통제하던 칸다하르에 착륙할 것을 강요했다. 7일간의 협상 끝에, 테러리스트들은 인도에 수감된 동료 병사들의 석방을 요구했다. 그들은 상대가 협상에 진지하게 임하도록 승객 한 명을 살해했다.

"칸다하르로 비행기가 떠났을 때는 협상 외에 다른 선택지가 없었습니다." 전 연구분석부 국장 A. S. 둘라트는 델리 자택에서 말했다. 둘라트는 카슈미르로 날아갔고, 당시 주지사였던 파루크 압둘라에게 잠무와 카슈미르에 수감 중인 죄수 두 명을 석방하도록 압력을 넣었다. 한 국가안보 기자는 아드바니가 "인질과 테러리스트의 교환은 정치적으로 큰 손상을 줄 것"이라며 납치범들과의 대화에 반대했지만 외교부의 의견이 우세했다고 썼다. 1999년 12월 31일, 납치범들의 요구가 받아들여졌고, 위기는 끝났다. 둘라트의 기억에 따르면, 아드바니는 이 결과에 큰 불만을 품었다. "그는 계속해서 '우리는 취약한 나라야, 우리는 취약한 나라야'라고 말했다"고 둘라트는 회상했다.

둘라트는 카슈미르 차를 마시며 자신의 이야기를 들려주었다. "아드바니의 사고에 영향을 미친 사건을 흐름에 따라 기억나는 대로 말해볼게요." 둘라트는 카르길 전쟁과 항공기 납치 사건 이후 정부 내에서 신분증에 대한 논의가 오갔다고 했다.

카르길 전쟁 이후 정부가 작성한 보고서 87쪽에서, 장관들은 불법 이민이 "심각한 수준에 이르렀다"고 지적하며 이제 인도 내 모든 사람을 의무 등록할 때가 되었다고 썼다. 그들은 여러 목적을 수행할 수 있는 국가 신분증 도입을 권고했으나, 그 목적을 정확히 명시하지는 않았다. 우선 국경 지역부터 등록을 시작하고, 그다음에 중간 지역, 마지막으로 내륙 지역으로 신분증 도입을 확대해갈 계획이었다. 국가의 안전은 신원 확인에 달려 있었다. 그동안 아드바니는 '침입자' 식별에 몰두하고 있었다고 그의 친구 초프라는 말했다. (그 당시 아드바니와 함께 일했던 여러 사람은 그가 말하는 '침입자'가 아마도 무슬림을 의미할 것이라고 했다. 둘라트는 "아드바니는 힌두적 사고를 지닌 인물이었다. 모디나 아미트 샤와 크게 다르지 않았다"라고 말했다.)

미국에 거주하는 아드바니의 매제가 서인도를 방문하던 중, 차 뒷좌석에서 사회보장카드를 꺼내 보여주었다. "그게 뭐야?" 아드바니가 물었다. 초프라의 기억으로는 아드바니가 "그건 뭐 하는 데 쓰는 거야? 모든 미국 시민이 가지고 있어?"라고 물었다고 했다. 아드바니는 그 개념에 매료되었다. 초프라는 아드바니가 그 대화 이후로 회의에서 "왜 우리는 그런 게 없을까?"라고 질문하기 시작했다고 말했다. 주변 사람들은 다양한 카드로 그 목적을 충족할 아이디어를 냈지만, 아드바니는 모두 거절했다. 그는 단순한 신분증이 아니라, 더 복잡하고 여러 기능을 수행할 수 있는 것을 원했다. "'아냐, 아냐, 하나의 카드여야 해.' 그런 식이었어요"라고 초프라는 말했다.

2000년 8월 아드바니가 이끄는 내무부는 새로운 데이터베이스에 시민들을 등록할 방안을 고려하고 있다고 발표했다. 내무부는 이후 '다목적 국가 신분 카드' 발급을 추진했다. 정부는 국가 시민 데이터베이스의 생성 가능성을 기업들에 조사 의뢰했고, 발표를 진행한 여덟 군데 회사 중 한 곳을 선정했다. 선정된 회사는 주제에 대한 포괄적 타당성 조사 보고서를 제출했고, 정부는 그 권고안을 검토 중이었다. 아직 최종 결정은 내려지지 않은 상태였다.

이 연구는 인도 최대의 소프트웨어 서비스 기업이자 아웃소싱 혁명의 선두 주자인 타타 컨설턴시 서비스TCS의 소규모 컨설턴트 팀이 진행했다. 팀 리더는 서른네 살이고, 팀원들은 대학을 갓 졸업한 여섯 명의 주니어 컨설턴트였다. 초프라는 옆에서 발표를 지켜보았다. "타타의 발표가 가장 인상적이었던 걸로 기억해요. 더 많은 영역을 다뤘죠."

2.
설계

1998년, 타타 컨설턴시 서비스의 젊은 컨설턴트가 인도의 인구조사를 감독하는 당국에 파견되었다. 인구조사는 10년에 한 번씩 시행되는 대규모 작업이었다. 당시 회사는 1999년에서 2000년으로 연도가 바뀔 때, 은행 시스템 붕괴나 항공기 추락을 막기 위해 사용했던 IBM 중형 컴퓨터들이 더 이상 그 능력을 발휘하지 못할 가능성을 우려하고 있었다. 파견된 컨설턴트는 당시 스물세 살로, 인구조사 데이터를 처리하는 데 회사가 도움을 줄 수 있다는 제안서를 작성하라고 지시받았다. 하지만 인구조사 총괄 책임자는 보수적 사고의 소유자였고, 한 세기 동안 진행된 방식에 깊은 애착을 갖고 있었다. 그는 2001년 인구조사도 종이와 연필로 진행할 거라고 밝혔다.

그 컨설턴트는 내무부 고위 관료와의 면담을 요청했다. 공동 비서는 그에게 인구조사는 잊으라고 조언했다. 정부는 그보다 더 큰 문제인 불법 이주민 관리를 위해 전국 신원 확인 시스템 구축을 고려 중이라고 했다. 컨설턴트는 한 회의에서 유니시스와 IBM 대표들이 참석했던 것을 떠올렸다. 그는 이 사실을 상사에게 전했고, 상사는 내무부 개념 연구 보고서를 작성할 소규모 컨설턴트 팀을 구성했다. 하지만 당시 상사는 회사를 떠날 예정이었기에, 팀장으로 다소 예측 불가능한 서른네 살의 남성을 임명했다. 그는 회사에 대해 부정적 시각을 갖고 있었고, 컨설턴트 업무보다 낚시나 등산을 더 좋아했다. 몇십 년 후, 상사는 그가 이 작업을 전해 듣고 무척 흥분했다고 회상했다.

20년이 지난 시점에, 나는 당시의 그 팀장을 만나러 델리로 날아갔다. 비라지 초프라의 사무실 곳곳에 놓인 화려한 주철 난로들에서 그가 인도 역사에 남긴 위대한 공헌의 흔적은 전혀 찾아볼 수 없었다. 그가 한때 인도 시장에서 잠재 가능성이 크다고 생각해 이탈리아에서 수입해온 탈착식 안경도 마찬가지였다. 안경은 후회스러운 결정을 상징하는 것처럼 그의 목에 힘없이 늘어진 채 걸려 있었다. 이제 쉰이 넘은 비라지는 실패가 치명적이라기보다는 다소 불편한 것일 뿐이라는 듯한 태도를 지니고 있었다. 은은한 주름이 지고, 윤기 나는 그을린 피부, 부드러운 미소 띤 얼굴을 보면 만사형통이라는 느낌이 들었다. 그의 사무실은 뭄바이의 아파트보다 넓었고, 델리 중심부의 널찍한 부지 한쪽에 조용히 자리 잡고 있었다. 그의 이야기는 실패로 끝난 탈착식 안경 사업과 간신히 수익을 내고 있는 벽난로 사업, 사무실 한켠을 은행에 임대할 계획, 자신의 투자, 투자하지 않으면 바보가 될 거라는 확실한 주식(돌아보면 무시해야 할 말), 새로 산 지프차, 최근에 다녀온 산속 플라이 낚시 여행으로 이어졌다. 그는 갑자기 대화를 멈추고 밖으로 뛰어나가 정원에 있는 커다란 나무에 올라앉은 딱따구리를 쳐다보았다. 그의 삶은 마치 휴식 같았다.

비라지는 히말라야산맥에 자리한 남학생 기숙학교 둔에서 교육받았다. 그곳 졸업생들은 작가, 총리, 올림픽 선수, 저자, 사업 거물, 혹은 기회가 주어지면 독재자가 되기도 했다. 한 졸업생은 금주령을 선포했고, 또 다른 졸업생인 네루의 손자 산자이 간디는 1976년 인도의 최빈층 남성 약 700만 명에게 강제로 불임 수술을 시켰다.

비라지는 대부분의 인도인은 할 수 없는, 고속도로 옆의 대규모 산업 용지도 주택 용지로 손쉽게 바꿔버리는 사람들과 식사를 함께하는 사람이었다.

원래 그날도 인도 행정 서비스 친구들(관료들)과 점심을 먹기로 되어 있었다. 친구들은 그에게 "너 우릴 버리고 기자 만나는 거야?"라고 말했다고 했다. 몇 시간 후, 누군가 그의 사무실을 찾아와 "문제"가 해결됐다고 말했다. 그 여자가 떠난 후 비라지가 설명을 해주었다. 어떤 사람이 주지사의 아들에게 도움을 청해 주지사의 아들이 판사에게 전화를 걸었다. 판사는 경찰에게 연락했고, 그제야 경찰이 대형 은행의 직원들을 100만 달러 규모의 사기 사건으로 체포했다. "호의를 베푸는 데 돈이 오간 건 아니에요." 비라지가 말했다.

오랜 시간 혼자 일하다보면 누구나 독특한 습관을 갖기 마련인데, 비라지의 습관은 성냥갑에서 성냥개비를 꺼내 귀에 굴리는 것이었다. 그는 그러면서 20년 전 일을 떠올렸다. 타타 컨설턴시 서비스의 경영 컨설턴트였을 때, 아드바니가 그토록 원했던 신원 확인 시스템 설계 작업을 맡게 되었다. 기본 계획은 인도 내 모든 사람에게 고유 번호를 부여해 세금 신고, 운전면허, 은행 계좌 등 거의 모든 공공 서비스에서 사용할 수 있게 하는 것이었다.

본격적인 대화를 시작하기에 앞서, 그는 20년 전 인도에서 전화 하나 개통하는 데 얼마나 힘들었는지를 알아야 한다고 했다. "아내에게 전화기를 사주고 싶었어요." 그는 그때 전화 회사가 요구했던 서류 목록을 줄줄이 나열했다. "여권, 전기 요금 청구서, 임대 계약서, 주택 구매 계약서." 그는 전화선 하나 개통하는 데 이렇게 많은 절차가 필요하다는 사실에 충격을 받았다. 그는 인도에서 매년 서류 제출에 소요되는 시간이 최대 2000억 시간에 달한다고 했다. 모든 남녀노소가 매년 8일 이상을 자신의 존재를 증명하는 데 소비하고 있는 셈이라는 것이다. 이것은 전형적인 컨설턴트식 과장 논리로, 몇 가지 계산만 해보면 쉽게 해체 가능하다. 너무나 즐겁게 이야기를 풀어내는 비라지를 보며 어쩐지 의구심이 스멀스멀 올라왔다.

그는 1990년대에 정부 행정관들을 만나, 여러 기능을 수행하는 신원 확인 카드를 제안했다고 했다. 가장 큰 장점은 서류 작업을 줄이고, 몇 초 만에 신원의 전자 확인이 가능하다는 것이었다. 당시 종이 문서에 집착하던 관료들에게 이런 제안은 상상조차 할 수 없는 묘기 같은 것이었다고 했다. (비라지는 관료제 이야기만 나오면 흥분했고, '관료제 탈피'가 목표인 사람 같았다.) "종이로 남겨진 것은 항상 설명이 가능하다. 종이는 곧 보호막이다"라는 사고로 똘똘 뭉친 관료들은 그의 생각을 문서로 정리해 제출하라고 요청했다. 하지만 같은 자리에 있던 다른 컨설턴트는 그 순간을 조금 다르게 기억했다. 당시 아드바니가 이끌던 '내무부'는 "우리는 기술적으로 탄탄한 전국 신원 확인 시스템을 구축해야 한다"고 말했다.

비라지는 이 회의 저 회의에 참석하며 관료들의 반응을 면밀히 살폈다. 그는 그들이 서로를 바라보는 방식, 의자에서 몸을 미묘하게 움직이는 태도만으로도 어떤 부처가 이 프로젝트에 관심을 보이는지 파악할 수 있었다. 회의가 진행되는 동안, 참석자들은 미국의 사회보장번호SSN를 참고하면서 다양한 변형 방안을 논의했고 결국 신원의 본질에 대한 합의에 이르렀다. "우리에게 신원은 국가와 맺는 모든 거래의 총합이라는 결론에 이르렀죠. 첫 거래는 '출생'이었어요." 그는 타당성 조사를 위해 요구한 예산 300만 루피를 승인받았다.

어느 순간부터 내무부 장관이 직접 회의에 참석하기 시작했다. 아드바니는 종종 긴 로인클로스(허리에 두르는 천) 차림으로 회의를 흥미롭게 지켜봤다. 비라지는 팀원 여섯 명을 전국의 지역 교통 사무소로 보내, 운전면허를 발급받기 위해 사람들이 지불하는 뇌물을 기록하게 했다. 그는 수치를 그래프로 정리해 아드바니에게 보여주며, 새로운 형태의 신원 확인 시스템이 필요하다고 설명했다. "우리는 전국 신원 확인 시스템을 하나의 판으로 개념화했어요. 그리고 이 판을 지탱하는 '신원 기둥'을 설계했죠. 기둥 하나는 선거 기록, 또 하나는 출생과 사망 기록, 그렇게 모든 형태의 기존 신분증을 포함하는 거죠. 우리가 제안한 개념은 '신원이 국가와 맺는 거래의 총합'이라는 것이었어요. 첫 번째 거래는 출생, 두 번째 거래는 학교, 그 밖에 운전 능력, 투표권, 해외여행 등이요. 이 모든 거래가 당신의 정체성을 형성하는 거예요. 신원을 뒷받침하는 거래인 거죠."

관료들은 아드바니를 주의 깊게 살피며 그의 지시를 기다렸다. 그는 언젠가 총리가 되기를 바랐지만, 당장은 '강력한 지도자'라는 평판과 권력 실세로서의 자리를 즐기고 있었다. 그는 시민권 문제에 몰두하고 있었기에 컨설턴트들 역시 그 문제를 고민하지 않을 수 없었다. 한 시니어 팀원은 내무부의 우려를 이렇게 해석했다. "인도의 내부 안보가 불법 이민자들에 의해 상당 부분 위협받고 있다는 인식이 있었습니다. 그리고 그들이 '한정된 자원'을 고갈시키고 있다는 생각이 강했죠." 고위급 장관 비서와의 회의 후, 또 다른 컨설턴트는 이렇게 회상했다. "그들이 가장 신경 쓰고 있는 문제 중 하나는 방글라데시에서의 이민이라는 게 확실히 느껴졌어요." 비라지는 아삼 주지사가 작성한 불법 이주자에 관한 보고서를 떠올렸다. 아드바니 장관 부처 내 관리들은 그 논문을 추천 자료로 공유했다고 했다. 그 보고서는 신분증 도입, 더 높은 국경 장벽, 추방을 주장했다. 나도 그 자료를 읽어봤는데, 저자는 이슬람 세력에 의한 병합 가능성을 우려하고 있었다. "불법 이주자들의 유입으로 해당 지역이 무슬림 다수 구역으로 변하고 있다. 그들이 방글라데시와의 합병을 요구하는 것은 시간문제다."

"부처와의 회의에서 불법 이민 문제가 여러 차례 거론되었기 때문에 이 보고서는 중요했습니다." 비라지가 말했다. "불법 이민자들에게 신분증을 발급할 것인가 하는 게 문제였죠. 이건 심각한 사안이에요. 아삼주에 방글라데시 무슬림은 50만 명이 되는데, 그들 때문에 우리 13억 명이 고통을 겪는 거죠."

컨설턴트들은 시민과 거주자들이 새 형태의 신분증을 받아들이는 데 국가 안보만으로 충분한 이유가 될까 의문이었다. 인도인들은 이미 배급 카드, 여권, 영구 계좌 번호, 유권자 신분증을 가지고 있었다.

컨설턴트들은 신원 확인 프로젝트가 성공하려면 따르는 사람들에게 그에 상응하는 보상을 제공해야 한다고 생각했다.

"우리는 당근이 필요하다고 말한 거예요. 억지로 강요하고 싶지는 않으니까요. 사람들이 원하게 만들고 싶었죠." 한 컨설턴트가 내게 말했다. 그들은 복지가 당근이 될 수 있다는 데 동의했다. 신원 번호에 연계된 계좌로 직접 자금을 이체하면 정부의 공공 부문 급여 지출을 10분의 1로 줄일 수 있으며, 이런 조치는 복지 수혜자들의 지지를 받을 것이라고 했다.

컨설턴트들은 이것을 시민들에게 필요한 유일한 신원 확인 수단으로 설계했다. 여권은 신뢰할 만했지만, 사용하는 인도인이 얼마 되지 않았다. 운전면허증은 위조하기 쉬웠고, 세금 식별 번호는 한 사람이 여러 개를 가질 수도 있었다. 비라지는 그들의 새 신원 확인 시스템이 단 하나의 목적, 즉 개인 식별을 위해 만들어졌다고 했다. 어느 정부 기관이나 민간 기업도 자체 데이터베이스를 따로 구축할 필요 없이 단 하나의 데이터베이스만 확인하면 되는 것이다. 초프라는 정부가 민간 기업에 이 시스템 운영을 맡긴다면 효율성이 커질 거라고 보았다.

한편 아드바니는 이 시스템을 인도의 이익을 증진시킬 수단으로 보았다. 그는 훗날, 이 신원 확인 시스템이 국경을 넘나드는 방글라데시인들의 '인구 침략'을 저지하는 데 도움이 될 거라고 썼다. 방글라데시인과 무슬림의 경계는 모호해서 얼마든지 말을 서로 바꿔 쓸 수 있었다. 비라지는 아드바니에게 반대하며 이민자들에게도 합법적으로 신분증을 발급해야 한다고 지적했다. "델리로 일하러 오는 우타르프라데시 사람들과 인도로 일하러 오는 방글라데시인은 다르지 않아요.

그들 모두 인간입니다." 비라지는 그렇게 말했던 걸 떠올렸다. 그는 아무 마찰 없는 세상을 이상형으로 여기는 듯했다. 그는 마치 전업 주부 아내에게 육아의 효율성에 대해 설명하는 기혼 남성처럼 여러 가능성과 시나리오를 열정적으로 쏟아냈다. 그의 사고방식은 다음의 말에서도 드러났다. "10년마다 5억 명의 불법 멕시코인을 받아들여 미국인으로 만들고, 그들에게 합법적으로 임금을 지급해도 아무 문제가 되지 않습니다." 이 제안은 지정학적 맥락과 그로 인해 생길 수 있는 영향을 완전히 배제한 것이었다.

나는 비라지에게 회의에서 아드바니는 어떤 사람이었는지 물었다. "괜찮은 사람이었어요." 비라지가 말했다. "말투도 부드럽고 점잖았어요. 문제는 관료들이었죠." 그는 회의에서 있었던 일을 떠올렸다. "아드바니가 저와 잘 통하고, 그들의 말을 듣지 않자 관료들은 교묘하게 절 깎아내리려고 했어요. 한 명이 질문했죠. '당신의 신분증이 요즘 뜨거운 주제인 불법 이민자 문제를 어떻게 해결해줄 거라고 생각합니까?' 그래서 저는 도티를 입고 평온하게 앉아 있는 아드바니를 바라보며 대답했어요. '그분께 여쭤보지그래요?' 그러자 아드바니가, 젠장, 갑자기 정신이 번쩍 든 것처럼 벌떡 일어나더니 그자를 완전히 찍어 눌렀어요." 비라지는 또 다른 회의에서도 아드바니가 '자리에서 일어나 도티를 걷어올리며, 이 젊은이를 총리께 소개해야겠다'고 말했다고 했다.

"그가 나쁜 사람이라고는 생각하지 않아요. 모디나 아미트 샤에 비하면 훨씬 더 세련됐죠. 그들과 비교하면? 국가 지도자라고 부를 수 있을 것 같군요."

작업이 끝나고 컨설턴트들은 프로그램에 니샨NISHAN이라는 이름을 붙였다. 우르두어로 '정체성'이라는 뜻이었다. "서른 명의 관료 앞에서 제가 아드바니에게 말했어요. '당신은 힌두적인 이미지가 너무 강합니다. 니샨은 아름다운 우르두어 단어죠.'" 마침내 비라지는 자신의 결정적인 아이디어인 실물 신분증을 공개했다. 인도 국기 디자인을 바탕으로 만든 카드였고 총리의 초상화가 양각으로 새겨져 있었다. 카드 소지자의 이름과 얼굴은 카드의 한쪽으로 밀려나 있었다. "'이 카드가 모든 사람의 주머니에 들어 있다고 상상해보세요'라고 그들에게 말했죠. 버스를 탈 때, 기차역에서, 투표소에서 이 카드를 긁을 수 있습니다." 그 카드는 개인을 그들의 정체성에 철저히 결속시킬 것이었다. 이제 그들이 누구인지, 어디 사는지 의문을 가질 필요가 없었다. 개인의 모든 정보가 그 카드 하나로 파악될 수 있었다.

인터뷰를 한 지 몇 시간쯤 지나자, 비라지는 책상 위에 놓인 잡지를 집어들었다. 지루한 업계 잡지인 『데이터퀘스트』 2001년 2월호였다. 그는 제목을 가리켰다. "'10억 인구 길들이기', 제가 만든 제목이에요." 나는 그 의미에 화가 났다. 이 나라의 경영·관리 계층의 유일한 취미는 불평하기였다. 새치기, 차선 끼어들기, 신호 위반, 길거리 침 뱉기, 공해, 거리의 쓰레기, 난폭 행위, 인구 과밀, 서구적 세련미의 전반적 부재에 대해 끊임없이 불평했다. 그들은 이를 구조적 문제에서 비롯된 결과라고 보지 않고 대중의 행동만을 문제 삼았다. 이런 단순한 진단은 상상력이 결여된 해결책으로 이어졌다. 행정 개혁보다는 사람들에게 질서를 명령하는 것이 더 쉬운 방법이었으니까. 그러면 당연히 강력한 지도자가 필요하다는 결론이 나온다. 여론조사에 따르면,

그게 대다수 인도인이 선호하는 선택지였다.

잡지 기사에서 비라지는 자신을 구원자로 여기는 기술자였다. 기업 계획을 충실히 재현한 광고성 기사였으며, 그와 함께 실린 삽화는 '기존 시스템'을 묘사한 것으로, 스스로의 무게를 견디지 못하고 무너져 내리는 정보의 기둥들로 표현되어 있었다. 담당 기자는 "이러니 국가의 결속력이 약해질 수밖에 없다"고 썼다. 운전면허증이나 여권 같은 단순 이동 서류마저 이렇게 극단적인 시각으로 바라보는 것이었다.

보고서는 두께 2인치가 넘고, '주거지 분포' 매트릭스만도 100쪽이 넘어갔다. 이 매트릭스는 각 지역을 소비 패턴에 따라 분류한 것이었다. 하지만 소외 계층에 제공될 복지 혜택 외에도, 컨설턴트들은 이 프로젝트가 상업적으로도 정당성을 가질 수 있다고 했다. 한 컨설턴트는 말했다. "이 신원 확인 프로젝트는 시장 중심의 프랜차이즈 모델에 기반을 두고 있습니다. 데이터베이스를 상업적으로 활용해 충분한 수익을 창출할 수 있다면, 정부 부담을 상당히 줄여줄 겁니다."

비라지는 유쾌하고 편안한 태도를 지닌 사람이었으며, 형제처럼 가벼운 분위기로 곤란하거나 부담스러운 내용은 웃어넘겼다. 20년이 지나도 그의 내면에는 여전히 기술 관료의 잔재가 남아 있었다. 발명가형 기술 관료라기보다는 컨설턴트형 기술 관료에 가깝긴 했지만. 해결이 어려운 문제들 뒤에 숨겨진 투쟁을 캐내려 하기보다는 그저 결단력과 상상력 부족으로 야기된 실패라고 여겼다. 그는 관료들을 비난하길 즐겼다. 그들을 제거하고 권력을 축소하면 모든 게 바로 잡힐 거라고 생각하는 듯했다. '신분증을 발급하면 시간을 절약할 수 있을 것이다.' '정부가 민간 기업에 운영을 맡기면 이 사업은 수익성이 있을 것이다.' '이것만 하면, 저것이 해결될 것이다.' 그의 낙관주의는 전등 스위치를 켜고 끄는 것만큼 단순했다. 답답한 공기 때문이었을까, 혹은 밖에서 들려오는 시위 소리 때문이었을까. 나는 희망에 목말랐고, 그가 모든 일이 얼마나 쉽게 해결될 수 있는지 이야기할 때 하마터면 혹하고 넘어갈 뻔했다. 그의 이야기를 들으며 나는 때로 부드러운 환희에 휩싸였고, 기술적 낙관주의는 종종 무딘 도구를 감춘다는 사실을 잊어버렸다. 그는 정부 부처의 의도와 회사의 해결책에 관한 수많은 이야기를 풀어놓았고, 나는 문득 그가 사생활 보호에 관해서는 한마디도 하지 않았다는 사실을 깨닫고 놀랐다. 나 또한 그 질문을 하는 걸 잊고 있었다는 점도. 우리 사이에서도 그 점은 뒷전으로 밀려나 있었다.

"고려 대상이었나요?" 마침내 내가 물었다.

"인도의 우파가 사생활 보호에 아주 관심이 많은 건 아니었지만, 약간 언급이 있긴 했어요. 하지만 당시에 제 입장은 사생활 보호보다 거래 이력이 전혀 없는 30~40퍼센트의 사람들에게 더 초점을 맞춰야 한다는 것이었죠. 지금 와서 돌이켜보면, 20년 동안 우리 삶이 완전히 바뀌었잖아요. 누가 프라이버시를 따져요? 프라이버시 같은 건 없어요. 구글은 다 알고 있죠. 이미 모든 게 알려져 있어요." 오래된 정당화 논리였다. 그는 보고서를 쓰고 나서 20년 동안 그런 말을 자주 들었을 것이다. '이미 다 알려져 있는데, 조금 더 알려지는 게 무슨 대수인가?'

최종 보고서를 제출한 후, 그들은 정부 부처로부터 아무 소식도 듣지 못했다. BJP는 자신들의 인기도를 잘못 추산했고, '빛나는 나라'를 주제로 광고 캠페인을 벌였다. 하지만 2004년에는 국민의회당이 다시 정권을 잡았다. "아무도 우리가 선거에서 질 거라고는 생각하지 못했어요." 아드바니의 보좌관 초프라가 내게 말했다. "다시 정권을 잡으면 신원 확인 프로젝트를 추진할 계획이었어요. 하지만 이기지 못했죠." 비라지는 컨설팅을 그만두고 델리에서 낚시하거나 아들과 사격을 하며 즐겁게 지냈다.

비라지와의 대화는 몇 시간이나 이어졌다. 그가 기지개를 켜며 이제 가봐야겠다고 말했다. 그는 나를 대문까지 배웅해주었다. 어둠이 깔린 거리에는 비가 내리고 있었고, 지나가는 차들의 헤드라이트가 피어오르는 숨결을 하얗게 비췄다. 자미아대학에서 경찰이 학생들을 공격한 지 열흘이 지났고, 시민권 수정법 반대 시위는 전국으로 확산되고 있었다. 역사의 한복판을 지나는 감각이 온몸을 휘감아왔다. 말 한마디, 행동 하나하나가 아직 기록되지 않은 역사에 새겨질 것 같은 기분이었다. "요즘 벌어지는 일들은 정말 미친 것 같아요." 그가 한 말은 그것뿐이었다. 그는 돌아서서 문을 닫았다.

다음 달인 2020년 1월, 나는 아드바니와의 회의에 참석했던 비라지의 팀원 한 명을 만났다. 그는 몇 년 동안 싱가포르에 정착해 있었고, 나라가 처한 현실에 실망감을 느끼고 있었다. 그는 멀리서도 구금 캠프와 대학 폭력 진압, 무슬림을 고립시키려는 움직임에 관한 소식을 듣고 있었다. 그 모든 게 시민을 새 장부에 기록해 새로운 사회를 만들려는 과정으로 보였다. 하지만 그는 이상하게도 시민권과 차별 문제는 제쳐두고 왜 이 나라에 새 데이터베이스가 필요한가라는 의문을 제기했다. "인도에는 이미 충분한 데이터베이스가 있어요." 그 순간, 그가 설계에 참여한 신원 확인 시스템에 대해 물었다. "우리는 그저 도구 하나를 만들기 위해 이 프로젝트를 한 것뿐이에요. 그 사용 방식에까지 관여하고 싶지는 않았어요."

비라지 팀은 정부의 침묵을 아무 행동도 취하지 않는 것으로 오해했지만 그들이 작성한 보고서와 결론은 이후 몇 년 동안 이따금씩 다양한 형태로 모습을 드러냈다. 몇 주에 걸쳐 나는 뉴스 데 이따금씩 정부 웹사이트, 사설 기록보관소를 샅샅이 뒤지며, 이 초기 기술을 조명한 이야기와 문서들을 수집했다. 나는 이 개념의 변모 과정을 대략적인 연대기로 만들어보고 싶었다. 2001년 인도 계획위원회 소속의 전직 세계은행 경제학자가 복지 예산 '누수'를 줄이기 위해 '스마트 카드 기술'의 도입을 제안했다. 그로부터 2년 후, 아드바니의 부처는 국경 지역 열세 곳에서 수백만 명에게 신원 확인 카드를 발급하는 실험 프로젝트를 시작했다. 하지만 이 문서들을 한 줄 한 줄 읽어내려갈수록 뭔가 수상쩍은 느낌이 들었다. 경제학자가 말하는 '누수'는 부정 수급을 암시했다. 신원 확인 프로젝트에 대한 공식 문서는 첫 문장부터 프로젝트의 성격을 드러냈다. "우리는 인도인으로서, 인도 시민임을 선언하는 데 자부심을 느낍니다. 지금까지 우리는 시민으로서 모든 권리를 행사해왔지만, 놀랍게도 많은 사람은 인도 시민임을 입증할 유효한 문서를 가지고 있지 않습니다." 문서는 처음부터 특정 시민을 신뢰할 수 없는 존재로 여기고 있었다. 이제 기술이 그 의심스러운 자들에게서 진실을 끌어낼 때였다.

한동안은 신원 확인에 대한 다양한 아이디어와 시도만 있었다가, 2009년 6월 인도 정부(국민의회당 집권 당시)가 기술 기업가로 성공한 난단 닐레카니를 인도고유신원인증청UIDAI의 초대 의장으로 임명한다고 발표하면서 본격적으로 구체화되었다. UIDAI는 독립 기관으로 인도의 모든 거주자에게 고유 신원 번호를 부여하는 업무를 맡았다. 닐레카니가 운영했던 회사는 아드바니의 재임 시절, 신분증 도입 타당성 보고서를 검토했던 여덟 개 후보 업체 중 하나였다. 당시 그 회사의 보고서는 통과되지 못했다고 초프라는 말했다. 하지만 2009년 6월, 닐레카니는 세계 최대 규모의 신원 확인 시스템을 구축하는 임무의 선두에 서 있었다. 그는 즉시 이 시스템이 모두를 위한 모든 것을 아우르게 될 거라고 발표했다. 복지 행정을 간소화하고, 국가 안보 기관에도 도움이 될 거라고 했다. 그가 뛰어넘어야 할 세계가 있었지만 그는 조금도 주저하지 않았다. 오히려 어려움은 그를 더 자극했다. 인도 자체가 워낙 도전적인 환경인 데다 정부 부처들은 각기 따로 움직였다. 하지만 그는 자신의 회사에서 각 부서를 통합했듯, 정부 부처들도 하나로 모을 수 있다고 믿었다. 그는 누구나 쉽게 이해할 수 있는 단순한 규칙을 만들 것이며, "모두가 동의하도록 설득하겠다"고 했다.

 그 일은 닐레카니의 경력과 별로 관련이 없었다. 당시 국민회의당 정부는 그를 어떻게든 영입하고 싶어했다. 실제로 인적자원부 장관직 제안도 있었다. 그는 장관직을 수락했지만, 이후 정부는 '기업 출신 인사에게 교육부 장관직을 맡기는 것은 너무 급진적'이라고 판단해 제안을 철회했다고 어느 기자에게 말했다. 그 후 그는 정부의 운영 방식에 익숙해졌다. 그는 장관급 지위를 받고 책상을 배정받았지만, 그의 직원들에게는 지원이 이루어지지 않았다. 결국 그는 사무실을 한 보험회사 건물로 옮겼다. 그럼에도 그는 잔뜩 고양되어 있었다. 한 인터뷰에서 그는 "이 프로젝트로 목표를 달성한다면, 미래를 향한 매우 중요한 한 걸음이 될 것"이라고 말했다. 이 하나의 기술적 성과로 복지 시스템을 개혁하고, 동포들에게 국가 성장에 참여할 수단을 제공하며, 경제적 가치를 더할 수 있기를 희망했다. 그는 이 프로젝트로 국민에게 은행 계좌와 주택담보대출, 일반 대출 같은 금융 서비스를 제공하고 싶다고 말했다.

그는 함께 일하는 사람들에게 "나의 역사를 정의할 것은 내가 배출한 백만장자들도, 내가 세운 회사도, 내가 개척한 산업도 아닌 바로 이 신원 확인 프로그램이 될 것"이라고 말했다. 10억 명이 넘는 사람을 등록하는 이 불가능해 보이는 일이 오히려 그 도전을 더 가치 있게 만들었다. 닐레카니의 명성은 대단했다. 소프트웨어 기업과 컨설팅 회사의 고액 연봉 경영진들도 안식년을 내고 무급 자원봉사자로 프로젝트에 참여했다. 얼마 지나지 않아 그는 이 신원 확인 시스템이 생체 인식을 기반으로 할 것이라고 발표했다. 사람마다 고유한 손가락 지문과 홍채로 개인을 식별하는 방식이었다.

비라지가 그냥 무시하고 넘어가기에는 아다르Aadhaar란 이름의 새 시스템과 그가 구상했던 시스템이 너무나 유사했다. "정말 소름 끼칠 정도로 아다르와 똑같았어요. 핵심은 이 나라에서 쓸 수 있는 '거래용 신분증'이 필요하다는 거였죠. 우연이라고 말하고 싶지만, 이건 완전히 똑같아요. 정확히 같은 거예요." 아드바니의 보좌관 초프라도 생체 인식 프로젝트가 사실상 비라지와 TCS가 설계했던 시스템과 동일하다는 점에 한 톨의 의심도 없었다. 그는 "이 작업의 기본 틀은 BJP 정부 시절에 만들어진 것"이라고 강조했다. 그는 이 시스템의 공로가 처음 구상한 정당에 돌아가야 한다고 했다.

3.
거대한 비전

임명된 지 겨우 넉 달 남짓 지난 2009년 10월 말, 닐레카니는 시믈라에 위치한 인도 고등기술연구원의 탁 트인 하늘과 넓은 잔디밭에 도착했다. 한때 유명했던 이 산악 도시는 이제 옛 연인들이 기억하는 아름다움은 잃었을지 몰라도, 연구원 마당에는 여전히 구름이 부드럽게 흘러가고, 땅끝은 가파르게 떨어져내려 나무 꼭대기만 보였다. 그는 언젠가 시간이 나면 이곳을 다시 찾고 싶다는 바람을 내비쳤다. 최근에 그는 자신의 신원 확인 프로젝트에 관한 승인을 얻었고, 반대하는 이들과의 접점을 찾아 동맹으로 끌어들이기 위해 전국을 돌며 회의를 이어가기 바빴다. 그가 만난 사람들은 이 프로젝트가 국가적으로 얼마나 중요한지 잘 알고 있었다. 평소라면 그와 접점이 거의 없을 사람들이었다. 그들은 닐레카니에 관한 기사와 인터뷰를 읽었고, 그의 명성을 잘 알고 있었다. 그를 모르는 사람이 누가 있었을까? 그는 인도 최대의 기술 기업 중 하나인 인포시스의 억만장자 공동 창립자였으며, 스톡옵션 백만장자들을 탄생시킨 인물이었다. 또 다보스에서 인도를 대표했고, 기자·편집자들과 이름을 터놓고 부를 만큼 가까웠다. 최근에는 정부에서도 핵심 내부자였으며, 총리가 직접 그의 성공을 바라기까지 했다. 각국 정상과 주요 인사들이 인도를 방문할 때 그들에게 인도 발전의 상징으로 방갈로르를 보여주었고, 방갈로르에서 가장 먼저 소개되는 곳은 인포시스 본사였으며, 본사 안내는 늘 닐레카니가 맡았다.

닐레카니는 매력적인 인물이었고, 그와 대화한 사람들은 이념적 견해와 상관없이 그가 열려 있고 솔직하다는 인상을 받았다. 그들은 닐레카니가 중요한 만남을 위해 얼마나 철저히 준비하는지 알지 못했다. 사실 그는 모든 만남을 중요하게 여겼다. 그가 당신과 만남을 가졌다면 그는 반드시 거기서 무언가 결과를 끄집어내야 했다. 그렇기 때문에 항상 철저하게 준비했고, 주변 사람들에게도 그렇게 하기를 요구했다. 그는 인포시스의 마케팅 직원들에게 올바른 첫인상을 남기는 방법을 가르치며, 모든 만남은 기억에 남길 기회라고 강조했다. 그의 한 보좌관은 며칠 동안 진행되는 '네트워킹 수업'을 들었는데 인포시스의 성공은 관계에서 비롯되었다고 강조했다. 닐레카니는 직원들에게 만나는 대상에 관해 가능한 한 모든 것을 알고 가라고 했다. '어떤 책을 읽지?' '극장에는 가나?' 닐레카니와 함께 일했던 사람은 그가 이런 질문을 던졌다고 회상했다. "그와 함께 미팅에 가는 건 즐거운 일이었어요. 그가 CEO에게 친구처럼 말을 걸어주면, 저도 친구처럼 대화할 수 있었죠."

그가 들어와 나이 든 역사학자, 활동가, 사회과학자들과 마주하며 미소 지을 때, 그들은 자신들이 바라보는 인물이 20년 넘게 만들어온 페르소나와 하나로 융합된 존재임을 깨닫는다. 그는 철학적 사업가, 공익을 추구하는 기업가, 수많은 찬사와 긍정의 말로 이루어진 기사 속 인물 그 자체였다. 경제 문제에 있어서, 외신 기자들은 닐레카니를 사려 깊은 인터뷰 대상으로 여겼다.『포브스』는 그에게 '세계화의 의도치 않은 결과'와 미래의 일자리에 관한 의견을 물었고,『뉴욕타임스』는 그를 세계화의 한 얼굴이라고 소개했다(그들이 선택한 또 다른 얼굴은 알카에다였다). 그는「찰리 로즈 쇼」에 출연해, 자신의 롤모델로 공공 분야에서도 중요한 역할을 했던 미국 기업가인 자선가 에드워드 필린과 유진 마이어를 꼽았다. 그와 함께 오후를 보낸 톰 프리드먼은 『세계는 평평하다 The World is Flat』의 논지에 영감을 얻기도 했다. 기자들은 닐레카니가 자신만 아는 정보를 공유할 때면 정신을 못 차릴 정도였다. 그는『포브스』와의 인터뷰에서 신원 확인 프로젝트를 진행하는 것이 "밤새 포커를 치던 사람이 새벽 3시에 모든 칩을 다시 테이블 위에 올려놓고 한 판 더 하는 것과 같다"고 말했다. 그는 기자에게 이 모든 위험을 감수하는 것은 전적으로 자신이라는 점을 이야기한 것인데, 기자는 "10억 인도 국민을 위해, 난단이 이번 판에서 승리하길 바랍니다"라고 말했다. 이런 만남들에서 닐레카니는 단순히 성공한 대표적 사업가가 아니라, 기술의 상징이자 국가의 꿈과 성취를 상징하는 인물이었다. 그의 계보는 인도 우주 개발의 아버지인 비크람 사라바이, 미사일 개발을 주도한 A. P. J. 압둘 칼람, 인도 통신 혁명을 주도한 수많은 인물로부터 이어졌다. 그들 모두 인도의 중요한 국가적 도

약과 연관된 인물이었다. 한 경제 전문 기자는 과거에 닐레카니를 다소 관대하게 대했음을 인정하면서, "인도 기업계의 총아였으니까요"라며 그 이유를 설명했다.

기업가들에게 쉽게 인터뷰 기회를 주고, 그들의 실패에 공감하며, 성공을 미화하고, 각종 상을 수여하면서 기업 리더들을 찬양하는 언론 생태계의 최대 수혜자가 바로 닐레카니였다. 간단히 말해, 사업에서 운이 좋았던 사람을 비전가로 만들어내는 환경이었다.

나는 닐레카니를 그의 말이 아닌, 그가 거쳐온 장소, 그와 함께 일했던 사람들을 통해 이해하고 싶었다. 2018년 어느 아침, 나는 닐레카니가 1978년에 졸업한 뭄바이 인도공과대학을 찾았다. 당시 그는 스물세 살이었고, 훨씬 더 말랐었다고 닐레카니는 말했다. 아직 성공을 쌓아나가기 전이었고, 할 말은 끝도 없이 많던 시기였다.

1970년대에 대학을 졸업한 어느 동문은 그들이 배운 내용과 배움의 방식은 학교 교육의 연장이었고, 공포와 규율의 연속이었다고 회상했다. 그 졸업생은 우리가 대화를 나눌 당시 예순 살이었고, 퇴직을 며칠 앞두고 있었다. 그의 회상은 단편적인 에피소드와 날카로운 통찰이 뒤섞인 형태였다. 끝없이 이어지던 시험, 기초적인 수업, 그리고 언제나 부족했던 시간들. 치열한 경쟁과 뛰어난 학생들. 모두 같은 수업을 듣고, 같은 음식을 먹고, 부족한 연구 환경에 시달렸다. "그곳은 연구하기보다는 가르치는 장소였다." 그가 닐레카니에 대해 기억하는 것은 그의 뛰어난 조직력이었다.

닐레카니의 전기공학과 동기 한 명은 그가 작은 그룹에서 자연스레 리더가 되었고, 업무를 최적임자에게 할당하는 능력이 특히 뛰어

낮다고 썼다. 대학 연례 축제 기획 회의에서 있었던 일을 두고 그의 동기인 카말 시나는 이렇게 썼다. "처음에는 느려도 닐레카니는 점차 상황을 통제해나갔다. 얼마 지나지 않아 그는 사람들에게 무엇을 해야 할지 지시를 내렸고, 다들 아무 반대 없이 그를 따랐다."

우등 졸업을 한 학생은 여러 명이었는데, 닐레카니는 거기에 들지 못했다. 그는 1978년 졸업생 명단에서 일등급 졸업자에 포함되지 못했다. 닐레카니가 학위를 받은 해에 208명의 학생이 공학 학사 학위를 받았고, 그는 2등급 졸업자 46명 중 한 명이었다. 대학 도서관에는 난해한 전문 지식을 담은 논문들이 깔끔하게 제본된 상태로 보관되어 있었지만, 닐레카니의 이름으로 된 논문은 보이지 않았다.

하지만 20년 후, 대학에서 선정한 '성공한 동문인'의 영예를 안은 사람은 닐레카니였다. (같은 해 졸업생 중 닐레카니보다 더 큰 업적을 남긴 사람은 수학자 M. S. 카르마르카르밖에 없었다. 그는 벨 연구소에서의 알고리즘 연구를 통해 항공 산업의 물류 시스템에 혁신을 일으켰다.) 닐레카니의 공헌은 과학적 성취가 아닌 전략 설정과 재정적 기여였다. 정보기술IT 학부가 필요해졌을 때, 닐레카니는 학교 역사상 가장 많은 액수를 기부했다. 그는 학교 안에 기술 비즈니스 인큐베이터를 설립할 자금을 댔으며, 설계와 운영 방식에 직접 조언을 해주었다. 닐레카니의 후원이 없었다면 호숫가에 위치한 학교 게스트하우스도 세워지지 못했을 것이다. 그의 삼촌 이름을 딴 석좌교수직을 만들어 교수들의 연구활동도 지원했다. 전체 기부금은 그의 재산 중 아주 작은 일부에 지나지 않았다. 그의 이런 기여 덕분에 학교는 게스트하우스에 그의 이름을 붙이겠다고 했지만 닐레카니가 거절했다. 대신 대학에서는 기숙사로 쓰이는 호스텔 8번 건물의 방 하나에만 에어컨을 설치해 그가 오후에 편히 쉬도록 하겠다고 했다. 20년이 지난 후에도 그 에어컨은 호스텔 8번 건물 유일의 에어컨으로 남아 있다.

닐레카니는 바로 그 호스텔에서 3년 동안 생활했다. 호스텔은 정문에서 도보로 10분 거리였다. 나뭇잎으로 빽빽이 덮인 벽 사이로 넓은 중앙 도로가 이어져 있었다. 사방의 드넓은 녹지와 테니스 코트는 학생들이 누린 특권을 상기시켜주는 것 같았다. 호스텔 관리인은 닐레카니가 이곳을 방문할 때면 자신의 옛 방을 보고 싶어했다고 말했다. 관리인에게 그 방을 보여줄 수 있냐고 묻자, 그는 내 요청이 반가운 듯 벌떡 일어섰다. 그날은 바쁜 일이 없어서 경비실의 출입자 감시 업무를 잠시 내려놓았다. 그는 특히 출입자의 성별에 주의를 기울인다고 했다. 나는 그를 따라 호스텔 2층에 있는 278번 방으로 올라갔다.

기본 시설은 허름했지만, 학생들은 이곳에 입학하기 위해 수천 명의 경쟁자를 물리쳐야 했다. 1970년대 중반 어느 해에는 인도 전역에서 9만1000명 이상이 인도공과대학IIT에 지원했다. 당시 학생이었던 비벡 보르카르 교수는 학생들이 이곳에 들어오려고 너무 열심히 공부하는 바람에 "입학하고 나면 대부분 이미 번아웃 상태다"라고 말했다. 또 고등학교에서는 저마다 최고의 학생이었지만, 인도공과대학에 들어오면 항상 자신보다 더 뛰어난 사람이 있다는 것을 깨닫는다. 입학한다고 끝이 아니다. 성적이 떨어지면 학교에서 "쫓겨난다". 하지만 인도공과대학에 있으면 "높은 수준의 기본 개념을 익히게 된다". 학생들은 자신의 기술과 능력을 끊임없이 확인하는 과정을 거치며 경쟁한다. 그런 학교의 정문 밖에는 위험을 감수하기보다는 안전과 보안을 우선시하는 나라가 있었다. 하지만 보르카르는 말한다. "거기서는 모든 게 가능하다고 느꼈어요. 인도공과대학 바깥의 사람들은 필사적으로 노력하거나 앞서나가려고 하지 않았죠. 반면 기를 쓰고 앞서나가려는 사람들은 인도공과대학에 있었어요." 학생들은 자신이 여느 누구와도 다르다는 말을 반복해서 들었다. "학생들은 늘 최고라는 말을 듣죠."

1978년 10월 3일, 졸업식은 평소처럼 오후 4시에 시작되었다. 졸업식장은 넓은 콘크리트 건물로, 자귀나무 아래에서 어슬렁거리는 소들 때문에 더 황량해 보였다. 도보나 자전거로 그곳에 도착한 학생들은 열한 계단을 내려가 잔디 광장을 지나쳐 안으로 들어섰다. 그들의 먼지 묻은 신발은 반짝이는 폴리에스터 소재 나팔바지 아래에 감춰졌다. 셔츠 단추를 푼 남자가 환한 미소를 지으며 도착했다. 어느 졸업생이 조심스럽게 "늘 똑같은 것의 반복"이라고 묘사했던 교육 시스템에 대한 유쾌한 작별 인사였다. 나무 연단 뒤에는 안경 쓴 엄숙한 표정의 학자들이 꽃무늬 의자에 기대어 줄지어 앉아 있었다. 조명 아래서 머리카락이 반짝였다. 강당의 나무 벤치가 부드러운 빨간 좌석으로 교체되고 빌트인 에어컨이 방을 식혀줄 날이 오려면 몇 년은 더 걸릴 터였다. 당시 졸업생들은 그렇게 불편하고 답답한 환경에 익숙해져 있어서 그에 대해 따로 언급하는 이들은 없었다.

노령의 과학자 아트마 람 박사가 졸업식 연사로 나섰다. 그의 머리에는 흰색 네루캡*이 뒤집어놓은 종이배처럼 얹혀 있었고, 재킷은 목

---

* 챙이 없고 위가 평평한 원통형의 모자. 네루 수상이 애용해 네루캡이라고 불린다.

까지 단단히 잠겨 있었다. 그는 밀 무늬 패턴이 들어간 연사 가운을 입고 있었다. 람 박사는 총리의 과학기술 수석 고문이었으며, 학장은 학생들에게 그를 "경제발전을 위한 과학 연구의 열렬한 신봉자"라고 소개했다. 학장은 "언제나 이런 철학을 실질적으로 구현하기 위해 노력해온 사람"이라고 덧붙였다.

람 박사 같은 정부의 핵심 인사도 앞 순서 연사의 발언이 길어지는 바람에 대기해야 했다. 총장은 학교의 최근 과학 프로젝트에 관해 자세한 설명을 이어갔다. 수학과에서는 레이저 빔과 플라즈마를, 인문사회과학부에서는 카르마의 법칙을 연구하고 있다고 했다. 아연과 관련된 새로운 발견, 새 제조 공정에 관한 내용도 있었다. 이곳의 깊이 있는 전문 지식은 희소성과 규제에 익숙한 대중에게는 난해하게 느껴질 만했다. 대학과 자매 기관들은 이곳에 투자할 가치가 있는지 의문을 제기하기도 했다. 그런 방어적 태도는 총장의 연례 연설에서도 드러났다. 총장은 학생들에게 "여러분은 교육과 연구 분야에서 인도의 산업 및 기술 발전에 지대한 영향을 미치는 국가적 중요성을 가진 기관에서 졸업하는 것"이라고 강조했다. "우리는 과학·공학 및 기술 분야에서 교육과 훈련을 제공함으로써 국가 건설 활동에 중요한 역할을 하고 있습니다."

람 박사는 선진국들의 뛰어난 삶의 질에는 엔지니어들의 기여도가 상당히 크다고 말했다. 그는 개발도상국들에서도 엔지니어들이 나서야 한다며, 그들에게 책임이 있음을 상기시켰다. "도로를 건설해야 합니다. 상하수도 시스템을 정비해야 합니다. 관개 및 배수 시설을 마련하고, 농촌 지역까지 전기를 공급해야 합니다. 기술 변화를 이뤄내야 합니다. 엔지니어는 야망을 행동으로 실현해내는 이 위대한 도전에서 중대한 역할을 맡고 있습니다. 우리는 이 도전을 받아들여야 합니다. 그것이 사회적으로 바람직한 일이고 개인적 보상도 얻을 수 있기 때문입니다." 람 박사는 인도공과대학이 '현대사회의 사회경제적 요구'를 충족시키기 위해 설계되었다고 말하면서도, '우리 사회의 대부분은 아직 현대적인 것과는 거리가 멀다'고 지적했다. 그는 명문 서구 기관들을 맹목적으로 따라가려는 시도 때문에 대학은 인도에 실질적으로 필요한 것을 잊고 있다며 날카롭게 비판했다. "구석구석 서구의 매력이 느껴지지 않는 곳이 없습니다. 과연 이런 식으로 해서 이 나라에 적합한 결과와 성과를 보장할 수 있을까요?"

인도와 인도의 절망적 상황은 학생, 교수, 교내 운영 위원회가 늘 고민하는 주제였다. 매년 반복되는 의식의 북소리처럼, 학생들은 모호하고 측정 불가인 자국의 필요 앞에 끌려나와 완전한 복종 외의 다른 생각을 품었다는 이유로 강한 죄책감에 시달려야 했다. 하지만 조금이라도 기회가 엿보이면 인도의 최고 엘리트들은 나무가 늘어선 가로수길을 따라 질주한 뒤, 경비 초소를 지나 몇 킬로미터 남쪽에 있는 공항으로 향했고, 곧장 국경을 벗어났다. "졸업 후 1년 정도 일하다 떠났습니다. 졸업 당시에는 자리가 없었어요." 1979년 졸업생인 라지브 다타트라야 카네는 39년 뒤인 10월의 어느 날 밤, 전화 통화로 이렇게 말했다. "기껏해야 기본적인 프로그래머 자리였지만 대부분이 미국으로 이주했어요." 카네는 새너제이에서 삶을 일구었고, 인도에서도 기술 산업이 성장하고 있다는 확신이 있었지만 돌아갈 생각은 들지 않았다고 했다. 동기 몇 명은 조국으로 돌아갔다. "하지만 기술의 최전선은 여전히 실리콘밸리입니다."

람 박사는 졸업생들에게 그들의 뛰어난 능력과 국가 발전에 필수적인 역할을 상기시키며 남아달라고 요청했다. "우리는 주어진 과제를 능숙하게 수행할 뿐 아니라, 기술적 선택이 미치는 영향을 고려해 국가가 적절한 결정을 내리도록 도울 수 있는 충분한 인원의 엔지니어가 필요하며 이는 매우 중요한 일입니다." 그의 말은 강하게 메아리쳐 울렸다. '나가서 사회를 이끌어라.' 1978년 졸업생들이 — 닐레카니와 그의 동기들 — 들은 메시지였다.

학교에 1년만 더 머물렀다면, 그들은 자신들의 전문성에 대해 이렇게 국가주의에 물든 과대평가와는 사뭇 다른 졸업 연설을 들었을 것이다. 자와할랄 네루대학 총장인 K. R. 나라야난 박사는 졸업생들에게 윈스턴 처칠의 첫 번째 과학 고문이었던 솔리 주커먼의 냉철한 견해를 인용해 졸업생들에게 자신의 우월감을 의심하라고 조언했다. "훌륭한 과학자일수록, 그 발견이 더 근본적이고 광범위할수록, 과학자는 자신이 만들어낸 새 지식이 초래할 결과가 예측 불가능하다는 사실을 더 강하게 깨닫는다."

닐레카니가 2009년 시믈라의 고등연구소에 도착했을 때, 그는 인도에서 자기만족을 용납하지 않는 산업 분야에서 자수성가로 가장 큰 부를 일군 인물이 되어 있었다. 인포시스는 40년에 걸쳐 거의 끊임없이 성장하며 1000억 달러 규모의 거대한 IT 기업으로 발전했다. 다년간 연평균 40퍼센트의 성장률을 기록했고, 고용된 엔지니어 수가 너무 많아 경제지에서 분기별 이직률을 숫자(5만 명)가 아닌 퍼센트('25퍼센트')로 보도했을 정도다. 하지만 닐레카니는 인도가 가진 인구배당효과를 보물이라고 생각했다. 회사 인사팀이 평가할 수 있는 젊고 유망한 인재가 끝없이 공급되고 있었기 때문이다.

인포시스에서 닐레카니는 거물이었다. 그는 회사의 얼굴이자, 관계 형성에서도 핵심 인물이었다. 회사 초창기 매니저 한 명은 당시의 일화를 들려주었다. "제가 직접 들은 얘기는 아니고, 자리에 있던 사람에게 전해 들었어요." 사업 미팅 중 닐레카니가 뜻밖에 스위스 은행의 사장에게 "3개월 안에 은행의 IT 예산 10억 달러를 절감할 방법을 마련하겠다"고 장담했다. 그가 너무 가볍게 이야기해서 동료들은 회의가 끝난 뒤 크게 반발했다. 소문에 따르면, 닐레카니는 "음, 내가 그렇게 말했으니 이제 당신들이 해내면 되겠네"라고 대답했다.

나는 그 매니저가 직접 경험하지도 않은 그날의 일을 너무나 생생하게 기억하고 있어서 놀랐다. 전직 회사가 나아가는 방향을 비판적으로 바라보고 있어서가 아닐까 싶었다. 그는 닐레카니가 이끄는 동안 회사는 새것을 발명하는 일에서 새 현실을 창조하는 일로 방향을 틀었다고 했다. 회사에서는 "강력한 마케팅 메시지가 현실보다 더 중요하다"고 했다. "그것이 우리 마음속 현실이 된다. 실제 현실이 무엇인지는 중요하지 않다." 그는 인포시스의 문화가 이렇게 달라졌다고 했다. "마케팅 메시지를 만들어라. 그리고 이미 실현된 것처럼 행동하라. 사람들의 마음에 울림을 주는 말을 하는 자가 중요한 인물이다." 그는 회사에서 혁신을 덜 중요하게 여기는 게 불만이었다. "자기만의 마케팅 만트라를 믿기 시작하면 현실과의 접점을 잃어가죠." 전직 직원은 그런 회사의 리더십이 결과에 책임지지 않는 의사결정을 익숙하게 만들었다고 생각했다. "닐레카니와 회장은 '리더가 자신의 행동이 가져올 결과에 대해 너무 걱정하면 아무것도 이룰 수 없다'고 믿어요. 그래서 결단력 있게 행동하고, 원하는 것을 얻을 방법을 강구하라고 하죠. 거기에 따른 부수적 결과는 어쩔 수 없다고 생각해요."

그 이야기는 그의 마음에 깊이 남았다. 회의실을 나온 동료들이 그런 절감은 불가능하다고 항의하자 닐레카니는 그들에게 '실제 이루어진 일'과 '기억에 남은 일'의 차이를 가르쳤다. 절감액이 약속한 금액에 훨씬 못 미치더라도, 어느 정도 절감되었고, 고객이 거기서 이익을 봤다고 느낀다면 고객은 약속한 사람에게 호감을 갖는다는 것이다.

"'큰 숫자, 간결한 메시지'. 늘 강조했던 점이에요." 매니저는 이렇게 회상했다.

사람들이 닐레카니에 관해 기억하는 건 그런 이야기들이었다. 사실이 아닐 수도 있지만, 닐레카니의 세계가 호의와 권력의 과시로 이루어져 있다는 걸 고려하면 꽤 사실처럼 느껴진다. 측근들이 전하는 이야기에서도 그의 세계는 기억에 남는 약속 그리고 약속과 다른 결과로 가득했다. 닐레카니는 그 세계의 역학을 완벽히 장악하고 있었다. 그와 철저하게 척을 진 사람들조차 닐레카니가 인간관계에 뛰어나다는 점은 인정한다. 그는 코끼리 같은 엄청난 기억력을 갖고 있었고, 상대를 설득하는 능력은 비교 불가였다. 한 인사 담당자는 "회의에서 그의 기억력이 얼마나 뛰어난지 봤어야 한다"고 말했다. 비서실 직원은 "한번은 12년 전 중국 갔을 때 버스에서 만난 사람을 기억해냈어요. 그게 다가 아니라, 그날 오후에 두 사람이 한 일까지도 기억했어요. 그걸 봤어야 했는데. 그 남자는 완전히 충격받아서 아무 말도 못 했어요. 그때부터 그냥 듣기만 했죠." 닐레카니가 구내식당 서버의 이름을 기억하고 불러서 그 사람을 깜짝 놀라게 한 적도 있다. "난단은 그렇게 해요." 매니저는 닐레카니를 SF 영화 속 캐릭터에 비유했다. "왜 그 있잖아요. 로봇 시점에서 화면 양쪽으로 엄청난 양의 데이터가 촤르륵 뜨는 장면이요. 그게 바로 닐레카니예요. 사람을 감지하는 레이더가 있는 것 같아요. 세상에 그 방면에서 그보다 더 뛰어난 사람은 없어요."

그의 주위 사람들을 인터뷰할 때면 닐레카니에 대해 하나같이 이야기하는 게 또 있었다. 그들은 닐레카니가 자신들은 보지 못하는 미래를 보는 눈을 가졌다고 했다. 그의 자선재단에서 일하는 한 직원은 "닐레카니 같은 사람들은 30~40년 후의 미래를 내다본다"고 했다. "시간의 척도가 우리는 상상도 못 하는 단위로 움직여요." 그 직원은 일상적인 문제를 회피하는 그의 모습에 불편함을 느껴 닐레카니와 조심스럽게 거리를 두었다. 그는 닐레카니가 기술 관료 특유의 성향 때문에 일상에서의 마찰을 회피하는 경향이 있었고 자신의 비전을 실현할 재정적 여유도 있었다는 점을 지적했다. 그는 미래에 대한 아이디어가 넘쳐났고, 이를 명확히 설명하는 능력이 있었으며, 즉각적인 결과를 넘어 장기적으로 보는 눈을 갖고 있었다. 그런 자신감은 순수한 의도와 완벽한 지식에 대한 확신에서 나왔다. 그 직원은 말했다. "이런 관점은 의심을 사지 않아요. 그는 30~40년 후에 자유주의 사회라는 결과를 얻어낼 수 있다면 당장은 억압적 수단을 사용하는 게 전혀 문제라고 생각하지 않아요. 그가 두려워하는 건 자유주의적인 민주 절차만 추구하다가 비자유적, 비민주적인 세력이 권력을 장악하지 않을까 하는 거예요."

"그는 의도의 힘을 중요하게 생각해요." 미래는 이미 결정되어 있고, 현재는 거기에 맞춰가기만 하면 되는 것. 이런 세계관을 가진 그에게 대중의 반대는 큰 상처였다. 그를 아는 사람들은 대부분 경외심을 가지고 닐레카니에 대해 이야기했지만, 그의 영향력이 자신의 생계에 미칠 영향을 두려워했고, 비판은 익명으로만 했다. 심지어 익명으로 말할 때조차 사람들은 조심스러워했다. 그들은 닐레카니가 좋은 사람이며, 운이 좋고, 인맥도 깊다고 말했다. 하지만 그는 직원들이 상상도 못 할 만큼의 재력가였다. 그를 아는 어떤 사람은 그가 후원하는 사업들이 그가 투자한 원금의 '이자의 이자의 이자'로 자금 조달된다고 웃으며 말했다. 닐레카니에 대해 비판적 기사를 쓴 기자는 닐레카니가 정중하게 문자 메시지를 보내 '우리 관계는 끝'이라고 알렸다고 했다. 닐레카니의 프로젝트에 대해 다소 비판적인 칼럼을 쓴 또 다른 작가는 몇 달 후 만났을 때 닐레카니가 그 칼럼을 읽었다며 콕 집어 언급했다고 했다. 회사의 거래 담당 고위 관계자는 한 칼럼니스트가 "닐레카니는 매우 똑똑하지만 그의 정장은 작은 마을의 은행 지점장이 입는 옷 같다"고 썼는데, 닐레카니는 기분이 상해 그때부터 맞춤 정장을 입었다고 했다.

간혹 빈정거리는 경우도 있었지만 닐레카니에 대한 언론 보도는 대체로 호의적이었다. 따뜻하고 개방적인 태도, 신속한 응답에 기자와 편집자들은 그를 마음에 들어했다. 닐레카니는 말솜씨가 좋았고, 편집자들이 매료될 만한 희망으로 가득한 사람이었다. 그가 방 안에 없어도 사람들은 그에게 공감했다. 어디를 가든, 그는 전 세계 청중이 이해할 만한 방식으로 인도의 전망에 대해 낙관론을 폈다. TED 강연에서는 헐렁한 정장을 입고 한 손은 주머니에 넣은 채, 표정 없는 얼굴로, 무대 위를 느릿하게 걸어다니며 회의실이나 고객 미팅에 간 것처럼 행동했다. 그는 거대한 수치와 정치적 아이디어를 폭넓게, 거침없이 쏟아냈다. 멈출 수 없는 젊은 에너지가 인도를 어떻게 변화시킬 것인가에 관한 주제였다. "목소리를 내는 것의 이점, 열린 사회에서 살아가는 것의 이점"을 모두가 깨달았으므로 민주주의는 이미 "장착되었다"고 했다. 세계화는 좋은 것이고, 도시는 "혁신의 엔진"임을 모두가 알고 있으며, 카스트는 "정책 교착 상태"라고 말했다. 그의 2008년 저서 『인도 상상하기 Imagining India』는 인도 아대륙의 엄청난 인구배당효과, 곧 노동 시장에 합류할 수억 명의 사람에 관한 논문이었다. 닐레카니는 사업가이자 철학자였으며, 그의 낙관주의는 부와 긴밀히 연결되어 있었다. 당연하게도 그가 제시한 논점은 실행력을 개선하자는 것이었다. 그가 말하는 실행력은 중립적인 개념으로, 거기에는 영웅도 악당도 아닌, '더 잘해야 할 사람들'이 있을 뿐이었다. 인도는 더 나은 실행력을 요한다는 말에 상처받을 사람은 없었다. 그의 태도는 관대하고 고무적이었다. "모두가 올바른 생각을 하고 있어. 이제 우리가 이미 알고 있는 내용을 실행하기만 하면 돼"라고 말하는 것 같았다. 기술 연구자이자 매우 매력적인 냉소주의자인 파드미니 레이 머리는 이를 '방갈로르에 부는 자유주의의 바람'이라고 불렀다.

우선 국가에 관해 닐레카니는 기회가 있을 때 바로잡지 않으면 실패로 이어질 수 있다고 우려했다. 선견지명이 있는 사람이라면 누구나 고민하는 문제였다. 결핍의 시대인 1960~1970년대, 인도인들은 끝없이 늘어나는 인구를 버거운 짐으로 여겼다. 하지만 이제 기회가

왔다. 인구는 자산이 되고, 인적 자본이 되었다. 인도에서 이런 근본적인 변화는 인구배당효과라는 희귀한 선물이 가져다준 결과라고 닐레카니는 캘리포니아의 청중에게 설명했다. 인도의 출산율은 감소하고 있었지만 일자리를 원하는 젊은이들은 대거 쏟아져 나오고 있었다. 고령화가 진행 중인 세계에서 인도는 가장 젊은 나라가 될 터였다. 하지만 이 인구배당효과는 고른 분포를 보이지 않았다. 닐레카니는 2015년까지 인도 남부와 서부 지역의 '성장 동력은 완전히 사라질 것'이라고 생각했다. 대부분의 성장 동력은 북부 지역에서 나올 거라고 예상했다. '인적 자본에 대한 투자'가 이루어질 때에만 인구배당효과를 볼 수 있다는 것이다.

그는 북부의 주요 지표들이 모두 실망스러운 수준이라고 노골적으로 말하지는 않았다. 하지만 그는 인도 사업가다운 방식으로 표현했다. 공격적으로 보이지 않으려고 경제적 은유에 의존하는 어법이었다. 인도 북부는 다른 어느 지역보다 5세 생존율이 낮았다. 생존해서 학교에 갈 나이가 되어도 교사 한 명당 학생 수는 거의 40명에 달했다. 도시를 벗어나면, 교사들도 학교를 빼먹기 일쑤였다. 학생 다섯 명 중 한 명은 6학년이 되기 전에 학교를 그만두었다. 교육 지출은 크게 증가했지만 3학년 학생 10분의 2는 1학년 수준의 글도 읽지 못했다. 닐레카니는 공격적 어법을 피하는 사람 특유의 활기찬 어조로, 투자가 없으면 재앙이 뒤따른다고 말했다. 그게 닐레카니가 직면한 인도의 현실이었고, 시믈라에서 방 안에 모인 전문가들도 보길 바랐던 인도의 모습이었다.

닐레카니는 시민사회 단체, 사회과학자, 활동가들이 참여한 회의에 철저히 준비하고 참석해 그들이 무슨 말을 할지까지 예상하고 들어갔다. 사람들은 시작 단계에서부터 신원 확인 프로그램은 어떤 형태가 될지, 어떤 점이 제약이 될지 우려해왔다. 그들은 신원 확인 프로젝트에 대해 사설을 쓰면서, 이를 복지를 장악하기 위한 자본주의적 트로이 목마라고 비판했고 닐레카니가 인도를 제대로 이해하지 못한다고 비난했다. 한 비평가는 이렇게 썼다. "어떤 이들은 국가가 시민을 프로파일링하고, 1995년 르완다 학살 때처럼 인종/민족 정화에 ID 카드를 이용할 수 있다고 주장한다." 뭄바이에 있는 타타 사회과학연구소의 농업경제학자 R. 라마쿠마르 교수는 공직자들이 이 프로젝트에 관해 일반론만 이야기한다고 지적했다. 도면 공개는 거부하면서 건물에 대한 묘사만 늘어놓는 꼴이라고 했다. 그는 이 프로젝트가 출석률 개선과 건강상의 이점을 가져다줄 것이라며, 복지 부정 수급을 없앨 방법, 신원 번호를 휴대폰 번호로 사용할 수 있는 방법 등에 관한 글들을 읽었다. 하지만 그 프로젝트에서 거슬리는 점이 있었는데 얼마 후 그는 그 이유를 네 가지로 구체화했다. 프라이버시에 대한 위협, 불완전한 기술, 고비용, 마지막으로 "인도의 복지 시스템을 약화시키려는 신자유주의 계략"이라고 했다. 닐레카니가 임명된 지 한 달 후, 라마쿠마르는 자주 기고하던 잡지 『프런트라인』에 기사를 실었는데, "프로그램에 회의적인 사람들 사이에서 큰 반응을 얻었다". 닐레카니는 그의 비판에 주목했고, 라마쿠마르를 시믈라에서 열린 토론회에 초대했다. 닐레카니는 공개적인 비판 내용을 잊지 않았고 누가 비판을 했는지도 똑똑히 기억하고 있었다고 그와 함께 일했던 이들은 말했다. 하지만 그날과 다음 날 토론의 목표는 프로그램에 대한 신뢰를 심어주고 비판적 시각을 우호적으로 바꾸려는 것이었다.

연구소 회의실에서, 기다란 타원형 테이블 주위에 닐레카니를 의심하는 사람들이 앉아 있었다. 방문이 닫히고 연구소 소장인 피터 드 수자가 닐레카니와 수행원들, 닐레카니가 책임을 맡은 새 정부 기관인 인도고유신원인증청의 연구원들을 맞이했다. 소장은 신원 확인 프로젝트가 어떤 방식으로든 확실히 인도를 변화시킬 테지만 그 변화가 어떻게 구체화될지는 장담할 수 없다고 말했다. "여러분이 다른 사회과학자들과 공식적인 자리에서 대화해 본 적이 있는지 모르겠지만 이번이 처음이라면 이곳에서 그 첫 경험을 한다는 건 매우 적절하다고 생각합니다. 이곳은 더 큰 질문을 던지려는 사람들을 위한 장소이기 때문입니다." 빨간 벽돌의 식민지 시대 양식 건물에 자리 잡은 이 연구소는 위험한 시기, 네루 사후 몇 년 동안 나라가 길을 잃을 수도 있었던 시기에 배움에 대한 순수한 갈망에서 탄생했다고 소장은 설명했다. 그는 이 연구소의 존재 자체가 '위험한 10년'에서 인도가 살아남은 증거라고 했다.

닐레카니는 그 말에 조용히 귀 기울였다. 어렸을 때 그는 인도의 초대 총리 네루에게 푹 빠져 있었고, 네 살 때 군중 속에서 본 차를 타고 지나가는 네루에게 열광하는 사람들의 모습을 잊지 않고 있었다. 닐레카니는 자신의 첫 저서에서 "그의 가장 큰 강점은 인도인들이 국가로서 인도의 역량을 의심하던 순간에도 네루는 결코 의심하지 않았다는 점"이라고 썼다. "그의 이런 낭만적인 생각들을 뒷받침해준 것은 강철 같은 의지와 견해차를 해소하는 뛰어난 능력이었다." 그는 특히 "네루의 카리스마라는 위대한 선물"을 높이 평가했는데 "덕분에 설득력 있게 이야기하고 장대한 비전을 제시할 수 있었다"고 했다.

그날 아침, 자리에 모인 사회과학자들은 닐레카니가 신원 확인 프로젝트에 관해 세운 거대한 비전들을 제대로 설명해주기를 기대했다. 그들은 이미 신문 기사에서 이에 대해 읽었고, 닐레카니가 텔레비전에서 한 인터뷰 내용도 알고 있었지만, 프로젝트의 구체적인 형태와 범위는 여전히 감이 잡히지 않았다. 자원의 정기 공급에 의존해 생계를 유지하는 사람들에게 돈과 식량 배급 방식은 어떻게 바뀔 것인가? 이 프로그램이 불가피하게 가져올 의도치 않은 결과에는 어떤 게 있을까? 10억 명의 신원을 관리할 기술은 어떻게 지원할 것인가? 그 프로젝트가 사람들을 더 쉽게 계층화하고, 차별을 조장하지는 않을까? 이상과 꿈은 훌륭하지만 그들은 구체적인 답변을 원했다.

"정치학자로서 나는 우리가 지금 혁명적 변혁의 문턱에 서 있는 게 분명하다고 생각합니다." 소장은 말했다. 하지만 그는 여전히 해소되지 않은 우려가 있는지 궁금해했다. "이것은 새로운 국가의 탄생을 의미하는가?" 단순한 질문을 복잡하게 표현하는 학자 특유의 방식이었다. 그가 묻고 싶었던 것은 '그 프로젝트는 시민과 국가 사이의 권력 균형에 변화를 가져올 것인가?'였다. 그는 "시민의 자유는 결코 단순한 문제가 아닙니다"라고 덧붙였다.

닐레카니는 프로그램의 가장 기본적인 진실부터 차분히 설명하기 시작했다. "이 프로그램은 모든 개인에게 번호를 부여하고, 인도의 모든 거주자 기록을 하나의 데이터베이스에 저장하는 것입니다. 개인을 프로파일링하려는 의도는 조금도 없습니다." 그는 이것이 정부 주도 프로젝트이며, 그 뒤에는 국민 여론의 지지가 있다고 거듭 강조했다.

닐레카니는 그들의 우려에 정면으로 대응하지 않고 프로그램 설계자들이 '일을 올바르게 수행하기 위해 많은 사람과 협의할 것'이라고 슬쩍 돌려 말했다.

닐레카니는 인간적인 면에 호소했다. "수백만의 인도인이 신뢰할 수 없는 서류 때문에 은행 계좌를 개설하거나 식량 배급을 받지 못하고 있습니다. 사기꾼과 사칭범들은 다른 사람인 척하며 국가의 복지 시스템을 속이고 자기 것이 아닌 식량과 돈을 약탈하고 있습니다. 이 문제를 해결하지 않으면 제대로 된 사회복지를 실행할 수 없습니다." 하지만 그는 당시 자신이 구상하는 사회복지의 형태는 구체적으로 밝히지 않았다. 닐레카니는 사람들이 갖고 다니는 카드와 통장은 비효율적이며 사회 비용을 발생시킨다고 설명했다. 그는 인도가 각종 복지 프로그램에 수많은 자원을 낭비하고 있다면서 그로 인한 비용이 몇십억 달러에 이를 거라고 했다. 그가 제시한 건 큰 금액과 간단한 메시지였다. 하지만 정확한 금액은 확신하지 못했고, 관련 공식 연구 결과도 기억하지 못했다. "그러니까 누가 문제가 있다고 인정하고 싶어 하겠습니까, 안 그렇습니까?"라며 농담을 던지기도 했다. 아무 증거도 없이 단순 전제에 따라 공공 정책을 수립하는 기이한 방식이었다.

닐레카니는 이제는 '지문, 망막, 심지어 DNA'까지 포착할 수 있는 장치의 시대이며, 복지 시스템에서 쌀과 콩, 가스통을 훔치는 이름 없는 '유령' 문제를 종식시킬 수 있다고 설명했다. 학자들은 그가 '중복 제거' 과정이 너무 복잡한 기술이라 거기에 대해서는 많은 시간을 할애하지 않겠다고 말했을 때도 인내심을 가지고 그의 말에 귀 기울였다. 그는 "힘든 과정"이었다고 했지만 "일단 데이터베이스를 구축하고 나면 제대로 된 대상에게 복지를 보장할 강력한 도구를 갖게 되는 것"이며 "효율성을 높이면 공공의 이익을 증진할 수 있다는 점에는 모두가 동의할 것"이라고 했다.

닐레카니는 이 프로젝트가 복지 시스템을 어떻게 구할지 설명하면서, 또 다른 용도에 대해서도 덧붙였다. 개인식별번호로 "사람들은 전국 어디나 쉽게 이동할 수 있다". "이 번호를 널리 활용하면 나쁜 의도를 가진 사람이 나쁜 일을 하기 어려워진다." "그들에게도 번호가 부여되기 때문에 그런 이들을 식별할 수 있게 된다." 그러다 닐레카니는 방금 자신이 한 말의 의미를 깨달은 듯 덧붙였다. "물론 그런 감시 체제는 만들지 않도록 신중히 처리해야 할 겁니다."

닐레카니는 시스템이 통제 불가능한 방향으로 폭주하지 않을 거라고 한 번 더 확인시켜주려고 했다. 이 시스템은 온전히 자발적으로 운영될 것이며, 유용하다면 더 나은 방식으로 관리하게 될 것이라고 말했다. 또, 민주적 절차가 시스템의 사용을 적절히 견제해줄 것이라고 덧붙였다.

그때 한 회의론자가 일어나 부드러운 말투로 자신을 '사회적 현실'을 연구하는 사람이라고 소개했다. 하이데라바드대학의 정치학 교수인 산자이 팔시카르는 신원 확인 프로젝트에 대해 충분히 읽었고, 이에 대해 심각한 우려를 갖게 되었다. 그는 이 번호가 범죄자에게 낙인찍는 관행과 비슷하다고 말했다. "기술은 과거를 지울 수 없게 만듭니다. 통치 당국이 과거를 추적할 수 있게 되었죠. 기술 혁신 덕분에 당신의 삶을 동적으로 들여다보게 되었습니다. 이제 통치 당국은 당신의 과거만이 아니라, 유전적으로 걸리기 쉬운 질병처럼 미래까지 들여다볼 수 있습니다."

교수의 목소리는 무미건조했고, 그의 문장은 각주처럼 옆길로 빠졌으며, 그의 우려는 마치 항목별로 정리해놓은 것 같았다. 신원 확인 프로젝트 관계자들은 서로 눈을 마주치고 윙크를 주고받으며, 터무니없는 추측성 우려라는 듯 미소 지었다. 라마쿠마르는 그들의 표정을 기억해두었다. "전혀 말도 안 되는 이야기를 하고 있다는 표정이었어요. 관료들이 학자들에게 흔히 내보이는 전형적인 경멸이었죠. 그런 우려가 전혀 근거 없는 이야기라고 말하는 것처럼요. '다른 나라에서는 그런 일이 일어날 수도 있겠지만, 인도에서 그런 일이 일어난다고 생각하는 건가? 말도 안 돼' 하는 것 같았어요." 학자들은 프로그램의 오용 가능성을 당국에서 계산에 넣지 않았다는 사실에 더 놀라워했다.

더 많은 학자가 발언했다. 한 학자는 이 프로젝트가 시작되기 전에 제대로 된 토론이 없었다고 지적했다. 또 다른 학자는 인도에 만연한 차별이 신원 확인 기술로 더 강화되는 것 아니냐고 우려했다. 신문 편집자인 무쿤드 파드마나반은 "이 프로그램이 자발적 형태를 띠고 있지만, 국가가 이를 의무화하더라도 막을 방법은 없다"고 했다. 또 다른 학자는 시민이 잘못된 정보를 제공하면 처벌받을 테지만 정부는 개인정보를 원하는 대로 사용할 수 있다고 지적했다.

한 교수가 "자신이 언제 태어났는지 모르는 사람들에게는 어떻게 생년월일을 물을 것인가?"라고 질문했다.

당국의 한 관계자는 정말로 당황한 듯 되물었다. "자기가 언제 태어났는지 모르는 사람이 어디 있습니까?"

"인도인 중에 그런 사람은 많습니다." 농업경제학자 라마쿠마르가 답했다. 그는 대부분의 시골 사람에게는 날짜가 쓸모없는 개념이라서 이들은 큰 사건(총리가 사망한 달 혹은 대홍수가 있던 해)으로 시간을 인식한다고 설명했다. 방 안은 곧 격렬한 논쟁으로 뒤덮였다.

닐레카니는 이런 반응에 깜짝 놀라 강하고 빠르게 답했다. "시민 자유론자가 이렇게 많은데 그동안은 왜 유권자 정보가 온라인에 있는지, 왜 세금 정보가 온라인에 있는지 아무도 묻지 않았습니까? 그러다가 갑자기 시민 자유에 눈을 뜨고 이런 질문을 던지는 겁니까?" 그의 질문은 신원 번호나 거기 연결된 모든 정보 때문에 시민들이 정부의 처분에 오롯이 자신을 맡기게 될지 모른다는 우려를 간과하고 있었다. 통치 과정은 효율적으로 될지 모르지만, 그 과정 자체가 억압적이라면? 그렇다면 효율성을 높이려는 도구가 국민을 효율적으로 억압하게 만들어주는 것 아닌가? 그는 흥분해서 큰소리로 논리를 펼치며, 자신의 비전과 그들의 비전 사이에 극명한 차이가 있음을 보여주었다. "문제는 이겁니다. 이 프로그램의 의도치 않은 결과가 프로그램을 엎을 만큼 충분히 심각한가? 3억~4억 명의 소외된 인도인에게 사회적 혜택을 제공할 수 있는데도, 그 프로그램이 잠재적으로 악용될 우려가 있다고 해서 그것을 하지 말아야 할 이유가 됩니까? 그것은 명확한 논거가 안 됩니다. 휴대전화는 이보다 훨씬 더 억압적인 도구가 될 수 있습니다. 기지국을 통하면 여러분이 지금 어디에 앉아 있는지 정확히 알 수 있습니다. 그것 때문에 휴대전화를 사용하지 말아야 합니까?"

학자들은 그 논쟁을 껄끄럽게 여겼다. 그들은 닐레카니가 자신들의 우려를 수렴하기 위해 시믈라에 왔다고 생각했지만, 프로그램의 운명은 이미 정해진 게 분명했다. 산자락 마을을 떠날 때 그들의 입장은 더 굳어졌다. 당국이 관련 회의 기록을 발표했을 때 논쟁은 간략히 언급만 했을 뿐, 열띤 논의 내용은 전혀 담기지 않았다는 사실이 드러나면서 불신은 더 커졌다.

닐레카니는 신원 확인 프로그램으로 얻을 수 있는 해결책에 대해 사적 모임에서나 대규모 청중이 모인 초청 연설에서 이야기했다. 그는 기업 지도자들에게도, 권력을 갖지 못한 사람들에게도 이야기를 전했다. 닐레카니는 그들의 마음속에 자신의 아이디어를 심어 그것이 결국 하나의 이념으로 자리 잡기를 바랐다. 그는 이념이 정책이 되고, 정책은 결국 행동으로 이어진다고 확신했다. 그는 더욱더 뼛속 깊이 느낄 수 있었다. 인도는 준비되었다고. 겨우 20년 만에 인도의 욕구는 커졌다. 예전에 사람들이 외치던 구호 '로티, 카프다, 마칸(음식, 옷, 집)'에서 한순간에 '물, 도로, 전기'로 바뀌었다. 그는 변화가 너무 빨라 그 구호도 시대에 뒤떨어졌고, 지금은 '신분 번호, 휴대전화, 은행 계좌'를 외쳐야 할 새 시대에 접어들었다고 느꼈다. 그는 약장수처럼 시장은 이제 단순 생필품의 시대를 지나 새로운 단계로 이동했다고 강조했다.

10억 명이 넘는 인구의 움직임을 단번에 정의 내리는 이런 발언을 다른 사람이 했다면 과장되게 들렸을 것이다. 하지만 닐레카니는 인도가 기술을 통해 기회와 통치의 기적의 문에 다가설 수 있다고 생각했다. 그것은 꿈에 그리던 이상적 통치와 재정적 투명성에 대한 열망이었다. (마치 가정에서 중요한 가계 예산 문제, 일자리 전망, 원활한 가정 운영 같은 것을 국가 운영에 그대로 투영하면서 몇 가지 문제를 다른 것들보다 더 우선순위에 둔 느낌이었다.) 닐레카니는 기술이 서구의 실수를 반복하지 않게 돕고, 더 나은 발전의 길을 보여준다는 생각을 품어왔다. "여전히 저소득 국가인 인도가 부국들이 겪은 문제를 피해갈 수 있다면?" "부국들과 같은 실수를 저지르지 않고 넘어갈 수 있다면?" "환경이 더 경직되기 전에 새로운 시스템을 혈류에 주입할 수 있다면?" 그가 이런 비전을 공개한 이유는 사람들이 자신과 함께 꿈꾸고, 그의 비전을 위해 왜 대가를 치러야 하는지 이해하길 바랐기 때문이다. 그가 상상한 방식대로 사람들도 상상할 수 있어야 그가 하는 일을 이해할 테니까. 그는 '기회의 도구'를 제공함으로써 인도를 재설계하고, 인도인들을 재구성하려고 했다. 그가 상상한 미래가 그것을 요구하고 있기 때문에. 그리고 그 미래의 토대는 개인을 식별할 수 있는 번호였다. 새 사회는 바로 그 번호를 기반으로 세워질 것이었다.

아다르 신원 확인 프로그램을 구축한 팀원들은 프로그램의 가능성을 전기, 도로, 인터넷에 비유했다. 그들은 이 프로젝트가 이미 알려진 목적과 아직 생각하지 못한 목적의 기반이 된다고 주장했다. 닐레카니의 초기 직원 중 한 명은 말했다. "이런 것은 어디에도 존재하지 않는다. 우리는 어둠 속에서 수많은 목표를 겨냥한다."

하지만 잠재적 남용 가능성에 대해서는 시스템을 칼이나 총에 비유하며 방어적으로 말했다. 즉, 프로젝트를 사용하는 소유자의 의도에 전적으로 달려 있다는 뜻이다. 그럼에도 이들은 활동가, 사회과학자, 경제학자들이 문제를 제기할 때에만 그 주제를 다뤘다. 그때만 빼고 시스템을 설계한 사람들은 스스로를 혁명가라고 여겼다. 그들은 기존 권력과 후원 구조를 뒤엎고, 정부에 기금 배분을 책임 지우며, 구식 경제 이념을 무너뜨리는 작업을 하고 있다고 믿었다. 그 직원은 라마쿠마르와의 미팅을 요청해 자신의 우려를 해소하고자 했다. 라마쿠마르는 그에게 복지를 위한 신원 확인 인프라를 구축하는 것은 실수이며, 문제의 답은 사회 부문을 강화하는 데 있다고 말했다. 하지만 운영 관리 업무를 해왔던 이 직원은 라마쿠마르가 행정이 돌아가는 방식도 모른다고 결론짓고, 그의 의도를 의심했다. "그는 책임지지 않는 행정을 원했던 거예요."

첫해에는 약 50명의 직원이(자원봉사자로 일을 시작했던 사람들) 인도 전역에 있는 여덟 곳의 사무실, 9~10개의 부서에서 일했다. 당국에 파견된 정부 직원들은 인도행정서비스Indian Administrative Service, 국방 회계 부서, 감사원, 정부 통신 회사, 인도중앙은행 출신이었다. 일부는 등록 절차를 담당했고, 일부는 지문과 홍채 스캔 인증 절차를 설계했으며, 이를 통해 시스템의 효율성을 높일 수 있다고 믿었다. 일부 관료는 관료제에 익숙한 점을 활용해 당국의 장애물을 해결하기도 했다. 두 직원은 그들이 훈련받은 내용과 구축한 시스템 간에 관련은 없었다고 말했다. 이 사업을 진행하는 직원은 스타트업 정신을 발휘해 문제가 발생하는 곳이면 어디나 투입되어 그에 맞서고 도전해야 했다.

어느 날 저녁, 뭄바이 시내에서 차를 마시며 시스템 등록 절차 업무를 담당한 직원에게 그의 교육과 업무 경력이 시스템 설계에 어떤 도움이 되었는지 물었다. 그는 자신의 경력은 업무와 전혀 상관없었다고 자신 있게 대답했다. "저는 문제 해결사로, 문제가 생기면 숙고하고, 사람들과 대화하고, 개념 증명을 만들어본 뒤, 소프트웨어 문제가 해결될 때까지 반복해서 업데이트 출시를 하면서 문제를 해결했어요."(물론 자신도 모르게 테스트에 참여한 사람들은 일반 대중이었다.) 그가 작업에서 중점을 둔 것은 속도였으며, 정부가 정의한 틀 안에서 상업적 이니셔티브와 자원 활용에 초점을 맞추었다고 했다. "관료들이 책임을 맡았고, 민간 부문이 지원을 했어요. 우리는 사실상 컨설턴트나 마찬가지였죠."

한편 닐레카니는 각 주를 돌아다니며 지도자, 고위 행정관들을 만나 칭찬을 아끼지 않고 관심을 기울였다. 공식 설명에 따르면, 수석 총리와 관료들은 프로그램의 부정할 수 없는 논리를 보고 결국 따르기로 했다고 한다. "저희가 설득한 건 아닙니다. 인식을 만들어낸 거죠." 그 직원이 말했다. "닐레카니는 그들에게 신원 확인 시스템이 무엇인지, 그걸 도입했을 때 그들에게 어떤 이익이 주어지는지 설명했습니다. 부처마다 각자의 변덕, 환상, 이데올로기가 있었어요." 닐레카니는 설득력 있는 세일즈맨이었다. 2010년 6월 17일부터 7월 28일까지의 짧은 기간에 그의 팀은 여덟 개 주 및 지역과 협정을 체결했다. 닐레카니는 어느 기자에게 자신의 접근 방식에 대해 "나는 먼저 정부 및 공공 부문의 다양한 조직, 부서와 접촉해 사람들의 우려를 해소하려 했다"고 설명했다. 닐레카니의 영향력은 그 자신마저 깨닫지 못할 정도였다. 사람들이 그에 대해 느낀 것은 그저 기대감 정도가 아니었다. 전직 정부 감사관인 소우먀 키담비는 닐레카니와의 회의에서 동료들이 느꼈던 흥분을 이렇게 설명했다. "닐레카니의 사회적 영향력이 워낙 커서, 그가 차 한잔 하러 들른 작은 부서의 하급 관리에게 '당신은 이 프로젝트에서 그 업무를 수행할 유일한 사람'이라고 말하면, 그 관리자는 정신이 나갈 정도였어요. '어머나 세상에!'" 그녀는 관리자들의 반응을 흉내 내며 말했다.

이 새로운 신원 확인 시스템은 우주의 장막처럼 인도 전역을 뒤덮었다. 거대하면서 동시에 모든 곳을 아우르는 이 성취는 타의 추종을 불허하는 훌륭한 조율이 있었기에 가능했다. 닐레카니는 선거 주기보다 더 짧은 시간 안에 수십, 수백 명의 정치인과 행정가를 규합해 프로젝트에 대한 지지를 약속받았다. 그는 야당 의원들에게 "정부의 아이디어로 시작되긴 했지만 이 프로그램은 당신들에게도 이익"이라고 말했다. 그는 고도의 기술을 바탕으로 시민 명단을 생성할 거라고 설명했다. 닐레카니는 비용 절감과 선거구에서 가장 접근하기 어려운 지역 시민들에게 쉽게 다가갈 방법에 관해 이야기했다. 그는 부패 스캔들의 망령을 상기시키며 자신이 설계한 시스템은 부패를 어렵게 만든다고 설명했다. 정부 관청의 이미지는 대체로 딱딱하고 관료적인 회색빛 공간이었다. 깜빡거리는 형광등, 신발 끈으로 묶여 쌓여 있는 서류 더미. 뚫고 들어갈 수 없는 암호 체계처럼 서로의 직책을 약어로 부르는 사람들. 닐레카니는 이런 행정의 미래에 혁신적이고 다각적인 상상력을 적용했다.

곧 그의 프로젝트에 참여한 자원봉사자들은 컨설턴트, 기술 회사 직원들과 함께 정부 사무실에 앉아 새 시스템을 기존 행정 절차와 연결하는 작업에 착수했다. 각 주에 데이터베이스가 구축되었고, 행정가들은 관할 구역의 모든 거주자 정보를 파악할 수 있게 되었다. 데이터베이스는 정렬 가능하며, 사람들의 아다르 번호, 이름, 주소, 성별, 생년월일 등을 포함한 목록을 생성할 수 있었다. 그의 프로젝트가 수집한 데이터는 누구에게나 유용한 정보가 되었다. 구자라트 정부의 공식 5

개년 계획에서는 "이 프로그램이 디지털 시민 프로필을 만드는 데 도움이 되며, 여러 부처에서 다양한 시민 서비스를 제공하는 데 사용될 수 있다"고 언급했다(2023년에 그 문서를 읽으면서 나는 '경찰과 법집행부'가 떠올랐다). 닐레카니가 이 모든 걸 가능하게 했다. 닐레카니는 나중에 "상당한 요령이 필요한 일"이라고 설명했다. "전도할 때처럼 명확한 비전을 갖고 있어야 하며, 그 비전을 정확히 설명하고 팔아야 합니다. '왜 파트너십을 맺는 것이 상호 이익인가?'를 설득해야 하죠."

인도고유신원인증청은 개인적 접근 외에도, 마케팅 전문가들에게 커뮤니케이션 전략을 수립하도록 요청했다. 2010년 초 닐레카니의 한 측근이 경험 많은 광고 전문가 산토시 데사이에게 전화를 걸어 '정부와의 관계가 원만하지 않거나' 정부의 손길이 미치지 않는 곳에 있는 사람들에게 새로운 신원 확인 시스템 아이디어를 어떻게 팔 수 있을지 물었다. 데사이는 기술을 잘 이해하지 못했지만, 마을이나 숲속에 숨어 있던 사람들이 갑자기 레이더에 포착되는 모습을 상상하며 이 신원 확인 프로그램이 '직접 민주주의의 한 형태'라는 생각이 들었다. 그는 '의미 있는 어떤 것의 내부에 속한다'는 유혹을 뿌리칠 수 없었다고 했다. 자원봉사 정신에 따라 그는 무보수로 당국에 조언을 해주기로 했다.

데사이는 그 업무를 맡은 것에 자부심을 느꼈다. "누군가가 중요한 일을 맡길 사람으로 저를 진지하게 생각해줬다는 거잖아요." 그는 웃으며 말했다. 그는 인도고유신원인증청의 커뮤니케이션 팀과 몇 차례 만나 이 모호한 프로젝트를 어떻게 구체화할 수 있을지 논의한 뒤 자신의 일상으로 돌아갔다. 하지만 그는 이 시스템이 실제로 어떻게 작동할지에 대한 확신을 얻지 못한 채 자리를 떠났다. 시스템을 뒷받침하는 기술, 농촌 지역에서의 전화망 작동 여부, 사람을 인증하는 방식 등 궁금한 점이 많았고, 명확히 설명되지 않는 우려들도 있었다. 인도 고유신원인증청의 답변은 만족스럽지 않았다. "우리는 단편적인 답변만 받았어요. 그들은 기술적 질문들이 손짓 하나로 다 해결될 것처럼 손사래 치면서 '아, 그건 다 손쓰고 있어요. 국제 기업들이 와서 전체 네트워크를 구축할 거예요'라고 했죠. 의심스러웠다기보다는 회의감이 들었어요."

그들은 기술 용어에 익숙하지 않은 광고 전문가들이었고 이 프로젝트를 일종의 신념으로 받아들였다고 했다. 프로젝트의 규모, 복잡성, 재정 투자의 실체를 잠깐이나마 엿볼 수 있었던 건 델리에서 열린 '무의미하고 지루하기 짝이 없는' 회의에서였다. 그곳에는 "다양한 글로벌 기술 기업을 대표하는, 중요한 인물로 보이는 정장 입은 백인들이 가득했다. 그 순간 상업적으로 이 프로젝트에 큰 관심을 가진 사람이 많다는 사실을 실감했다". 그는 이 프로젝트에서 자신의 역할이 무엇인지, 이 작업에 참여하는 게 과연 현명한 일인지 의문이 들었다. "여권을 대중화하려고 홍보 캠페인을 벌이지는 않잖아요?" 그런데 신원 확인 번호 때문에 왜 캠페인이 필요했을까? 그는 그로부터 10년이 지나도록 이 프로젝트에 관해 추가 소식을 듣지 못했다. 내가 그에게 감사 메시지가 포함된 67페이지짜리 홍보 전략 문서를 보여줬을 때, 그는 깜짝 놀라 페이지를 넘기며 말했다. "이건 처음 봐요." 보고서는 국민에게 의무가 아닌 기회를 강조하고 있었다. 당국의 홍보 전략은 '마음속에서 대화를 이끌어내는' 방식이었고, 아이들이 집에서 따라

부를 만큼 머리에 쏙 들어오는 노래를 활용할 계획이었다. 전략 보고서는 '이 번호 덕분에 국가의 눈에 띄지 않는 빈곤층은 사라질 것이며, 정부는 이들의 신원을 등록함으로써 빈곤층 한 명 한 명의 존재를 인식하게 될 것'이라고 결론지었다.

언론이 주로 퍼뜨린 메시지는, 무법지대에 가까운 이 큰 나라에서 믿기 어려울 만큼 엄청난 속도로 사람들이 신원 번호를 부여받기 위해 등록하고 있다는 것이었다. 어떤 날은 하루에 100만 명이 등록하기도 했다. 자원봉사자들은 아파트 단지, 학교, 대학 등에서 등록 캠프를 조직했다. 장애인을 위한 등록 행사와 노동자를 위한 박람회도 개최되었다. 국민에게 번호를 부여하는 작업은 하나의 거대 행사가 되었다. 사람들은 자발적으로 은행 지점과 우체국 앞에 줄을 서서 기다려 매일 아침 배부되는 대기표를 받았다. 등록 순서를 정해주는 이 대기표는 몇 분만 늦어도 그날 치가 다 떨어지곤 했다. 하지만 다음 날 또 대기표를 받으려고 줄을 섰다. 안으로 들어가면 사람들은 자발적으로 기존 신분증 사본을 제출하거나 가족관계를 신고했다. 또 자발적으로 사진 촬영에 응했고, 지문과 홍채 정보를 디지털 형태로 영구히 기록하는 데 동의했다. 번호를 부여받는다는 건 부서지는 파도 뒤로 몸을 띄우는 느낌과 비슷했다. 가만히 몸을 맡긴 채 다른 이들이 밀려드는 파도와 씨름하는 걸 지켜보기만 하면 된다. 이런 식으로 등록이 시작된 지 4년 만에 5억 6000만 명이 번호를 부여받았다. 등록은 전적으로 자발적이었으며, 온전히 사람들의 선택에 달려 있었다. 그렇기 때문에 등록률의 폭발적 증가는 더 주목받았고, '신원 확인'을 받으려는 수요가 얼마나 큰지 보여주었다. 닐레카니와 당국은 번호를 받지 않는다고 해서 불이익을 받는 일은 없을 거라고 단언했다. 그들은 "그러므로 아다르의 높은 등록률은 이것이 삶의 중심 요소이며, 새로운 신원 번호를 내보이고 싶은 욕구가 생겨난 것"임을 보여준다고 설명했다. 사람들이 선택권을 행사하고 있다는 것이었다.

하지만 꼼꼼한 사람들은 정부 정책에 적힌 미세 조항에서 한 문구를 주목하며 이를 퍼뜨리기 시작했다. '자발적 의무'라는 표현이었는데, 신원확인번호 등록은 선택이지만 그 외 다른 선택의 여지는 없었다. 대기표를 받으러 줄을 선 사람들은 실제로 강요를 받고 있었다. 묵묵히 지시를 따르는 관료들, 복지를 연구하는 연구자, 개발경제학자들은 자발적으로 발급된다는 이 번호를 사실상 강제 명령이나 다름없는 것으로 바꿔놓은 공식적인 '넛지(유도 조치)'에 대해 지적했다. 지역 행정관과 복지 부서를 감독하는 행정관들은 정부 내부에서, 컴퓨터 화면에서, 암호화된 채팅 앱에서, 복지 수급자들을 특정 번호와 연동시키라는 명령을 받았다. 부여된 등록 목표는 가혹할 정도였고, 정해진 날짜까지 관할 지역 인구의 일정 비율을 등록시키지 못하면 지속적인 감시와 압박에 시달렸다.

키담비는 말했다. "위에서 아주 강하게 밀어붙였어요. 목표를 달성하라는 거죠. 아다르 기반 결제 시스템이 우선순위가 되자, 고용보장 프로그램을 아다르와 연동하지 않으면 주정부나 중앙정부의 감사를 받을 거라고 압력을 넣었어요. '아다르를 은행 계좌와 연동시키지 않으면, 주정부에서 급여를 지급하지 않을 것'이라는 식으로 말했어요. 상부에서 '실적이 불만족스러우니, 다음의 지표들을 개선하시오'라는 메시지가 날아왔고요. 사람들이 울면서 절 찾아오곤 했어요." 그녀는 그런 비정함에 절망했고, 관료답지 않게 솔직히 이야기했다.

몇 년 동안 복지 전달 시스템을 연구해온 경제학자 리티카 케라는 말했다. "관료들은 복지 수급자들에게 번호 등록을 강요할 수많은 방법을 찾아냈어요." 그녀는 한 지역을 방문한 적이 있는데, 기술에 대한 절대적 믿음을 가진 나름 선의의 행정관이라고 자부하는 사람이 있었다. 그는 법원의 명백한 지침을 어기고 공적 복지 신청 양식을 임의로 수정해 아다르 번호 기재를 의무화했다. "빈곤층 사람들이 연금을 받지 못하거나, 고용 프로그램이 중단되거나, 배급을 못 받게 될지도 모른다는 두려움을 느끼지 않는다면 왜 번호를 받으려고 줄을 서겠어요?" 케라는 이 시스템이 수용되기까지 일련의 사건과 압박 과정을 차근차근 설명해주었다. "먼저 빈곤층부터 등록하게 만들어놓으면 그 뒤로 시스템은 저절로 굴러가요. 아다르가 이런저런 것에 좋다고 광고하면서 중산층에게 팔아넘기는 거예요. 그러면 결국 엘리트층도 합의하게 되는 거죠."

10년 전 시믈라 회의에 참석했던 스무 명 중 한 사람인 정치학 교수 산자이 팔시카르에게 전화를 걸어 당시 어떤 인상을 받았는지 물었다. 그는 당시 나눈 대화의 이례적인 분위기를 분명히 기억했다. 특히 우려를 덜어주겠다던 사람이 실은 이 시스템의 사용법을 통제할 위치에 있지 않다는 묘한 느낌이 들었다고 했다. 닐레카니와 그의 팀은 회의적인 사람들에게 "우리가 한 번도 들어본 적 없는 생소한 언어로 말했어요. 그들이 확인해준 말은 '[아다르]는 악용되지 않을 것이다. 정보가 악용될 수 있지만 우리가 악용하지는 않을 것이다. 하지만 정부가 악용할 수는 있다'라는 것이었어요. 말이 안 나오더라고요." 너무 충격적인 내용이라 생생하게 기억난다고 했다. 팔시카르는 당시 닐레카니가 매우 친절하고 개방적이었으며, 거의 모든 질문에 따뜻하고 즉각적인 답변을 해주었다고 기억했다. 하지만 그는 닐레카니가 과거를 학문적으로 분석하는 교수들이 아닌, 시스템 작동 방식에 대해 기술적으로 날카로운 질문을 던질 수 있는 사람들을 상대했다면 어땠을지 궁금해했다. 그는 아쉬운 듯 말했다. "우리 중에 컴퓨터 전문가는 없었어요. 단 한 명이라도 제대로 된 기술 전문가가 있었어야 해요."

농업경제학자 라마쿠마르는 시믈라 회의가 당국에는 그저 중간 기착지일 뿐이며, 그것으로 시민사회의 의견을 청취했다고 주장할 근거를 마련하려고 했음을 깨달았다. 닐레카니는 그들에 앞서 이미 노숙인 지원 단체와 만났고, 이후로는 아마다바드의 여성 단체들, 푸네의 시민사회 단체와 '사상가들', 인도 북동부 지역의 학생과 지도자들을 차례로 만날 예정이었다. 이런 공식 회의 기록은 아무런 쓸모가 없었다. 인도고유신원인증청이 남긴 회의 기록을 보면, "이번 회의는 상호 간에 활발한 토론이 이루어졌으며 참석자들이 제기한 문제는 중요한 피드백으로……"라는 식의 설명과 회의에 참가한 여성들의 사진 세 장을 첨부했을 뿐이다. 비슷한 사례가 반복되는 걸 보면서 기술자들이 솔직하지 않다는 인식이 생겨났다. 라마쿠마르에게 전화를 걸었을 때, 우연히 우리가 북부 뭄바이에서 가까이 산다는 사실을 알게 되었고, 그는 6월의 어느 날 저녁 나를 집으로 초대했다.

라마쿠마르가 말했다. "닐레카니는 정부와 자신이 다르다고 했지만, 그가 곧 정부였어요. 그가 수집한 데이터를 다른 사람들이 어떻게 사용하는지에 대한 책임도 그에게 있었던 거죠."

회의가 끝난 직후부터 이 프로젝트에 불안을 느낀 사람들은 비슷한 생각을 가진 이들을 찾아나서기 시작했다. 신문에 실린 서로의 의견을 읽기도 하고, 플랫폼의 문제를 더 깊이 이해하는 데 도움이 될 강연이 있으면 링크를 공유해주기도 했다. 사람들은 각자 프로젝트의 서로 다른 측면을 이해하고 있었다. 꼭 시스템의 구조를 이해했다는 게 아니라 프로그램이 미칠 영향과 일반적인 방향성을 예상했다는 것이다. 예전에 뭄바이의 다이아몬드 상인들에게 생체 인식 금고를 판매했던 한 보안 컨설턴트는 라마쿠마르에게 이 시스템의 기술은 약간의 접착제만으로도 망가질 수 있다는 걸 직접 보여주었다. 이 컨설턴트는 이후 인도의 국가 정책 우선순위를 5년 단위로 수립하는 정부 기구인 계획위원회 위원들 앞에서도 그 문제를 설명했다. 그 과정에서 그는 전통 사리를 입은 법률 연구가 우샤 라마나탄을 알게 되었는데 그녀는 닐레카니가 빈곤층의 현실에 대해 아무것도 모른다고 확신했다. 곧 그녀를 중심으로 프로젝트에 반대하는 사람들이 모여들었다. 라마나탄과 존경받는 판사인 그녀의 남편이 집에서 모임을 열 때면 케라도 종종 참석했다. 식량복지 분야에서 일했던 그녀는 아다르 지지자들이 주장하는 비용 절감 효과가 '비현실적 가정'에 근거한 것이라는 계산을 내놓았다. 방갈로르에서는 한 은퇴한 미사일 설계자가 미국 중앙정보국CIA과 밀접한 관계가 있는 방위산업체와 아다르 당국 간의 계약서를 찾아냈다. "그 모든 데이터가 어디로 흘러갈지 우리는 알 수 없어요. 이건 블랙박스예요. 불투명하고 폐쇄적이죠." 그 역시 결국 라마나탄을 찾아갔다.

이 밖에도 변호사, 사회운동가, 보안 전문가, 개발자 등 수많은 사람이 당시에는 그들 자신도 알지 못했지만, 결국 모두 우샤 라마나탄을 향해 모여들고 있었다. 그들이 품은 우려는 기아와 사회적 배제, 게리맨더링*과 정치적 경계 조작, 보안, 정부의 기업화, 세계은행이 국내 정책에 미치는 영향, 더 불균형해지는 시민과 국가의 관계에 관한 것이었다. 이런 논의들 속에서 닐레카니는 때로는 배후의 설계자였고, 때로는 꼭두각시였으며, 때로는 그저 운 좋은 사람일 뿐이었다. 사람들은 경멸하듯 그에 대해 이야기했고, 그의 발명품과 그는 떼려야 뗄 수 없었다. 그래서 프로젝트에 대한 반대가 때로는 개인에 대한 공격처럼 느껴지기도 했다. 프로젝트에 대한 그들의 비판은 그 프로그램이 야기할 권력 집중이 인도 자체를 위협할 수 있다는 우려에서 비롯된 것이었다.

모두가 읽었거나 읽었다고 말했고, 반드시 읽어야 한다고 말한 책이 있다. 『IBM과 홀로코스트IBM and the Holocaust』인데 유대인 학살 과정에서 세계적인 기업 IBM이 맡았던 역할에 관한 취재 기록이었다. "독일 IBM이 나치 정권과 철학적·기술적 동맹을 맺었을 때, 인구조사와 등록부는 완전히 새로운 임무를 부여받았다. 독일 IBM은 이제 인구조사에서 단순히 종교를 기록하는 데 그치지 않고, 세대를 거슬러 올라가 혈통을 추적하는 '인종 인구조사'의 개념을 만들어냈다. 이것이 나치가 데이터에 집착한 이유였다. 단순히 유대인 수를 세기 위한 것이 아니라, 그들을 식별해내기 위해서였다."

이 책이 사람들의 반향을 일으킨 이유는 어렵지 않게 알 수 있었다.

---

* 자기 정당에 유리하게 선거구를 변경하는 일.

아무런 법적 규제도 받지 않는 신원 확인 기술이 현명하게 사용될 거라고 누구도 장담할 수 없었다. 가끔 친구나 가족 간의 대화 중에 누군가는 히틀러를 칭찬하기도 했다. 모든 맥락을 제외하고 결단력과 추진력에 대한 단순한 감탄으로. 효율성, 관료주의, 공공질서의 개념에 집착하고, 나치즘에서 국가의 힘에 관한 교훈을 얻은 나라가 그런 도구를 손에 쥐었을 때 과연 어떤 일이 벌어질지, 그 한계가 어디까지일지 아무도 예측할 수 없었다. 모든 것은 언제나, 늘 그래왔듯, 걷잡을 수 없을 만큼 극단으로 치달을 수 있었다. 『나의 투쟁』은 히틀러의 저서로 '훌륭한 책'이라는 찬사를 받았고 베스트셀러가 되었다. 표적화된 폭력은 빈번히 발생했고, 익숙한 패턴은 새로운 세대들도 무뎌질 만큼 반복되었다. 종교를 이유로 임대를 거부하고, 종교 간 결혼에 부모의 승인을 의무화하는 법을 만들고, 누굴 린치하고 누굴 보내줄지를 결정하는 폭도들. 분노한 집단에 유권자 명단을 공유하면 불쾌한 결말로 끝나리라는 건 누구나 알 수 있었다. 시간이 지나면, 동부 델리의 운하나 지하철역 근처에 남성들이 서서 아다르 카드를 요구하며 공격할지 말지 결정하는 날이 올 수도 있었다.

    내가 인터뷰한 사람들은 마음이 너그러울 때는 닐레카니가 무관심하거나 무지해서 그렇다고 말하곤 했다. '인도를 이해하지 못해서, 인도의 가능성을 팔 줄만 아는 사람이라서. 그래서 이 시스템이 위험해질 가능성을 외면하고 있는 거라고.'

    3~4년에 걸쳐 수백 번의 대화를 통해, 여러 도시의 비평가들은 자신들이 아는 내용을 내게 설명해주었다. 나는 카페나 비닐 커버를 씌운 소파가 놓인 어두운 거실(인터뷰어의 작업 공간), 점심시간의 공원,

미로 같은 델리의 주택단지, 재판 휴식 시간 동안의 법원 구내식당, 지하 주차장(사람들이 볼 것을 두려워한 인터뷰어), 무굴 왕조 무덤 근처의 답답한 지하 사무실에서 그들을 만났다. 그들은 이 프로젝트의 윤리적·법적 경계가 불명확하다는 점을 우려했다. 이 기술이 꼭 필요하다는 단순한 설명을 받아들이기 어려워했다. 그 설명이 불완전하게 느껴지는 이유는 기술 낙관주의가 청중의 불신을 무시하기 때문이다. 청중의 전문성과 실제 경험을 잊게 만들고, 회의적인 태도를 의도적으로 배제한다.

한때 나와 함께 작업했던 편집자는 내가 신원 확인 시스템을 탐구하는 기사를 제안하자 차분히 내 말을 듣고 있다가 물었다.

"훌륭한 아이디어군요. 그래서 무슨 일이 벌어졌죠?"

"아직은 아무 일도요. 하지만 그 시스템이 감시에 이용될 수 있어요." 그렇게 대답하면서 나도 내 말의 무게가 즉시 가벼워지는 것을 느꼈다. 더 이상 거기에 대해 탐구할 만한 것이 없는 듯한 느낌. "이용될 수 있다"는 "이용되고 있다"와는 전혀 달랐으니까.

그는 시스템에 대한 우려는 '이론상'일 뿐이라고 했다. 실제로 벌어지지 않았다면 보도할 가치가 없다는 것이었다. 그의 말이 옳았다. 예측보다는 사후 분석에 더 익숙한 경험 많은 언론인과 논쟁하기는 어려웠다. 그는 기사로 다룰 만한 실질적인 내용이 없다고 했다. 나는 이런 사건은 속보 뉴스의 시간표로 판단할 만한 게 아니라고 설명하려 애썼다. 그 우려는 지질학적 성격의 것으로 공기 중에 더 가까이 있었다. 폭력을 피할 수 없는 나라에서, 삶의 경험 속 골수까지 폭력이 스며든 이 나라에서, 그게 어떻게 이론상의 우려라고만 할 수 있을까?

4.
내장

인도의 주들 가운데, 정중앙에 위치한 자르칸드는 오랫동안 내 의식의 가장자리에서 채굴, 부족민, 마오주의자, 군대, 반란 같은 단어로 어렴풋이 연상되던 곳이었다. 하지만 그 안에도 사람들의 관심권 밖에 놓인 지역들이 있었다. 그런 곳 중 하나에서, 주도에서 몇 시간 떨어진, 석탄 언덕과 숯빛 하늘에서도 멀리 떨어진 마을에서, 2017년 12월 초 한 여성이 굶어 죽었다. 현지 소식통으로부터 그녀의 사망 원인을 들은 연구자 그룹이 마을을 방문해 그녀의 마지막 나날을 재구성했다. 공공 복지를 추적하는 것이 그들의 임무였고, 그들은 자발적으로 그 일을 맡았다. 그들은 그녀의 마지막 날들을 둘러싼 상황과 관련자들을 파악했다. 사망하기 며칠 전부터 프레마니 쿤와르는 굶주림에 미쳐 음식을 찾아 이웃을 전전했다. 이웃들은 마지못해 음식을 나눠주었다. 굴바소 쿤와르는 쌀 1킬로그램을 주었고, 릴라바티 데비는 밥

한 그릇을 나눠주었다. 그녀의 아들은 학교에서 쌀을 가져왔다. 그녀가 마지막으로 달(렌틸콩 요리)을 먹은 것은 1년 전이었고 두 달 동안은 채소 한 조각도 먹지 못했다. 요리용 오일은 찾았지만, 요리할 재료가 없었다. 그녀의 은행 계좌는 텅 비어 있었다.

그녀는 두 달 동안 나라에서 받아야 할 것을 하나도 받지 못했다. 그나마 다리에 힘이 있으면 밀밭 사이로 난 흙길을 따라 배급업자를 찾아갔다. 그 남자는 자신의 집 증축 공사를 하느라 바빴다. 배불리 먹고 사는 부류였으며, 모르는 이가 음식이 아니라 답변을 요구할 때면 짜증이 밀려오는 사람이었다. 마을 주민들은 그를 아주 잘 알았고, 그를 '개자식'이라고 불렀다. 오두막에서 남자의 집까지는 먼 길이었지만, 그녀는 자신의 권리를 요구하러 그곳까지 갔다. 법에 따르면 그녀는 매달 달(렌틸콩), 쌀, 설탕, 소금 35킬로그램을 받을 권리가 있었다. 하지만 그가 주는 자루는 항상 그보다 가벼웠다. 때로 그는 아직 그달의 할당량이 배달되지 않았다고 말했지만, 마을 사람들은 그가 사람들 몫을 시장에 팔아넘긴다고 의심했다.

남자는 8월에 그녀를 돌려보내며 음식이 도착하지 않았다고 말했다. 그것이 시작이었다. 11월에는 기력이 거의 남아 있지 않았다. 마을의 한 의사가 그녀에게 링거를 놔주었고, 그녀의 아들들은 그녀를 식량 공급자에게 다시 데려갔다. 남자는 그녀의 음식이 12월에 도착할 것이라며 그녀에게 장치에 엄지손가락을 대라고 했다. 누군가, 어디에선가는 그것으로 그녀가 음식을 받으러 왔다고 추측할 것이고, 유리 위에 엄지손가락을 올린 순간 배급 할당량을 받았다고 기록될 터였다. 이것이 시스템이 설계된 방식이었다. 하지만 인간의 의도는 코드로 제한될 수 없었다.

마지막 날 밤, 프레마니는 오두막 바닥에 누워 있었고, 아들은 그녀 곁에서 잠들어 있었다. 우탐 쿤와르는 어머니가 세상을 떠나는 꿈을 꾸고 있었고, 그 순간 그녀는 숨을 거두었다. 프레마니가 굶주리다 죽었다는 소식이 퍼지자, 이를 확인하기 위해 당국은 시신을 수거해갔고, 지역 영안실 테이블 위에서 공식 부검을 실시했다. 하지만 위에서 몇 그램의 무언가가 발견되었다는 이유로 사망 원인은 굶주림이 아니라는 결론이 나왔다. 그녀에게 남은 유일한 것이었다. 국가는 기아를 인정하려들지 않았다. 기술 시스템의 효과로 사람들을 식별해 음식을 배급하고 연금을 지급하는 시대인 2017년에는 기아가 발생해서는 안 되는 거였다.

연구자들이 그녀의 지역 은행을 방문했을 때, 지점장은 놀라운 사실을 발견했다. 매달 프레마니에게 지급되던 600루피의 과부 연금이 다른 계좌로 송금되고 있었던 것이다. 그는 연구원들에게 자신의 컴퓨터 화면을 보여주었다. 프레마니의 돈이 들어간 계좌 소유주는 25년 전에 사망한 사람이었다. 누군가 프레마니의 아다르 번호를 그 계좌에 연결하는 데 성공했고, 국가 전자 시스템은 연금 업무를 처리하면서 프레마니의 신원 번호에 새로 연결된 계좌로 그녀의 연금을 보냈다. 프레마니는 그 사실을 전혀 몰랐다. 그녀는 은행 직원들에게 화를 내며 항의했고, 울면서 집으로 돌아가곤 했다. 지점장은 한 연구원에게 당시에는 그녀가 미친 사람인 줄 알았다고 말했다.

내가 그녀의 아들 우탐을 찾아갔을 때는 그로부터 석 달이 지난 2018년 2월이었다. 그는 진흙으로 지은 집에 살고 있었다. 구석에 쌓인 장례용 장작더미는 어머니와 소원하게 지내던 형제들이 선물한 것이었다. 학교에 가라고 재촉하는 사람도 없어지자 우탐은 학교도 쓸모없다고 생각하기 시작했다. 그는 하루에 몇 시간씩 사라지곤 했다. 때로는 강가에서 재주넘기를 했고, 때로는 싸움을 했으며, 때로는 아무것도 하지 않고 돌아다녔다. 한 활동가는 그가 친척들에게 전화를 걸 수 있게 전화기 충전 비용을 빌려주었다. 활동가는 그렇게 아무것도 없는 집은 처음 봤다고 했다.

우탐은 천으로 석탄을 감싸 샌드백을 만들고, 그것을 자전거 체인에 매달아놓았다. 그의 머리 위에는 전구 하나가 매달려 있었다. 물론 음식은 없었고, 음식을 보관할 용기도 없었다. 하지만 점차 음식이 도착하기 시작했다. 그 자루들이 보상으로 온 것인지, 보여주기 위한 것인지, 아니면 사과의 의미로 온 것인지는 분명하지 않았다. 아침 시간에 우탐은 거의 아무 소리도 내지 않았다. 우탐은 삼촌, 숙모, 학교의 재단사 외에는 아무하고도 대화하지 않았다. 한 공무원이 아이의 불행에 대한 위로로 담요를 보내왔다.

마을 사람들은 우탐의 집 밖에 모여 의자 세 개를 꺼내놓고 활동가들을 기다렸다. 나도 거기에 동행했는데 활동가들은 그냥 바닥에 앉았고, 마을 사람들은 경찰이 우탐의 형제 한 명을 체포하러 왔었다고 말했다. 경찰은 프레마니의 은행 기록을 조작하고 그녀의 연금을 다른 계좌로 입금하게 한 혐의로 그의 형을 두 달 동안 감옥에 가두었다. 하지만 경찰은 그가 어떻게 그 일을 했는지 증명할 수 없었고, 사건을 심리한 판사는 경찰의 주장을 뒷받침할 증거가 없다고 말했다. 판사는 말했다. "이 사람이 체포되면 지점장도 체포되어야 합니다. 제가 제

번호를 지점장에게 주면, 저도 은행에서 돈을 받을 수 있습니까? 그가 엄지손가락 지문을 댔습니까? 아닙니다. 어디에 서명했습니까? 아닙니다. 그럼 어떻게 돈을 받았다는 겁니까?" 판사가 이렇게 말하자, 정부 측 변호사는 입을 다물었다. 우탐의 형은 이틀 안에 석방되었다. 그의 가족은 경찰에 있는 지인에게 왜 그가 구속되었는지 물었고 그 지인은 위에서 압력이 내려왔다고 했다. "그들은 이 일을 덮고 가족 문제로 결론 내리고 싶어했어요. 실제로 보고서에도 그렇게 썼습니다." 한 여자가 말했다. 경찰은 그를 감옥에 가두며 아다르 번호를 요구했다.

집 안에는 빈 통, 자전거, 장례식에서 사용한 냄비, 오래된 스프라이트 병, 빈 물병, 소똥, 장작 그리고 침대 하나가 있었다. 프레마니가 6개월 동안 인출한 돈은 4200루피도 채 되지 않았다. 그날 그녀가 살던 마을까지 찾아갈 때 내가 쓴 돈이 그보다 더 많았다.

식량 운동가들은 최소 2년 동안 아다르가 인도의 관료제에 뿌리내리는 모습을 우려 속에서 지켜보았다. 자르칸드의 식량 배급소에는 생체 인식을 제대로 못 하는 생체 인식기가 설치되었고, 그 결과 월별 할당분을 수령하러 오는 사람의 수는 급감했다. "왜 이런 죽음이 자르칸드에서 발생했을까요? 이곳 사람들은 원래 굶주리고 있었으니까요. 그들은 생존의 끄트머리에 매달려 있어요." 스와티 나라얀은 3년 동안 스프레드시트로 기아로 인한 사망 사례를 추적해왔다. 그녀는 복지 수급자들에게 배급 카드에 아다르 번호를 넣으라는 지시가 내려졌을 때, '죽음의 파도'가 한번 휩쓸고 갔다고 말했다. 그 전해인 2017년 9월, 아다르 번호와 배급 카드를 연결하지 않은 가족의 배급 카드가 삭제된 뒤, 어린아이 한 명이 사망했다. 또 마비 상태였던 한 여성은 배급소에 가서 아다르 지문 인증을 하지 못해 굶어 죽었다. 딸의 생체 인증에 실패한 일흔다섯 살의 노인 한 명도 세상을 떠났다. 이 세 가지 사례와 다른 사례에서도 정부는 굶주림이 원인이었다는 사실을 부인하고 종종 질병을 탓했다. ("맞아요, 그녀는 아팠어요." 프레마니의 이웃이 내게 말했다. "먹은 게 없어서 병에 걸린 거예요.") 나중에 나는 나라얀이 찾아낸 피해자 명단의 카스트 항목을 살펴봤는데, 인도의 소외계층(무슬림, 달리트, 부족민)이 다수였다.

나는 나라얀에게 왜 정부가 기아로 인한 사망을 인정하지 않는지 물었다. 그녀는 지체 없이 대답했다. "기아는 시스템이 망가졌다는 증거니까요." 나라얀은 변화가 있을 거라고 낙관했다. "지금은 1억 명만 영향을 받았기 때문에 뉴스에 나오지 않는 거예요. 이 시스템이 인도 전역에 확대 도입되면 어떤 일이 벌어질지 상상해보세요."

그 주에 나는 자르칸드주의 주도인 란치 외곽, 모래로 덮인 도로변에 서 있었다. 한 무리의 사람들이 구호를 적은 플래카드를 사리 입은 여성들에게 나눠주고 있었다. 2018년 2월 말, 아침부터 햇살이 따가운 날이었다. 지역 전역에서 기차, 버스를 타거나 걸어온 여성들이 사원 마당에 모였다. 그들은 한 손에는 아기를, 다른 손에는 우산을 들고, 식량권 운동 캠페인의 자원봉사자들이 나무 피켓을 배포하는 곳에 들렀다. 인도 공산당 소속의 드러머는 금발 가발을 고쳐 쓰고 드럼을 테스트했고, 그사이 마당에는 점점 더 많은 사람이 모여들었다.

발전경제학자인 장 드레즈는 자신이 조직한 행진이 마침내 형태를 갖추는 모습을 지켜보았다. 그는 캠페인 팀이 인근 마을의 집집마다 찾아가 행진에 꼭 참여할 것을 독려했다고 했다. "이런 분노는 처음 봤어요." 그는 여성들이 하루 일을 쉬면서까지 그곳에 왔다며 그들의 참여가 갖는 의미를 강조했다. 그들은 복지 시스템이 '수혜자 직접 이체'로 전환된 데 대해 불만을 품었다. 시스템을 전환하기 전에 아무도 그들에게 의견을 묻지 않았고, 이제 아다르 기반 시스템은 제대로 작동하지 않았다.

그 전해에 지역 정부는 제한적으로 시범 운영을 하겠다고 발표했다. 사람들에게 식량을 제공하는 대신, 아다르에 연동된 계좌에 직접 돈을 입금하겠다는 것이었다. 캠페인 활동가들은 마을 사람들이 항의하기 시작했을 때에야 비로소 이 '수혜자 직접 이체' 제도를 알게 되었다고 했다. 복지 수혜자를 아다르 번호에 연결하자는 아이디어는 닐레카니가 신원 확인 프로그램의 책임을 맡은 직후에 그가 감독한 정부 보고서에서 나온 것이었다. 그가 이끈 정부 태스크포스는 공공 식량 배급 시스템에 'IT 기반 개혁'이 필요하다고 권고했다. 그 60페이지짜리 보고서는 약어와 모호한 실행 방안들로 가득했다. 나라얀에게 닐레카니가 자주 언급한 '유령'에 대해 묻자, 그녀는 큰 소리로 웃음을 터뜨렸다. 그녀 자신도 놀랄 만큼 깊은 웃음소리였다. "제가 가장 끔찍해했던 건 학생들의 생체 인증이 제대로 작동하지 않거나, 아다르 번호를 학생증과 연동시키지 않으면 '유령'으로 간주된다는 점이에요. 그들은 몰라요. 모든 걸 온라인으로 처리한다는 이유로 최상의 시나리오만 보고 가는 거죠. 모든 게 다 잘 작동할 거라고 가정하고 있어요."

시위대의 계획은 란치 중심부까지 8킬로미터를 행진한 뒤 주지사에게 요구 사항을 전달하는 것이었다. 행진이 앞으로 나아가자, 나는 드레즈와 이야기를 나눌 수 있었다. 그는 행진대를 따라 맨 앞에서 맨 끝까지 돌아다니며 참가자들의 상황을 확인했다. 그는 멈춰서 미소 짓고 여성들에게 말을 걸었다. 많은 이는 키 크고 호리호리하며 수염을 덥수룩하게 기른 이 백인 남자를 알아보는 듯했다. 드레즈는 분위기를 주의 깊게 살피며 너무 정치적으로 변질되지 않도록 노력하고 있었다. 국민회의당과 공산당은 정치적 라이벌이지만, 복지 혜택이 전달되는 방식의 결함을 알리려 손을 잡았다. 두 정당 모두 인력을 동원해 시위에 나섰다. 금발 가발을 쓴 동지가 북을 두드려 심장을 울리는 비트를 만들어냈다. 인도의 유명한 크리켓 주장인 도니를 흉내낸 남자는 손으로 머리를 쓸어넘기고 거들먹거리며 걸어다녔다. 드러머들은 망치와 낫이 그려진 분홍색 전단지를 나눠주었다. 대열 뒤쪽에 있던 오토바이 운전자에게 당원인지 물었더니, 그는 옆에 있던 친구에게 오늘은 어느 당 쪽으로 온 거냐고 물었다. "오늘은 국민회의당이요."

행진은 오전 11시가 조금 넘어 시작되었고, 세 시간이 지나 란치에 들어설 무렵 공기는 따뜻하고 먼지가 가득해졌다. 군중은 빽빽하게 모여들었고, 경적을 울리는 자동차와 울퉁불퉁한 인도를 피해 이리저리 걸음을 옮겨야 했다. 트럭 위에 설치된 대형 확성기에서 나오는 구호는 점점 기운이 빠지긴 했으나 이어지고 있었다. 구호를 외치던 한 사람이 내가 메모하는 걸 보고 작가라고 생각했는지, 내게 귀에 쏙 들어오는 구호 몇 개를 만들어보라고 했다. 내가 고개를 젓자 그는 시큰둥한 표정을 지었다. 그러다 구호가 정부의 퇴진을 요구하는 쪽으로 급격히 방향을 틀자 드레즈는 얼굴을 찡그리며 누군가에게 그만두라고 손짓했다. 이때 갑자기 오토바이들이 행렬에서 이탈해 어느 주유소로 향했다. 드레즈는 그 모습을 보며 못마땅한 표정을 지었다. 그는 특정 정당이 오토바이 운전자들에게 무료 주유를 제안했을 거라고 의심했다. "그들은 이런 기회를 노려요."

행렬이 주지사 관저에 가까워지자, 시위대는 다시 목소리를 내기 시작했다. 시위자들은 높다란 바리케이드를 마주하고 자리에 앉았다. 펜스 뒤에서 경비부대가 총과 최루탄 발사기를 들고 있었고, 특수 지부 소속 사복경찰은 참석한 기자들의 이름을 기록했다. 사람들은 한 명씩 일어서서 새 디지털 시스템에 대해 발언했다. 그들은 계좌에 현금이 들어오는 것을 원치 않았다. "'수혜자 직접 이체DBT'를 철회하라, 배급제를 지켜라, 정신 차려라, 정신 차려라"라는 구호가 울려 퍼졌다. 누군가 '음식은 권리'라는 노래를 지어 불렀다. "이 나라는 돈으로 굴러가고, 우리는 소송으로 내몰린다." 마침내 한 여성이 일어서서 사리를 고쳐 입고 마이크를 요청했다. 그녀가 소리쳤다. "이건 불씨일 뿐, 진짜 불은 아직 오지 않았습니다!" 군중은 큰 소리로 호응했다. 드레즈는 바리케이드 옆, 경비원들 가까이 서서 미소를 지으며 박수 쳤다. 그는 그날은 바쁘다며 며칠 후 대학에서 만나자고 제안했다.

이틀 뒤, 그의 사무실 건물 앞으로 가니 그가 밖으로 나와 나를 기다리고 있었다. 그는 정문을 열고 우리가 들어간 뒤 다시 잠갔고, 복도로 이어지는 문도 열고 닫은 다음, 다시 잠갔다. 그 모습을 보니 도시 외곽에서 본 거실에 주차된 오토바이가 떠올랐다. 그는 약간 이상한 농담을 던졌다. 나중에야 긴장해서 그랬다는 걸 알게 되었다. 사적인 질문이 불편했던 모양이다. 며칠 전 조직활동을 할 때는 마음이 가벼워 보였지만, 이제는 질문에 답해야 하는 입장이라 긴장한 듯했다. 키 큰 남자는 상대방을 배려해 몸을 웅크리는 버릇이 있는 듯했다. 그는 귀 기울여 열심히 내 말을 들어주었다. 그는 무릎까지 내려오는 쿠르타에 어두운색 청바지나 코듀로이 바지를 즐겨 입었다. 바지 끝단은 약간 해져 있었고, 갈라진 발뒤꿈치는 그날 그가 서 있던 흙과 같은 색을 띠고 있었다.

드레즈는 벨기에에서 자랐고, 1979년 스무 살의 나이에 인도로 왔다. 그는 인도통계연구소에 들어갔는데, 이곳에서는 주로 투입과 산출을 측정하는 방식에 초점을 맞췄다. 하지만 드레즈는 카스트와 교육 같은 무형의 요인들이 미치는 영향에 관심이 많았다. 그는 아마르티아 센의 기아와 기근에 관한 책을 읽은 뒤 센과 편지를 주고받았고, 생산적인 연구 협력으로 발전했다. 둘은 기아·개발·기회에 관한 여러 기사와 논문을 공동 저술했다. 그 와중에 드레즈는 1989년 런던에서 고급 아파트로 전환할 계획이었던 빈 어린이 병원을 점거하고 계획을 저지하는 활동을 기획·실행했다. 그는 그 경험을 담은 일기 『클라팜 로드 1번지 점거 일기No. 1 Clapham Road — Diary of a Squat』를 출간했고, 이를 죄수와 노숙인들에게 무료로 배포했다. 그가 참여한 '벨그레이브 노숙인 프로젝트Belgrave Homeless Project'는 어떤 노숙인에게든 피난처와 연대를 제공하는 공간이었다. 그는 런던의 '상상할 수 없을 정도로 많은 빈 건물'이 재활용될 수 있다는 메시지를 용기 있게 전달했지만 이런 사회적 재소유가 가져올 효과에 대해 확신은 없었다. 그는 한 친구에게 보낸 편지에서 이렇게 썼다. "노숙은 단순히 집이 없다는 뜻이 아니다. 직장이 없고, 사회에 설 자리가 없고, 연인이 없고, 알코올이나 마약, 경찰, 사회복지사, 폭력배와 싸워야 한다는 뜻이기도 하다······." 그는 그저 지붕을 제공하겠다는 약속만으로 노숙인들이 선

뜻 받아들일지 의문이 들었다. 드레즈는 명쾌한 해답을 내놓는 편이 아니었고 미래로의 큰 도약을 꿈꾸지도 않았다. 다만 조심스럽게 한 걸음 한 걸음 내디딜 뿐이었다.

드레즈는 직접 체험에 대한 열정을 항상 간직하고 있었다. 그는 란치대학에서 경제학을 가르쳤고, 학생들에게 검소한 생활뿐 아니라 경험을 위해 마을에서 생활할 것을 요구했다고 그의 옛 제자는 말했다. 드레즈는 자신이 목격한 문제들이 델리의 정책 입안자들과 전국에 흩어진 마을들 사이에 존재하는 엄청난 거리에서 비롯된 자연스러운 결과라고 생각했다. 그는 "이 기술자들이 마을에 가서 실제로 무슨 일이 일어나고 있는지 봤으면 좋겠다"고 말했다. 그가 전화를 받기 위해 방에서 나갔을 때, 나는 그의 책상 위에 놓인, 낡아빠진 버트런드 러셀의 『권력Power』을 뒤적였다. 일부 구절에는 너무 세게 밑줄을 긋다가 구멍이 나 있었다.

여론은 사회 문제에서 궁극적인 권력이다. 하지만 이것은 반쪽짜리 진실에 불과하다. 여론을 형성하는 힘을 간과하고 있기 때문이다.

민족주의는 어리석은 이상이다…… 가장 좋은 해결책은 이를 민주주의, 공산주의, 집단 안보와 같은 국제적 구호로 위장하는 것이다.

드레즈는 자신에게 어떤 딱지가 붙는 게 싫다고 했지만, 굳이 붙이자면 '좌파 자유주의자'라고 불리는 편이 낫겠다고 했다. '개인의 자유와 사회적 책임'에 대한 그의 신념 때문이라고 했다. "저는 어떤 형태든 권력 집중에 대해 원칙적으로 반대합니다." 나는 그에 대해, 그가 조직했던 활동들에 대해, 그가 목격한 것들에 대해 더 알고 싶었다. 그는 내가 몇 달 동안 만난 이들 중 가장 합리적인 사람처럼 보였기에 그의 이야기를 계속 듣고 싶었다. 그는 어떤 신성한 지식을 가진 예언자 같은 인상이었고, 나만 그런 느낌을 받은 것도 아니었다. 그의 공동 저자와 학생들은 그에 대해 너무나 애정 어린 시선으로 이야기해서, 때로는 사랑에 빠진 것처럼 보일 정도였다.

드레즈의 권력 집중에 대한 반대 입장에는 신원 확인 생체 인식 시스템도 포함되었는데, 그는 이 시스템의 위협을 다소 늦게 깨달았다. 그는 거의 10년 전 식량 안보와 복지 개혁에 관한 회의에서 처음 이 시스템에 대해 들었다고 했다. 그때 닐레카니와 가까운 한 관료가 그에게 이 시스템의 장점(돈을 은행 계좌로 직접 송금하고, 부패를 근절한다는 주장)을 들며 그를 설득하려 했다. "회의실에서 이 아이디어를 듣는 것과 실제 현장에서 보는 것은 완전히 다른 일이죠." 이후 그는 자르칸드에서 이 시스템이 어떻게 작동하는지 실제로 보게 되었는데, 제대로 이뤄지지 않았다. 신기술이 행정을 대체했지만 고객 서비스는 제공되지 않았다. 결국 여성들은 좌절감에 시위행진을 벌였다. 그는 전자 지갑과 은행 계좌가 당사자의 동의 없이 개설되고, 계좌가 갑자기 동결되며, 연금이 알 수 없는 새로운 계좌로 송금되는 사례와 관련해 기술 환경에 대한 감독이 필요하다고 은행 규제 당국에 서신을 보냈다. 하지만 아무런 실질적인 도움도 받지 못했다.

드레즈는 복지 혜택을 제공하는 것은 섬세한 행위임을 잘 알았고, 닐레카니가 '회복 불가능한 거대 구조물'로 묘사한 과거의 복지 형태가 실제로 허점이 많았다는 것도 알고 있었다. 하지만 그는 그 시스템의 미묘한 맥락을 이해하고, 어디에 빈틈이 있는지 찾으려고 노력했다. 드레즈가 지도 학생인 리티카 케라와 함께 발표한 논문 「공공 배급 시스템에서의 누수 이해하기」(2015)에서, 그들은 2005년에 복지 시스템이 20개의 주요 주에 전달한 복지 혜택의 절반 이상이 다른 곳으로 새어나갔다는 사실을 밝혀냈다. 하지만 드레즈와 케라는 5년 만에 누수가 4분의 1가량 줄었으며, 유출은 대부분 극빈층을 위한 복지 제도가 아니라 빈곤선 위에 있는 사람들을 위한 제도에서 발생했다는 사실도 밝혀냈다. 이 점은 어렵지 않게 이해할 수 있었다. 완전한 빈곤과 절망에 가까이 있는 사람일수록 자신의 권리를 더 잘 알고 있을 가능성이 높았다. 반면 덜 가난한 사람들은 자신이 받을 혜택에 대해 잘 알지 못했고, 이들이 모르는 사이에 받아야 할 복지 혜택은 가로채여 암시장에서 거래되었다. 이런 부정 수급 시스템은 조직적이고 고착화되어 있었지만, 드레즈와 케라는 복지 개혁을 시작한 주에서는 누수율이 크게 감소한 것을 발견했다. 감소 폭은 67~82퍼센트에 달했다.

드레즈는 행정적 실수가 연쇄적으로 이어져 재앙으로 번질 수 있다는 점도 잘 알았다. 누구든 관심을 갖고 물어보기만 해도 알 수 있는 일이었다. 시위행진이 끝난 어느 저녁, 나는 란치에서 서쪽으로 12킬로미터 떨어진 석탄 공장 근처 마을 우파르 쿠들롱으로 갔다. 도시와 가까운 곳인데도 넓은 들판과 드문드문 심어진 나무들이 목가적인 분위기를 풍겼다. 겉모습만 본 사람이라면 감상에 젖었을지도 모르겠다. 하지만 감각을 압도하는 아름다움 속에 숨겨진 결핍은 즉각적으로 드러나지 않았다. 차가 울퉁불퉁한 도로에서 멈춰 서자 닭들이 뿔뿔이 흩어졌다. 살기 데비라는 여성이 십대 자녀들을 조용히 시키고 이야기를 시작했다. 그녀는 식량 배급을 정상적으로 받을 수 없게 되면서 새로운 배급 시스템에 대해 알게 되었다고 했다. 아무도 돈이 계좌로 입금된다는 사실을 알려주지 않았다. 우리가 이야기하는 동안 다른 주민들이 모여들어 자신들도 돈과 식량을 받지 못했고, 반년 동안 은행을 여러 번 방문했지만 소용없었다고 말했다. 은행 직원들은 왜 돈이 들어오지 않았는지 설명하지 못했다. 돈이 입금된 사람들도 인출액이 최소 1만 루피는 되어야 한다는 말을 들었다. 이것은 지역 주민들에게는 상상할 수도 없는 금액으로, 몇 달 치 월급에 해당되는 돈이었다. 어떤 남자는 1000루피를 인출하려고 긴 줄을 서서 사흘을 보냈다고 했다. 사흘 일당을 놓쳤다는 뜻이었다. 그는 3개월 동안 줄을 서는 데만 열흘을 소비했다. 옆에 있던 여자가 깜짝 놀라 말했다. "3개월에 10일이요?" 그때 젊은 남자 두 명이 오토바이를 타고 다가왔다. 그들도 돈을 받지 못했다고 했다. "이 시스템을 자르칸드 전역에 확대 시행하면 배급받는 사람이 아무도 없어서 빈곤율이 제로로 나올걸요." 그중 한 명이 농담처럼 말했다.

    드레즈가 관료들과 이야기할 때, 그들은 비공식적으로 "이런 식으로 적용된 기술은 빈곤층에는 실패작이며, 복지 시스템도 무너뜨렸다"고 말했다. 그들은 엉망이 된 이 시스템에서 벗어나려 애쓰고 있었다. 다른 지역도 마찬가지였다. 감사관들은 불필요한 중간 과정을 없애려고 생체 인식 시스템을 도입했지만, 여전히 노동자에게 지급되어야 할 돈이 중간에서 가로채이고 있다는 사실을 발견했다. 안드라프라데시주에서 기술 실패를 조사한 보고서의 수석 감사관인 키담비는

"복지에 이토록 쓸모없는 신원 확인 시스템이라니 감시 도구일 게 분명하다"고 말했다. "지문의 1퍼센트는 일치하지 않아요." 그리고 내게 생체 인증 오류를 겪는 사람이 실제로 몇 명이나 되는지 계산해보라고 했다. 답은 약 800만 명이었다. "그런데 이게 논의할 가치가 없는 문제인가요? 하지만 그 얘기를 꺼내면, 사람들은 '아, 활동가들은 너무 부정적이야' 같은 소리를 해요. 아, 젠장! 그 인간들을 빈곤 속에 던져놓고, 돈 한 푼 없이 어떻게 사는지 보고 싶네요." 키담비의 분노는 놀라웠지만, 생존에 필수인 시스템이 무관심에 가까운 태도로 다루어졌다고 느낀 사람은 그녀만이 아니었다. 그녀가 이끄는 감사팀은 보고서에 이렇게 썼다. "지금이 제때 이뤄지지 않으면 사람들은 복지 프로그램 자체에 대한 신뢰를 잃을 것이다."

드레즈는 한때 닐레카니를 만나 감시에 대한 우려를 전했지만 닐레카니는 준비된 듯한 답변을 내놓았다. "당신을 추적하려면 휴대전화로도 충분히 할 수 있습니다. 굳이 아다르가 왜 필요하겠어요? 아다르가 있다고 달라질 건 없어요. 기술은 이미 존재하니까." 드레즈는 이 문제를 다룬 사설을 『힌두』지에 기고했다. 그는 아다르 시스템이 광범위한 감시를 가능하게 한다고 경고했다. "대부분의 '아다르 기반' 데이터베이스에 정부가 접근할 수 있게 된다…… 정보기관은 누구든, 우리 모두를 어린아이 장난처럼 손쉽게 추적할 수 있게 된다. 어디에 사는지, 언제 이동하는지, 어떤 행사에 참석하는지, 누구와 결혼하거나 만나는지, 누구와 전화 통화를 하는지까지. 다른 어떤 나라, 특히 어떤 민주주의 국가도 자국민을 이렇게 강력한 감시 인프라의 인질로 잡은 적은 없다."

신원 확인 프로그램을 복지 문제의 해결책으로 내세우기 전, 이 프로그램의 원래 목적이 '사람들을 거래의 총합으로 파악하는 것'이었음을 아는 이는 거의 없었다. 이 프로젝트가 처음에는 내부 보안 강화 도구로 제시되었다는 사실을 아는 사람은 더더욱 적었다. 이 프로젝트는 사회 평화를 희생하며 힌두 세력을 결집시킨 아드바니가 이끌던 내무부에서 처음 추진되었다. 사람들은 이 프로그램의 기원과 탄생 배경에 대해 잘 알지 못했어도, 권리와 침해 문제를 고민하며 시스템이 야기할 수 있는 피해를 우려했다. 이론적으로 상상할 수 있는 잠재적 피해 가능성에 대하여. 감시사회의 위협은 신원 프로젝트가 처음 시작된 이래 꾸준히 제기된 중요한 문제였다. 이를 실제로 이해하려면 시스템의 취약성과 위험성에 대한 공개 논의가 필요했다.

하지만 비평가든, 기자든, 경제학자든, 컴퓨터 과학자든, 암호학자든, 활동가든, 그들이 누구고 무엇을 목격했든 간에, 이 시스템을 비판하거나 작동 원리를 조명하는 데 하나같이 제약을 느꼈다. 이들은 각자 나름대로 고립되고 혼란스러워했으며 일부는 자신들의 우려가 조직적으로 무시되고 있다는 생각에 음모론에까지 가닿았다. 그들은 목소리를 냈지만, 공개 질의, 후속 논의, 기자들의 심층 조사 같은 기대했던 반응은 돌아오지 않았다. 처음으로 열린 아다르 프로그램 비판 회의를 조직했던 젊은 주최자는 행사를 취재한 여러 기자의 이름과 연락처를 적은 종이가 사라졌다고 했다. 다음 날, 그들은 신문에 그 행사가 거의 보도되지 않았다는 사실에 놀랐다. 경제학자 케라는 전국 신문 기자들이 아다르에 대한 보도를 하지 말라는 압력을 받았다고 했다. 대부분의 비판은 사설란에만 실렸고, 그로 인해 독자들은 중요한 사실이 단지 하나의 의견에 불과하다는 인상을 받았다. 『힌두』와 『이코노믹 타임스』의 기자들은 아다르에 관한 기사를 발행하는 과정에서 이례적인 편집 마찰이 있었다고 말했다. 다른 기사들에서는 적용되지 않던 편집 기준 강화가 아다르 관련 기사에만 적용되면서, 이 주제로 글쓰기는 더 어려워졌다고 했다. 인터넷 및 사회 연구 센터Centre for Internet and Society의 연구원들이 아다르와 연계된 데이터베이스에서 수백만 개의 신분 기록이 유출되었다는 사실을 발견했을 때, 인도 고유신원인증청은 그들이 불법적으로 데이터에 접근했다고 비난하며 법적 통지를 보냈다. 연구 센터의 후원자들이 지원 철회 압력을 받고 있다는 사실도 공공연한 비밀이었다. 센터의 지도자들과 인터뷰할 때, 그들은 그 사실이 맞는다고 확인해주었다. 델리의 국립법학대학원 소속 친마이 아룬과 디지털 역량 강화 재단의 오사마 만자르 두 비평가는 정부 주최 사이버 콘퍼런스에서 블랙리스트에 올랐다는 소식을 들었다. 그들은 델리에서 그 행사를 조직하는 데 도움을 주기도 했었다. 그 소식을 전한 관료들은 미안한 기색을 내비쳤지만, 명령을 따를 뿐이라고 말했다.

2020년대 초, 나는 『이코노믹 타임스』에서 일했던 기자에게 거의 3년 동안 꾸준히 연락해 아다르 프로젝트에 관해 이야기할 수 있는지 물었다. 그러다 2023년 말, 비카스 두트가 마침내 신원 확인 프로젝트를 취재한 경험을 이야기해주기로 했다.

그의 첫 번째 기사는 부적절한 행태에 관한 것이었다. 조직의 재정 고문이 행정 권한을 행사하고 있다는 내용이었다. 그 기사는 보도되었고, 후속 기사도 몇 편 더 실렸다. 그의 기사를 본 정부 관계자들 중 프로젝트의 방향에 불안을 느끼던 사람들이 자신이 아는 정보를 공유하기 시작했다. 기자는 재무부 장관과 닐레카니가 한편에 서고, 아드바니의 후임이자 강력한 내무부 장관 P. 치담바람이 다른 편에서 벌인 세력 다툼에 대해 알게 되었다. 문제의 쟁점은 두 개의 초기 데이터베이스, 아다르와 국가시민명부 중 어느 쪽에 우선권을 줄지였다.

이 세력 다툼에 관한 기사를 쓰면서, 두트는 아다르의 관리자들에게 입장을 물었다. 그의 편집자는 기사가 완전해지려면 닐레카니의 답변이 반드시 필요하다고 했다. 며칠을 기다린 끝에 닐레카니의 답변을 받았지만, 또 다른 피드백이 들어왔다. 닐레카니의 답변에 대한 내무부의 반응도 필요하다는 것이었다. 다시 며칠이 흘렀다.

두트는 이런 일련의 과정을 뉴스 보도처럼 건조하게 설명했다. "결국 『이코노믹 타임스』는 그 기사를 싣지 않았고, TV 뉴스에서는 몇 가지 형식적인 보도만 나왔어요. 제 취재원들에게는 정보를 다른 기자들에게 주라고 했습니다. 저는 벽에 콱 가로막혀 더는 나아갈 수 없었으니까요."

'기사 죽이기'가 있은 지 몇 주 후, 닐레카니가 뉴델리에 있는 『이코노믹 타임스』 사무실에 나타났다. 기자와 편집자들이 뉴스 회의를 하는 구석진 방에서 닐레카니는 프로젝트의 진행 상황을 설명하며 그것이 복지를 영원히 바꿔놓을 거라고 거듭 강조했다. "아다르에 대한 몇 가지 오해를 불식시키고 싶다고 했어요." 두트가 말했다. "꼭 전도사의 설교 같았죠." 기자와 편집자들은 그의 말을 대부분 비판 없이 들었다. 회의가 끝난 후, 닐레카니를 아래층으로 배웅하던 편집자가 그에게 시간을 어떻게 보내고 있는지 물었다. 닐레카니는 그 순간 경계를 풀었거나 그 친구가 우호적이라고 느꼈던 모양이다. 그는 거리 밖을 가리켰다. 두트는 이것이 인근에 사무실을 둔 수많은 신문사를 의미한다고 해석했다. "환경 관리에 시간이 많이 들어갑니다." 닐레카니가 말했다.

두트는 그 표현이 모욕적이라고 느꼈다. 이 표현은 위계와 권력의 암시로 가득 차 있었으며, 기자들과 그들이 공론화하려는 노력이 조작 대상이라는 생각을 내포했다. 그는 아다르 관련 기사를 쓰는 경험에서 "깊은 좌절감"을 맛봤다고 표현했다. 다른 신문들이 아다르에 대해 시스템 설계자들의 논점에 맞춘 편집 입장을 취하는 것을 보며 닐레카니가 가진 인맥의 결과인지 궁금해졌다. 이런 상호작용의 결과로, 두트는 자신의 작업에도 "자기 검열"의 요소가 스며드는 것을 느꼈다.

활동가들은 시스템의 결함과 실패—프로그래밍이 설계자의 의도를 충족하지 못하는 부분—에 대해 발견한 내용을 공유했지만, 두트는 자신의 기사가 승인될 거라는 희망은 품지 않았다. "큰 이슈를 다루는 기사가 통과되지 않는다면, 세부 내용을 다룬 기사도 같은 벽에 부딪히리라는 걸 알았죠. 그래서 그들에게 말했어요. '당신들을 사랑하고, 당신들의 활동을 존경하지만, 그 목소리를 세상에 전하는 게 너무 힘드네요. 저한테 말씀해봤자 시간 낭비예요.'" 결국 활동가들은 두트에게 더 이상 연구 논문이나 발견 내용을 보내지 않았다. "포기하게 되는 거죠. 큰 상처로 남아요."

그는 한동안 체념에 잠식당했지만, 이제는 분노를 드러내지 않았다. 술에 취했을 때만은 예외로 차마 글로 옮길 수 없는 머릿속 생각들이 술술 풀려나왔다. 직업에 타격이 될 만한 말들도 거침없이 쏟아져 나왔다. 이 나라의 모든 기자와 마찬가지로, 그는 뉴스의 계층 구조에서 자신의 위치를 파악해야 했다. 저 높은 자리도 아니고, 그 근처에도 닿지 못하는 자리. 언제든 대체 가능한 존재. 이번 경험과 비슷한 다른 경험을 통해 그가 내린 결론은 간단했다. "나는 뉴스를 쓰고 돈을 받지만 내가 쓴 걸 마음대로 찍어낼 수 있다는 뜻은 아니다."

두트는 사람들이 스스로 줄 서서 받아들인 기술에 대해 거의 알지 못한다는 사실을 생각하면 지쳤다. 이 기술의 구조와 설계에는 공공의 감시가 필요한 측면이 있었지만, 관련 보도 기사 하나 내는 게 너무 큰 투쟁이 되어버렸기에 더는 할 수 있는 말이 없었다. 전통적인 정보 전달 경로는 더 이상 공익을 위해 기능하지 않는다고 지적하는 것조차 순진하게 느껴졌다. "뉴스룸 안팎의 전체 상황은 아다르가 견제와 균형 시스템을 거칠 것 없이 질주하도록 만들었고, 그건 정말 소름 끼치는 일이었어요. 정부가 또 뭘 내놓을지 알 수 없으니까요."

5.
이토록 강력한 권력

아다르의 확산은 결코 보장된 일이 아니었다. 사실 2014년 나렌드라 모디가 총리가 되면서 시스템의 존립 자체가 위협받았다.

모디는 전년도에 국민회의당의 구시대적·세습적 정치에 대한 대안으로 자신을 역동적인 총리 후보로 내세웠다. 반면 방갈로르의 기술자들에게 영웅으로 칭송받던 닐레카니는 바로 그 선거에서 국민회의당 후보로 출마해 모디의 정당BJP 지역 후보와 맞붙었다. 그는 자신을 '이타적인 비전가'로 내세웠고 BJP 상대 후보를 '부패를 옹호하고 발전에 반대하는 세력의 일원'이라며 비난했다. 방갈로르 남부 선거구에서 출마를 선언했을 때, 닐레카니의 구체적인 재산 내역이 공개되었다. 그의 은행 계좌에는 1200만 달러가 있었고, 9100만 달러에 달하는 펀드 자금이 있었으며, 그가 공동 소유한 소프트웨어 서비스 회사에서 보유한 주식 가치는 5억 달러가 넘었다. 그의 아내는 한때 기자였다가 현재는 자선사업가로 활동했고, 그와 비슷한 수준의 자산을 보유하고 있었다. 인도의 2014년 총선에서 두 번째로 부유한 후보의 재산보다 세 배 더 많은 수준이었다. 닐레카니가 서민을 대변한다는 생각에는 약간의 진실이 담겨 있을 수도 있지만, 인도에서 정치는 상상할 수 없을 만큼 많은 부와 권력을 얻을 발판으로 여겨졌고 닐레카니는 이미 두 가지를 모두 가지고 있었다.

모디와 닐레카니는 다른 권력을 놓고 경쟁했지만 두 사람이 벌인 선거 캠페인은 인도에서 전례 없는 새로운 차원의 전략을 펼쳤다. 처음부터 모디는 매 순간 화려한 영웅담으로 자신의 이미지를 구축했다. 그의 흉터 하나하나에는 악어에 얽힌 기원이 있었다. 친근한 작가들이 쓴 전기와 미화된 기사에 따르면, 그는 찻집 아들로 기차 객실 크기만 한 집에서 자랐다. 그의 집 바닥은 소똥으로 뒤덮여 있었고, 넉넉지 않은 살림살이에도 불구하고 그의 가족은 1년 동안 어느 무슬림 아이를 돌봐주었다. 그는 사원의 깃발을 만지려고 하루 세 번 호수를 헤엄쳐다녔는데 그때마다 검처럼 날카로운 꼬리를 가진 스물아홉 마리의 악어를 피해다녀야 했다. 한 점성가는 그에게 위대한 미래가 보인다고 했지만, 그는 오랫동안 은둔자로 생활했다. 한동안은 히말라야를 떠돌았다. 베개 아래 옷을 넣고 잤고, 다음 날 주름이 펴진 옷을 입고 다시 떠났다. 그는 한 스와미의 권유로 수염을 길렀다. 이런 이야기들 속에서 모디는 성스러움의 손길을 받은 존재로 그려졌다. 영웅적이고, 운동신경이 뛰어나며, 자애롭고, 자기 성찰을 하는 이미지가 그에게 자연스럽게 입혀졌다. 다야난드 사라스와티 이전의 성인들처럼, 그는 세속적 집착에서 자유로웠고, 자신이 소유한 것을 불태움으로써 과거와 단절했다.

하지만 2009년, 『오픈』지의 기자 하이마 데시판데는 간과된 한 가지 집착에 주목한다. 데시판데는 당시 모디가 주지사로 있던 구자라트주의 한 마을을 방문해, 모디의 아내로 알려진 여성을 만났다. 자쇼다벤 치만랄 모디는 쉰일곱 살의 사랑받는 초등학교 교사로, 욕실도 없는 서민 주택에 살고 있었다. 그녀는 자신의 이야기를 하고 싶어했지만, 그녀가 가르치던 학교에 몇몇 남자가 찾아와 기자와의 인터뷰를 막았다. 결국 그녀는 도망쳤다. 데시판데는 이렇게 썼다. "그녀의 지인들은 그녀가 남편으로부터 영원히 함께 살자는 전화를 간절히 기다린다고 말한다." (모디는 2014년 선거에서 제출한 후보 등록 서류에서 결혼 사실을 인정했다.) 가족이라는 짐에서 벗어나 있는 모습마저 모디에게 나라에 헌신하는 봉사자의 이미지를 부여했다. 그는 선거운동을 하며 말했다. "나에게는 가족이 없습니다. 나는 독신입니다. 내가 누구를 위해 부패를 저지르겠습니까?" 모디는 검소한 삶, 해결하기 어려운 문제를 놓고 밤새 씨름하는 지도자의 이미지를 부각했다. 오랜 세월 부패와 사치가 만연했던 인도가 이제 국민에게 아무것도 바라지 않는 사람을 선택할 수 있다는 메시지를 담아서. 또 그는 인도인들이 반응할 만한 공약을 내걸었다. 천만 개의 일자리 창출, 복잡한 세금 제도 개혁, 고속열차와 수력발전소 건설, 스위스 은행 계좌에 숨겨진 '검은 돈' 회수, 시장 개혁 등이 그것이었다. 2009년, 한 BJP 관계자는 기자에게 말했다. "사람들이 배고플 때는 개발 이야기를 해야 하는 거야, [라마 사원] 이야기가 아니라."

모디의 혁신에 관한 메시지가 얼마나 실행 가능성이 있을지는 유권자들의 관심을 과거에서 멀리 떨어진 미래에 집중시키는 그의 능력에 달려 있었다. 2002년 2월 27일, 모디가 처음 구자라트 주지사로 취임한 지 불과 다섯 달 만에, 종교 순례자와 극단주의 힌두 조직 회원들이 사바르마티 익스프레스를 타고 도착했다. 그들은 아요디아에서 열린 종교 행사에 참석하고 돌아오는 길이었다. 그들은 스스로를 라마의 충실한 세바크(하인)라고 여겼다. 기차는 아마다바드 동쪽에 있는 고드라의 어느 역에 멈췄다. 선로는 힌두 사원이 점점이 흩어진 북쪽과 이슬람 사원이 드문드문 자리한 남쪽 사이를 가르며 뚜렷한 분단선을 그었다. 기차가 다시 출발하려다가 멈췄다. 누군가 비상 체인을 당긴 것이다. 기차에 타고 있던 힌두교도와 밖에 있던 무슬림들 사이에서 말다툼이 벌어졌고, 이어서 돌이 날아들었다. 그 순간 불길이 치솟았다. 화재로 객차 한 칸이 타버렸고, 안에 있던 수십 명이 목숨을 잃었다. 처음 몇 시간에 얽힌 주장은 서로 엇갈렸다. 사망자는 57명이었나, 아니면 60명이었나? 순례자들이 역에서 무슬림 노점상을 구타하고 무슬림 여성을 기차에 강제로 태웠나? 기차는 왜 그곳에 멈췄나? 1000명이 넘는 무슬림이 기차를 매복 공격했나? 이튿날 아침 신문의 헤드라인은 자극적이었다. 『아시안 에이지』는 "1500명의 폭도, 사바르마티 익스프레스에서 57명의 람세바크 학살"이라고 대서특필했다. 다른 신문의 1면 기사들도 도발적이긴 마찬가지였다.

    그 후 며칠 동안 힌두 폭도들은 원하는 대로 행동할 자유를 얻은 듯했고, 주의 보안 체계는 어디서도 찾아볼 수 없었다. 당시 주지사였던 모디는 침묵했다. 구자라트 의회의 무슬림 의원 에산 자프리는 무장한 남성들이 그의 집을 포위한 후 여러 차례 모디에게 전화를 걸었다고 전해진다. 한 목격자는 말했다. "마침내 모디가 전화를 받았고, 자프리를 향해 모욕적인 말을 한 뒤, 그가 '아직 죽지 않은 것이 놀랍다'고 말했다…… 나는 자프리가 군중에게 끌려가는 것을 보았다. 그들은 자프리를 난도질한 뒤, 휘발유를 뿌리고 불을 질렀다."

RSS 계열의 극단적인 조직 비슈와 힌두 파리샤드가 아마다바드의 한 무슬림 교외 지역에서 셧다운을 요구한 후, 공포를 퍼뜨리기로 악명 높은 과격 힌두 조직인 바지랑달이 경찰이 지켜보는 가운데 폭력을 휘둘렀다. 국제인권감시기구 휴먼라이츠워치는 이렇게 결론지었다. "나로다 파티아에서 발생한 범죄는 주에서 일어난 가장 잔혹한 범죄 중 하나였다." 한 목격자는 여섯 살 소년 이므란의 살해 장면을 이렇게 묘사했다. "[소년의] 입에 물 대신 휘발유를 부었고, 이어 불붙인 성냥개비를 그의 입에 던졌다. 그러자 아이는 폭발하며 산산조각 났다." 이전의 폭동과 마찬가지로, BJP 간부들은 극단주의 단체의 활동가로 변신했고, 이는 RSS의 정치 조직과 폭력 조직은 거의 한 몸이라는 믿음을 확신시켜주었다. 이름만 다를 뿐, 이 단체들은 같은 인력을 공유하며 선거 때는 집집마다 표를 구하고, 폭동 때는 생명을 무참히 빼앗는 자유를 누렸다.

바지랑달의 회원인 바부 바지랑기는 잠입 취재 기자에게 나로다 파티아 학살이 어떻게 벌어졌는지 설명했다. "나렌드라바이가 왔었어요." 그가 모디를 존칭으로 부르며 말했다. "파티아 안으로 들어오지는 않았어요. 하지만 [학살이 일어난 날] 벌어지는 일을 다 통제하고 있었죠. 경찰이 아무 소리도 내지 않았던 건 나렌드라바이 때문이었어요. 현장에 경찰이 얼마나 많았는지 몰라요. 경찰이 원했다면 우리를 죽였을 수도 있어요." '칼, 하키 스틱, 파이프, 디젤, 휘발유, 산'으로 무장한 5000명의 남성이 몇 시간 동안 최소 70명을 살해하고, 여성과 아이들을 강간했으며, 집에 불을 질렀다. 바지랑기는 기자에게 말했다. "임신한 여자가 있었는데, 내가 배를 갈랐습니다…… 우리 사람들을 죽이면 우리가 어떤 복수를 할 수 있는지 보여줬죠. 그들은 번식조차 허용받아서는 안 돼요…… 누구든 상관없어요. 여자든, 아이든, 누구든. 그들을 처리할 방법은 오직 베어버리는 것뿐이에요. 그 개자식들은 때리고, 찢고, 태워야 해요."

목격자들은 자신들의 증언이 조작되었고, 경찰이 오히려 자신들에게 범죄 혐의를 씌웠다는 사실을 알게 되었다. 한 목격자는 휴먼라이츠워치에 말했다. "경찰은 [보고서에] 어떤 이름도 기록하지 않았어요." 다른 목격자들은 뇌물을 받거나 증언을 번복한 것으로 전해졌다. 정의는 너무나 멀리 있었기에 바지랑기가 살해한 임신부의 시아버지는 "큰 처벌은 아니라도, 어느 정도는 처벌받아야 하지 않겠습니까"라고 말할 정도였다.

그 후 모디는 조기 선거를 요구했고, 그는 오히려 더 큰 격차로 재선에 성공했다.

2013년이 되었을 때, 모디는 어디에나 있었다. 먼 나라에서 왓츠앱으로 오가는 대화, 외딴 마을의 홀로그램, 모두가 보는 뉴스 채널, 그리고 무엇보다 사람들의 머릿속에서 큰 자리를 차지하고 있었다. 그는 자신이 누구인지 이야기를 들려주었고, 국민회의당의 60년 집권이 얼마나 무가치하고 부패했는지를 상기시키며 '국민회의당 없는 인도'를 선택했을 때 국민이 어떤 삶을 누리게 될지 이야기했다. 매일 아침 사람들은 모디에 관한 귀에 쏙 들어오는 메시지와 그의 연설을 요약한 클립을 보며 하루를 시작했다. 뭄바이의 한 광고 회사는 모디에 관한 200편이 넘는 영상과 천 개가 넘는 광고를 제작했다고 주장했다. 그 광고 회사의 크리에이티브 디렉터는 말했다. "조사 결과 나렌드라 모디의 인지도가 당의 인지도보다 더 높다는 것이 밝혀졌습니다." 그래서 보통의 선거에서 내세웠을 개발 메시지 대신, 모디 개인에 초점을 맞추기로 했다. 변화를 갈망하던 기술자들은 모디의 정당을 위해 데이터베이스를 구축했다. 젊은 남성들은 소셜 미디어 플랫폼에 몰려들어 유권자들에게 '유일하게 합리적인 선택은 모디'라는 메시지를 퍼뜨렸다. 모디의 동료들이 힌두 전통을 보호하겠다고 약속하자, 로브를 입은 사업가이자 텔레비전 요가 프로그램으로 많은 시청자를 보유한 바바 람데브는 자신의 추종자들에게 모디의 역량을 전국에 홍보하고, 정치 메시지를 전달하기 위해 전화번호를 수집하라고 지시했다. 한편 인도에서 가장 많은 스팸을 발송한 것으로 알려진 소프트웨어 기업가는 모디의 대안적 역사를 전파하는 웹사이트를 운영하며 캠페인을 도왔다. 온라인에서 모디의 캠페인 관리자들은 페이스북과 협력해 모디의 경쟁자들이 말실수하는 영상 클립을 우유부단한 유권자들에게 대대적으로 퍼뜨렸다. 모디는 5000회 이상의 행사와 470회의 정치 집회에 참석했다. 그의 당원들은 길거리 연극과 정치 풍자 공연을 조직했다.

이런 대중 접근 전략과 자료 준비는 여러 해에 걸쳐 준비된 것이었다. 정치 정당을 위한 소프트웨어를 개발한 어느 기업가는 2009년 뉴델리에 있는 BJP의 데이터 센터를 방문했을 때 그들 조직의 정교함에 놀랐다고 말했다. "모든 프로세스를 HSBC의 IT 부서처럼 체계적으로 분류해두었더군요." 당시 BJP는 당원들과의 소통 방식에 변화를 주던 중이었고, 그 결과에 따라 향후 선거의 방향이 결정될 터였다. 100만 명에 달하는 자원봉사자들은 당의 엄격한 규율을 자랑스레 여겼지만, 이메일을 확인하지 않았고, 갑작스러운 투표 요청에도 응하지 않았다. 당은 정부를 구성하는 것을 목표로 했으며, 이를 위해 현장 캠페인 전략을 강화할 기술이 필요했다. 당은 당원과 관료들이 당의 메시지를 즉각적으로 전파하고 모두가 통일된 목소리를 낼 수 있도록 '왓츠앱 같은' 보안 인스턴트 메신저를 원했다.

이 소프트웨어 개발자는 당을 위해 데이터를 공유하고 후보들이 내부 정보를 얻을 수 있는 플랫폼을 구축했으며, 매주 열리는 당 회의에도 참석했다. "그들은 명확한 전략을 보유하고 있었고, 기술에 의존했어요." 하지만 당이 기술을 사용할 방법에 대해 논의할 때마다 그는 불편함을 느꼈다고 했다. 그는 "적을 식별하는 것이 매우 중요했다"라고만 말하며, 종교에 관한 대화였음을 암시했다.

2014년 초, 모디가 전국 선거 캠페인을 벌이는 동안, 닐레카니는 방갈로르의 조용한 코라망갈라 지역, 유리 외관의 작은 건물을 나와 방갈로르 남부의 거리를 걸으며 지역 주민들을 만났다. 그는 지역 주민 복지 협회에 들러 모디의 약속보다 소박한 공약을 내세웠다. 그는 유권자들에게 지역 공원을 조성하고, 계속되는 모기 문제를 해결하겠다고 약속했다. 별로 새로울 게 없는 공약이었지만, 닐레카니와 젊은 선거 캠페인 매니저들은 그의 약속이 더 가치 있다고 믿었다. "'우리가 해낼 거야' 그런 느낌이 있었어요." 자원봉사자 안슈만 바프나가 말했다.

닐레카니는 유권자들 앞에서 기술 억만장자나 비전가가 아닌, 역사상 가장 큰 신원 확인 프로젝트를 설계한 인물로 나섰다. 그 덕분에 사람들이 은행 계좌를 개설할 때 직원에게 아다르 번호만 내밀면 되었고, 이로써 복지 수혜자는 매달 신원을 증명할 필요 없이 지문 인식기에 엄지손가락만 대면 배급을 받을 수 있었다. 그 덕분에 통신사들은 신규 고객의 신원을 며칠이 아닌 몇 초 만에 확인할 수 있었다.

그가 임명된 지 5년 만에, 닐레카니와 정부 부처들은 6억 명 이상의 인도 주민을 시스템에 등록시켰다. 델리 인도공과대학의 컴퓨터 과학 교수(아다르 시스템의 비판자)는 말했다. "그가 해낸 일과 속도는 정말 놀라웠습니다." 무슨 일이든 성사시키기 가장 어려운 정부에서 닐레카니가 이룬 성과는 그가 계획을 실행할 인물이라는 평판을 굳혔다. 부패 문제가 핵심 의제가 된 정치적 시기에 닐레카니는 선거 캠페인 팀의 눈에 특히 더 적합한 인물로 보였다. 그의 선거 매니저 한 명은 말했다. "모든 조건이 딱 맞아떨어지는 느낌이었어요."

다른 캠페인에서 흔히 볼 수 있는 풀뿌리 활동가나 정치인들 대신, 닐레카니의 코라망갈라 선거본부에서는 젊고 유능한 선거 전략가, 신뢰받는 조언자, 데이터 과학자, 컨설턴트들이 권력 장악 전략을 설계했다. 이들의 목표는, 사업적 통찰과 성과로 존경받던 닐레카니를 투표할 가치가 있는 지도자로 탈바꿈시키는 것이었다. 우선 광고와 웹사이트에 닐레카니의 얼굴을 등장시켰고, 라디오 방송에서도 대대적인 홍보 캠페인을 벌였다. 그들은 선거인 명부를 활용해 각 이름 옆에 새로운 정보를 추가했다. 자원봉사자들은 휴대전화를 들고 집집마다 방문하며 질문했다. "당신 지역에서 가장 큰 문제는 뭔가?" "최근 몇 년간 일자리를 잃은 적이 있는가?" "지난 1년간 질병으로 고생한 적 있는가?" 그의 선거 캠페인 팀은 닐레카니가 방갈로르 남부에서 얼마나 널리 알려진 인물인지 설명하는 데 애를 먹었다. 그의 선거 캠프에서 일했던 한 회의론자는 말했다. "그는 어디에나 있었습니다. 정말 어디에나요." 닐레카니를 홍보하는 임무를 맡은 직원들은 결국 그의 존재감에 압도되었다. 웹페이지를 스크롤할 때마다 광고 배너에 닐레카니의 얼굴이 나왔다. 처음에는 그의 의도를 미심쩍어하는 사람들도 있었다. 한 자원봉사자는 자기 과시를 위한 캠페인이 아니냐고 의심하기도 했다. 하지만 시간이 지나면서 그들은 닐레카니의 캠페인이 새로운 정치-기업 결합의 효율성을 상징한다고 믿게 되었다. 팀의 일부는 유권자 명부를 정리하고, 일부는 방문 캠페인의 효과를 높일 방법을 연구했다. 그들은 낙관적이었다. 닐레카니가 선거운동을 하는 지역은 "인도에서 교육 수준이 가장 높고, 가장 진보적인 사람들이 사는 곳"이었다고 자원봉사자 바프나는 말했다. 그 지역에 사는 남성의 84퍼센트 이상이 글을 읽고 쓸 줄 알았다. 개인의 문해력이 투표 참여를 보장하는 것은 아니지만, 연구에 따르면 교육 수준이 높은 지역일수록 일반적으로 투표율도 높았다.

안슈만 바프나는 닐레카니와 같은 인도공과대학 봄베이 출신으로, 오랫동안 그를 존경해왔다. 그는 호텔 계단에서 무거운 컴퓨터를 나르고 있을 때 닐레카니가 보고 도와주었던 날을 떠올렸다. 또 그는 어떤 문제에 관해 조언이 필요했던 때가 있었다. 모든 문제를 기술의 관점에서만 바라보는 습관에 빠진 것은 아닌지 고민하던 자신에게 닐레카니가 말했다. "큰 변화를 이루려 할 때는 자신의 강점을 활용하세요. 지금이 내가 제공할 수 있는 것을 실현할 적기입니다. 현재 기득권층은 기술의 파괴적 힘을 이해하지 못해요. 그들이 깨닫지 못하고 있는 지금이 실행할 기회인 거죠. 하지만 그들이 기술이 세상을 급격히 바꿀 거라는 사실을 깨달을 즈음이면, 당신의 기술은 이미 생태계 깊숙이 뿌리내린 뒤일 겁니다." 바프나는 닐레카니를 존경했고, 그의 말을 마음에 새겼다.

닐레카니의 선거 캠페인은 실패를 최소화하도록 설계되었다. 버락 오바마의 전 캠페인 매니저로부터 조언도 받았다. 이들은 어떤 데이터를 유지하고 버릴지, 또 서로 다른 데이터베이스를 어떻게 통합할지 배웠다. 닐레카니는 컨설팅 회사가 특별히 준비한 취임 후 첫 100일간의 입법 계획도 마련해두었다. 내부 여론조사에서 캠페인의 접근 방식은 효과가 있었다. 한 직원은 닐레카니와 그의 상대 후보 간의 격차가 5퍼센트 미만이라고 파악했다.

하지만 캠페인 팀이 현장에 나가 유권자들에게 닐레카니에 대해 물었을 때, 그 유명인이 얼마나 무명에 가까운지를 보고 놀랐다. 한 데이터 과학자는 말했다. "유권자의 약 75퍼센트가 그의 존재조차 모르고 있었어요. 그냥 정말로 누군지 몰랐어요." 닐레카니의 선거 캠프는 거품이었고, 일반 시민들의 현실적 고민에서 단절된 것처럼 느껴졌다고 그는 말했다. "그래서 닐레카니가 더더욱 엘리트주의적으로 보였던 거죠." 닐레카니는 지역구 주민들 사이에 앉아 대화를 나누었지만, 지역 언어인 칸나다Kannada에 서툴렀다. 그의 진정성은 의심받고 있었다. 한 데이터 과학자는 말했다. "그는 억만장자와 업계의 거물들 사이를 걸어다니는 사람입니다. 그의 집 앞에는 하수관이 넘쳐 악취를 풍기지도 않고, 모기와 싸울 필요도 없어요. 그래서 그가 모기 문제를 이야기할 때 뭔가 어색하게 들리는 거예요."

닐레카니의 접근 방식에는 다른 문제점도 있었다. 한 국민회의당 자원봉사자는 닐레카니의 팀이 선거에 약 2억 루피(약 260만 달러)를 썼지만, 그 돈이 자원봉사자나 투표 독려에 필요한 곳에는 전달되지 않았다고 주장했다. 그 자원봉사자는 선거 캠프의 순진한 대응에 깜짝 놀라기도 했다. "누군가 그들에게 책이 필요하다고 하면, 그들은 '책이 왜 필요하죠?'라고 물었다. 그는 그 '책'이라는 게 사실은 돈을 의미한다고 설명해주어야 했다. 그는 닐레카니의 상황을, 인도의 관습과 선호를 발견했던 또 다른 유명 인물과 비교했다. "간디가 인도를 이해한 것은 기차를 타고 전국을 여행하면서라고 하죠. 닐레카니도 이 일을 하기 전에 몇 년 동안 기차를 탔어야 했어요. 닐레카니에게 필요한 건 사회과학자와 인문학자였어요. 하지만 닐레카니는 매킨지나 인시아드INSEAD의 자원봉사자들만 데려왔죠."

편집자들과 BJP가 말한 "모디 열풍"이 합리적인 선거 공약을 얼마나 압도할지 닐레카니는 예측하지 못했다. 결국 그는 방갈로르 남부에서 20만 표 이상의 격차로 참패했다. 그는 상대 후보의 선전을 기원하며 정치를 포기하지 않겠다고 선언했지만, 실제로는 국민회의당으로부터 충분한 지원을 받지 못한 데 대해 실망했다고 한 자원봉사자는 전했다. 어느 전략가에 따르면, 닐레카니는 지원을 약속했던 두 명의 국민회의당 정치인과 만났을 때 묵묵히 미소만 지었다. "'당신들은 말과 행동이 다르다'고 말하는 것 같았어요." 내가 한 전략가에게 닐레카니의 캠페인을 어떻게 정의할 수 있을지 물었을 때, 그는 즉시 이렇게 대답했다. "닐레카니는 데이터를 보는 새로운 방식을 발견했지만, 지나치게 데이터에만 의존했어요. 그 때문에 실제 접촉이 필요한 사람들에게 다가가지 못했죠." 또 다른 사람은 이렇게 말했다. "그는 그 자리에 적격이었지만 정당을 잘못 골랐어요."

선거에 대한 실망감은 또 다른 우려로 이어졌다. 바로 아다르가 위협받고 있다는 점이었다. 이전까지 아다르 회의론은 소수의 비판자 집단 사이에만 퍼져 있었다. 하지만 2014년 선거 캠페인이 진행되면서 선거 결과가 점점 명확해지자 BJP 구성원들은 아다르 신원 확인 프로젝트로부터 등을 돌리기 시작했다. 닐레카니의 경쟁자이자 BJP의 사무총장이기도 했던 인물은 "이 프로젝트를 전면 폐기하겠다"고 선언했다. 그는 이 프로젝트가 의회에서 충분히 논의되지 않았고, 시민들과의 토론도 충분히 거치지 않았으며, 이 프로젝트에 사용된 돈은 낭비였다고 주장했다. 또 미국과 영국이 유사한 신원 확인 프로그램을 거부한 점도 언급했다. 모디도 이에 동조하며 트윗을 올렸다. "아다르와 관련해 내가 만난 팀도, 총리도 보안 위협에 대한 내 질문에 답하지 못했습니다." 모디의 당내 지도부 전체에서 신원 확인 프로그램은 철저한 검토 대상이 되었다.

모디가 반대 입장을 취했다는 점은 이 프로그램의 비판자들, 특히 RSS에 이념적으로 반대하는 이들에게는 놀랄 만한 일이었다. 이들은 권리와 자유에 대해 우려하고 있었으며, 모디가 이런 가치를 존중하지 않을 거라고 생각했다. 구자라트 주지사 시절 모디는 권력을 중앙집중화했고, 핵심 인물을 직접 선발하며 독립 기관들의 자율성을 훼손했다. 무엇보다 2002년 구자라트 폭동 문제도 있었다. 이 프로그램의 반대자들은 잠시 RSS와 협력해 아다르 프로젝트를 철회하는 방안을 고려했지만, 결국 이를 포기했다. 미사일 설계자인 매슈 토머스 대령은 "좌파 자유주의자들은 RSS를 좋아하지 않는다"고 말했다.

 모디가 인도의 확고한 지도자가 된 지 한 달 후인 6월 말, 닐레카니는 그와의 만남을 청했다. 그는 아다르 프로그램이 인도의 모든 거주자 명단을 포함하는 국가시민명부에 통합될 계획이 있다는 소문을 들었다. 선거가 끝난 뒤 닐레카니는 한 기자에게 "공백 상태"가 있었다고 말했다. 그 공백 속에서 국내 치안을 담당하는 내무부가 자신의 창조물을 장악하려 했다는 것이다. 닐레카니는 아다르에 그 많은 노력을 쏟아부었는데 "돌이킬 수 없이 폐기될지 모른다는 생각에 정말 가슴이 아팠다"고 기자에게 말했다. 2014년 7월 1일 정오, 닐레카니가 총리실에 들어섰다. 이후 기자에게 밝힌 바에 따르면, 그는 모디에게 아다르 프로젝트의 성과를 알리고, 아직 남은 잠재력에 대해 설명했다. 그는 이 프로젝트가 얼마나 효율적인지, 부패를 줄임으로써 얼마나 많은 비용을 절감할 수 있는지 이야기했다. 회의에 참석했던 사람들의 증언에 따르면, 모디는 이 프로그램의 진전을 제한할 수 있는 법적 문제에 관해 여러 질문을 던졌다.

 회의에 참가한 기자의 기록에 따르면, 닐레카니는 문제가 쉽게 해결될 수 있다고 답했다. 닐레카니는 아다르에 법적 근거를 부여하는 법안이 이미 준비되어 있으며, 모디의 승인만 있으면 된다고 설명했다. 닐레카니는 총리에게 말했다. "원하신다면 이번 회기 중에 법안을 통과시킬 수 있습니다. 법안을 통과시키면 대법원은 더 이상 이 문제를 건드리지 않을 겁니다." 닐레카니는 신임 총리에게 큰 수치를 제시했다. 아다르 프로그램을 그대로 유지한다면, '유령' 수혜자를 식별하고 누수를 막아 모디가 70억 달러(약 5만 크로어)를 절약할 수 있을 것이라고 했다. 크로어는 대부분의 인도인이 상상할 수 있는 가장 큰 단위였기 때문에, 이는 모디가 대중에게 내세우기에 매력적인 숫자였다. 기자의 메모에 따르면, 닐레카니는 회의에서 나올 때 자신이 프로그램의 생존을 보장할 만큼 충분히 설득했다고 확신했다. 여기에 걸린 시간은 30분밖에 되지 않았다.

회의 후 모디는 프로젝트에 대한 자신의 통제권을 확대하고 강화했다. 닐레카니가 기자에게 전한 바에 따르면, 모디는 장관들에게 자신이 책임을 맡을 것이며, "총리 아래에서 일하는 게 문제 되지 않을 것"이라고 말했다. 장관들은 그 안에 담긴 암묵적 위협을 알아차리고 곧바로 순응했다. 한 신문 보도에 따르면, 모디는 더 이상 아다르 회의론자가 아니었고, 서둘러 10억 명을 등록시키기를 원했다. 모디는 재무장관 아룬 자이틀리에게 프로젝트의 법적 문제를 해결해 헌법적으로 정당화하라고 지시했다. 이틀 후, 자이틀리의 첫 예산안에는 아다르 프로젝트에 3억 달러가 할당되었는데, 전년도에 비해 상당히 증가한 금액이었다. 이후 모디는 자신이 프로젝트 자체에 반대한 것이 아니라, 그 불완전함에 반대했던 것이라고 말했다. 그는 이전 정부는 상상력이 부족했다며, "우리는 범위를 확장했고, 규모를 증대시켰으며, 속도를 높였다"고 말했다. 모디는 프로젝트의 확장 덕분에 인도가 70억 달러 이상을 절감했다고 주장했다.

모디와 닐레카니의 면담에서 있었던 일에 대한 유일한 기록은 모디,

닐레카니, 그리고 그 방에 있었던 사람들과 가까운 '소식통'으로부터 나온 것이다. 신원 확인 프로젝트를 주시하던 이들의 관점에서 이 회의는 특별한 의미를 갖게 되었다. 구체적으로 어떤 말이 오갔는지는 거의 알려지지 않았지만, 그 회의 이후 모든 게 바뀌었다. 프로젝트는 재개되었고, 모디는 어느 때보다 더 많은 데이터를 갈망했다. 처음에 자발적으로 참여할 수 있게 도입된 아다르는 이제 삶의 모든 영역으로 확장되었고, 여기에 반대하는 것은 거의 불가능해졌다. 그들은 2014년 6월에 만났고, 같은 해 10월에는 모디가 전화번호를 아다르와 연결하라는 명령을 내렸다. 이듬해 8월, 정부가 학생들과 고용주를 돕고 '가짜 학위 문제'를 해결하기 위해 교육 기록을 아다르 번호와 연계하는 방안을 '검토 중'이라는 신문 보도가 나왔다. 몇 주 후에는 새 사업을 시작할 때도 아다르 번호가 필수가 되었다.

그동안 미디어, 공무원, 법원, 아다르 관리 감독 기관은 신원 확인 번호가 의무는 아니며, 이를 이유로 서비스를 거부하는 것은 잘못된 일이고, 심지어 불법일 수도 있다는 점을 반복적으로 설명해왔다. 그럼에도 아다르 번호는 기이한 방식으로 빠르게 확산되었고 예상치 못한 방식으로 사람들의 삶에 침투했으며, 때로는 불쾌한 형태를 띠기도 했다. 운 나쁜 사람들은 아다르를 거부한 대가를 치르는 본보기가 되었다. 아다르 번호를 연결하지 않은 은행 고객들은 계좌가 경고 없이 동결되었다고 불평했다. 어떤 여성은 아다르 번호가 없어서 병원에서 출산을 거부당하고 병원 문밖에서 아이를 낳았다. 사망자의 가족은 사망진단서를 받으려면 아다르 번호가 필요하다는 사실을 알게 되었다. 슬픔이 방해받고, 위로가 간섭받으며, 일상이 중단되는 이런 경험으로 사람들은 아다르 번호의 중요성을 의식하게 되었다. 번호의 필요성이 이런 식으로 전달되었지만 사람들은 이런 고통이 법으로 승인된 게 아니라는 데 안도했다.

나는 서벵골 출신의 작가이자 정치인이며 전직 관료인 조하르 시르카르에게 전화를 걸었다. 직설적인 화법 덕분에 그는 관료제와 정부에 대한 통찰력 있고 재미있는 논평을 제공하는 귀중한 정보원이 되었다. 시르카르는 형식이나 전통에 신경 쓸 시간조차 없는 딱딱한 행정가로서의 명성을 내세웠다. 시르카르는 모디에게 악감정을 갖고 있었고, 자신이 4년간 이끌었던 인도 공영 방송의 보도 구조를 무너뜨린 책임이 모디에게 있다고 비난했다. 나는 총리의 '품위와 수치심 결여'에 대한 격렬한 비난 그리고 '모디가 얼마나 타협을 싫어하는지'에 관한 설명을 듣고 있다가 모디의 마음을 바꾸려면 무엇이 필요하겠냐고 물었다.

"그의 마음을 바꾸는 건 불가능합니다. 그는 홍보할 아이디어를 찾고 있을 뿐이에요. 그에게는 스타일과 프레젠테이션이 중요하죠. 실질적인 내용은 그에게 지루할 뿐이에요. 이해해야 합니다. 그는 보통 사람하곤 달라요." 그는 모디를 인정욕구에 안달 난 사람이라고 묘사하며, 자신과 아무 관련 없는 인프라 프로젝트에서도 개막식 선언을 하고 싶어한다고 말했다.

나는 아다르 회의에서 닐레카니가 무슨 말을 했기에 모디가 마음을 바꿨을지 궁금했다. 시르카르는 이 기회를 틈타 총리에 대한 자신의 감정을 쏟아냈다. "이렇게 방대한 세부 정보를 보유한 전 세계 최초의 지도자가 되는 겁니다. 오호!" 그는 정부 내에서 정보가 어떻게 활용되는지 알고 있었기에 곧바로 그런 가능성을 떠올렸다. "그게 있으면 마스터 데이터베이스를 갖게 되는 거죠. 모든 정보가 담긴 작은 데이터베이스들도요. 하나가 다른 것과 연결되고, 또 다른 정보로 연결되죠. 데이터가 팝업처럼 튀어나옵니다. 슈퍼 데이터베이스죠. 닐레카니는 [모디를] 붙들고 이렇게 말했을 겁니다. '이토록 강력한 권력이라니!'" 그는 총리가 힌디어로 숨 가쁘게 반응하는 모습을 상상했다. "'아무것도 하지 않고 그렇게 강력한 권력을?' 닐레카니는 그를 붙잡고 이렇게 말했겠죠. '바로 그겁니다!'"

세상에서 자신의 자리를 알고 그것을 묵묵히 받아들이는 사람들이 있다. 다른 대안을 고려하면 번호에 등록하고 자신의 신원을 영원히 박제하는 게 합리적인 결정일 수 있다. 번거롭고 성가신 일을 누가 좋아하겠는가? 아무 설명도 주어지지 않는 정부의 명령에 저항하면서 발생하는 수많은 작은 불편함을 누가 감수하고 싶어하겠는가? 차라리 그대로 따르는 게 더 쉬운 일일 수 있다. 그렇게 하면 은행과 통신사에서 몇 주 동안 하루에도 몇 번씩 전화를 걸어오는 일을 멈출 것이고, 하루하루가 평온하며 마찰 없이 흘러갈 것이다. 신원 번호가 없다는 이유로 비정상인 취급을 받거나 다수와 동떨어진 잉여의 존재처럼 느끼지 않아도 될 테니까. 누군가가 왜 신원 번호가 없냐고 물으면 뭐라고 대답할 수 있을까? 신원 번호가 없다는 사실 자체가 그 사람에 대해 무언가를 드러낸다. 거기에 대해 설명하는 것 자체가 번호의 필요성에 대한 다수의 합의에 동의하지 않으며, 나아가 국가 입장에 반대하고 있다는 뜻이 된다. 인도를 지배하는 정당은 순응을 단결로 여기고 있었으니까.

또다시 신원 확인을 요구하는 전화로 짜증 섞인 대화를 마치고 나면, 싸움이라도 한 것처럼 몇 시간 동안은 피로가 가시지 않았다.

"아다르를 계좌에 연결하셨나요?"

"아니요."

"언제 하실 건가요?"

"모르겠어요."

"계좌가 동결될 겁니다."

"그건 불법이라고 판결이 났는데요. 불법이에요." 나는 망설이며 말했다. 사실 정확히 법원이 뭐라고 했는지는 나도 몰랐다.

"명령이 내려왔어요."

"어디서요?"

"위에서요."

"하지만 은행에 이미 제 신분증이 등록돼 있잖아요. 저는 14년 동안 그 은행 고객이었는데요."

"그래도요."

그런 게 하루에 두세 번, 몇 주, 몇 달 동안 계속되었고, 해결책 없는 교착 상태가 이어졌다. 나의 거부는 거부를 독립의 표현으로 여기지 않는 존재에 대한 반항이었기 때문이다. 나의 거부 행위는 어느 순간 영웅적으로 느껴졌다가, 또 어느 순간에는 완전히 무의미하게 느껴지기도 했다. 돌이켜보면 나의 패배는 번호의 필요성이 전달되는 방식에서 이미 정해져 있었다. 내게는 개인적인 싸움이었지만, 나를 설득하려는 사람들은 얼굴 없고, 한계 없는, 그날그날 주어진 목표에 따라 움직이는 존재였다. 그들에게 나는 번호가 매겨지지 않은 골칫거리일 뿐이었다. 그들은 전화를 걸어 훈련받은 대로 이전 상담원들이 감정 없이 했던 말을 반복했다. 나는 내가 아는 아다르 거부자들과 일상에서 번호 강요를 견디는 방법에 관해 정보를 공유했다. 아직 번호 발급이 자발적이었을 때 어느 해에는 연간 세금신고서에 아다르 번호 입력이 의무화되었다. 번호가 없으면 세금신고서를 온라인으로 제출할 수 없었다. 누가 그렇게 했을까? 누가 알았을까? 개인의 행동은 결국 정부 부처의 거대 시스템에 흡수되고 만다. 번호 거부자 커뮤니티는 정부의 요구를 회피하고 가짜로 적어넣을 수 있는 비밀 숫자 조합을 공유했다. 그런 작은 만족의 순간은 드물었고, 금세 지나가버렸다. 그들은 융통성 없는 공무원들과 대화하고 소소한 업무를 해결하기 좋은 적절한 어조와 말의 순서에 대해서도 조언을 주고받았다. 하지만 이런 대화 자체가 실은 삶이 점점 더 빡빡해지고 있다는 신호였다. 완치도 안 되고 그저 관리만 가능한 상태로.

한동안 나는 왜 이렇게 불안한지, 왜 이 상실감이 되돌릴 수 없다고 느껴지는지 혼란스러웠다. 그 이유는 시간이 지나면서 선택과 표현에 대한 이 나라의 강요가 점점 더 무겁게 느껴졌기 때문일 것이다. 식당 메뉴에서 소고기가 사라지고, 극장에서 국가가 연주되며 기립하라는 지시가 내려졌을 때 기립하지 않은 관객과 싸우려드는 사람들을 봤을 때처럼. (강요는 여기서 그치지 않았다. 모디는 어느 날 저녁, 탈세를 막기 위해 고액권 지폐를 갑작스레 폐기한다고 발표했다. 그 때문에 사람들은 몇 주 동안 전국 은행 지점 앞에 길게 줄을 서서 지폐를 교환해야 했다. 사람들은 서로에게 "나라를 위한 일"이라고 말했다.) 또 팬데믹 초기에는 갑작스러운 봉쇄령을 내려, 나라 전체가 대비할 시간도 없이 기차 운행 중단, 도로

폐쇄, 주 경계 통제가 시작되기 전, 네 시간 만에 집으로 돌아가야 했다. 이 때문에 인도-파키스탄 분리 당시보다 더 큰 규모의 이동이 일어났지만 사람들은 "모디가 한 일이니 심사숙고해서 내린 결정이겠지"라는 말로 위안 삼았다. 그런 강요들은 그래도 다른 주로 이동한다거나 극장에서 국가가 연주될 때 밖에 서 있는 식으로 해결할 수 있었다. 선택의 제약은 지도자들이 지역구마다 다른 약속과 규제를 시행하는 데서 생기는 틈과 허점을 이용해 극복할 수 있었다. 반면 아다르 번호는 보편적이고 훨씬 더 개인적인 문제로, 단순히 개인의 선택이 아니라 사람 자체를 겨냥한 것이었다. 그 과정에서 의미 있는 대화도, 진정으로 설득하려는 시도도 없이 오직 정부의 명령이라는 둔탁한 힘만 작용했을 뿐이다. 이 프로그램에 대한 내 생각과 저항은 그들에게는 불편한 것이었다. 전화 거는 이들이 계약을 맺으려는 건 나의 신원을 식별하는 표식들이지 내가 아니었기 때문이다. 그게 마치 별개인 것처럼. 그래서 2017년인가 2018년의 어느 날, 나는 내 몸을 질질 끌고 은행으로 갔다. 내 몸은 등록 담당자가 최종적으로 신원을 확인하는 데 필요한 서류를 던지듯 내밀었다. 담당자가 카메라를 보라고 하자 내 몸은 마지못해 눈을 떴고, 지문 인식기에 손가락을 대라는 말에 내 몸은 화가 난 듯 분노의 몸부림으로 유리 표면에 얼룩을 남겼다. 나는 그 몸을 데리고 밖으로 나와 보도 위에 서서 지나가는 차들을 바라보며 방금 일어난 일을 생각하지 않으려고 애썼다. 뭔가를 강제로 빼앗겼는데 불만을 토로할 곳은 아무 데도 없었다.

    몇 주 후 아다르 번호가 적힌 카드가 도착했고, 우리는 그것을 거의 열지 않는 서랍 속 서류 더미 아래 묻어두었다.

그때조차 나는 내가 이 일을 너무 심각하게 받아들이는 게 아닐까 하고 생각했다. 특히 내 주변에는 거기에 대해 신경 쓰는 이가 거의 없었다. 사람들은 임의로 강요된 규칙을 나보다 훨씬 더 잘 받아들이는 듯했다. 대부분의 사람에게 그것은 그저 또 하나의 받아들여야 할 일일 뿐이었고, 그들은 금세 잊고 지나갔다. '위에서'라는, 신비로운 권위를 가리키는 표현으로 명령이 내려오면, 유일하게 현실적인 선택—곤란한 문제나 잠재적 불이익을 피할 방법—은 그저 순응하는 것뿐이었다. 언젠가 문제가 생길 수도 있지만, 확률은 반반이었다. 반면 문제를 일으키면 100퍼센트 더 큰 문제가 생긴다. 사람들은 그 번호가 어떻게 사용될지, 정부 부처가 거기서 어떤 효용을 발견할지, 혹은 먼 미래에 어떤 억압을 당할지 굳이 생각하지 않았다. 이런 문제를 외치는 목소리들은 엘리트주의라거나 기술을 혐오하는 러다이트라는 비난을 받았고, 개발도상국의 현실적 필요를 이해하지 못한다는 평가를 받았다. 음식과 주거 문제가 시급한 상황에서, 사생활 문제는 중요도 면에서 밀려났다.

30년 이상 금융업에 몸담아온 인도의 한 소규모 은행 CEO는 은행들이 아다르 번호를 미국의 사회보장번호처럼 합법적인 것으로 간주한다고 말했다. 게다가 '정부도 그 번호를 강력히 밀고 있었기 때문에' 은행에 끊임없이 전화를 해대는 거라고 했다. "신원을 증명하는 가장 좋은 방법이었어요. 계좌 모니터링 측면에서도 당신이 진짜 사람임을 알려주죠." 그는 아다르 번호의 여러 이점을 설명하며 사기 방지에 유용하다는 점도 들었다. 번호만 입력하면 연결된 모든 계좌가 뜬다. 계좌에 "세금 번호가 연동되어 있다면 당신의 계좌는 자동으로 파악됩니다."

나는 그가 신중한 태도를 벗어던질 수 있게 애쓰며, 번호에 연동된 계좌로 개인의 재정 상태를 파악할 수 있는지 물었다. 그는 웃으며 즉시 그렇다면서, 기업가식 완곡어법으로 답했다. "공식적으로 언급되지는 않았지만 이것으로 개략적인 재정 상태를 알 수 있습니다."

그 도구의 감독을 맡은 당국은 그를 불안하게 만들었다. 계좌 소유주를 식별하는 능력에는 체포에서부터 재정적 파산에 이르게 하는 처벌 도구까지 뒤따를 수 있었다. "권력자가 내 계좌를 동결하려고 하면 나는 속수무책일 겁니다. 기업의 계좌가 동결된 사례를 본 적이 있는데, 지급 사이클이 완전히 마비되었고, 그 연쇄 작용으로 결국 파산했어요."

그는 아다르 번호에 대해 생각하면서 집권당의 특권에 의문이 들었다. "보호자로부터 당신을 보호하는 것. 그게 문제죠. 그들과 맞서는 건 정말 어려운 일이에요. 모두가 알지만 아무도 이야기하고 싶어하지 않죠. '조용히 네 자리나 지키고 권력자들과 싸우지 마.' 그렇게 말하는 것처럼요. 그게 현실이에요. 사람들은 현재 벌어지는 일이 더 큰 공동의 선을 위한 것이라고 생각해요. 당신의 우려는 엘리트주의적이라는 말을 듣게 되죠. 하지만 정말로 선진국이 되려면 다양한 관점이 존재해야 해요. '내 방식이 싫으면 네가 나가.' 이런 식이면 안 되죠. 내게는 내가 만나고 싶은 사람을 만날 권리가 있어요. 여기는 민주주의 국가잖아요. 그런 관용의 수준은 성숙함에서 나와요. 하지만 우리가 권력을 맡긴 사람들은……." 그는 사람의 친분관계와 교류가 충성심을 의심하고 반역 행위를 주장하는 근거가 될 수도 있다는 점을 이해하고 있었다. 자유롭게 사람을 만나고 시위에 참가하는 건 위험했다.

그는 잠시 멈추고 망설이다가 말했다. "종교라는 카드를 내세워 그걸 국가의 전반적인 발전과 연결 짓는 것은 위험해요. 그런 내러티브는 위험해집니다." 대화가 정치적인 방향으로 흐른 것은 놀랍지 않았다. 그 문제에 대해 진지하게 생각해본 사람들, 신원 확인 기술의 실체를 파헤친 사람들은 결국 어느새 정치, 민족주의, 종교 갈등에 대해 생각하게 된다. 그 끝이 어디인지 고민하는 사람들에게만 해당되는 이야기였다.

6.
신원 확인 프로그램 소송

한 여자가 가운을 휘날리며 검문소를 잽싸게 통과했다. 그녀를 뒤쫓으려던 경찰관이 멈춰서서 외쳤다. "부인, 생체 인식을 잊으셨어요!" 생체 인식 장치는 대문 옆 벽에 걸린 작은 상자였다. 대법원 단지에 들어오는 방문객들은 엄지손가락을 들어 이 장치에 경의를 표해야 했다. 서기, 사본 배달원, 변호사, 방문객의 출입을 허가하거나 거부하는 까다로운 접수 담당자까지 모두 이 장치에 출석을 기록했다. 평소 성실한 경찰관의 근무 태도로 보아 그녀가 이곳에 새로 온 사람임을 알 수 있었다. 앉아서 몸을 뒤로 젖히고 있던 나이 많고 노련한 경비원이 천천히 말했다. "그건 저 사람 문제지." 철저히 통제된 대법원 출입구에서도 생체 인식의 시대가 이제 막 삐걱거리며 시작되었다.

잔디밭은 밤새 내린 이슬비로 새롭게 단장되었고, 축제용 비계飛階가 세워져 있었다. 편집자로부터 전화를 기다리던 법원 기자들은 삼각대에 카메라를 올려놓고, 멀리 보이는 대법원의 돔과 그 위에서 펄럭이는 깃발을 향해 고정한 채 잔디밭에 앉아 있었다. 2018년 9월, 최근 기억 중 가장 논란이 많았던 대법원장 디팍 미스라의 마지막 업무가 며칠 안 남은 때였다. 그해 초 대법관 네 명은 이례적으로 기자회견을 열어 미스라의 결정이 대법원의 독립성을 지키지 못했다고 비난했다. 그들은 "민주주의가 위기에 처해 있다"고 말했다. 그렇게 말한 데에는 직접적인 이유가 있었다. 나렌드라 모디 총리의 핵심 전략가이자 BJP의 당수인 아미트 샤가 얽힌 민감한 사건을 디팍 미스라가 특정 판사에게 배정했기 때문이다. 당시 사건의 배정 권한을 쥐고 있던 미스라는 BJP에 우호적이라고 알려진 판사에게 해당 건을 배정했다.

미스라는 사원 문제, 세금, 신원 확인 프로젝트 등 초미의 관심사인 사건들을 임기 마지막 주로 미뤄두었다. 잔디밭에서는 그의 고별 오찬 준비를 위해 긴 천으로 된 칸막이들이 세워지고 있었다. 일렬로 늘어선 테이블에서 요리사들 역시 일렬로 늘어선 채 채소를 다듬으며 웃음꽃을 피웠다. 축제 분위기였고, 작별 인사에서는 어딘가 후련함이 묻어났다.

법원은 5000톤의 강철 프레임에 붉은색과 황갈색 사암을 외장재로 쓴 건물이었다. 1950년대에 지은 건물로, 당시 델리 공공사업부는 최초의 인도인 수석 건축가를 배출했다. 하지만 그는 인도를 떠나간 식민 통치자들이 즐겼던 고압적 스타일로 건물을 설계했다. 윤이 나는 구두에 양말은 신지 않은 법학도들이 거대한 국기 아래서 사진을 찍고 있었다. 돔 바로 아래 방은 대법원장이 사용하는 제1법정이었다. 등록된 기자와 재판 관련 당사자만 입장할 수 있었다. 방 바깥에서 경비원이 내 서류를 확인한 뒤 말했다. "이 출입증으로는 여기까지만 들어갈 수 있습니다." 그러면서 문을 가리켰다. 문이 열리자 펄럭이는 두꺼운 갈색 커튼 사이로 판사들이 보였다.

관람하기 가장 좋은 장소는 법정 앞 뻥 뚫린 마당이 아니라, 왼쪽 복도 끝이었다. 제5법정 입구에는 지친 노년의 경비원이 금속 벤치에 하루 종일 앉아 있었다. 그는 가끔씩 일어나 유명 변호사들을 위해 문을 열어주었다. 그의 목에는 델리 경찰 소속임을 나타내는 사원증이 걸려 있었다. 아직 오전 11시밖에 되지 않았지만, 경비원은 벌써부터 체력을 아끼고 있었다. 그의 신체 검색은 허리에서 시작해 허벅지에서 끝났고, 손바닥이 금속 탐지기라도 되는 듯 허공을 훑었다. 그를 지켜보고 있자니 왠지 모르게 안타까운 기분이 들었고, 그의 역할도 도무지 이해되지 않았다. 방은 심장처럼 고동치며 매초 변호사들을 들이마시고 내뱉었다. 변호사들은 서로 밀치고, 몸을 비켜 지나가며, 다른 이의 머리 위로 악수를 나누고, 목을 빼 판사들의 말을 들으려 애쓰다가 판사가 말을 마치자마자 재빨리 뛰쳐나가곤 했다. 그 와중에도 경비원은 묵묵히 임무를 수행했다.

법정 밖에 게시된 목록을 보면 그날 이 법정 한 곳에서만 359건의 사건이 예정되어 있었다. 오전 11시 40분, 법원이 개정한 지 한 시간 지난 시점에, 문 위에 설치된 디지털 전광판에는 현재 판사들이 여덟 번째 사건을 심리 중이라고 표시되었다. 그 후 5분 동안 판사들은 세 건을 더 처리했다. 사건 번호는 나타났다가 몇 분 만에 사라졌고, 4분 만에 그날의 열두 번째 사건이 판사들 앞에 놓였다. 법정 밖에는 더 많은 변호사가 몇 시간 동안 서서 자신에게 주어질 몇 초간의 법원 심리를 기다리고 있었다. 이들은 대부분 주니어 변호사로, 그들의 역할은 기다리고, 지켜보다가 디지털 전광판의 숫자가 자신의 사건 번호와 가까워지면 선임 변호사에게 신호를 보내는 것이었다. 사건 번호가 다가오면 수석 변호사들이 휴대전화를 귀에 댄 채 모습을 드러내곤 했다. 복도를 바삐 오가는 변호사와 의뢰인들을 보면서, 나는 뭄바이 남부의 크리켓 경기장이 내려다보이는 발코니에서 또래 친척과 나눴던 대화를 떠올렸다. 그는 10년째 부동산 거래 관련 소송에 얽혀 있었는데 그 때문에 머리가 하얗게 새어버렸다. 그는 불 꺼진 경기장을 바라보며 말했다. "빌어먹을 정의만 평생 기다렸는데 빌어먹을 판결은 순식간에 끝나버려."

그 모습을 지켜보는 동안 서류철들이 등장하기 시작했다. 대형 카트에 실려 들어온 소득세 관련 서류는 갈색 카드지로 커버를 씌우고 흰 끈으로 묶여 있었다. 하도 많이 들춰봐서 귀퉁이가 너덜너덜해졌던 서류들은 이제 그 귀퉁이마저 사라지고 없었다. 서류는 경비원 옆에 각각 4피트 높이, 열다섯 더미로 쌓였다. 경비원은 무표정하게 평소와 똑같다고 말했다. 그 모든 사람, 그 모든 서류, 그 모든 오랜 분쟁은 오전 10시 30분부터 오후 5시까지 판사들이 자리를 비우는 점심시간 한 시간을 제외하고는 이 법정 한 곳에서 모두 처리되어야 했다. 그리고 이튿날이 되면 또 새로운 서류 더미들이 들어올 것이다. 나는 법정의 복도를 걸으며 그곳의 리듬을 살폈다. 변호사들이 한 방에서 다른 방으로 이동하는 방식, 식사하는 곳, 법복 아래로 삐져나온 짙은 색 운동화도 눈에 익혔다. 오후 4시 30분쯤, 한 법률 뉴스 웹사이트에서 아다르 건 판결이 다음 날인 2018년 9월 26일에 내려질 거라고 발표했다. 그동안 내가 인터뷰했던 변호사들과 여러 사람으로부터 메시지가 쏟아지기 시작했다. 그 후로도 하루 종일 친구, 가족, 기술자, 디자이너, 활동가들로부터 계속 알림이 들어왔다. 그들은 마침내 그날이 왔다는 사실에 안도하면서도, 판결 결과에 대한 불안감 역시 느끼고 있었다.

법정에서 사건들이 처리되는 속도를 알게 되니, 2018년에 일어난 일이 얼마나 비정상적이었는지 더 분명해졌다. 'S. G. 봄바트케레 외 기타' 대 '인도 연방 정부 외 기타' 사건, 즉 아다르에 반대하는 집단 소송 사건이 열리는 인도 대법원장 법정에서는 목소리가 가다듬어지고, 일정이 비워지고, 시간은 느리게 흘러갔다. 처음부터 신원 확인 프로젝트 사건은 대법원에서 단번에 최종 결론을 내리기로 했다. 그래서 대법원장과 네 명의 대법관으로 구성된 헌법 재판부는 1월 17일부터 5월 10일까지, 법정이 열린 73일 중 38일 동안, 제1법정에서 아침부터 저녁까지 신원 확인 시스템에 대한 찬반 주장을 경청했다. 독립 인도 역사상 이보다 더 오래 지속된 심리는 단 한 차례밖에 없었다.

젊은 변호사 라훌 나라얀은 대법원으로 가는 과정이 너무 울퉁불퉁하고 좌절스러워서 자신이 냉소적으로 변했다고 했다. 청원자들은 6년 동안 법원에 소송을 제기했지만, 사법 제도의 한계에 직면했다. "우리 주장을 들은 판사 수가 얼마나 많은지 몰라요. 은퇴해버리거나 다른 재판부로 사건이 넘어가기 일쑤여서 계속 똑같은 내용을 반복 설명해야 했죠. 이게 끝나면 [건물에서] 뛰어내릴지도 모르겠어요." 또 다른 변호사인 아파르 굽타는 선임 변호사가 몇 주 동안 법원에 아다르 사건에서 중요한 부분을 차지하는 사생활권 관련 심리를 시작해달라고 요청했지만, 번번이 거절당했다고 했다. 하지만 마침내 심리가 시작되던 날, 그는 교통 체증에 갇혀버렸다.

심리가 늦어지면서 당국은 아다르 번호를 확산시킬 시간을 벌었고, 추가 등록으로 시스템에 반대하는 논리를 펼치기는 더 어려워졌다. 나라얀은 심리가 지연된 것도 고의 술책이었을 가능성이 높다고 말했다. "2013~2014년쯤부터 이미 정부의 전략은 최대한 시간을 끌고, 그사이에 최대한 많은 사람을 등록시키자는 것이었어요. '벌써 이렇게 많은 사람이 등록했다'고 법원에 말하려는 거죠." 숫자의 무게는 법원의 결정에 압력으로 작용했다. 나라얀은 말했다. "법원이 아다르를 폐기하라고 하면, 정부가 이미 [1억2000만 달러]를 썼다는 점에서 비판에 직면하겠죠." 법원은 헌법을 뒷받침으로 삼지만, 여론 앞에서 헌법의 한계를 의식하고 있었다. 법원이 나랏돈을 낭비한다는 인상을 줄 수는 없었다.

헌법 전문 변호사 메나카 구루스와미는 이 사건에서 시민권의 본질에 해당되는 문제들이 위협받고 있다고 봤다. 전화를 걸자 그녀는 이를 일련의 질문으로 풀어서 설명해주었다. "우리는 정부에 어떤 존재인가?" "정부는 우리에게 어떤 존재인가?" "우리는 어떻게 인식되는가?" "있는 그대로의 자신으로 인식되는가, 아니면 우리의 습관으로 인식되는가?" "우리는 얼마나 드러났는가?" "우리에게 남은 권한은 무엇인가?" 그녀는 이어서 말했다. "시간과 헌법이 이 질문들에 대한 답을 주겠지만, 여기서 법원은 추가 질문을 고려해야 합니다. '국민의 홍채와 지문 정보를 채취한 국가 신원 확인 시스템이 이런 질문들에 어떤 영향을 미치는가?'에 대해서요." 구루스와미는 덧붙였다. "인도에서 여태껏 이 정도로 중요한 사건은 별로 없었습니다."

2018년 1월 아다르 심리가 시작되었을 때, 선임 변호사 샴 디반은 법정에 일찍 도착했다. 처음에 그는 이 사건에 별로 확신이 없었다고 경제학자 케라는 말했다. "그는 자신이 복지 문제를 다루기 불편해한다는 걸 판사도 바로 알아챌 거라고 생각했어요." 그의 전문 분야는 상법이고, 안락한 삶을 살아온 그는 복지 문제에서 그다지 설득력이 없을 거라고 여겼다. 그는 명망 있는 법률가 집안에서 태어났으며, 매끄러운 회색 석재와 유리로 지어진 뉴델리 대저택에서 살았다. 집 앞에는 고급 승용차가 줄지어 서 있었고, 그 바로 너머 작은 공원에서는 나무, 잔디, 새들과 함께 아침마다 도우미의 부축을 받아 천천히 산책하는 노인들이 보였다. 그의 말투와 행동에서는 하얀 식탁보, 반짝이는 식기, 무거운 금촉 만년필, 조용한 서재의 분위기가 배어났다. 케라가 그의 사무실을 방문했을 때, 그녀는 그가 쓰는 완벽하게 정돈된 큼직한 책상, 그 위에 놓인 인상적인 모니터, 창밖 너머로 내려다보이는 정원을 보았다. 그녀는 짧은 소매 셔츠를 입고 딱딱한 표정으로 책상에 앉아 있는 그를 떠올렸다. 뉴델리 엘리트 특유의 부드럽고 점잖은 태도와는 거리가 있었다. 그녀는 속으로 생각했다. "전형적인 남부 봄베이 도련님." 케라는 아다르 시스템이 복지에 적용되면 문제가 생긴다는 점을 디반이 이해하길 바랐다. 그래서 디반을 자르칸드로 초대해 신원 확인 시스템의 문제점을 직접 보게 했고, 그들은 그 여정을 드레즈와 함께했다.

그리고 마침내 2018년 1월 17일 오전 10시, 서른 명의 청원인을 대표한 디반은 판사들 앞에 서서 그 신원 확인 프로젝트의 근본 문제를 설명하며 경제학자, 법률 연구자, 사생활권 운동가, 기타 전문가들의 이해와 우려를 종합적으로 제시했다.

디반은 말했다. "어떤 민주주의 국가도 시민의 자유를 이렇게 뒤흔들 만한 도구를 채택한 적은 없습니다. 어떤 민주주의 사회에서도 이와 비슷한 도구조차 존재하지 않았고, 그런 도구들은 잠재적 위험 때문에 거부되었습니다." 그는 아다르의 운영을 계속 허용하는 것은 헌법의 목적을 왜곡하고, 국민이 아닌 국가를 보호하는 방향으로 나아가게 한다고 설명했다. 그가 점차 초점을 맞춰가던 문제, 대부분의 반대 의견 중심에 놓인 문제는 바로 이 시스템이 전례 없는 수준의 감시를 가능케 한다는 점이었다. 그는 "이 시스템은 인도 내 모든 거주자를 전자 목줄에 묶어놓는 것"이라고 말했다. "이 목줄은 중앙 데이터베이스에 연결되어 있으며, 시민의 삶 전반에 걸친 거래를 추적하도록 설계되었습니다." 그의 말은 신원을 삶의 거래 총합으로 상상했던 비라지 초프라의 발언을 떠올리게 했다. 하지만 초프라의 비전은 시스템의 사용과 성과가 평가되기 훨씬 전, 프로그램의 초기 단계에서 나온 것이었다. 디반은 삶이 일련의 기록이 되고 측정된 거래로 간주되는 개념이 실현되었을 때 어떤 일이 벌어질지를 설명했다. 그는 이 프로젝트가 개인의 신원을 차단하는 '스위치'를 정부에 제공하는 것이며, 개인의 '시민적 죽음'을 초래할 수 있다고 주장했다. 그는 이후 엿새간 아다르에 대한 반대 의견과 증거 자료를 제시하며 이 프로그램의 헌법적 정당성에 도전했다. 그 과정에서 개인이 자신의 몸에 대해 갖는 권리를 법원이 선언하고, 시민에게는 자신의 거래 기록을 보관하지 않을 권리가 있음을 명확히 인정하기를 원했다. 디반은 그 주장을 그

쯤에서 마치고 다른 논거를 이어갔다.

 심리는 5월 10일에 마무리되었다. 이제 판사들의 결정을 기다리는 일 외에는 할 수 있는 게 없었다. 청원인, 변호사, 내가 인터뷰했던 사람들은 마치 직접적인 정보를 얻은 듯한 낮고 떨리며 흥분된 목소리로, 판결이 임박했다고 알려주었다. 그들의 정보는 틀린 것으로 판명되었지만, 판결일에 대한 상상을 떨칠 수 없는 그들의 간절함이 내게도 전해졌다. 정부, 기술, 제도적 절차의 불확실성 속에서 확고한 기반과 일말의 안정감을 찾으려는 그 필사적인 몸부림을. 정말로 지혜가 작용하는 시기였다면, 대법원 내부에 어떤 위기도 없는 시기였다면, 사법 명령들이 글자 그대로, 사법 정신 그대로 이행되는 시기였다면, 법이 결격 없이 그 역할을 수행하는 때였다면, 이 모든 게 제대로 작동했다면 판결일 자체는 덜 중요하게 여겨졌을 것이다. 그 기다림 속 상상은 판사들에게로 향했고, 판사들의 성향에 관한 추측은 무성했다. 배석한 판사 중 가장 젊은 이가 먼저 의견 초안을 작성했고, 나머지 판사들은 계속 작업 중이라는 말이 들렸다. 또, 가장 젊은 판사가 다수 의견 판결을 작성했다는 이야기도 들렸다. 판사들이 서로의 의견을 공유하고 자신의 의견을 다시 쓰고 있다는 소문도. 사람들은 공화국의 미래에 대한 단서를 찾기 위해 작은 소문과 암시까지도 면밀히 검토했다.

 법원 판결이 내려지기 전 긴 침묵이 깔린 어느 날 저녁, 나라얀은 남부 델리에 있는 자신의 사무실에 남아 인터뷰를 하는 데 동의했다. 그는 아무 말 없이 깊은 의구심에 사로잡혀 있었다. 결과가 어떻게 나올지에 대한 확신이 없어서가 아니라, 이제는 법원이 올바른 결정을 내릴 거라고 믿지 않게 되었기 때문이다. 또 그는 이 사건이 자신을 어떤 식으로든 변화시켰을 거라는 생각에도 빠져 있었다. 처음에 이 사건을 맡았을 때 그는 자신이 따르던 최선의 원칙에 충실했다. 의뢰인과 일정한 거리를 유지하고, 그들의 주장을 경청하되 그대로 받아들이지는 않는 것. 그 거리 덕분에 그는 효과적인 논거와 비현실적 주장을 구분할 수 있었다.

하지만 시간이 지나면서 아다르 관련 심리가 시작되고 지연되는 동안, 또 아다르에 대한 공개 비판이 신문에서 재빠르게 반박되는 것을 보는 동안, 그는 점차 이 신원 확인 프로젝트가 위험하다는 생각을 받아들였다. 그것을 추진하는 연료는 망상이었기 때문이다. 특히 법정에서 정부 측 변호사가 인도인들에게는 사생활권이 없다고 발언하던 그 비현실적인 순간이 그를 못내 거북하게 만들었다. "법정에서 아다르 비판자들에게 반대 입장을 취하는 것과는 별개로 이건 그냥 막 나가겠다는 거잖아요? 아니, 그러니까 사생활권이 없다니 그걸 말이라고 하는 겁니까? 정부가 어떻게 그런 말을 할 수 있어요?" 그 발언으로 심리는 중단되었고, 법원은 헌법이 사생활권을 보장하는지에 대한 결정을 내려야 했다. 이런 주장과 입장을 들은 나라얀은 변호사로서나 시민으로서나 몹시 불편했다. "누구나, 아니 적어도 나는 처음에 정부가 악의적이고 나를 해치려 한다고는 생각하지 않았어요. 하지만 결국엔 그렇게 한 것처럼 보였죠." 그는 덧붙였다. "그게 저를 급진적으로 바꿨어요."

급진적이 되었다고 말하면서 그는 법정에서의 경험 때문에 스스로도 인정하기 껄끄러울 만큼 터무니없는 이론들까지 고려해봤음을 시사했다. 판사들에게 정말로 말하고 싶었지만 차마 입 밖에 낼 수 없었던 것은—그는 그 말이 어떻게 들릴지 의식하며 잠시 머뭇거렸다—신원 확인 프로젝트가 나치즘에 가깝다는 주장이었다. "하지만 아니죠. 누구라도 그렇게까지 하고 싶어하진 않죠. 그건 너무…… 그러니까, 홀로코스트는 인류 역사에서 너무나 특이한 사건이었으니까, 그걸 뭔가와 가볍게 비교할 수는 없는 일이잖아요?"

나라얀은 나라가 그런 상황에 이른 것은 광범위하게 자행되는 부패 때문이 아니라, 부패에 대한 과장된 인식 때문이라고 생각했다. "시민들의 마음속에 부패라는 허상이 너무 커져서 사생활에 대한 우려를 압도해버린 거예요. 부패가 가장 큰 문제가 되면 부패 근절 조치가 터무니없든 효과가 좋든, 얼마나 잔혹하든 상관없이 대중에 의해 정당화되는 거죠. 그러니 그 과정에서 시민의 자유가 파괴된다 해도 이렇게 말해요. '뭐, 부패는 나쁜 거니까.'" 그는 아다르 지지자들의 말투를 흉내내듯 말했다. "'사생활이 뭐가 중요해?' '숨길 게 없으면 문제 될 게 뭐야?'"

"저는 우리 모두가 이 나라에서 이루어지는 공적 담론의 질에 대해 자문해봐야 한다고 생각해요. 기술이 모든 문제의 해결책이라거나 부패는 절대 악이라고 일반화하고, 문제를 지나치게 단순화하며 실제로는 말도 안 되는 거대한 해결책들에 자신을 너무 노출시키고 있는 건 아닐까 하고요."

그는 아다르에 대한 지지가 국가 발전에 대한 불만족과 연결되어 있다고 생각했다. 그는 그 점을 재미있어했다. "아다르의 가장 열렬한 지지자들은 적당히 괜찮을 삶을 살고 있는 중산층이에요. 그들의 삶은 분노, 고통, 불행으로 가득 차 있지 않아요. 그런데도 그들은 '새로운 인도'를 원하고 이를 위해 엄청난 파괴가 필요하다고 생각하죠." 그는 이어서 말했다. "만약 제가 오리사에서 땅을 전부 잃고, 한쪽에서는 마오주의자, 다른 쪽에서는 정부로부터 피해를 입은 가난한 부족민이라면, 정부가 구성된 방식에 화가 나고 불만을 느꼈겠죠. 그리고 뭔가 행동에 나섰을 거예요." 그는 사람들이 인도가 달성한 진보를 당연시하는지 의문을 가졌다. "지금까지의 발전 과정에서 많은 부분이 엉망이었다는 데는 저도 동의해요. 하지만 그런 건 고칠 수 있어요. 캄보디아의 폴 포트*처럼 모든 걸 파괴하고 처음부터 다시 세울 필요는 없습니다. 모르겠어요. 과거를 완전히 파괴해서는 안 된다는 생각은 자유주의적 관점일까요, 보수적 관점일까요?"

나는 그에게 구자라트 출신의 인권운동가 티스타 세탈바드의 사례를 언급했다. 2002년 구자라트 폭동 이후, 세탈바드는 폭력 사태의 책임자로 모디를 지목했다. 10년 후 정권이 교체되고 모디가 총리로 선출되자, 당국은 그녀를 상대로 소송을 제기하고 삶의 세부까지 속속들이 파헤치기 시작했다. 인권운동가들을 상대로 법적·형사적 사건을 조작하리라는 건 널리 예상된 일이었지만, 나는 그녀의 개인적인 씀씀이와 소비 행위가 대중에게 도덕적 결함처럼 공개된 방식에 놀랐다. 경찰은 브리핑에서 그녀가 빈민들을 위한 기부금을 술 구매에 낭비했다는 인상을 심어주려 했지만 그녀의 변호사는 이 주장을 즉각

• 캄보디아 공산당 비서이자 총리를 역임한 캄보디아 역사상 최악의 학살자이자 독재자. 킬링필드로 불리는 학살을 주도했다.

반박했다. 경찰이 그 이야기들을 퍼뜨린 이유는 여론을 끌어내기 위해서였다.

그의 생각은 다시 데이터베이스로 이어졌고, 그는 다시 한번 국가사회주의를 언급했다. "나치는 말이에요, 그들이 가장 먼저 한 일은 사람들의 명단을 작성하는 거였어요. 어떤 특정 종교를 가진 사람이 X라는 자산을 소유하고 있고, 특정 개인이 다른 사람과 어떤 관계를 가지고 있는지 정확히 알 수 있다면, 그럼 이 나라에서 폭동이 얼마나 더 정밀해질지 상상해보세요." 그는 덧붙였다. "이 모든 정보를 한곳에서 손쉽게 얻을 수 있다면 그 자체로 이미 안전하지 않은 상태인 거죠." 2018년 8월, 그 대화를 할 때 그의 말은 현실이 될 가능성을 품고 있었다. 하지만 내가 그 인터뷰 메모를 다시 읽은 2023년에 그 가능성은 이미 현실이 되어 있었다. 우리가 대화했던 장소에서 불과 몇 마일 떨어진 동부 델리에서, 그로부터 불과 2년 후, 남성들은 힌두교인 집에 세 들어 사는 무슬림 세입자들을 정확히 노리고 무슬림 상점에 불을 질렀지만 힌두교 상점은 건드리지 않았다.

2018년 9월 25일 밤은 조용했지만 평온하지는 않았다. 방갈로르의 한 기술자는 아다르에 반대하는 청원인들을 조용히 지원해왔는데, 그날 밤은 휴대폰을 꺼두기로 했다. 그는 만족스러운 판결이 나오지 않을 거라고 생각했다. 판사 몇 명이 은퇴를 앞두고 있었던 터라, 괜히 정부에 불리한 결정을 내려 앞날에 펼쳐질 명예로운 한직을 위험에 빠뜨릴 가능성은 낮아 보였다. 그 기술자는 며칠 동안 잠수를 타겠다고 했다.

델리에서 2014년부터 아다르에 반대해온 한 활동가는 불길한 예감에 휩싸였다. 그는 사람들이 왜 그렇게 자발적으로 신원 확인 시스템을 순순히 따르는지 이해할 수 있었다. 정부가 선의로 움직인다고 생각했을 테니까. "그냥 우리 삶의 권한을 그들에게 넘겨주고 있는 거예요." 한때는 이 시스템이 얼마나 침해적인지 이해한다면 법원도 자신들의 편에 설 거라고 믿었다. 하지만 이제는 확신이 없었다. 판사들은 아다르를 옹호하기 위해 작성한 파워포인트 프레젠테이션을 증거로 채택했다. 그러니 무슨 희망이 남아 있겠는가? 그의 결혼식 피로연에서는 디지털 권리 운동가인 배우자와 함께 '아다르에 저항하라'와 '아다르는 실패작!'이라는 문구가 적힌 포스터로 홀을 장식했다. 그날 밤 그는 다른 '아다르를 재고하라Rethink Aadhaar' 회원들과 함께 모여 미래를 구상했다.

아마다바드에서 리티카 케라는 판결 당일을 준비하고 있었다. 10여 년간의 활동가 경험으로, 그녀는 언론의 관심을 끄는 방법을 정리한 1페이지짜리 가이드를 만들어두었다. 열다섯 항목으로 이루어진 가이드는 단순하지만 집약된 무기였다. 법정에서의 기억은 그다지 좋지 않았다. 처음에는 법정에 출석하며 부지런히 메모했지만, 정부 관료의 증언을 듣다가 "거짓말!" 하고 소리칠 뻔한 이후로 법원에 가는 것을 그만두었다. "더는 참을 수 없었어요." 그녀는 다년간의 싸움 속에서 느꼈던 독과 불신, 점점 침식되어가는 상식을 실감했다. 그래서 이제 판결의 순간이 임박해온 것에 감사함마저 느꼈다.

그날 저녁, 나는 사건에 참여한 170명 이상의 변호사 중 한 명인 아파르 굽타를 만나 판결을 앞둔 심경을 물었다. 굽타는 이 사건의 모든 면에서, 연구와 조언, 논거 형성에 핵심적인 역할을 한 젊은 변호사 중

한 명이었다. 어떤 웹사이트는 그들을 '인도의 저스티스 리그'라고 불렀다. 굽타는 방에서 나와 활짝 웃으며 말했다. "이게 끝이 아니에요. 이제 시작인 겁니다." 신원 확인 프로젝트는 곧 명확해질 기술적 도전 중 첫 번째 물결이 될 거라는 말이었다. 그는 검은색과 흰색 법복을 입고 있었다. 그는 매년 유니폼을 열여섯 벌씩 맞춘다고 했다. "핏도 좋고, 가성비도 좋으니까요."

그는 커다란 책상 뒤에 앉아, 이번 소송이 하나의 실패로부터 비롯되었다고 설명했다. "설계자들이 시스템을 만들면서 어떻게 사용될지를 전혀 고려하지 않은 게 문제였죠." 그는 기술에 대한 맹목적 신뢰를 원인으로 지목했고, 그것이 권리를 마찰이나 불편한 것쯤으로 여기는 행태로 이어진다고 했다. 그가 말하는 동안, 그의 뒤에 걸린 그림에 시선이 갔다. 그것은 평행선 교차형으로 음영을 넣은 남자의 얼굴이었는데, 오른쪽 눈 위에는 유화 물감이 흩뿌려져 있고, 남은 한쪽 눈은 걱정스럽게 경계하듯 곁눈질하고 있었다. "때로는 혁신보다 영감이 더 도움이 되죠." 굽타가 웃으며 말했지만, 말뜻은 이해가 잘 안 되었다. 한 시간쯤 지나자, 그의 휴대폰으로 300개가 넘는 메시지가 쏟아져 들어왔다. 그중 다수는 다음 날 판결 후 그의 논평을 예약하려는 기자들이었다.

내가 떠난 후 굽타는 흰 셔츠와 검은 바지를 벗고 늦은 저녁 로디 가든에서 달리기를 하러 나섰다. 무릎이 더 튼튼했을 때는 공원을 네 바퀴나 돌았다고 했다. 굽타는 음악을 틀고 온몸이 흠뻑 젖을 때까지 나무 사이를 달렸다. 달리기는 생각하는 데 도움이 되었지만 동시에 생각을 멈추는 데도 도움이 되었다. 평소 그의 차분한 모습은 겉으로만 그런 것일 뿐이었다. 그는 긴장하고 있었다. 굽타가 집에 돌아왔을 때, 그의 부모는 저녁 식사를 마친 상태였다. 부모님은 다음 날에 대해 언급하지 않았고 굽타도 마찬가지였다. 그의 부모는 한때 그에게 가까운 등록소에서 아다르 번호를 발급받으라고 권했지만, 굽타의 기고문을 읽은 뒤로는 회의적으로 변했다. 저녁 시간에는 다른 변호사들과 그룹 채팅을 하며 판결 내용을 추측해보기도 했다. 몇 년간 함께 일해온 이들 모두 결과를 두고 초조해했다. 대형 사건을 앞두고는 늘 이런 분위기가 이어지다가 누군가가 이제 판결이 몇 시간 남지 않았으니 자기 학대는 그만하라고 말하는 것으로 끝나곤 했다. 굽타는 정부든 자신들이든 어떤 쪽도 결정적 승리를 거두진 못할 거라고 확신했다. 프로젝트에 대한 반대가 너무나 광범위했기 때문이다. 감시 문제, 상업적 이용 문제, 복지에 대한 요구, 프로젝트에 생명을 불어넣은 논란의 여지가 있는 법안들에 이르기까지…… 총체적 승리나 패배는 불가능해 보였다. 일부 판결은 유리하게, 일부는 불리하게 나올 수 있었다. 법원의 '사건 목록'에는 그 사건에 대해 세 개의 별도 의견을 발표한다고 나와 있었다. 그와 다른 변호사들은 각 판사가 어떻게 판결을 내렸을지 궁금해했다. 진정한 승리는 어떤 모습일까? 그건 그 순간에 찾아질까? 시간이 지나면서 드러날까? 그는 모든 위대한 헌법적 승리로 기억되는 판결들은 승패를 결정했기 때문이 아니라, 새로운 법률 원칙을 만들어낸 데서 비롯되었다고 생각했다. 그는 식사를 하고 목욕한 뒤, 일찍 잠자리에 들 준비를 했다. 밤 11시 30분. 법정에 입고 갈 옷은 이미 주말에 다림질하고 개켜두었다. 시간을 더 효율적으로 쓰기 위해 지난 10년간 몸에 밴 습관이었다.

이튿날 아침, 굽타는 8시 전에 일어나 아침 식사를 하고 법정으로 향했다. 보통 차로 30분쯤 되는 거리였지만, 그날은 다른 날보다 신호등에 더 자주 걸리는 듯했다. 그는 도착할 때까지 계속 메시지를 확인하고 답장을 보냈다. 법정에 도착했을 때는 주차 공간이 남아 있지 않았다. 이른 아침인 9시 15분. 이미 법원 1호 법정 바깥의 중앙 사암 기둥 사이로 군중이 모여들기 시작했다. 경비원들은 회유, 뇌물 등 온갖 방법을 동원해 안으로 들어가려는 수십 명을 저지했다. "잠깐만 저 크고 두꺼운 커튼 뒤로 들어가 있으면요?" "벽에 바짝 붙어 있으면요?" "안 됩니다." 경비원들은 문 앞에서 가진 권력에 자부심 가득한 얼굴로 단호히 말했다. 앉을 자리는 없었다. 변호사와 청원인들을 위한 77석과 방문객 갤러리를 위한 22석 모두 마찬가지였고 서 있을 자리도 없었다. 검은 법복과 진지한 얼굴들의 바다가 거대한 공간을 가득 채웠고, 그 밀도와 흔들림 없는 모습은 마치 빽빽한 뭄바이 기차 안처럼 느껴졌다. 사람들은 복도와 방 안에 허용된 가장자리마다 줄지어 서서 허리 높이의 책장에 몸을 기대고 있었다. 굽타는 청원인들이 있는 앞쪽으로 나아가려고 애쓰다가 방 건너편에 있는 나를 보고 미소 지었다. 그는 앞자리에 서고 싶었지만, 다른 변호사들을 배려해 뒤로 물러섰다. 그의 일이 특별히 더 중요하다고 할 수는 없었으니까.

모든 좌석이 차고 1호 법정에 더 이상 공간이 남지 않았을 때, 약간 헝클어진 회색 머리 여성이 경비 앞에 모습을 드러냈다. 경비원은 연한 녹색 사리를 보고 곧 그녀가 누군지 알아봤다. 그녀에게는 단숨에 권위를 날려버리는 뭔가가 있었다. 경비원의 자세가 바뀌었고, 조용히 옆으로 비켜섰다. 밖에서 기다리던 한 남자가 친구에게 말했다. "언론은 들어갈 수 있지. 우샤 라마나탄은 더더욱 들어갈 수 있고말고." 젊은 변호사들은 그녀를 존경과 애정의 보호막으로 둘러싸고, 공간이 없는 법정 안으로 들어갈 수 있게 도왔다. 법정 안에서 그녀를 본 변호사들이 기꺼이 길을 터주었다. 그녀는 어깨를 두드리고, 농담을 건네며, 변호사들이 이론과 직관으로 논거를 펼쳤던 길고 검은 테이블 근처로 갔다. 누군가 그녀에게 자리를 양보했지만, 그녀는 바닥에 앉겠다고 했다. 라마나탄은 10년 전 인도가 시민을 '투명 인간' 취급하는 불안한 새 시대가 도래하고 있음을 깨달은 인물이었다. 그녀는 방바닥에 앉아, 판사들도 그녀가 인식한 사실을 깨달았을지 듣고 싶었다. 변호사와 경제학자들이 대답하지 못하는 질문이 있으면 사람들은 그녀와 상의하라고 권하곤 했다.

　오전 11시가 가까워오자 웅성거림도 눈에 띄게 잦아들었다. 판사석 뒤의 문이 열리고, 터번을 쓴 법원 경위들이 출입구의 커튼을 걷어올렸다. 몇 분 만에 다섯 명의 판사가 등장해 손바닥을 맞대 인사한 뒤, 법원 경위들이 앞으로 밀어주는 자주색 벨벳 의자에 앉았다. 미스라 대법원장도 판사들 가운데 앉아 있었다. 그가 이 재판부를 주재하는 것도 이틀 후면 끝이었다. D. Y. 찬드라추드 판사는 몇 달간의 심리에서 세밀한 질문들을 던졌다. 라마나탄 측은 판사들 중 그가 자신들의 입장을 가장 잘 이해한다고 확신했다. 법정 서기 두 명이 그들의 판결문이 묶인 두꺼운 사본을 들어 판사석 앞으로 가져왔다. 이 방대한 문서를 우아하게 찬독할 판사 아르잔 쿠마르 시크리 앞에 올려놓으려 했지만, 힘들어하자 그가 직접 돕겠다고 나섰다.

　"보스, 엄청 두꺼운데요." 한 변호사가 옆에 앉은 사람에게 속삭였다.

 사건 담당 변호사들이 앉은 자리에서 보면, 판결문 두께는 4인치쯤 돼 보였다. 다섯 명의 판사는 각자의 개별 작업이 합쳐져 얼마나 거대한 결과물이 만들어졌는지 처음 실감한 듯 이 방대한 문서를 한 번씩 쳐다봤다. 판사들은 잠시 엄숙한 태도를 내려놓고 미소 지었다. 시크리 판사는 방 안을 둘러보고 미소 지으며 요약본도 있으니 안심하라고 변호사들에게 말했다. 하지만 묶인 판결문을 보며 라마나탄 주변의 젊은 변호사들은 감정을 가라앉혔다. 판결문이 너무 방대하면 온갖 당혹스러운 일이 벌어지곤 했다. 몇 주 전, 젊은 변호사 한 명이 장황한 판결의 문제점을 설명했다. "두꺼운 판결문은 혼란을 가져오고, 결국 추가 해석이 필요해진다." 그가 염두에 둔 판결은 2018년 8월에 내려진 사생활권에 대한 것으로, 당시 아홉 명의 판사가 인도인들은 태어날 때부터 타인의 관찰과 간섭을 받지 않을 권리를 갖는다고 판결했다. 그 판결문은 총 547쪽에 달했다. 그런데 지금 판사들 앞에 놓인 판결문은 무려 1448쪽이었다.

 그때 판사가 다수 의견 판결문의 첫 문장을 읽기 시작했다. "최고가 되는 것보다 고유한 것이 되는 게 낫다. 최고가 되면 1등이 되지만, 고유의 것이 되면 유일무이한 존재가 되기 때문이다." 방금 전까지만 해도 나라얀은 법정 왼편에서 다른 변호사들과 함께 서서 미소 짓고 있었다. 하지만 이 말이 낭독되자 나라얀의 얼굴이 굳어졌다. 그는 수염을 쓸어내리며 판사석 위에 걸린 대법원의 문장紋章을 바라보았다. 그의 시선은 판사석 주위를 넓게 훑었지만, 발언하는 판사에게는 닿지 않았다. 나는 그가 실망에 대비하고 있다는 것을 알아차렸다. 시크리는 '공정하고 온화한 성품의 판사'였고, 태도와 표현에서 중도 입장을 취하는 인물이었지만 굽타는 그 첫 문장을 듣는 순간, 그들의 다수 의견이 신원 확인 프로그램의 헌법적 정당성을 인정하는 방향으로 기울어져 있음을 직감했다. "그 문장은 판사들 의견이 아다르의 법적 유효성을 인정할 뿐 아니라, 그 필요성까지 승인할 거라고 암시하는 방식이었다"고 그는 나중에 말했다. 변호사들은 표정을 드러내지 않고 침착함을 유지하려 애썼다. 그들은 그런 태도를 훈련받아왔고, 스포츠 팬처럼 감정을 노골적으로 드러내는 것은 부정적인 결과를 초래할 수 있었다.

시크리 판사는 다수 의견 판결문을 읽기 시작했다. 그는 하얀 문서 묶음에서 삐져나온 분홍색 포스트잇을 넘기며 말했다. 그는 신원 확인 프로젝트가 전례 없는 사안이라고 말했다. "최근 들어 이토록 격렬하고 뜨거운 논쟁을 불러일으킨 사안은 없었습니다. 찬성 측과 반대 측 모두 각자의 신념을 열정적으로 옹호하며 맞섰습니다." 그가 판결문을 읽어내려갔다. "이 청원에 참여한 청원인들은 후자의 입장에 속합니다. 그들은 아다르 프로젝트가 계속된다면 전체주의 국가가 될 거라고 우려하고 있습니다. 이들은 아다르 구조 전체의 철거와 폐기를 요구하며, 이것이 인도 헌법의 기초인 민주주의 원칙과 법치주의에 어긋난다고 주장합니다."

"법정 밖에서도 아다르 계획에 찬성하는 집단과 강력히 반대하는 집단이 존재합니다. 흥미롭게도, 양측에 속한 사람들은 일반 시민에 국한되지 않고, 지식인들도 똑같이 양분되어 있습니다. 아다르에 찬성하거나 반대하는 수많은 기사, 인터뷰, 담론이 있었으며, 찬성 측은 아다르 프로젝트가 국가를 선진적 통치 체제로 이끌고, 사회경제적 권리와 경제적 번영을 증진시킨다고 주장합니다. 그들은 이를 통해 인도가 전 세계 리더 국가로 자리매김할 수 있다고 여깁니다."

시크리 판사는 한 시간 가까이 판결문을 낭독한 뒤, 민간 기업이 아다르를 통해 고객 신원을 확인하도록 허용한 조항들을 무효화했다. 또 어린이들이 아다르 등록을 강요받을 수 없으며, 사법적 개입 없이 메타데이터(다른 데이터를 설명하기 위해 추가되는 부가 데이터)를 저장할 수 없다고 판결했다. "인간의 존엄성은 항상 개인의 관점에서 고려되어왔습니다. 우리는 인간의 존엄성 개념을 확장시켰습니다." 곧이어 그는 아다르는 존속될 것이라고 선언했다.

시민권을 옹호하거나 아다르의 완전한 폐기를 원했던 이들의 입장에서, 나라얀의 얼굴은 그들의 바로미터였다. 그는 얼굴을 찌푸리며, 수년간의 노력이 물거품이 되어가는 모습을 지켜보았다. 그는 조용히 서서, 판사의 말을 들으며 눈썹을 치켜올리고는 낮게 "뭐라고?"라고 중얼거렸다. 그러면서도 메타데이터 관련 판결은 결국 감시를 어렵게 만들 거라고 생각했다.

판결문 낭독이 끝난 뒤, 다섯 명의 판사 중 찬성 의견을 낸 세 명이 문서에 서명했다. 이제 최연소 판사이자 훗날 대법원장감으로 거론되는 다난자야 예스완트 찬드라추드 판사 앞에 판결문이 놓였다. 그는 자유주의 성향의 판사로 알려져 있었는데(한 변호사의 표현에 따르면 "틀 안에서의 자유주의자"), 그는 즉시 자신이 다른 입장을 취하고 있음을 분명히 했다. "우리는 이 프로그램을 면밀히 검토해야 합니다. 이 프로그램은 우리 미래의 자유에 영향을 미치기 때문입니다. 절대적 권력 개념은 헌법에 위배됩니다." 찬드라추드는 아다르를 의무화한 방식을 '기만'이라 부르며, 이것을 위헌이라고 선언했다.

방 건너편의 청원인 측 변호사들은 잔뜩 몰입한 채 고개를 끄덕이며, 트윗을 작성했다. 가끔씩 자신들이 법정에서 제기한 논거가 판결문에 포함된 것을 보고 흥분해서 속삭이기도 했다. "우리는 승리를 세고 있었어요." 굽타가 나중에 말했다. "법원에서 반대 의견이 다수 의견으로 바뀐 전례가 있다는 걸 알고 있었습니다. 시간이 지나면서 법원 스스로 바로잡아나가는 거죠. 그저 공허한 표현이 아니라 근거가 있어요. 찬드라추드가 그런 부분을 읽어내려갔고, 그건 헌법 해석에 있어 중요한 방법론이었습니다."

찬드라추드가 결론지었다. "개인의 존엄성은…… 알고리즘이나 확률에 좌지우지될 수 없습니다. 헌법이 보장하는 권리가 기술의 변덕에 따라 좌우될 수 없습니다."

12시 22분 판사들이 자리에서 일어나 방 안을 향해 인사한 뒤 퇴장했다. 방 맨 뒤쪽, 출입구 근처에서 나는 사파리 슈트를 입은 두 남성 뒤에 서 있었다. 목에 걸린 출입증으로 미루어 그들이 내무부 소속임을 알 수 있었다.

한 명이 말했다. "나쁘지 않은데."

다른 사람이 대답했다. "갈 길이 멀지."

밖에서는 굽타와 다른 변호사들이 환호하고 있었다. "이게 무슨 뜻인지 알아? 이제 도청을 하려면 사법 명령이 필요하다고!" 나라얀은 다소 침착해 보였다.

"중앙정부가 법을 통과시키려고 할걸요." 누군가가 말했다.

"뭐? 2019년까지는 국회 회기가 없을 텐데?" 누군가가 반문했다.

"빌어먹을, 이제 정치적으로 완전히 뜨거운 감자가 됐어." 굽타가 말했다.

"아이들에 대한 건 기대도 안 했는데, 그건 정말 진보적이었어요." 청원인들과 함께 일했던 한 기자가 말했다. 그녀는 흥분해 있었다.

"찬드라추드가 다수 의견을 얻었더라면 이 프로젝트는 기각됐을 거예요. 그랬다면 믿기 어려웠겠죠." 나라얀이 경이로워하는 듯 낮게 말했다. "이런 대규모 프로젝트에 그런 결정을 내리는 경우는 거의 없어요."

"왜 그들은 찬드라추드에게 동의하지 못했을까요? 미스라는 도대체 뭐가 문제죠? 이번 주에 은퇴하는 거 맞죠?" 기자가 물었다.

"맞아요, 이번 주에 은퇴하죠. 그래서 그래요." 변호사는 대법원장이 '그쪽에' 힘을 실어줌으로써 은퇴 후 한직을 보장받으려 했을 거라고 암시했다.

기자는 변호사들에게 심리 때 사생활권 대신 복지를 강조했어야 하는 게 아니냐고 물었다. "우리는 사생활권 이야기를 한 게 아닙니다. 개인의 자유에 관해 말한 거예요." 나라얀이 말했다. "당신의 활동이 위축될 수 있고, 어디서나 추적당할 수 있다고 말한 거예요. 신원과 신분 확인은 엄연히 다르다는 사실도요. 국가에서 지금 하는 건 신원 파악이지 신분 확인이 아니에요." 나라얀의 생각은 완벽한 문장으로 흘러나와 완벽한 구두점으로 마무리되었다.

그날 저녁과 밤에 할 일들을 어지럽게 머릿속에 떠올리며 그들은 몽롱한 흥분 상태로 법정을 나섰다. 다음에 무슨 일이 일어날지 아무도 말할 수 없었고, 판결이 실제로 어떤 영향을 미칠지 설명할 수 있는 사람도 없었다. 자신이 보고 싶어하는 것만 눈에 보일 뿐이었다.

이후 판결문은 1448페이지 분량으로 사방에서 등장했다. 델리의 인도 여성 언론 협회 사무실에서는 변호사와 활동가들이 몰려들어 판결문을 각 파트로 나누어 분석 작업에 착수했고, 어떤 법이 변경되는지, 어떤 법이 유지되는지, 어떤 법이 사라지는지 파악하려 애썼다. 누군가가 주 판결문은 47페이지밖에 되지 않는다고 말했다. 판결문을 읽으면서 처음의 환호는 사그라들고 점차 분노가 그 자리를 채우기 시작했다. 한 명이 지적했다. "판결 근거가 장관이 심리 중에 했던 발언과 너무 비슷해요. 이건 판사들의 목소리가 아니에요." 기자 연구원이 자신의 휴대폰 액정을 들여다보며 말했다. "그 능구렁이 같은 장관 발언이잖아." 그녀는 혐오스럽다는 듯 고개를 저었다.

판결이 내려진 지 1년 후 어느 날, 나는 라마나탄에게 이메일을 보냈다. 이메일은 전자 소통 방식 중 그녀가 가장 선호하는 것이었다. 그녀의 친구와 동료들은 그녀를 애정 어린 보호 대상으로 여겼다. 그들은 그녀의 과격한 운전 스타일에 대해 할 말이 많은 듯했고, 그녀와의 소통 방식에 대해 이야기할 때는 고개를 절레절레 흔들었다. 하지만 내가 신원 확인 프로젝트 소송이 어떻게 이루어졌는지 묻자, 신랄한 의견을 거리낌 없이 글로 쓰는 경제학자와 변호사들조차 "라마나탄에게 직접 물어보는 게 나을 것"이라고 했다. 이 프로젝트는 규모가 컸고, 법률, 통치, 언론, 사생활권, 복지, 은행업, 장애 문제, 그 밖의 수많은 영역까지 복잡하게 얽혀 있었다. 대중은 '우샤'가 이 모든 문제를 이해할 수 있는 상상력과 폭넓은 지식을 갖추고 있다고 봤다. 그녀는 이 프로젝트 반대 운동의 중심에 선 인물이었다.

라마나탄의 남편은 델리 고등법원 판사였고, 그들은 델리의 고급 주택 단지인 로디 에스테이트에 자리한 멋진 단독주택에 살고 있었다. 바깥 길은 조용했고, 울타리 너머에서 딱딱 자르고 다듬는 소리만 들려왔다. 누구는 문을 열어주고, 누구는 낙엽을 쓸고, 누구는 나무를 다듬고, 누구는 바닥을 닦고, 누구는 손 씻을 그릇을 가져오고, 누구는 죽기 전에 꼭 먹어봐야 할 최고의 아침 식사를 대령하는 그런 델리의 권력이 자리한 곳에서, 나무 다듬고 손질하는 소리는 사치와 선택권을 암시했다. 화려하진 않지만 넓고 충분한 인력이 필요한 것들을 바로바로 해결해주는 그곳은 고위직 판사가 머물기에 적합한 곳이었다. 델리의 기준으로 볼 때 엄청 화려하진 않지만, 새들과 무성한 나뭇잎, 레몬나무가 가득 심어진 넓은 잔디밭에서는 종종 파티가 열렸다. 라마나탄은 정원 쪽 선룸에 앉아 있었는데, 한쪽 다리에 두꺼운 깁스를 한 채 받침대 위에 올려놓고 있었다. 그녀는 따뜻한 미소를 지으며 들어오라고 손짓하고는, 요리사에게 차와 비스킷을 준비하라고 말했다. 그녀는 말할 때마다 팔과 머리를 움직여 물음표, 느낌표, 마침표를 온몸으로 표현했다. 극적이고 과장된 몸짓이었다. 그녀는 의자에서 얼굴을 찡그리며 상체를 뻗어 다리를 만졌다. "걷기라는 엄청 흥미로운 일을 하다가 이렇게 됐어요." 그녀가 멋쩍게 말했다. 어딘가 친근한 듯한 태도를 보면서, 그녀가 얼마나 쉽게 친구나 동맹을 만들었을지 상상이 갔다.

2011년에 『뉴요커』는 닐레카니를 조명했다. 당시 닐레카니는 이미 자신의 주요 비판자였던 라마나탄에 대한 불만을 드러내며 휴대전화도 없는 사람이라고 비난했다. "그렇게 들었어요. '동굴 시대로 회귀한 사람'이라고." 내가 전화 기피에 대해 묻자, 라마나탄은 델리에서 첫 10년 동안은 집에 유선전화를 놓을 형편이 되지 않았다고 했다. "그래서 뭐? 누가 그런 데 신경 써요? 문제 된 적도 없고. 나는 내 일을 했고, 도서관에 갔고, 연구를 했고, 현장에 나갔어요. 사람들은 전화가 편리하다고 하지만 그건 이상한 거예요. 편리하지 않아요. 감청당하고 추적당하는 게 편리한가요? 계속 연락이 오는 게 뭐가 편리하죠?" 그녀가 신원 확인 프로젝트에 반대한 것은 기술에 대한 반감이 아니라, 그 기술이 가져올 결과를 잘 알고 있기 때문이었다. "우리는 기술을 모를 수 있어요. 하지만 우리는 권력의 의미, 시장의 의미, 글로벌 야망의 의미, 그리고 수많은 것의 의미를 알아요." 그녀는 열정적으로 말했다.

라마나탄은 에세이와 논문 등에서 법·빈곤·권리에 관한 법률 해석으로 독립 법률 연구가로서 이름을 남겼다. 그녀는 1996년에 발표한 토지 수용권과 강제 이주에 관한 에세이에서 식민지 시대의 토지 수용법의 결함을 날카롭게 분석했다. "강제 이주와 그로 인한 트라우마를 인정하지 않는 법은 재정착을 언급하지 않고, 재활의 책임을 지려 하지 않는다. 인간의 고통을 발판 삼아 뿌리내린 것은 편의주의, 냉담과 오만이다." 이듬해에는 인위적으로 형성된 도덕성이 파키스탄 여성들에게 미치는 영향을 탐구했다. 도덕성으로 표현되어야 할 행위가 법 집행 기관, '특히 경찰의 손에 맡겨졌고, 이로 인해 권력 남용이 정당화되기 시작했다'. 라마나탄이 쓴 이런 논문들은 언뜻 보기에는 법의 해석과 적용에 관한 것이지만 그 안에는 권력·빈곤·불의에 관한 상세한 연구가 담겨 있었다. 지식이 끝없는 탐구라면, 그녀의 논문들은 잘못된 게 무엇인지 이해하기 위해 시스템적 실패의 뿌리를 잡아채려는 노력이었다.

라마나탄은 닐레카니에 대해 알고 있었고, 그의 임명에 관한 기사들도 읽었지만, 처음에는 그 프로젝트에 크게 주목하지 않았다. 농업 경제학자 라마쿠마르가 프로그램에 관해 쓴 글도 읽었지만 판단의 근거로 삼을 만큼 세부적인 내용은 아니었다. 그 후 당국의 대표들이 시믈라에서 시민사회 단체와 사회과학자들의 대표들과 미팅을 가진 직후, 라마나탄은 방갈로르 국립법률학교에서 열린 모임에 초대받았다. 회의 전에 당국이 안건 초안을 보내주었는데, 그녀는 그것을 읽고 경악했다. "끔찍했어요. 기본적으로 '전 국민을 내 데이터베이스에 넣겠다'는 뜻이었어요. '내 데이터베이스에 없으면 당신은 존재하지 않는 사람이다'라는 암묵적인 위협도 담겨 있었죠." 그래도 회의에 참석하면 의문이 해소되겠지 생각했다. 도착해보니 변호사와 생체 인식 전문가들이 자리에 있었다. 그녀의 기억에 따르면, 닐레카니는 한 가지 문제를 해결하고 싶어했다. 당국은 여러 주의 거주자 데이터를 확보해야 했는데, 당국 자체에는 그럴 법적 권한이 없었다. "그러니까 '우리가 데이터를 수집할 수 있게 이를 허용하는 법을 만들어라' 그런 말이었어요. 이 작업을 완수하도록 각자에게 임무가 주어진 것 같았어요."

그녀는 회의에서 들었던 몇 가지 단편적인 정보를 기억하고 있었다. 예를 들어 그 프로젝트는 이름과 신원 정보를 담은 '탱크'라는 것. 그 단어들의 조합은 뭔가 불안감을 불러일으켰다. "닐레카니가 발표 때 한 말로 이 프로젝트에 순수성이 없다는 게 분명히 드러났어요. 그는 이 세 단어를 말했어요. '유니크unique, 유비쿼터스ubiquitous, 유니버설universal.' 그 단어들이 그런 용도로 쓰이는 건 그때 처음 들었어요." 하지만 회의 후에 남은 건 그런 일반론뿐이었다. "그들이 마케팅하는 내용은 이 프로젝트의 진짜 목적이 아니에요. 우리는 이 프로젝트의 진짜 목적이 뭔지 전부 다는 몰라요."

닐레카니와 다른 사람들은 '고유 신원 번호'의 이점을 이야기했지만, 라마나탄에게는 세부 사항이 중요했다. "전체를 생각해야지 단편적으로만 보면 안 돼요." 그녀가 내게 말했다. "설명도 없고, 문서도 없었어요. 이게 누군가에게는 유토피아일 수 있지만, 우리에게는 악몽일 수 있어요. 당시에도 저는 이렇게 생각했어요. '잠깐만, 이게 뭔지 알아야 해. 이런 프로젝트를 이대로 진행시킬 수는 없어. 그리고 이걸 빈곤층에 적용한다고? 그 사람들은 자신에게 무슨 일이 벌어지는지도 모를 거야.'" 다년간 빈곤 문제로 일해온 경험은 신원 확인 프로그램에 대한 관점을 형성하는 데 도움이 되었다. 그녀는 1990년대에 처음으로 유권자 신분증이 발급되었을 때 이미 한 차례 경악한 기억이 있다. 그녀는 이 신분증이 모든 사람을 "매핑"하는 데 사용될 거라고 생각했지만, 그런 두려움은 현실이 되지 않았다. 사람들이 이를 단순한 신분 확인 용도로만 썼기 때문이다. 하지만 이번 프로젝트는 가난한 사람들을 추적해 세상에 드러내겠다고 약속했다. 라마나탄은 그게 반드시 좋은 일은 아니라고 했다. "빈곤과 관련된 일을 하다보면, 가난한 사람들은 합법과 불법의 중간 지대에 걸쳐져 있다는 걸 알게 돼요. 그래서 그들에게는 그늘이 필요해요. 그런데 이런 식의 찾아내기, 식별하기, 데이터베이스에 등록하기가 그 그늘을 없애버릴까봐 걱정이

된 거죠."

그녀는 고유식별번호UID 프로젝트를 만든 이들의 뻔뻔함에 분개했다. 그녀는 순간 눈을 부릅뜨고 찡그리다가, 다음 순간 믿기지 않는다는 듯 웃으며 말했다. "그들은 우리에게 아무 말도 하지 않고 프로젝트에 착수했어요. 그러고 나서는 우리가 뭘 해야 하는지 말하기 시작했죠. 하지만 그게 정확히 어떤 건지, 우리에게 어떤 영향을 미칠지에 대해서는 아무 말도 하지 않았어요." 라마나탄은 이 프로젝트가 위험하다고 판단하고, 내부 시스템과 설계·계약서·양해각서MOU를 전부 다 읽었다.

라마나탄, 라마쿠마르, 그리고 우려를 품은 시민들이 모여 No2UID라는 그룹을 만들었다. 처음에는 다양한 신문과 잡지에서 찾은 이야기를 모아두는 저장소일 뿐이었지만 곧 우려를 품은 기자, 변호사, 의문을 제기하는 사람들이 이곳을 중심으로 모여들었다. 전문성을 갖게 되고 정보가 모이면서 시스템의 세부 사항을 이해하기도 훨씬 더 쉬워졌다. 라마나탄은 말했다. "함께하고, 정보를 공유하면서 프로젝트를 추적하기가 훨씬 더 수월해졌어요."

2010년 초, 그녀는 아다르 프로젝트에 관해 변호사들과 논의하기로 했다. 당시에는 곧바로 법적 소송을 제기할 생각은 없었고 변호사들이 그 프로젝트의 의미를 이해하는 게 우선이라고 생각했다. 지금 당장 그들의 주의를 돌리지 못하면 나중에 그 프로젝트는 너무 거대해져서 이해하기 어려워질 것 같았다. 그녀는 공익 변호사뿐 아니라 헌법 전문 변호사까지 찾아내 만남을 요청했다. 고정된 생각을 가진 이들에게 그녀가 목격한 것을 설명하고, 그들이 어느 부분을 이해하기 어려워하는지, 무엇을 보지 못하는지를 알 기회였다. "저한테는 일종의 시험이었어요. 변호사에게 이 프로그램이 문제가 될 수 있다고 설득하지 못하면, 아마 제가 제대로 이해하지 못하는 걸 수 있겠죠." 그녀가 처음 만난 변호사 중 한 명인 디반은 결국 그 시스템에 반대하는 소송의 수석 변호사가 되었지만, 처음에는 그에게 시스템의 문제점을 설명하는 데 어려움을 겪었다. 디반은 그녀의 이야기를 다 듣고 나서, 가난한 사람들이 신분증을 얻는 게 왜 문제가 되냐고 물었다. "그래서 제가 '좋아요, 처음부터 다시 시작해야겠군요'라고 말했어요." 그런 만남과 대화를 거치며 라마나탄은 반대 논리를 명확히 해나갔고, 결국 디반과 다른 변호사들도 시스템의 위반 사항을 인지하기 시작했다.

동시에 라마나탄은 여러 지역을 돌아다니며 세미나와 강연에서 연설하고, "[아다르는] 시민이 아닌 감시와 이익을 위한 데이터"와 같은 제목의 기고문을 작성했다. 그녀는 연합의 전문성을 키웠고 잠재적 동맹을 찾아내 설득하는 일도 꾸준히 했다. 방갈로르의 한 회의적인 기술자에게도 접근했는데, 그는 나중에 그녀가 "올바른 방향으로 가고 있었다"고 말했다. 그녀는 아다르 등록 센터를 방문해 등록 절차에서 결함을 발견했다. NGO들이 전혀 모르는 이민자들을 당국에 등록하도록 '소개'하고, 등록을 위해 자신들의 주소를 이주자들에게 빌려주지만, 이후에는 그들과 연락할 방법이 없었다. 신분증이 발급되었지만, 이주자들은 흔적도 없이 사라졌다. 라마나탄은 이 시스템 때문에 심각한 변화가 일어나고 있다고 주장했다. "과학과 기술을 이용해 불신 정치가 행해질 가능성이 현실이 되어가고 있다"고 썼다. 이러한 시스템과 당국에 대한 비판은 당국이 발행한 모든 설명서, 코드 사양, 마케팅 가이드의 철저한 검토가 바탕이 되었다. 그녀는 그 문서에 담긴 언어를 이용해 당국이 방대한 데이터를 수집할 수 있으며, 그 데이터 관리가 법적 책임에서 면제된다는 점, 생체 인식 기술이 여전히 검증되지 않은 상태라는 점을 지적했다.

라마나탄과 다른 이들에 따르면, 당국에서도 그녀의 비판에 대해 들었고, 알고 있었다. 프로그램에 회의적이었던 기술자는 닐레카니가 영입한 인물 한 명과 미팅을 가졌는데, 그 자리에서 라마나탄의 이름이 언급되자 분위기가 급격히 나빠졌다고 했다. "그는 평소 아주 침착한 사람이었는데, 그 순간 완전히 이성을 잃었어요. 그의 입장에서 우샤 라마나탄은 사기꾼 같은 존재였죠."

나와 인터뷰한 사람들은 닐레카니의 짜증 섞인 반응을 재미있어했으며, 라마나탄도 닐레카니가 그녀를 피했던 일화를 몇 가지 들려주었다. 닐레카니가 국가자문위원회에서 연설할 예정이라는 소식을 듣고, 그녀는 그 위원회 구성원들에게 다른 관점의 목소리도 함께 듣지 않을 거라면, 자신은 항의의 뜻으로 정문 밖에 앉아 있겠다고 했다. 국가자문위원회는 법 제정에 관한 자문을 위해 총리가 지명한 학자, 변호사, 전직 관료 및 시민사회 대표들로 구성된 기구였다. 결국 위원회는 그녀를 연설자로 초대했다. 하지만 닐레카니는 나타나지 않고 대신 고위 당국자를 파견했다. 위원회 위원들은 발표회 전에 닐레카니가 국민의회당 당수인 소냐 간디를 포함해 위원회 전체, 각 구성원과 개별적으로 대화할 계획이라고 라마나탄에게 말했다. 그래서 라마나탄도 똑같이 하기로 했다. "그래요, 게임은 둘이 해야 재미있죠." 라마나탄은 말했다.

라마나탄은 자문위원회 위원 14명 중 9명에게 자신의 관점을 전달했다. 그녀는 자신의 이런 활동이 닐레카니의 발표 불참에 한몫했을 거라고 확신했다. "위원들이 소니아 간디 앞에서 닐레카니에게 질문을 던졌다면 곤란한 상황이 연출됐을 테니까요. 그래서 그냥 취소해버린 거예요." 그녀가 말했다. 라마나탄의 이야기를 들어보면 이제 닐레카니가 유일한 정보원이 아니게 되면서 사람들은 신원 확인 프로그램에 대해 더 까다로운 질문을 던지기 시작했다. 하지만 이런 정보를 퍼뜨리기가 쉽지는 않았다. 『타임스 오브 인디아』는 그녀의 기고문을 몇 달 동안 보류했다. 어느 주간지 편집장은 '상냥하게' 닐레카니에 대한 부정적 기사는 아무도 실어주지 않을 거라고 말하기도 했다. 또 한 신문사 편집장은 그들 매체는 '이제 아다르에 관한 기사는 받지 않는다'고 했다. "그게 뭐예요?" 라마나탄은 손가락을 벌려 의문을 표했다. "신문이 맞긴 한 거예요?"

그녀의 말에서 닐레카니에 대한 깊은 반감이 느껴졌다. 라마나탄은 닐레카니가 마케팅 부문에서 노벨상을 받을 만하다고 했다. 똑똑한 정책 입안자들도 그의 아이디어는 놀라울 만큼 쉽게 받아들였으며 어떤 의문도 용납하지 않았다. 하지만 그런 점은 그가 인도 정치에 끼친 피해에 비하면 사소한 것이었다. "지난 10년 동안, 닐레카니만큼 시민을 범죄자처럼 여겨야 한다는 발상을 퍼뜨리는 데 일조한 사람은 없습니다. 저는 그 점이 용서가 안 돼요."

라마나탄의 집에 머물던 손님들이 가끔 말을 끊어서 미안하다며 들어와 운전기사를 요청하거나, 자신을 소개하거나, 그녀의 이야기를 함께 듣고 싶어했다. 요리사는 차와 비스킷을 들고 들어왔고, 몇 시간 후에는 점심을 내왔다. 그동안 라마나탄은 계속 이야기했고, 때로는 타밀어를 섞어 말하기도 했다. 처음에는 잘 연습한 답변을 들려주는 느낌이었는데 시간이 지나면서 내가 이 프로그램에 대해 어떤 우려를 갖고 있는지 파악하고 나자, 점점 긴장을 풀고 더 깊이 있는 경험담을 들려주었다. 신원 확인 프로그램의 다른 영향들은 고려하지도 않고 그 개념을 그대로 받아들인 경제학자 친구와 장관들에게서는 답답함을 느꼈다고 했다. 그녀는 내가 쓸 수 없고 이름을 밝힐 수도 없는 사람들과의 만남에 관해서도 들려주었다. 평소라면 이런 상황이 답답했을 수 있지만, 이때는 그런 게 제약으로 느껴지지 않았다. 여기서 핵심은 사람이 아니라 상상력과 호기심의 부재, 독립적 사고의 결여였기 때문이다. 그녀가 이야기한 신원 확인 프로젝트가 태동한 배경은 극도로 취약한 상황이었고, 그것은 다른 위험 요소들이 파고들 틈을 만들어냈다.

"우리는 어떤 것들을 하나로 뭉뚱그려 생각하는 경향이 있는데, 그게 이해를 왜곡시켜요. 예를 들어 과학과 기술은 하나로 묶이면 안 됩니다. 과학은 지식을 만들어내고, 기술은 도구를 만들어내요. 지식과 도구는 전혀 같은 게 아니에요. 지식의 생산과 도구의 생산은 전혀 다르죠. 적어도 제 생각에, 도구를 만든다는 건 어떤 목적을 두고 만든다는 점이 아주 명확합니다. 그럼 '그 도구를 가지고 무엇을 하려는 걸까?'라는 질문이 뒤따라야죠. "두 번째로, 시간이 지날수록 기업의 이익이 국가의 이익이 되는 현상을 목격하게 돼요. 미국이 전형적인 사례입니다. 걸프전쟁 전체가 그런 것이었어요. 저는 그 점에 대해서도 분명히 이해하고 있어요. 기업의 이익이 국가의 정책과 실행을 좌우하면 굉장히 위험한 방향으로 나가게 됩니다."

그녀는 마이크로소프트 CEO 사티아 나델라와 닐레카니가 모닥불 대담에서 '가난한 사람들이 자신의 데이터를 팔아 스스로의 역량을 강화할 수 있다'고 말한 것을 언급했다. 이런 식의 담론은 개인의 이익이 아니라 기업의 이익과 연결되어 있다고 그녀는 지적했다. "그들은 [이 프로젝트를 정당화하기 위해] 가난한 사람들에 대해 그런 식으로 이야기했어요. 도덕적 정당성을 부여하려면 뭔가가 필요했으니까요. 그렇게 하기 가장 적절한 대상이 바로 '빈곤층'이죠. 가난한 사람들이 정당한 권리를 얻는 게 진짜 중요한 문제였다면, 그런 기술에 손대면 안 된다는 걸 이미 알았을 거예요."

늦은 오후가 되자, 라마나탄은 한 기후과학자에게 델리를 안내하러 가봐야 한다고 했다. 떠나기 전에, 나는 자신이 발견한 내용들이 단순한 음모론은 아닐까 의심해본 적은 없는지 물었다. 정책 문서나 발언들 속에서 의미를 파헤치는 일은 위험천만한 작업이었고, 당국의 관계자들은 감시에 대한 우려는 근거 없는 주장이라고 일축했기 때문이다.

"저는 기본적으로 연구자예요. 연구자라는 건 스스로 생각한다는 뜻이죠. 남이 대신 생각하게 두지는 않아요." 그녀는 이 시스템을 정당화하는 여러 논리를 봐왔지만, 그녀에게는 납득되지 않았다. 그녀의 비판은 바로 그 지점에서 시작되었다. 하지만 그녀는 이 시스템의 존재 자체가 아직 진단되지 않은 약점을 드러낸다고 느꼈다. "1980년대에는 인권 논쟁이 있었고, 공동체에서 일하는 사람들에게 인권은 매우 중요한 문제가 됐어요. 그런데 1990년대 언젠가부터 부패 문제가 떠오르기 시작했어요. 부패 문제가 사람들의 생각을 온통 차지해버리면서 인권 문제는 뒤로 밀려났죠. 저는 그게 오랫동안 마음에 걸렸어요."

2022년 7월의 어느 비 오는 날, 나는 습기로 얼룩진 허름한 건물에 도착했다. 그곳은 뭄바이의 오래된 지역인 파렐로, 지금은 낡고 잊혀가지만 한때 출판사들이 인기 있는 달력, 잡지, 신문을 찍어내던 곳이었다. 2층에 있는 공공변호연구소 사무실에서 조용한 말투의 노인을 만났다. 그의 이름은 딜립 카람벨카르였고, RSS 고위 간부였다. 전기작가 아비셰크 초우드하리는 그를 '내막을 아는 인물'로 소개했다. 그래서 아다르 프로젝트의 기원을 RSS 쪽에서는 어떻게 바라보는지 알고 싶어 그를 만나러 갔다.

희끗희끗한 머리에 콧수염을 단정하게 다듬은 그는 소박한 사람이었다. 보라색 체크무늬 바지에 분홍색 체크 셔츠. 옷의 색 조합은 영 별로였고 슬리퍼를 신고 있었다. 그가 RSS 수장 옆에 서 있는 사진 혹은 BJP로부터 받은 특혜나 직책에 관한 뉴스 기사들을 보지 않았다면, 그가 마라티어와 힌디어로 발행되는 RSS 간행물의 편집국장이라고는 생각지도 못했을 것이다. 그 매체에 실리는 내용이 전부 RSS 연합체에서 70년 넘게 반복되어온 이야기들인 걸 보면 편집 회의에서도 오랜 시간 검증되어온 익숙한 콘텐츠를 선호하는 게 분명했다. 한 월간지 웹페이지의 메인 기사는 힌두 여성과 무슬림 남성의 결혼을 유쾌하게 풀어낸 교훈적 내용의 이야기였다. RSS가 흔히 내세우는 편견과 음모론을 완벽히 담아낸 글이었다. 예컨대 무슬림 남성이 힌두 여성을 유혹해 결혼하고, 고기 요리를 시키며, 부르카 착용을 강요하고, 나중에는 재혼을 위해 슬퍼하지도 않고 여자를 죽이려 한다는 식이었다.

"원래는 북동부 지역의 시민권 카드와 시민권 번호로 구상한 거였어요. 거긴 불법 침입이 많이 일어나니까, 누가 시민이고 누가 침입자인지 어떻게 가려내겠어요? 인도 내에서도 침입자 비중이 높은 지역을 대상으로 한 것이었습니다." 그는 거의 문장마다 영어 단어를 찾기 위해 말을 멈췄다가 마라티어 단어를 먼저 떠올린 뒤 영어로 바꿔서 말을 이어갔다.

그는 닐레카니가 상상력이 부족했다며 비판했다. "난단 닐레카니가 프로젝트에 참여했을 때, 그의 사고는 제한적이었어요. 여러 복지 제도의 수혜자들을 위한 거라고만 생각했죠. 그 사람들이 [부당 수급을 없애려고] 고유 식별 방식을 떠올린 겁니다. 하지만 모디 정부 아래서 더 넓은 용도로 사용되기 시작했어요. 일종의 시민권 카드로 전환된 거죠. 시민권 카드라고 부르지는 않지만, 실질적으로는 그런 거예요."

그는 주민들이 등록된 방식이 매우 실망스러웠다고 했다. 그런 신원 확인 프로젝트의 핵심은 시민을 식별하는 것이어야 했지만, 이 시스템은 그걸 해내지 못했다. 그 시민이 누구인지 알 방법이 없었으니까. 시민 번호와 실질적인 정보를 연동시키지 않을 거라면 시민권 번호가 도대체 무슨 필요가 있냐고 했다. 그는 사생활 보호의 여러 단계를 포함하는 시민 등록 시스템을 구상하고 있었다. 예를 들어 누군가에게 일자리를 제안할 때 그 사람이 감옥에 다녀온 적이 있는지 알고 싶어할 수 있다. 그게 1단계다. 2단계는 헌법 기관들에만 접근이 허용되는, 훨씬 더 방대한 정보가 담긴다. 가장 비밀스러운 3단계는 "고등법원과 대법원에만 공개되는 정보"라고 했다. 나는 그가 이야기를 이어가도록 눈을 동그랗게 뜨고 귀를 쫑긋 세웠다. 그는 식별 번호 하나로 누가 고등학교 졸업시험을 통과하고 누가 실패했는지, 어떤 대학에 지원했는지, 어디에서 일하고 얼마나 버는지 계획자들이 알 수 있는 시스템을 상상했다. "이런 데이터는 모두에게 열려 있어야 해요. 그래야 우리가 계획을 세울 수 있죠."

그는 자신은 전문가가 아니라면서 "하지만 기자는 만물박사잖아요"라고 했다. 하지만 이 프로젝트는 어디까지나 방글라데시에서 인도 아삼주와 벵골 지역으로의 불법 이주를 뿌리뽑기 위해 고안된 것이었다고 그는 거듭 강조했다.

이에 나는 모든 이주가 문제인지, 아니면 특정 주에서의 이주만 문제 되는 것인지 물었다. 나는 1850킬로미터에 달하는 인도와 네팔 사이의 국경선으로는 양국 간에 자유로운 이동이 허용된다는 점을 언급했다. "네팔과의 사이에서는 국경을 넘는 범죄자들만 문제가 됐죠. 네팔은 우리 문화 생태계의 일부이기 때문에 그곳과는 문화 교류가 있잖아요. 하지만 파키스탄과 방글라데시는 다른 문화권입니다. 거기서는 문화 침투가 벌어지죠. 인도 분리가 종교를 기반으로 이루어졌기 때문에 종교는 국가 간에 민감한 문제예요. 그런 침투를 통해 인도의 사회-정치적 지형이 바뀔 수 있다는 두려움이 생겨났죠. 그게 가장 우려되는 점이었습니다."

카람벨카르는 줌 회의가 있다며 갑작스럽게 인터뷰를 끝냈다. 하지만 내가 방을 나서기 전, 갑자기 내 신상에 관해 강압적인 어조로 꼬치꼬치 물어오는 바람에 깜짝 놀랐다. 그는 내 가족, 내가 쓰는 언어, 부모님의 출신, 하시는 일, 내가 자란 곳, 다닌 학교, 생계 유지 방법, 후원자 여부나 사는 곳에 대해서도 알고 싶어했다. 나는 그가 이 답변들을 어디 다른 데서 사용하려는 건 아닌지 의문이 들었다. 그가 한두 번 진지한 어조로 이렇게 말했기 때문이다. "RSS는 아주 방대한 생태계를 갖고 있습니다." 그렇게 말하고는 작별 인사를 하고 돌아섰다.

그곳을 나선 뒤 나는 차 안에 잠시 앉아 백미러를 살폈다. 그리고 천천히 운전하다가, 갑자기 속도를 냈다가, 일부러 이상한 곳에서 방향을 틀기도 하다가 마침내 집으로 돌아왔다. 약간 우스꽝스럽기도 했지만 동시에 안도감이 들었다.

5장

교육

1.
진짜 역사

2023년 6월 말, 늘 그렇듯 뜨거운 델리의 여름, 카르카르두마 법원 판사들에게는 매년 돌아오는 휴가 기간이었다. 니사르의 증언을 프라마 찰라 판사의 법정에서 반박하지 못했던 변호사 락슈팔 싱은, 집에서 평범한 오토바이를 타고 사무실에 도착했다. 그는 검은색 스틸버드 헬멧과 얼굴 가리개를 벗고, 작은 사원 종이 매달린 열쇠고리를 주머니에 쏙 넣었다.

법원 단지의 거대한 건물에서 락슈팔의 사무실은 4층 복도 끝에 자리하고 있었다. 긴 복도에서는 공중화장실 냄새가 풍겼다. 그의 사무실 문에는 지혜의 여신 사라스와티의 스티커가 붙어 있었고, 그녀의 얼굴 위에는 스테인리스 철제 명패가 나사로 고정돼 있었다. 또 다른 스티커에는 락슈팔과 두 명의 변호사가 보낸 디왈리* 축전 인사말이 적혀 있었지만, 그 두 변호사의 얼굴은 긁혀나가 있었다. 이제 남은 건

싱뿐이었다. 깊고 가늘게 찢어진 눈, 입술을 덮도록 흘러내리는 폭포 같은 콧수염, 이마에 그어진 주홍빛 틸락 표시, 재판 때 입던 옷차림, 모든 게 너무 오래 걸린다는 듯한 시선. 방 안에는 책상이 두 개 있었지만, 자리를 약간만 조정하면 의뢰인 여섯 명쯤은 들어앉을 수 있었다. 닦지 않은 바닥과 책상, 캐비닛 위에 서류 파일들이 쌓여 있었다. 수익성은 크지 않지만 일은 많았다. 락슈팔에게는 지루한 일도 있었고, 사람들은 쓸데없는 정보를 늘어놓는 버릇이 있는 것 같았다. 그는 자신의 뒷벽에 힌디어로 경고문을 붙여두었다. "가만히 앉아서 소중한 시간을 낭비하지 마시오." 지금도 한 젊은 남성이 결혼 분쟁으로 감옥에 갈까봐 걱정하고 있었다. 싱은 턱을 괸 채 무심하게 이야기를 듣고 있었다. 그 남성은 아내가 합의금에 동의했지만, 변호사와 딱 5분 대화하고 나서는 마음을 바꿨다고 하소연했다. "마음 바꾸는 게 뭐 대수라고요?" 락슈팔이 눈을 감은 채 말했다. 그의 손가락이 필요한 만큼만 올라갔다가 내려왔다. 미묘한 동작이었지만, 그는 이 문제에 별로 신경 쓰지 않고, 대수롭지 않다는 뜻을 담고 있었다. "마음은 날씨처럼 바뀝니다. 계절도 바뀌잖아요? 시간을 주세요. 그분 마음도 바뀔 겁니다." 그 조언에 대해 남자는 지폐 몇 장을 내밀었고, 락슈팔은 받은 그대로 세지도 않고 주머니에 넣었다. 휴대전화가 울리자 그는 전화를 받고 말했다. "법원 문을 닫아도 불행한 사람들은 계속 찾아와요."

나는 어떻게 니사르의 증언에 언급된 피고인들의 변호를 맡게 되

• 부와 풍요의 여신 락슈미를 기념해 열리는 힌두교 축제. '빛의 축제' '등불의 무리'라는 뜻.

었는지 물었다.

그는 작게 웃으며 자신이 RSS 계열 조직 중 가장 규모가 큰 비슈와 힌두 파리샤드VHP의 델리 법률 책임자라고 말했다. 2020년 대학살 이후, VHP의 지도자는 예상대로 "무슬림들이 먼저 시작했다"고 주장했고, 힌두교도의 폭력은 공격이 아닌 저항이라고 강변했다. 기억이 있는 사람이라면 누구나 안다. 그 단체는 밸런타인데이에 공원 구석구석을 뒤지며 연인들을 단속하던 도덕 경찰로 더 잘 알려져 있었다. "VHP는 델리에 법률부가 있고, 내가 법률부를 책임지고 있어요." 락슈팔이 말했다. "내가 총책임자고 우리가 받는 사건은 종교 문제든 폭동 문제든 법률부에서 관리하죠." 그는 그 남성들을 돕는 것 외에 다른 선택지는 없었다고 했다. "힌두 남성들이었고, 그것만으로 변호할 이유가 충분치 않다면 그들이 신앙을 위해 일어섰기 때문이라고 해두죠. 그들을 돕는 건 나의 도덕적 의무입니다. 증거가 있다면 그들을 구해내는 것까지도요. 당신 부모님이 불치병에 걸리셨다고 해도 당신은 치료를 계속할 거잖아요? 할 만큼 하지 않았다는 느낌이 남으면 안 되니까요."

락슈팔은 자신의 의뢰인들이 곧 석방될 거라 확신하고 있었다. 그의 낙관은 예측 가능한 전개였다. 한 증인은 경찰이 락슈팔의 의뢰인들에게 불리한 증언을 하지 않으면 자신을 감옥에 보내겠다며 협박했다고 했고, 다른 증인들은 피고인 지목을 거부했다. 락슈팔은 이런 정보를 제시하며, 자신의 의뢰인들이 무죄라는 주장을 폈다. 내가 니사르의 증언에 대해 물었더니 그는 잠시 짜증을 내며 니사르는 신뢰할 수 없는 증인이라고 일축했다. 니사르의 기억에 문제가 많다며, 탈출 과정에 대해 진술한 내용도 그의 아들이 한 말과 일치하지 않는다고 했다. 그의 신뢰는 전적으로 자신의 의뢰인들, 그가 신념에 따라 무보수로 변호해주는 폭동과 살인 혐의 기소자들에게만 쏠려 있었다. 그것은 변호사가 의뢰인에게 갖는 단순한 신뢰가 아니었다. 그의 믿음은 훨씬 더 복합적이고, 맹목적이었다. 그들이 무죄라는 그의 확신은, 같은 종교를 공유하는 데서 비롯된 것이었다. "힌두 사회가 공격받았을 때—종교 간 문제로 비칠 테지만—이 아이들이 군인처럼 나서서 막아냈다는 건 제 믿음이기도 해요. 그들이 폭력을 막지 않았다면, 더 큰 피해를 입었을 겁니다. 그들을 변호하는 건 제 도덕적 의무입니다."

락슈팔이 그들을 무료로 변호하고 있다고 말했을 때, 내 의심스런 표정이 드러난 모양인지 그가 말했다. "돈을 받아야겠다는 생각은 들지 않아요. 수상하다고 생각하실지 모르겠네요. 사람들은 이런 걸 의심의 눈초리로 보니까요. 그럼 말씀드리죠. 힌두 공동체는 하루 동안 공격을 당했어요. 그다음에는 무슨 일이 있었는지 아시겠죠." 싸움, 폭동, 추적, 살해. 그 모든 일은 상대방의 소행이라는 것. "모든 게 철저하게 사전에 계획된 것이었어요." VHP의 공식 입장 그대로였다. 락슈팔은 실람푸르와 자프라바드의 무슬림들이 어떻게 집에서 나와 모든 사람이 이용하는 지하철역 아래로 모여들어 시위를 벌이기 시작했는지 상세히 설명했다. 무슬림들이 집에서 멀리 떨어진 곳으로 나오자마자 공격을 '개시'했다는 거였다. "자기네 구역에서 나와, 힌두 구역으로 전쟁을 끌고 온 거죠." 그는 포박당했다가 살이 조각조각 잘려나가 피를 쏟은 남자의 이야기까지 꺼냈다. "부검 결과를 말하고 있는 겁니다." 락슈팔이 묘하게 즐거워 보이는 표정으로 말했다. 그는 손발을 부지런히 써가며 폭력의 전개 과정을 설명했다. "처음엔 여기, 그다음엔 여기, 그리고 조금 더." 그는 무슬림들이 몽둥이를 들고 자신들의 동네를 빠져나오는 장면이 CCTV에 찍혔다고 했다. "이제 당신이 말해보세요." 그의 이야기에서는 무슬림들이 먼저 난동을 부리고, 힌두인들은 방어했으며 경찰은 존재하지 않았다. 경찰이 유일하게 수행한 역할은 증거를 수집하고, 벌어진 일을 기록한 것뿐이었다.

약 45년 전인 1978년, 락슈팔이 우타르프라데시주의 에타에서 델리로 왔을 때 그의 마음은 어머니가 심어준 생각으로 가득 차 있었다. 어머니는 교육을 받지 않았지만, 세상에 대해 알아야 할 것들은 충분히 알고 있었다. 사회의 무엇이 잘못되었는지, 무엇이 필요한지에 대해서도 어머니는 자기만의 생각을 갖고 있었다. 자신의 목표를 위해, 그녀는 락슈팔을 제대로 된 힌두 소년으로 키웠다. 그녀는 아들의 어린 시절 내내 힌두교의 의례적인 땋은 머리를 유지하게 했고, 이발사의 손이 그쪽에 가까워질 때면 매의 눈으로 주시했다. 그는 어떤 상황에서도 그 머리는 절대 건드리면 안 된다고 단단히 지시받았다. 하지만 델리에 온 뒤, 락슈팔은 땋은 머리를 자른 친척들과 어울려 살았고, 도착한 지 몇 달 만에 스스로 머리를 잘라냈다. "내 인생에서 처음으로 '힌두'가 나쁜 말로 느껴졌어요." 그는 땋은 머리가 없어진 걸 발견했을 때 어머니가 겪은 공포에 가까운 충격을 잊지 못했다. 그녀의 생각은 다른 방식으로도 그에게 새겨졌다. 무슬림과 가까이하지 말라고 가르쳤고, 배신은 무슬림의 본성이라고 주입했다. "그들은 네가 친구라도 너를 묻어버릴 것이고, 적이라면 어차피 너를 묻어버릴 것이다." 그는 어머니의 충고를 그대로 옳었다. 어머니의 말을 어기고 무슬림들과 알고 지냈지만 절대 집에 초대하지는 않았다. 힌두교도의 집에 무슬림이 들어오는 상황은 위험을 자초하는 일이었고, 그런 일은 애초에 피하는 게 상책이었다. 힌두 여성의 나이가 열여덟이든 예순이든, 무슬림은 반드시 자신의 종교로 끌어들일 방법을 찾을 것이므로. 지금은 2023년, 이제 세상 물정을 알 만한 나이도 되었건만 락슈팔은 여전히 그렇게 말했다. 그는 그런 일을 육백 번, 칠백 번 직접 목격했다고 했지만 단 하나도 구체적으로 밝힌 사례는 없었다. "이삼 일에 한 번은 꼭 이런 사건이 터져요. 어머니와 관계를 맺고 딸과 약혼을 하죠." 그의 이야기를 들으면서 나는 이 개인적인 편견과 비난들이 차곡차곡 쌓여 적대감으로 굳어졌음을 깨달았다. 개별적으로는 충분히 반박 가능하거나 따져봐야 할 중상모략 수준의 이야기들이었다. 직접 확인할 수 없는 체험담과 단언들이 뿜어내는 열기로 가득한 락슈팔의 머릿속에서 무슬림은 더 이상 개별 인간이 아닌 고정된 개념과 일반화된 원칙들의 집합체가 되어 있었다. 그 이야기가 주려는 교훈은 무슬림 남성은 수치심이 없다는 것, 힌두 남성은 가능한 모든 수단을 동원해 힌두교도의 수적 우위를 지키고 보호할 의무가 있다는 것이었다. 락슈팔은 "여성의 권한 강화"가 무슬림이 제기하는 문제에 대한 해결책 중 하나라고 주장했다.

그는 책장에서 쿠란의 한 판본을 꺼냈다. "나는 이걸 자세히 연구합니다." 그가 말했다. "당신이 어지러워할 만한 내용이 들어 있죠. 보세요, 우리는 우리 경전을 읽을 때, 서로에게 조언할 때 이렇게 말합니다⋯⋯." 그는 잠시 산스크리트어로 무언가를 읊었다. "하지만 그들은 신에게 이렇게 말하죠. '야 알라, 이교도들과 싸울 힘을 주소서.'" 그는 쿠란 자체를 비난했다. "전 세계가 이슬람으로 개종할 때까지 심판의

날은 오지 않는다고 돼 있어요." 그는 기억하는 몇 가지 '문제의' 구절을 언급하며, 자신의 결론은 어디까지나 연구의 결과임을 강조했다. "자, 그들의 신이 이런 말을 한다면 말이죠…… 그들의 책엔 이렇게 쓰여 있어요. 불신자들의 아내와 재산을 빼앗을 수 있고, 불신자들을 없애도 된다. 비무슬림 여성을 노예로 삼고, 시장에 내다 팔거나 강간도 할 수 있다고 나와요. 당신이 말해봐요. 이런 걸 어릴 때부터 마드라사에서 듣고 자라면 어떻게 되겠습니까?"

1980년 락슈팔은 일주일에 몇 번씩 지역의 RSS 샤카를 찾기 시작했다. 그곳에서 나누는 사상에 공감했고, 잃었던 신앙심을 되찾은 기분이었다. 그는 다시 땋은 머리를 기르기 시작했고, 성유*를 몸에 걸었다. 그는 자신을 '사나타니', 베다를 원전 그대로 해석하는 전통주의 힌두교도라고 칭했다. "우리 집안은 원래 사나타니였어요. 젊을 때는 집중력이 없었죠. 아이가 무슨 집중을 하겠어요? 하지만 하려고 하면 집중할 수 있어요. 고등학교를 졸업하고 RSS에 들어갔을 때부터 집중할 수 있었죠." 그의 이전과 이후로도 수천 명이 그랬듯 그는 시대를 초월한 힌두의 용맹을 구현한 왕과 여왕들의 이야기를 들으며 자랐다. 그리고 이제 그는 내가 가진 역사 지식을 시험해보고 싶어했다. "바파 라왈을 아십니까? 그럼 도대체 무슨 역사를 배운 거죠? 바파 라왈은 마라타 병사였어요. 그는 테헤란까지 무슬림들을 죽이며 쳐들어갔어요. 그곳을 초토화시켰죠. 그럼 어디서 그에 대해 가르치죠? 하리싱 날와에 대해서는 들어봤습니까? 못 들어봤다고요? 그럼 역사를 제

---

* 상류 카스트의 힌두교도가 왼쪽 어깨에서 오른쪽 겨드랑이에 걸치는 끈.

대로 공부한 게 아니에요. 그는 키가 7피트나 됐고, 카불 요새의 총독이었어요. 그는 가즈니가 약탈해간 금을 되찾아왔죠. 파탄족을 일곱 번이나 무찔렀어요. 그들은 요새를 넘어서 이쪽으로 올 배짱도 없었어요.「숄레이」라는 영화 알죠? 도적 가바르가 나오는 영화요. 거기서 엄마가 아이들에게 '잠 안 자면 가바르가 온다'고 말하잖아요? 사실 그 대사는 베낀 거예요. 진짜 대사는 아프가니스탄의 파슈툰 여성들이 아직도 쓰고 있어요. '잠 안 자면 날와가 온다.' 파탄족들은 스스로 용감하다고 생각했지만, 날와 앞에서는 아무것도 아니었어요. 역사를 읽어봐요. 그럼 자부심이 생겨날 테니. 위대한 아쇼카에 대해서도 읽어보고요. 정부를 운영하려면 칼을 들어야 한다는 걸 알게 되죠."

락슈팔은 역사에 호기심이 많았고, 교실에서 배운 내용에만 갇히고 싶지 않았다. "학교에서 역사를 배우긴 했지만 전부 무굴제국 이야기뿐이었어요." 공교육이 숨기고 있는 내용을 배우기 위해 그는 델리의 공공 도서관에 가입했다. 체계 없이 닥치는 대로 읽었고, 그의 배움은 마치 그 자신이 첫 스승인 것처럼 길들여지지 않은 채였다. 그의 관심사와 샤카에서 들어온 구술사가 합쳐져 그는 '기독교 문명, 이슬람 문명, 중국 문명, 하라파 문명'에 대해 완전한 확신, 깊은 지식을 가졌다고 말할 정도의 믿음을 품게 되었다. 그는 '로마인들은 태양을 숭배했으니' 로마사를 꼭 읽어보라고 강력 추천했다. 그는 세계의 시작은 사나타니 사상이었다고 믿게 되었고, 세상의 모든 숨결, 모든 깨달음과 십자가, 모든 천사와 예언자는 그 시작과 현재의 카르카르두마 사이에 일어난 '이것저것'에 불과하다고 믿었다. 그것은 역사를 바라보는 하나의 방식이었고, 거기서는 힌두교의 우위가 당연한 것으로 여겨졌다. 힌두교의 우월성은 다른 누구보다 먼저 발견하고 깨달은 점에서 기인한다고 했다. "전기가 언제 발명됐는지 알아요?" 그가 내게 묻더니 바로 자기가 대답했다. "19세기였죠. 하지만 우리 산스크리트어에는 전기를 뜻하는 단어가 있었어요. 그 말은 우리가 그 전에 이미 전기에 관한 지식을 갖고 있었다는 뜻이죠. 비행기를 봐요. 1800년대에 라이트 형제가 만들었다고들 하잖아요. 하지만 우리는 그 전부터 '비만vimaan'이라는 단어를 갖고 있었어요. 『라마야나』에도 비만이라는 말이 나와요. 이전부터 그런 기술이 없었다면 왜 그런 단어가 있었겠어요? 산스크리트어에 어떤 단어가 있다는 건, 그 물건이 예전부터 존재했다는 뜻이죠."

"증거가 있습니까?" 내가 물었다.

"모든 사회의 증거는 그 사회의 책에서 찾을 수 있어요. 당신도 『베다』 네 권이 가장 오래된 책이라는 건 부정하지 못하잖아요."—그의 주장은 한 천 년쯤 과장된 것이었다—"「라마야나」도 1만 년에서 1만 2000년 전 작품인데, 거기에도 비행기에 관한 언급이 있어요."—이 역시 과장이었다. 이 서사시는 약 2500년 전에 쓰인 것으로 여겨진다. 락슈팔은 서사시에 등장하는 현대 무기의 존재에 대해서도 이야기했다. 그는 신화에 나오는 활과 불화살은 고대의 발사체나 폭발성 발사 무기였을지 모른다고 상상했다. 나는 그의 사고방식이 어떻게 작동하는지 궁금해졌다. 어떤 구절은 자신이 애지중지하는 사고의 '증거'로 해석되었고, 또 어떤 구절은 글자 그대로 받아들였다. 그에게는 '최초'와 '우위'가 중요했기 때문에, 그는 텍스트 해석에서 상상의 가능성을 용납하지 않았다. 글로 쓰인 것은 반드시 사실이어야만 했다.

락슈팔은 힌두교가 가져야 한다고 주장하는 과거의 권리에 대해 너무 확신에 차 빠르게 읊어댔기에, 그저 묵묵히 듣고 있는 수밖에 없었다. 어떻게 반응해야 할지, 어디서 반박해야 할지 몰랐지만, 그 모든 말이 터무니없이 과장 되어 있는 것만은 분명했다. 이런 서사와 그 내용의 반복, 그것이 RSS의 생명줄이었다. 이 조직이 인도 사회에서 중심을 차지하려면, 지역 이야기에서 추출해 최근에 만들어낸 신화와 영웅담을 퍼뜨려야 했다. 하지만 그 이야기들은 반드시 더 거대한 '힌두 정체성'의 일부로 짜여야 했고, 의문을 품지 않을 만한 이들에게 전해주어야 했다. 거기서 주변의 모든 생각을 집어삼키고, 비행기, 미사일, 성형수술, 이슬람의 기원, 종의 기원 등 거의 모든 주제를 뒤덮는 '형체 없는 흡입력의 확신'이 만들어졌다. 그것은 확장을 갈망하는 이데올로기였다. 락슈팔은 계속 이야기했고, 그의 뿌리 깊은 감정은 진심으로 감탄스러울 정도였다. 그에게는 모든 게 실제였고, 실제여야만 했다.

"여기저기서 독서를 통해 조금씩 알게 된 것들이에요. 내 지식이 정확히 어디서 왔는지 말하긴 어려워요. 하지만 인류에게 유익한 것은 전부 우리가 책에서 이미 아는 내용이었어요. 샤카에 가면 그런 걸 배웁니다. 우리는 뭔가 새로운 걸 발견하면 우리 책에 그 지식이 이미 언급되어 있는지 찾아보라고 배워요."

나는 왜 현대의 지식을 그들의 성서에서 찾아내는 게 중요한지 물었다.

"이미 우리 책 안에서 입증된 것을 과학이 재발견하는 것이니까요. 과학은 다시 연구하는 거죠. 그들은 우리 성서를 믿지 않는다고 하지만 그들이 하는 건 재연구일 뿐이에요. 좋아요, 그럼 힌디어에서 '텔레파시'라는 단어를 예로 들어보죠. 텔레파시가 뭡니까? 당신은 여기 앉아 있고 만트라에 집중합니다. 수천 킬로미터 떨어진 곳에서 누군가 집중하면 연결되고 서로 소통할 수 있게 되는 거죠. 전화의 작동 원리도 기본적으로 똑같습니다. 과학이 하는 일은 이미 입증된 것을 재포장하는 거예요."

그는 자기 삶에 대해 이야기하다가 자녀들 이야기로 넘어갔다. 자녀들도 그처럼 법조계에서 일하며 RSS 샤카에 참석한다고 했다. 락슈팔은 그 전통이 이어지는 것을 자랑스러워했다. 제대로 된 길을 가고 있는 거라며. 이제 그는 그의 부모가 그랬듯 자신이 걸어온 길 이상으로 아이들이 나아가길 소망했다. "아들이 사법부에 들어갔으면 해요. 제 친구 몇 명은 델리 고등법원 판사가 됐죠. 정치적으로 잘 풀리고 이 정권이 10~15년쯤 계속된다면 고등법원 판사로 임명도 가능하겠죠. 뭐 그리 대단한 건 아니에요. 그저 운이 좀 따라야죠. 하지만 우리 쪽에서 볼 때는 큰 문제 없을 겁니다."

오후로 접어들자 락슈팔은 토론 모임인 바이탁baithak에 가봐야 한다고 했다. 전국 샤카에서는 명확한 메시지를 조직적으로 퍼뜨리는 작업이 온종일 진행 중이었다. RSS 연합체의 간부와 자원봉사자들은 BJP의 최근 입법 추진안인 '통일 민법전'에 관해 말할 내용을 전달받고 있었다. 이 민법전의 도입 가능성은 종종 거론되고 있었는데, 실제 하는 일은 무슬림들이 불편해할 거라는 기대감으로 당의 지지층을 자극하는 것뿐이었다. 무슬림들은 파르시교도, 시크교도들과 마찬가지로, 결혼·이혼·상속·계승 등을 규율하는 고유한 개인법 체계에 따라 살아왔다. 그런데 통일 민법전이 도입되면, 헌법이 보장하는 관습과 관행들을 대체하는 공통의 개인법이 모든 인도인에게 적용된다. 하지만 법전의 구체적인 내용은 거의 알려지지 않았고, 논의는 구체적이지 않았다. 그럼에도 RSS 대변인은 늘 그래온 것처럼, 이 법이 '국가주의적'이며, 여기에 반대하는 이들은 "종교 간의 연대와 조화를 원치 않는 것"이라고 주장했다.

나는 락슈팔에게 함께 가도 되냐고 물었다. 그는 부드럽게 미소 지으며, 사적인 모임이라고 말했다.

그와 함께 엘리베이터를 타고 내려와 건물을 나섰다. 고등법원 소속의 변호사 두 명이 그를 알아보고 멈춰 섰다. 그들은 두 손 모아 허리를 숙이며 인사했다. "자이 스리 크리슈나 Jai Shri Krishna (크리슈나 신을 찬양하라)." 락슈팔이 힌두 정체성을 드러내기 위해 자신을 사나타니 락슈팔 싱이라 소개하는 것처럼 그들의 인사도 별다르지 않았다. 그는 휴대폰으로 통화하며 두 사람 곁을 지나쳤다. 그는 손을 살짝 들어 인사와 축복의 표시를 했지만, 그가 사라질 때까지 두 사람이 존경 어린 눈빛으로 자신을 바라보고 있는 것은 알아채지 못했다.

그날 저녁 내내 그리고 다음 날, 또 그 뒤로 일주일 내내 신문과 저녁 뉴스 프로그램들은 그 입법안에 대해 떠들어댔다. 이번 보도 역시 강한 이슈가 생길 때마다 보이는 전형적인 노이즈 마케팅이었다. 너무 큰 목소리, 너무 격렬한 토론은 관찰자들이 뉴스의 껍데기에만 주목하게 만든다. 나는 곧 이 혼란과 혼돈이 대중의 마음속에서 감정적 신념으로 자라나 저들이 존재하지도 않았던 사원에 집착했듯 이 법전도 더 크고 신성한 무언가로 탈바꿈하리라 생각했다.

2.
이런 게 인생

락슈팔을 만나고 며칠 후, 니사르가 나를 무스타파바드에 있는 그의 집으로 초대했다. 잠시 이야기를 나누던 중 니사르가 오랜만에 고향 마을에 가보고 싶다고 했다. 침대 옆에 앉아 있던 아스마도 함께 가고 싶다고 했지만, 니사르는 단호하게 그럴 필요 없다고 말했다. 그 마을은 우타르프라데시에서도 깊숙이 들어가야 했고 여섯 시간이나 걸린다면서. 더 이상의 논쟁은 없었다. 아스마는 잠시 실망한 듯했지만, 목격자를 의식하며 불만을 묻어두었다.

소송은 아직 해결되지 않은 채였다. 피고인들은 1년 전과 같은 상황이었고, 니사르는 안전상의 이유로 델리를 떠나는 것이 금지되었다. 그를 보호하도록 지정된 경찰관들이 델리 내에서만 활동할 수 있었기 때문이다. 그런 제약이 3년째 계속되었고, 니사르에게는 끔찍한 일이었다. 사업상 필요한 잠재 고객들을 그때그때 만날 수 없었고, 델리를 마음대로 오갈 수 없다며 불만이 많았다. 그는 잠시 공식 허가를 신청할까 싶어 조언을 구하는 눈빛으로 날 바라봤지만 쓸데없는 시도였다. 그는 자신에게 배정된 경찰관과 가볍게 얘기해보기로 했다. 다음 날 아침, 그는 조카 한 명을 데리고 일찍 길을 나섰고, 보호경찰도 동행하기로 했다.

조카와 함께 고쿨푸리 경찰서 밖에서 30분 동안 기다리다가 니사르는 깊게 한숨을 쉬며 중얼거렸다. "이 사람 대체 어디 간 거야?" 그는 쇼핑몰을 돌아다니는 십대처럼 경찰서 주변을 어슬렁거렸다. 니사르에게 그곳은 모든 걸 담고 있는 장소였다. 절망과 희망 모두를. 최근 경찰서 내에 짓고 있는 사원을 보면서 그는 다시금 정교분리라는 사회계약이 더 이상은 보장되지 않는다는 걸 깨달았다. 그런 것은 언제든, 어떤 권위에 의해서든 쉽게 철회될 수 있었다. 니사르가 말했다. "여기 온 지도 35년째인데, 이런 건 처음 봐요. 경찰서 안에 사원을 짓다니. 그보단 아베드카르(인도 헌법의 초안 작성자) 흉상이 있어야 하는 거 아니에요? 경찰서나 법원 안에 사원이 왜 있어야 하죠? 그런 권한은 누구에게 있나요? 자기네 마음대로 권한을 행사하고 있는 거예요. 왜요? 여기는 사람들이 정의를 찾는 곳이잖아요. 사원은 이미 바깥에 많이 있어요. 다양한 종교를 가진 이들이 이곳에서 정의를 구하는데 이건 잘못된 거예요." 그는 언론과 정계에 있는 지인들과 이야기했고, 그들 역시 잘못된 일이라며 동의했다. 하지만 그가 할 수 있는 건 아무것도 없었다. "내 주장은 내세울 수 없어요. 나는 무슬림이니까. 이 지역 공동체도 아무 말 못 해요. 폭동 이후로 이미 많은 압박을 받고 있으니까요. 그렇다는 건 이런 일이 앞으로 계속될 거란 뜻이기도 하죠.

이제 대중은 이런 수준에까지 와버렸어요. 경찰서 안에다 큰 사원을 짓고 있죠. 이 사람들은 그저 증오를 퍼뜨리는 일만 계속하고 있어요." 마침내 그의 감시원이 도착했고, 니사르는 늘 그랬듯 권위 앞에서 다소곳하게 풀어졌다. 두 사람은 악수를 나눈 뒤, 니사르의 차에 올라 우타르프라데시로 출발했다.

그 차량은 한 유명 제조업체가 만든 것이지만 불에 쉽게 타버리는 제물 같았다. 인도의 평균 소비자층을 겨냥해 저렴한 가격으로 만드느라 안전 기능을 포기해버렸다. 타깃 고객층은 가격만 맞으면 생명도 옵션으로 여기는 사람들이었다. 충돌 실험 슬로 모션 영상에서 차량의 금속 구조는 값싼 유리처럼 산산이 부서졌고, 성인 인체 모형 더미들은 목이 꺾였으며, 유아 더미는 무중력 상태처럼 떠올랐다. 어린이의 절단된 팔 한 짝은 창밖으로 튕겨나갔다. 그 차와 함께하는 여행은 그야말로 모험이었고, 니사르는 그 모험을 실현하러 나섰다. 그는 기분 좋게 고속도로를 질주했는데, 그 길은 사실 고속도로라기보다는 일련의 공공-민간 파트너십 계약들의 조각난 연속 구간이었다. 몇 킬로미터마다 도로 한 구간이 끝나고 다음 구간은 몇 인치 위나 아래에서 시작되었다. 그래서 계약이 끝나는 지점을 지날 때마다 차는 아래로 덜컥 떨어지거나 위로 튀어올랐다. 그럼에도 니사르는 시속 80킬로미터를 유지했다. 도로 옆으로 한참이나 이어지는 벽에는 한 문구가 반복해서 적혀 있었다. "침입자 사살."

톨게이트가 가까워지자, 니사르는 경찰을 불렀다.

"흐음?" 그가 졸린 목소리로 대답했다.

"손짓 좀 해줘요."

톨부스에 도착하자, 경찰은 뒷좌석에서 조용히 손을 들어올렸다. 요금소 직원은 차량 번호를 확인하고, 화면 한 칸에 '경찰복'이라고 입력한 뒤, 요금을 받지 않고 차를 통과시켰다.

니사르는 오랫동안 아무 말 없이 운전했고, 뒷자리에 앉은 이들은 잠들어 있었다. 그는 오른쪽 차선에서 운전하며 왼쪽 차선에서 휴대폰을 받을 때마다 급브레이크를 밟는 스쿠터와 거리를 유지했다. 해마다 시골에 풍요를 내려다주는 솜 같은 우기의 하늘, 그 하늘의 선물을 꽃피워낸 대지가 눈앞에 펼쳐졌다. 신선한 풀과 거름 냄새를 가득 머금은 공기. 열 발전소와 끝없이 이어지는 송전탑, 모호한 야망의 흔적 같은 미완성 벽과 기둥이 없었다면, 지평선 너머까지 마음껏 나래를 펼쳤을 초록빛 들판.

"정말 아름다운 나라죠." 니사르가 논밭 사이를 달리며 말했다. "이렇게 큰 나라인데 그들 때문에 한없이 작아져버렸어요. 사람들의 머릿속을 루머와 빈정거림으로 가득 채우고 서로를 증오하게 만들었어요. 쿠란에는 네가 어디에 살든 그곳을 강하게 만들라고 쓰여 있어요. 하지만 사람들은 읽지 않아요. 자기네 경전도 읽지 않고 이해할 생각도 하지 않죠."

뒷좌석에서 경찰이 말했다. "문제는 더 이상 누구도 어떤 것도 검증하려들지 않는다는 겁니다. 루머가 시작될 때 바로 검증하면 그 자리에서 사라질 텐데."

8년 만의 고향 방문이었다. 무스타파바드를 떠난 니사르는 한층 기분이 가벼워 보였다. 폭동 이후 그가 한 번도 델리를 벗어나지 않았다는 사실이 떠올랐다. "여기서는 자유롭게 느껴져요." 그가 말했다. "어머니는 채식주의자였어요. 누군가 집에서 고기 요리를 하면, 그 집에선 물조차 마시지 않으셨죠. 우리 집에서 고기 요리를 하면, 주방이 아닌 바깥 우물에서만 물을 드셨어요. 사람에게 뭔가를 강요할 수는 없어요. 옛 책들은 더 허용적이죠. 고기를 먹으라고 강요할 수는 없어요. 어떤 종교에서는 술을 마시지 말라고 합니다. 그렇다고 술을 마신 사람을 죽여도 된다는 뜻은 아니잖아요." 바삐 돌아가는 정신없는 도시에서 벗어난 그는 열린 시골 풍경에서 비유할 장면을 포착했다. 커다란 풀 더미를 머리에 이고 가는 두 여인을 지나치며, 그는 그들을 딱한 표정으로 바라보았다. "저처럼 잔뜩 짊어지고 있네요."

몇 시간 후, 그는 집으로 가는 길을 찾기 위해 속도를 줄였다. 하지만 새로 생긴 다리가 그의 기억을 방해했다. 방향을 몰라 헤매던 중 땅에서 무언가를 발견한 듯했다. 그는 차를 멈추고 뒤돌아보더니, 그 길이 맞는다고 확신했다. 길은 들판 사이로 사라졌다. 6차선 도로가 2차선이 되고, 마침내 1차선으로 줄었다. 남자들은 오토바이의 스탠드를 옆으로 펼친 채 달리고 있었다. 먼지 묻은 발에 찢어진 셔츠를 입은 남자들이 소 사료 더미 위에 앉아 손님을 기다리고 있었다. 발육 좋은 아이들은 지켜보는 이 없이 여기저기 돌아다녔다. 들판 여기저기서 야생 대마초가 자라고 있었다. 니사르보다 키가 큰 새들이 들판 한가운데에 미동도 없이 서 있었다. "여기 좀 봐요, 얼마나 평화로워 보여요. 대기오염도 없고, 여기선 망고에 비료를 치지 않아요." 그리고 사방에 들판만 남겨졌을 때, 조카와 경찰이 말했다. "이런 게 진짜 삶이지." 그들은 서로 주거니 받거니 하며 되뇌었다.

니사르는 마을에 가까워지자 차를 멈추고 저 멀리 큰 나무 하나를 가리켰다. "저 망고나무, 우리 아버지가 심으신 거예요. 저 망고나무요." 들판을 둘러보던 그의 얼굴에서 미소가 거두어졌다. "모든 게 변했어요."

"모든 게 변했죠." 그의 조카가 말했다.

"여기가 도대체 어디야?" 니사르가 물었다.

"제가 어떻게 알아요?" 조카는 웃으며 대답했다.

그때 길가에 가만히 있던 이가 다 빠진 노인이 그를 알아본 듯했다. "니사르!" 노인은 소리치며 차 앞으로 느릿느릿 다가왔다. "네가 떠난 지도 정말 오래됐구나."

"저를 알아보시겠어요?" 니사르가 물었다. 빼빼 마른 몸에 터번을 쓴 노인이 답했다. "으음."

마을에 도착한 니사르는 익숙한 얼굴들을 찾아 나섰고, 나무 그늘 아래, 높다란 평상에서 그들을 발견하고는 옆에 차를 세웠다. 니사르는 광택 나는 구두는 아랑곳없이 진흙 속으로 뛰어내려 달려가 그들을 끌어안았다. 처음에는 세 명뿐이었지만, 니사르가 돌아왔다는 소문이 퍼지자 옛 친구들이 그를 보려고 나왔다. 그들은 니사르에게 끈으로 엮은 침상 하나를 내주고, 자신들은 플라스틱 의자에 앉거나 쪼그려 앉았다. 그들은 니사르의 여동생 소식이 사실인지 물었다. 니사르는 사실이라고 말하며, 암의 위험성에 관해 이야기했다. 그녀는 몇 년 동안 바기라티 비하르의 운하 옆에서 살았고, 진단을 받은 지 사나흘 만에 세상을 떠났다. 그들은 옛이야기를 나누었다. 함께 놀던 곳, 부모님이 하시던 일, 아버지가 일구던 밭, 니사르의 아버지가 팔았던 집이 얼마나 아름다웠는지에 대해서도. 그 집을 구입한 남자도 고개를 끄덕였다. "그래 맞아, 정말 아름다웠지." 마치 경배하듯 니사르를 바라보는 눈빛, 비스킷과 간식을 가져오라고 소리치는 이들, 손수건으로 땀을 톡톡 두르려 닦는 니사르, 엄지와 검지·중지로 찻잔을 쥔 니사르, 그들이 걸친 로인클로스와 파자마, 회색 바지 안에 가지런히 넣어둔 니사르의 흰 셔츠와 검정 로퍼. 그 모든 대조가 니사르에게 문명인의 분위기를 부여하는 것 같았다. 그는 이미 오래전 뭔가를 이루고 그들을 뒤로한 채 떠난 사람 같았다. 그와 어린 시절 가장 친했던 친구 샤일렌드라가 달려나와 그를 맞이했고, 마을 원로들에게 데려갔다. 원로들의 나이는 아무도 정확히 알지 못했지만, 모두가 110세에서 130세 사이일 거라고 입을 모았다. 나라의 마을마다 110세가 넘는 사람이 한 명씩은 있었는데, 그 사람의 유일한 역할은 부드럽고 현자처럼 보이는 미소를 짓는 것이었다.

샤일렌드라는 그를 집으로 끌고 가 가족들에게 음식을 내오라고 했다. 접시가 하나씩 나올 때마다 그가 말했다. "완전 유기농이야. 약 하나도 안 친 거야. 여기서 난 거지."

니사르가 말했다. "가족은 아니지만 씨족 같은 거예요." 망고가 나오자 니사르는 소리치듯 말했다. "정말 순수해요! 이 식탁 위에 있는 게 전부 이 지역 밭에서 나온 거예요. 겨자기름도요." 그는 각 접시에 있는 음식을 하나하나 짚어가며 외쳤다. "파코다 시금치, 마카나, 기(버터), 민트 처트니, 타마린드 처트니, 감자 바지야, 달못, 우유. 전부 여기 거예요."

경찰관이 말했다. "도시에서는 이런 맛을 절대 못 봅니다." 니사르는 모든 음식을 조금씩 먹었고, 배를 두드리며 더 이상은 못 먹겠다고 했지만, 결국 조금 더 먹었다.

친구의 가족들이 니사르에게 더 먹으라고 권했다. 그가 배부르다고 하자, 주방에서 누군가가 말했다. "자, 이제 음식 나갑니다." 그리고 로티(빵)와 야채 요리가 그의 앞에 놓였다. 경찰관과 니사르는 속으로 당황했지만, 순순히 받아들이고 묵묵히 먹었다. "과한 사랑은 해로울 수도 있네요." 니사르가 말했다.

점심 식사 후 아버지가 소유했던 땅을 니사르가 보고 싶다고 하자, 샤일렌드라가 그를 마을 밖으로 데리고 나갔다. 니사르는 도시 사람처럼 물웅덩이를 피해 걸었고, 그의 친구는 슬리퍼를 신은 채 웅덩이들을 그대로 밟고 지나갔다. 니사르의 보호자들도 그들을 따라갔다. 그는 친구의 드넓은 들판을 바라보며, 땅콩밭을 찾아내고, 아버지의 땅이 어디인지 보여달라고 했다. 그들은 옥수수와 아르할달 밭 사이의 제방을 따라 걷다가 연못 옆에 다다랐다. 어떤 풍경이 니사르에게 익숙하게 느껴져 곰곰이 생각에 잠기려던 참이었다. 그때 니사르의 전화가 울리며 상념은 깨져버렸다. 니사르가 통화하는 동안, 그의 절친이었던 샤일렌드라가 최근의 지역 선거 이야기를 꺼냈다. 그의 후보가 승리했고, 그 성공이 매우 기쁘다는 내용이었다. "그 후보가 누구였어요?" 니사르의 조카가 물었다. 샤일렌드라는 자신이 BJP 당을 위해 일한다고 답했다. 그 순간 조카는 침묵에 잠겼고, 그가 다시 입을 연 것은 마을을 떠난 뒤, 그날 저녁 차 안에서였다.

조카가 말했다. "차차, 샤일렌드라가 BJP와 함께 일한다고 했어요."

망고나무와 우정을 기억해냈지만 그 밖에는 아무것도 떠올릴 수 없었던 니사르가 말했다. "아." 그는 도로만 똑바로 쳐다보고 있었지만 그가 생각에 잠겨 있다는 걸 알 수 있었다. 그럴 때면 그의 얼굴에 특정한 표정이 떠오르기 때문이다.

그의 표정은 이렇게 말하는 듯했다. "내가 기억하던 대로는 아니었나봐."

감사의 글

이 책은 낯선 이와 친구들이 여러 해에 걸쳐 보여준 행운, 호의, 너그러움, 인내심, 친절의 결과물이다.

오사마 만자르, 키란 조날라가다, 리티카 케라, 스리니바스 코달리, 카란 사이니는 책의 구상을 잡는 동안 며칠간 따라다닐 수 있게 허락해주었다. 그들과 나눈 대화와 인터뷰는 하루 종일 이어지며 수십 시간을 넘겼다. 우리 대화 속에서, 혹은 대화 이후에 새로운 연결점이 드러나며 책은 계속해서 모습을 바꿔갔다. 그들이 공유해준 경험은 이 책에 깊이를 더했고, 그들에게 큰 빚을 진 기분이다.

비노드 조세, 바샤랏 피어, 조너선 샤이닌은 내 여정의 진정한 수호자들이었다. 글쓰기를 가르쳐준 것 외에 늘 조언을 해주었고, 추천서를 써서 길을 열어주었으며, 가장 필요할 때 꼭 맞는 말을 해주었다.

메하르반은 델리 북동부를 안내해주고 그곳에서 일어난 일을 이해하는 데 도움을 주었다. 그는 폭력 사태가 일어난 지 1년 후, 자미아와 오크라를 걸으며 모든 것을 생생하게 전해주었고, 그와의 대화 속에서 그 사건이 그에게 미친 영향을 목격할 수 있었다. 그와의 여정 가운데 이 책의 주인공인 니사르를 만났다. 메하르반의 조언과 도움이 없었다면 이 책은 전혀 다른 형태를 띠었을 것이다.

이 책의 많은 이야기는 7년간 이루어진 수백 번의 인터뷰를 바탕으로 한다. 많은 분이 자신의 경험과 관점을 아낌없이 공유하며, 질문에 끈기 있게 답해주었다. 그들의 목소리와 통찰은 이 책의 근간이 되었고, 그들의 신뢰에 깊이 감사드린다. 의문이 남아 있거나 몇 년 후 새로운 내용을 알게 되었을 때, 우리는 다시 대화를 나누곤 했다. 이 책에 담긴 세부 사항들은 다음 분들이 아낌없이 시간을 내주신 덕에 존재할 수 있었다.

아시크, 알리 아메드 대령, 알리, 쿠마르 아난드, 아누라다 R. V., 닥터 안와르, 아푸르바난드, 아니바르 아라빈드, 친마이 아룬, 나타샤 바드와르, 하르토시 싱 발, 미나크시 발라수브라마니안, 파르타 바네르지, 수바시스 바네르지 교수, 안슈만 바프나, 자이나브 바와, 가우탐 바티아, 비벡 보르카르 교수, 마르지아 카솔라리, 수멘 차크라보르티, 삼부도 차크라바르티, 아루나 찬드라세카르, 비라지 초프라, 비크람 크리슈나, 주드 테런스 디수자, 로니 다스, 디팍 지, 산토시 데사이, 다니람 지, 비카스 두트, 비크람 닥터, 프라빈 돈티, 장 드레즈, A. S. 둘라트, 시라지 두타, 압둘 가파르, 자이안타 고살, 두르바 고시, 라구/고다바르, 아푸르바 고드볼, 아파르 굽타, 라훌 굽타, 소냐 수라비 굽타, 일리아스, 바시스타 아이어, J─, 가네시 카나테, 라지브 카네, 딜립 카람벨카르, 파반 쿠마르 카세라, 크리슈나 카우식, 라치나 카이라, 바수만 칸델왈, 아제이 칸나, 하리시 카레, 소우먀 키담비, 타니마 키쇼르, 고팔 크리슈나, 비디야 크리슈난, 알록 프라산나 쿠마르, 스리칸트 락시마난, S. C. 마줌다르, 무쿨 망글릭, 민하주딘, 쿠샨 미트라, 아시프 무지타바, 아디티아 무케르지, 미탈리 무케르지, 므리둘라 무케르지, 문니 지, 파드미니 레이 머리, J. 나가르주나 교수, 라훌 나라얀, 시다르트 나라인, 니킬 파와, 조요지트 팔, 산자이 팔시카르, 조티 판다이, 타만나 판카지, 아난드 팟와르단, 로한 폴, 요게시 파와르, 프라비타, 마노지 프라바카란, 프라네시 프라카시, S. 프라산나, 팔라비 프라탑, 프라샤스티카, 조티 푼와니, 아비나시 라가바, 알록 라이, 굴샨 라이, 라마 쿠마르 교수, 우샤 라마나탄, 소막 레이차우드리, 데바얀 로이, 라지 S., 가우라브 사브니스, 암바 살레카르, 고팔 상카라나라야난, 타니카 사르카르, 미타 센굽타, 샴수딘, 슈보디프 쇼메, 비자이 슈클라, 구르짓 싱, 카필 시발, 락슈팔 싱, 시밤 샹카르 싱, 수샨트 싱, 치트란슐 시나, 프라틱 시나, 조하르 시르카르, 우다이 샹카르, 산디프 슈클라 교수, 푸크라지 싱, 파반 스리나트, M. S. 스리람, O. P. 스리바스타바, 트리딥 수루드, 아나스 탄위르, 하렌다르 타쿠르, 매슈 토머스 대령, 살릴 트리파티, 닐레시 트리베디, 오드리 트루시케, 테자스위 우두파, 아슈토시 바르시니, 아르빈드 비르마니, 니나 비아스, 아만 와두드, 와카르.

인포시스, 아다르 그리고 난단 닐레카니의 정치 캠페인의 내부 이해를 도와준 익명의 소식통분들께도 깊이 감사드린다. 그들의 증언은 매우 귀했고, 닫힌 세계에 빛을 비춰주었다. 누구인지는 그분들 스스로 알 것이다.

아밋 두타, 모니카 다타, 루파 푸루쇼타만, 리시 마줌다르, 아비셰크 초우드하리에게 조언과 도움을 주신 것에 깊은 감사를 드린다. 가빈 쿠티카라란과 가우라브 사브니스는 내가 보고 있는 것을 이해하고 계속 나아가도록 격려해주었다. 니킬 파와와 키란 존날라가다 역시 큰 도움을 주었다.

이 책은 2022~2023년 하버드 래드클리프 연구소의 지원을 받았다. 그곳에서 보낸 1년은 특별한 시간이었다. 클라우디아 리치니, 샤론 브롬버그-림, 엘리자베스 안토넬리스, 앨리슨 네이, 마리아 파촌, 그리고 현진 유는 내게 영원히 기억에 남을 따뜻하고 매력적인 공간을 만들어주었다. 하버드대학의 방대한 아카이브는 가치를 매길 수 없을 만큼 유용했으며, 와이드너 도서관에서는 몇 년 더 파묻혀 연구를 하고 싶을 정도였다. 하지만 래드클리프에서의 한 해 중 가장 좋았던 점은 새 친구들을 사귈 수 있다는 것이었다. 브로드윈 피셔, 오마르 데와치, 아시파 마지드, 파즈 엔시나, 조 로먼, 크리스토퍼 뮬러 같은 사람은 처음 만났을 때부터 오래된 친구처럼 느껴졌다. 그들이 그립다.

래드클리프 리서치 파트너 프로그램을 통해 만나게 된 놀라운 친구인 무스칸 아르샤드와 함께 일할 수 있어서 기뻤다. 그녀의 작업 덕분에 내가 수집한 방대한 양의 정보를 처리하기가 훨씬 더 수월했다.

약간의 격려만으로도 충분할 때가 있다. 특히 몇 년 동안 복잡한 문제에 깊이 빠져 있을 때가 그렇다. 브라이언 해처의 프로젝트에 대한 열정은 내 사기를 북돋워주기에 충분했다. 『가디언』의 에디터인 데이비드 울프는 내가 회피하던 내러티브의 연결을 통한 스토리로 기사를 의뢰해주었다.

내 에이전트 토비 먼디는 이 책의 잠재력을 알아보고, 내가 위험을 감수하도록 격려해주었다. 그의 지원은 큰 차이를 만들어냈다. 리처드 베스윅의 책에 대한 믿음은 값을 매길 수 없을 정도로 소중했고, 책의 형식과 구조에 있어 마음껏 실험할 자신감을 심어주었다. 아누 로이-차우드허리의 간결한 편집으로 책을 다듬어주었고, 카르티카 VK는 밝힐 수 없는 방식으로 나의 구세주가 되었다.

제임스 크랩트리는 날개와 후광을 숨기고 있는 게 분명하다. 그는 삶의 큰 전환점이 될 만한 사람들을 내게 소개해주었고, 상상도 못 했던 기회의 문을 열어주었다. 그에게 진 빚은 헤아릴 수 없을 것이다. 이미 역사 기록의 일부가 될 만큼 RSS에 관해 탐구해온 디렌드라 자는 소스와 연구 팁을 아낌없이 제공해주었다. 악샤야 무쿨은 아카이브를 탐색하는 방법을 알려주었고, 델리에서 식사를 함께하며 내가 올바른 방향으로 가고 있다고 격려해주었다. 그는 이 책의 엄청난 응원단이었다.

기자, 편집자, 작가, 역사학자들이 부분적으로 그리고 전체적으로 이 원고를 검토해주었다. 이분들을 깊이 존경한다. 닐란자나 로이, 프렘 패니커, 라마찬드라 구하, 소니아 팔레이로, 악샤야 무쿨, M. 라지셰카르, 스와티 나라얀, 사나 아이야르, 앤디 무케르지, 브로드윈 피셔. 이들은 실수를 잡아주고, 어색한 문장을 찾아내며, 비논리적인 부분을 해석해 내 책을 전반적으로 살려내주었다.

작가 닐란자나 로이와 편집자 겸 칼럼니스트 겸 체스 플레이어 겸 선원인 데방슈 다타는 이 책이 가능하게 해준 핵심 인물이었다. 그들의 지원이 없었다면 이 책은 지금의 형태로 나오지 못했을 것이다. 그들은 델리에 있는 자신들의 집을 개방해, 내가 자료 조사를 끝낼 때까지 머물게 해주었다. 그들의 지원, 관대함, 우정, 그리고 내가 이 책을 집필하는 동안 불안감을 표출하는 동안에도 웃지 않고 진지하게 들어준 것에 얼마나 많은 빚을 졌는지 잘 알고 있다. 소니아 팔레이로와 울릭 맥나이트는 "모든 게 너무 힘들다" "왜 이렇게 힘든가" "누가 이런 걸 직업으로 삼는가"와 같은 나의 여러 버전의 불평들을 들어주며 공감하고 고개를 끄덕여주었다. M. 라지셰카르는 조금 다른 방식으로 지원해주었다. 그 사디스트는 내 걱정에 동참해주는 듯 10~15분 동안 치열한 논쟁을 벌이다가 그 후에야 그게 얼마나 터무니없는 걱정인지를 보여주곤 했다.

아스마와 니사르 아흐메드는 거의 전부를 잃었지만 나를 집으로 맞아주었고, 시간을 내 바기라티 비하르에서 있었던 일을 설명해주었다. 그들의 선택은 자신들이 불편해질지라도 옳은 일을 하겠다는 의지가 용기를 전염시킬 수 있으며, 충분히 많은 사람이 원한다면 정의로운 사회를 구축할 수 있다는 믿음에서 비롯되었다. 둘은 내가 아는 가장 용감한 사람들이며, 그들이 정의를 원하는 이유는 보복이나 처벌하려는 게 아니라, 헌법이 보장하는 자신들의 권리를 주장하기 위해서였다. 이들은 나나 내가 아는 많은 사람과 달리 자신들의 권리를 당연시하지 않는다. 이 책은 니사르, 아스마 그리고 그들의 아이들을 위한 것이다.

나는 부모님 덕분에 운이 좋았다. 이제 살아 계시지 않지만 늘 나와 함께하시는 어머니는 내 삶을 바꾼 영어 선생님을 찾아주셨다. 어머니는 내가 작가가 될 것이라고 짐작하셨지만, 글 쓰는 일을 업으로 삼기 6개월 전에 세상을 떠나셨다. 이 책을 쓰면서 어머니가 이 책을 보셨으면 좋겠다는 생각이 여러 번 들었다. 독자분들께 한 가지 조언을 하자면, 부모님과 대화하고 그분들의 이야기를 기록해보면 좋겠다. 그러지 않으면 레시피와 유리 페인팅 지침으로 가득 찬 노트에서 그들의 손글씨를 발견하고, 부모님의 다른 모습에 대해 궁금해할 일이 없을 테니까. 사람의 성격, 목소리, 냄새 따위는 기억에서 사라지기 마련이니까.

아버지. 더 무슨 말을 할 수 있을까? 이 책은 아버지 덕분에 가능했다. 아버지의 격려와 지지는 우리 형제자매의 삶의 기반이었다. 아버지는 세상 모든 아버지가 한다고 생각했던 일들을 해주셨다. 현명하지 못한 위험을 감수할 때 걱정해주시고, 삶이 힘들 때 더 나은 시간을 상상하게 해주었으며, 항상 내 안부를 챙기셨다. 이 책을 쓰는 동안에는 제대로 된 식사를 보내주시기까지 했다. 아버지는 열심히 일한다는 것, 미래가 분명하지 않을 때도 믿음을 갖는다는 게 어떤 것인지 보여주셨다. 우리가 사랑하는 이 나라에 관한 기록, 이 책을 아버지에게 바친다.

감사의 말을 쓰기 시작한 이후로, 두 쌍의 눈이 나를 주시하고 있다. 리아와 안야 바티아는 이 책의 집필이 끝나기를 비상한 인내심으로 기다렸다. 우리가 7년 전 읽다가 중단했던 『하룬과 이야기의 바다』를 다시 읽기 시작하기를 바라면서 이야기를 숨 쉬듯 자연스럽게 받아들이는 그들도 언젠가는 그들만의 이야기를 쓸 것이다. 이 책은 이들이 언젠가는 희미하게밖에 기억해내지 못할 한 시대를 담은 앨범이다.

이 책은 그들을 위한 것이기도 하다.

이 책의 많은 부분은 집필 내내 회의적인 태도와 불안감의 동반자 겸 나의 아내인 리차 덕분에 이루어졌다. 리차는 나만큼이나 이 책과 씨름하며 함께 고민했다. 그녀는 이 책의 단어 하나하나를 빠짐없이 읽었고, 그 안에 담긴 사람들과 삭제된 초고 속 사람들까지 알고 있었으며, 몇 년 전 내가 지워버린 문장들까지 기억해냈다. 그녀는 내가 아는 최고의 편집자 중 한 사람이다. 아내는 때로 이 책이 세상의 끝은 아니라고 상기시켜주었고, 때로는 세상에서 유일한 책이라고 용기를 주기도 했다. 그녀는 나보다 책에 대해 더 큰 믿음을 가졌고, 여러 펠로십에 지원하도록 독려해 책이 더 나은 방향으로 변해갈 수 있도록 해주었다. 이 책은 우리가 누구였는지, 누구인지, 무엇을 위해 고군분투하는지에 관한 기록이다. 이 책을 아내에게 바친다. 우리 해냈어, 리차.

THE NEW
INDIA

거대한 퇴보

초판인쇄 2025년 6월 27일
초판발행 2025년 7월 4일

지은이 라훌 바티아
옮긴이 양진성
펴낸이 강성민
편집장 이은혜
마케팅 정민호 박치우 한민아 이민경 박진희 황승현 김경언
브랜딩 함유지 박민재 이송이 김희숙 박다솔 조다현 김하연 이준희

펴낸곳 (주)글항아리 | 출판등록 2009년 1월 19일 제406-2009-000002호

주소 경기도 파주시 문발로 214-12, 4층
전자우편 bookpot@hanmail.net
전화번호 031-955-2689(마케팅) 031-941-5161(편집부)

ISBN 979-11-6909-407-8 03910

잘못된 책은 구입하신 서점에서 교환해드립니다.
기타 교환 문의 031-955-2661, 3580

www.geulhangari.com